Karl Moersch

Bei uns im Staate Beutelsbach

———————

Vom unbekannten Württemberg

Neske

Inhalt

Das Lob des reisenden Goethe

Die Eigenart der Württemberger

EINE ERINNERUNG AN THEODOR HEUSS

Gottlieb Gugeler war im Calwer Bezirk eine geachtete Persönlichkeit. Er leitete viele Jahrzehnte lang das Evangelische Erziehungsheim in Stammheim. Als Repräsentant des württembergischen Pietismus gehörte er nach dem Zweiten Weltkrieg zu den Mitbegründern der Christlich-Demokratischen Union im französisch besetzten Süd-Württemberg. Bei der ersten Landtagswahl, im Mai 1947, amtierte Gottlieb Gugeler als Kreisvorsitzender der CDU in Calw. In dieser Eigenschaft hatte er im Calwer Saalbau »Weiß« einen Zusammenstoß mit dem Stuttgarter Kultminister a. D. Dr. Theodor Heuss. Ein eher heiteres Zwischenspiel sei es gewesen, meinte Heuss später einmal, ein Zwischenspiel freilich, das im Gedächtnis haften blieb.

Der Anlaß war ziemlich banal: Heuss referierte in einer Wahlversammlung der Demokraten über die neue Verfassung des Staates Süd-Württemberg-Hohenzollern. Aus mancherlei Gründen sei diese Verfassung abzulehnen, meinte der Gastredner aus dem amerikanisch besetzten Württemberg, unter anderem wegen der dort festgeschriebenen konfessionellen Volksschule. Man leiste sich in diesem merkwürdigen neuen Staat in Tübingen gar noch einen richtigen Staatspräsidenten, spottete Heuss: »Ja, bei uns im Staate Beutelsbach, da ist immer schon allerhand möglich gewesen.« Bei diesen Bemerkungen stieg Zornesröte in das Gesicht des Gottlieb Gugeler. Er bitte ums Wort, bedeutete der als gestrenger Erzieher weithin bekannte Stammheimer Anstalts-Vater dem Versammlungsleiter. Kaum hatte Heuss geendet, machte Gugeler seiner Empörung Luft. Es enttäusche ihn über die Maßen, daß so ein gebildeter Mann wie der Doktor Heuss in verächtlichem Ton von unserer geliebten Heimat als dem »Staate Beutelsbach« spreche. Wer sich so an der gottgewollten Ordnung versündige, dem müsse er mit einem Zitat aus der Heiligen Schrift antworten. Dort stehe geschrieben, daß dem Frevler »ein Mühlstein um den Hals gehängt werde, um ihn im tiefsten Meer zu ersäufen«. Heuss verschlug es ob dieses Bibeltextes für einen Augenblick die Sprache und den Humor. Nach kurzem Zögern sagte er ganz ruhig: »Wenn Sie, lieber Herr Gugeler, keinen Spaß verstehen, dann bleiben Sie eben s'nächstemal daheim.« Der Abend endete doch noch in einiger Harmonie. Ein Freund und Mitstreiter Gugelers, der Calwer Schuhmachermeister Fritz Schuler, einst mit den Korntalern Wilhelm Simpfendörfer und Paul Bausch Mitbegründer des »Volksdienstes«, glättete mit ein paar versöhnlichen Worten die Wogen. Er, Schuler, kenne den Doktor Heuss seit langem, sein Spott sei sicher nicht bös gemeint gewesen. Gerade Heuss habe ja von diesem »Staate Beutelsbach« als Historiker viel Rühmenswertes gesagt und geschrieben.

Mancher Calwer mag sich an diesen kleinen Zwischenfall bei der ersten Landtagswahl der Nachkriegszeit erinnert haben, als Theodor Heuss zweieinhalb Jahre später das Amt des Bundespräsidenten übernahm und sich schon in der Antrittsrede als ein ganz und gar unpolemischer, um Gerechtigkeit bemühter Mahner erwies. Nie mehr hat man von diesem Theodor Heuss ein herablassendes Wort über irgendein Bundesland, gar über seine württembergische Heimat gehört. Im Gegenteil: oftmals hat der Bundespräsident Heuss an die demokratische Tradition des Südwestens, auch an die mutigen Bauern und Handwerker im Remstal erinnert, die sich einst so entschieden gegen eine ungerechte Obrigkeit zur Wehr gesetzt haben. Warum aber ist diesem Theodor Heuss im Wahlkampf des Frühjahres 1947 das Wort vom »Staate Beutelsbach« entschlüpft und warum hat der Pietist Gugeler so heftig darauf reagiert?

Beutelsbach (Abb. 1) ist ein geschichtsträchtiger Ort, der Ausgangspunkt späterer württembergischer Staatlichkeit. In Beutelsbach begann der Aufstieg des Hauses Württemberg von der Grafschaft zum Herzogtum und zum Königreich. Der eigentliche Begründer der Dynastie war freilich allem Anschein nach kein Einheimischer, sondern ein zugewanderter Adeliger aus dem Moselfränkischen, wohl dem heutigen Luxemburg, der in Beutelsbach zur Stauferzeit »eingeheiratet« hat. Man beerbte die schwach gewordenen Staufer und gelangte so alsbald über das Tal hinaus, an den Neckar und an den Nesenbach. Aber Beutelsbach blieb der Ruhm, der Ursprung und Ausgangspunkt einer württembergischen Staatlichkeit zu sein. Einem Theodor Heuss war solches Erinnern besonders präsent, als man in Bebenhausen in der verfassunggebenden Landesversammlung mit großer Mehrheit im Frühjahr 1947 bestätigte, was unter französischer Besatzungsdirektive schon eingeführt war, nämlich einen leibhaftigen »Staatspräsidenten« in der Südhälfte des alten Königreiches und späteren Volksstaates Württemberg amtieren zu lassen. Gewiß wollte Heuss, wie er bei einem kräftigenden Glas Trollinger im Freundeskreis nach dem Ende der Calwer Versammlung freimütig bekannt hat, mit seiner deftigen Anspielung auf die bescheidenen württembergischen Anfänge auch jene, mit Reformation und Pietismus verbundene württembergische Provinzialität ein wenig ironisieren, die in der Entscheidung der Bebenhäuser Mehrheit für die Wiedereinführung der konfessionellen Volksschulen deutlich geworden war. Heuss glaubte, eine allzu große Sehnsucht nach einer neuen Idylle und nach schwäbischer Innerlichkeit bestimme das Verhalten der Politiker in Bebenhausen und Tübingen. Deshalb die Formel vom »Staate Beutelsbach«. Ein Gottlieb Gugeler, der sich stellvertretend für die Pietisten Altwürttembergs von der Attacke des Wahlredners Heuss betroffen fühlte, war durchaus gemeint.

Jr Vlrich(von gottes gnaden)Hertzog zu wirtemberg
vnd zů Teckt Grave zů Müppelgart ꝛc. Bekennen vnd thon kunde mit diſem brieff/als hievor
zwiſchen vns vnnd vnſer gehorſamen Lanndeſchaffte/ain vertrag vff den gehaltten Lanndtag zů
Tüwingen/ gemacht vnd vffgericht iſt. Welcher vertrag vnder anderm inn ainem ſundern artickl/
imhalte vnnd vßwyſet/das die fryhaiten/ ſo wir gedachter vnſer Lanndeſchaffte geben haben/von vns
hertzog Vlrichen/vnd darnach für vns für vns vnd iedem regierenden fürſten/allwegen inn anfang irs regi
ments gehalten/deß ir brieff vnd ſigel darinn ſie ſich by inn fürſtlichen würden die ſelbigen fryhaiten zů
halten verpflichen/ gemainer Lanndeſchaffte übergeben werden ſollen/ Dem nach inn vermög ſollichs
vertrags/vns gebürt/des wie vor anzaigt/gegen gedachter vnſer Lanndeſchaffti zůuerſchryben. Das
wir dem nach ain verſchrybung vffgericht/die vnſer anhangenden innſigel beſigelt/ auch mit
vnnſer aigen hannde vnderſchriben/vnnd die ſelbig vnnſerer Lanndeſchaffte zů irn hannden geſtelt
haben/der imhalt ſteet von wort zů wort/Alſo.

wir Vlrich(von gottes gnaden)Hertzog zu wirtemberg
vnd zů Teckt/grave zů Müppelgart ꝛc. Bekennen vnd thon kunde offenbar meniglichē mit diſem brie
ue/ als zwiſchent vns vnd gemainer vnſer Landeſchaffte ain vertrag abgerede/vnd vffgericht iſt wor
den/vff den landtag inn vnſer ſtat Tüwingen deßhalb gehalten/der von wort zů wort alſo lutet.
Des aller durchleuchtigiſten/großmechtigiſtē fürſten vnd herrn herrn Maximilian (vō gottes gna
den)römiſchē kaiſer zů allen zyte merer des rychs ꝛc. vnſers aller gnedigſtē herrn/geſant räte mit namē
wir Jörg Grave zů Monsfort/herr zů Bregentz Criſtoff herr zů Lympurg/des hailigen Rychs Erb
ſchenck Semperfry/ vnnd Johann Schad baider rechte/ Doctor/vnd/ von gottes gnaden/ wir Wil
halm biſchoffe zů Straßburg Landtgraue in Elſaß. auch (von der ſelben gnad) wir Hug biſchoff zů
Coſtentz. Auch wir nach benanten/ Schenck Valentin herr zů Erdebach/ Florentz vō Vöningen baider
rechten doctor Cantzler/ vnd Franciſcus von Sickingen/ von vnſern gnedigſten vnd gnedigen herren/
herrn Ludwigen Churfürſten/vnd herrn Friderichen/baiden Pfalntzgrauen by Rhyn/ vnd hertzogen
in Bairn gebrüdern. Peter von Vffaß zů Bomberg vnd Wurtzburg Thumbherr Probſt zů Camberg
vnd Ludwig von Hutten ritter/von vnſern gnedigen herrn/herrn Lorentzen Biſchoffen zů Wurtzburg/
vnd hertzogen zů Francken/ vnnd Plycker Lanndeſchad/von meins gnedigen herrn/ herrn Philippen
Marggrauen zů Baden vnd Röeln/geſante vnd verordnete rät. Bekennen offentlich in diſem brieue/
vnnd thon kunde aller menglich/ nach den ſich zwiſchen dem durchlaeuchtigen hochgebornen fürſten
vnd herren/herrn Vlrichen hertzogen zů Wirtemperg vnd zů Teckt. grave zů Müppelgart ꝛc. vnſerm
lieben herren/freund/vnd gnedigen herrn/ains/vnnd den erwirdigen/vnnd erſamen/Prelaten vnnd ge
mainer Lanndeſchafft ſyner lieb vnnd gnaden fürſtenthumbs verwandten vnnd vnderthonen anders
tails/etlich ſpenn vnnd gebrechen gehalten/derhalb etwas vffrůr vnder gemainer Lanndeſchaffte ſich
erwegt vnd begeben. Aber da zwiſchent ſo vil inn der gůt fürgenomen vnd gehanndelt/das die ſelbigen
zů gemainem ſyner lieb vnd gnaden vff geſchriben lanndetag allher vnd zů ferner handlung gebracht.
Auch etwas vil tagher zwiſchent inen baider ſeits gehandelt worden. Aber zů letſt für vns zů gietlicher
handlung komen/darinn wir ſo vil arbait vnnd flyß fürgewende vnd gethon/das wir ſie ſollicher aller
vnnd ſunderlich/mit ir baidertailn gůtten wiſſen vnnd willen inn der gier entſchaiden vnnd vertragen
haben/wie hernach volgt. Nemlich vnd zum erſten/ſollen die Landeſchaffte für ſich/ ob gemeltem
hertzog Vlrichen fünff iaur lanng die nechſten/aines ieden iaurs geben vnd raichen/zwaivndzwaintzig
tuſent guldin. Daryn ſollen inn die Prelaten/ſtifft/clöſter/ auch die ampter Müppelgart/Türtingen/
Blawmont vnnd Rychenwyler/ auch geben vnnd raichen/als vil By den ſelben allen erraicht werden
mag/vnnd ſollichs alles ſo die angezaigten fünff iar lang allenthalb wie obſtat geudt/ſollen zů hertzog
Vlrichs wachender ſchuld vnnd zů ſtattlicher bezalung der gülten/bewende werden. Darnach vnd
nach vßgang der fünff iaur obgenndt/ſollen gemaine Lanndeſchaffte miſampte den Prelaten/ſtifften/
clöſtern auch den amptern Müppelgart/Türtingen/Blawmont vnnd Rychenwyler/ſo vil By den
ſelben amptern auch erlange werden mag/achtmal hundert tuſent guldin hauptgůtes/ zů ablöſung der
zinß vnd gülten/damit das fürſtenthumb beſchwerde iſt/off ſich nemen vnd bezaln/wie hernach volgt.
Alſo dz die landeſchafft für ſich/daran ſollen geben zwaivndzwaintzig tuſent guldin aines ieden iars/

Aij

Seite aus dem Tübinger Vertrag
von 1514

12

Die historische Bedeutung des Remstales, speziell auch des Ortes Beutelsbach, war nach dem Ende der Staufer und den Anfängen des Hauses Württemberg, dem Umzug des Grafengeschlechtes auf den Rotenberg bei Untertürkheim und schließlich nach Stuttgart (wo die Grafen von Württemberg sich im Alten Schloß eine endgültige Bleibe schufen) keineswegs erloschen. Drei Jahrhunderte nach dem ersten, urkundlich belegten Auftreten der Beutelsbach-Württemberger Herrschaft, ging vom Remstal eine Unruhe aus, die das inzwischen zum Herzogtum avancierte Württemberg ernsthaft gefährdete. Der »Arme Konrad« mit den Zentren Beutelsbach und Schorndorf erschütterte für einige Zeit die Herrschaft des jungen Herzogs Ulrich (Abb. 2). Es kam zu jenem, am 8. Juli 1514 in Tübingen verkündeten Vertrag, der das alte Württemberg zu einem Staat mit zwei Gewalten machte, der herzoglichen und der landständischen Gewalt. Das sei in der deutschen Geschichte eine Besonderheit, vergleichbar nur mit England, haben württembergische Historiker und Staatsrechtler im vergangenen Jahrhundert immer wieder betont. Wie und warum es zu dieser Besonderheit gekommen ist, läßt sich allerdings nicht mehr exakt rekonstruieren, obwohl in den Archiven im Laufe der Zeit viele wichtige Details entdeckt worden sind. Ein Datum wird man sich für diesen entscheidenden Abschnitt altwürttembergischer Geschichte besonders merken müssen: den 1. Mai 1514.

Seine Geldnöte hatten den 27 Jahre alten Herzog Ulrich auf eine merkwürdige Idee gebracht. Durch ein »Umgeld« auf Fleisch, auf Wein und auf Früchte sollten die drückenden Schulden des Fürsten vermindert werden. Selbst die Hausschlachtung, die Metzelsuppe, wollte der Herzog von dieser Abgabe, einer Art Umsatzsteuer, nicht ausnehmen. In einem alten Spottgedicht machten sich die Landleute darüber lustig, daß auf den »Wein, den man tuot drinken« dieser Zoll erhoben werde und auf das »was man mezget in das Haus«. Daß eine Sonderabgabe auf die hauseigene Metzelsuppe das schwäbische Gemüt arg treffen mußte, wird man nachfühlen können. Die Abgabe war von Ulrichs Räten, den verhaßten »Doctores«, so konzipiert, daß bei gleichbleibendem Fleischpreis der Zentner um ein Zehntel verkleinert würde. Die Differenz von damals 3 Schilling, der Mehrerlös, sei als »Umgeld« abzuführen. Ähnlich wie die Gewichte wurden die Maße für Wein und Früchte um rund ein Zehntel vermindert. Auch diese Differenz von zehn Prozent in Geldwert sollte zur Verbesserung der herzoglichen Finanzen einbehalten und an die Stuttgarter Kasse abgeliefert werden. Um diesen Ukas zu bekämpfen, hatte ein Mann aus Beutelsbach, Peter Geiß mit Namen, einen höchst wirksamen Einfall. Er lud seine Mitbürger im Remstal anfangs Mai 1514 zu einer »Wasserprobe« an der Rems ein.

Schon zuvor war der Mann im Drillichkittel mit seinem markanten Schlapphut aufgefallen. Auf Kirchweihen und Märkten in der Umgebung führte er sein lockeres Mundwerk spazieren und sorgte für Gelächter auf Kosten der herzoglichen Obrigkeit. Weitherum kannte man ihn als »Gaispeter von Beutelsbach«. Einer Beutelsbacher Metzgersfrau entwendete er jetzt die neuen Gewichte und eilte damit an die Rems. Die neuen – verminderten – Pfundsteine warf er in einen Gumpen und sagte dazu in feierlicher Pose den Spruch:

> »Haben die Bauern recht, so fall nach unten;
> hat unser Herr recht, so schwimm oben.«

Aus Klagen von Metzgern und Metzgersfrauen über unrechtmäßig entwendete neue Gewichte ist zu schließen, daß der Gaispeter diese Wasserprobe in den folgenden Tagen zum Gaudium einer immer größer werdenden Zahl von Zuschauern noch an anderen Plätzen des Remstales wiederholt hat. Vermutlich überall dort, wo der Vogt inzwischen die neuen Gewichte an die Metzger ausgegeben und die alten eingezogen hatte. Drei Tage nach der ersten Zusammenrottung zur Wasserprobe an der Rems hörten die Remstäler das Sturmläuten von der Nikolaus-Kapelle auf dem Kappelberg bei Beutelsbach. Es war das Signal für jenen Aufruhr, der als der »Arme Konrad« überliefert ist. Manche Chronisten meinen, der Gaispeter habe sich selbst als der »Arme Konrad« bezeichnet; von ihm habe die Protestbewegung der Remstäler den Namen erhalten. Tatsächlich ist der genaue Ursprung dieses Namens nicht mehr festzustellen. Es bieten sich mancherlei Deutungen an. Die »Konzen« oder »Konzischen«, wie die Aufrührer auch genannt wurden, könnten »Konrad« in der ursprünglichen Wortbedeutung als »kühnen Rat« gemeint haben. Aber vielleicht war der »Konrad« ganz einfach aus der Mundart abgeleitet, wie ein Lokalhistoriker vermutet, und hat ursprünglich »koan Rat« – kein Rat – bedeutet. Sicher ist indes, daß »arm« nicht prinzipiell so verstanden werden muß, als hätten hier die Notleidenden aus purer Verzweiflung dem Herzog den Gehorsam verweigert. Unter den namentlich bekannten Aufrührern ist mancher in den alten Steuerlisten als für damalige Verhältnisse nicht gerade reicher, aber doch als ein begüterter Mann zu finden.

Gebrodelt hat es damals auch anderswo im Lande, besonders in den Ämtern Urach und Leonberg und im Bottwartal. Im Remstal aber gab das neue »Umgeld« auf Fleisch, Wein und Früchte im Mai 1514 vollends den Anstoß zur Rebellion. Der Protest, so scheint es, hatte mancherlei Gründe. Beachten muß man zum Beispiel die schlechten äußeren Umstände. Der Winter 1513/14 war sehr kalt gewesen und hatte viele Frostschäden hinterlassen. Im Frühjahr folgte ein sintflutartiger Regen und verursachte ein Hochwasser, das an vielen Orten die Brücken und Stege wegriß. Außerdem, und das verschärfte die Lage erheblich, lebte man schon seit einigen Jahren in einer »teuren Zeit«, bedingt durch jahrelange ungünstige Witterung und schlechte Ernten. Der Scheffel Dinkel, das wichtigste Brotgetreide jener Zeit, habe 1506 noch 20 Kreuzer gegolten, im Jahre 1511 aber habe man dafür bis zu zwei Gulden bezahlen müssen, berichten die Chronisten.

Junger Herr auf großem Fuße

Den Kontrast zu solch siebenjähriger Teuerung bildete das Stuttgarter Hofleben. Als der sechzehnjährige Ulrich, Neffe des wegen seiner offensichtlichen geistigen Behinderung von den Regimentsräten und dem Landtag abgesetzten Eberhard II., im Jahre 1503 für volljährig erklärt wurde, gebärdete er sich, als gehöre sein Herzogtum zu den großen und wohlhabenden im Heiligen Römischen Reich. Der Onkel hatte ihm kein wohlgeordnetes Staatswesen, sondern ziemlich viel Schulden hinterlassen. Dies hinderte den jungen Ulrich jedoch nicht an einer aufwendigen Lebensweise. Als Philipp der Schöne, der Sohn des Kaisers Maximilian und Gatte Johannas von Kastilien (von den Zeitgenossen die »Wahnsinnige« genannt) von Innsbruck in die Niederlande reiste und den Weg über Württemberg wählte, empfing ihn Ulrich schon in Ulm mit dem ganzen Stuttgarter Hofstaat. Beim Festmahl im Alten Schloß stand auf den Tischen Geschirr aus Gold und Silber, besetzt mit Edelsteinen, das noch gar nicht bezahlt war. An nicht weniger als siebenhundert Hirschgeweihen seien an diesem Abend Lichter aufgesteckt gewesen, ist in den Annalen vermerkt.

Ulrichs frühere Vormünder haben zu jener Zeit nach Gutdünken weiterregiert. Der Herzog liebte das Ausfahren und das Jagen. Auf seinen Reisen war er stets von »dreihundert Helmen« begleitet, im Troß befanden sich Pfeifer, Sänger, Falkner und – Hundedresseure. Ulrich galt als ein großer und zugleich verschwenderischer Musikliebhaber und Freund der Künstler. Das ist ihm alsbald auf den Beschwerdelisten der Ämter und Städte anläßlich der Verhandlungen über den Tübinger Vertrag besonders übel vermerkt worden. Musiker und Sänger im Gefolge zu haben, das war des Landes nicht der Brauch. Der Klatsch der Zeit befaßte sich indes vor allem mit der Hochzeitsfeier des vierundzwanzigjährigen Herzogs. Im Jahre 1511 hatten die Württemberger, und nicht nur sie, Gelegenheit, über dieses Ereignis zu staunen. Sabina von Bayern, die Nichte des Kaisers, war die Auserwählte. Gewiß in der damaligen Zeit etwas Besonderes, daß der Fürst einer relativ bescheidenen Herrschaft, des Herzogtums Württemberg, die Tochter einer Habsburgerin und des hochangesehenen Bayernherzogs Albrecht zur Gemahlin erhielt. Gefolgt von tausend Hofleuten ritt der Herzog seiner Braut auf die Prag entgegen. Der Bischof war aus Konstanz gekommen – Stuttgart gehörte zum Bistum Konstanz –, um das Paar vor der Stiftskirche zu segnen. Am anderen Morgen, vor dem Hochamt, überreichte Ulrich der niederknieenden Braut kostbare Geschmeide. (Die Preziosen hatten einen kleinen Nachteil: Ulrich mußte sie mit geborgtem Geld bezahlen.) Sechstausend Gäste seien damals zu Pferde in Stuttgart eingeritten. Allein dreihundert »edle Frauen und Fräulein« hätten Sabina bei der Reise von München nach Stuttgart begleitet. Wenn es wahr ist, was ein amtlicher Beobachter niederschrieb, dann haben bei diesem acht Tage dauernden Hochzeitsfest »achthundert der schönsten Leute aus dem Lande« die insgesamt siebentausend Gäste bedient. Verspeist wurden, man lese und staune, 300 Säcke Mehl, 200 000 Eier, 6000 Scheffel Früchte, dazu 130 Pfund Nelken und 40 Pfund Safran. 1800 Kälber habe man geschlachtet und 136 Ochsen, 1200

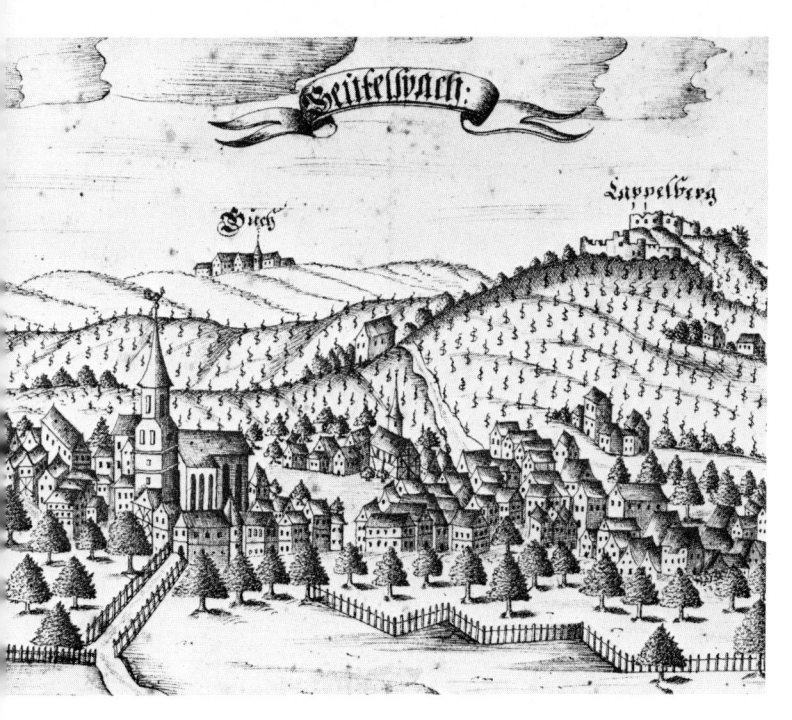

1 Beutelsbach mit Kappelberg
um 1760

2 Herzog Ulrich von Württemberg
1487–1550
Regierungszeit:
1503–1519 und 1534–1550

Hennen und 570 Kapaune. Als besondere Delikatesse gab es 2750 Krammetsvögel. Verzeichnet sind schließlich unter »Hochzeitsverbrauch« auch 90 Tonnen Heringe und 11 Tonnen Salmen. Zur Stillung des Durstes lief, für jedermann zugänglich, aus den acht Röhren des Marktbrunnens der rote und der weiße Wein. 15 000 Eimer Wein seien in den acht Festtagen ausgeschenkt worden. Gratis versteht sich.

Das klingt fast unglaublich, ist aber so aus seriösen Quellen überliefert – was einige Übertreibungen nicht ausschließt, die die Höflinge des Herzogs vielleicht zum Ruhme Ulrichs und seines Herzogtums ganz gerne zugelassen haben. Bezeugt ist freilich auch ein Zwischenfall, der das Fest merklich getrübt hat: der Truchseß von Waldburg bedachte den Grafen Felix von Werdenberg wegen dessen kleinen Wuchses und wohl auch wegen dessen Vorliebe für den Wein mit einem Spottwort. Der Werdenberger geriet in Zorn und erstach den hochadeligen Spötter. Zur Entschuldigung des Werdenbergers ist vermerkt, er sei trunken gewesen. Was Sabina die Braut betrifft, die Mutter des vielgerühmten Herzogs Christoph, so muß sie die Heirat mit Ulrich alsbald heftig bereut haben. Heimlich verließ sie Stuttgart und floh nach Bayern. Sie sei ihrem Gatten entlaufen und habe ihre Kinder im Stich gelassen, sei ein »Mannweib« gewesen, liest man in einer Kirchengeschichte. Die neuere historische Forschung weiß es anders: der jähzornige, unberechenbare Ulrich (der im Schönbuch den Ritter Hans von Hutten, seinen Oberstallmeister, erstach und dann als Geächteter fliehen mußte), habe Sabina schlecht behandelt und sie schließlich sogar bedroht. Deshalb sei ihr nur die Flucht geblieben.

Kriegsruhm und Schulden

Der junge, unberechenbare Ulrich ist freilich nicht nur als Lebemann, als ein »aushausiger Mensch«, wie man im Schwäbischen zu sagen pflegt, bekannt gewesen. Er hatte sich schon im Jahre 1505 als Achtzehnjähriger im Zweiten Pfälzer Krieg einigen Ruhm erworben. Als Kriegsbeute behielt Ulrich damals die Ämter und Städte Besigheim, Weinsberg, Neuenstadt, Möckmühl und Heidenheim, dazu die Grafschaft Löwenstein (die Ulrich fünf Jahre später auf Wunsch des Kaisers, gegen den Willen der Landschaft, an den Löwensteiner Grafen als Mannlehen zurückgab) und die Schutzrechte über die Klöster Maulbronn, Anhausen und Herbrechtingen. Mit insgesamt 20 000 Mann hatte Ulrich diese Erweiterung des Herzogtums erkämpft. 10 000 Mann davon stellte die Landschaft. Sie trug auch mit 100 000 Gulden zu den Kriegskosten bei. Während der Verhandlungen über den Tübinger Vertrag schrieben die Vertreter der Stände diese 100 000 Gulden allerdings wieder auf Ulrichs Konto und erinnerten sich nicht, mit welchem Stolz sie die neugewonnenen Ämter und Klöster ins Herzogtum aufgenommen hatten.

Der Kriegsruhm des jungen Fürsten war im Winter 1513/14 fast vergessen. Die Klagen über seine Schuldenmacherei häuften sich. Auch die Klagen über die Freundschaft mit dem bedenkenlosen Götz von Berlichingen, der sich nicht an die eberhardinische Ordnung des Württemberger Landes hielt, in der geschrieben stand, daß der »Besitz der gemeinen Leut« respektiert werden müsse. Jagende Hofleute, die überall im Lande die Felder verwüsteten, erregten den Zorn der Bauern. Der Wildschaden war beträchtlich, die Forstleute mit dem Zustechen gegen sich wehrende Bauern rasch bei der Hand. Zu keiner Zeit des Jahres durften die Bauern das Wild von ihrem Besitz verjagen oder gar selbst erlegen. Es haperte mit dem Recht und mit der Gerechtigkeit. Das Land schien der Willkür des Herzogs, seiner eigensüchtigen Ratgeber, seiner Hofleute und Freunde ausgeliefert. Die Wut, die sich da aufstaute, brach dann im Frühjahr 1514 offen aus. Verlangt wurden geordnete Verhältnisse, gefordert wurde ein Recht, das jedermann binde. Die Rebellion verlangte nicht nach Neuerungen, man begehrte die Wiederherstellung des alten Zustandes. Ulrich selbst mußte in jener Zeit seine schwachgewordene Position offen eingestehen. Im Jahre 1513/14 betrug das Defizit in der herzoglichen Kasse nicht weniger als 70 Prozent der Einnahmen. Der Herzog sah sich außerstande, die Zinsen für die Schulden aufzubringen oder gar Schulden zu tilgen. Er war zahlungsunfähig. Rettung sollte eine Vermögenssteuer bringen. Ein Pfennig vom Gulden Vermögen wäre zwölf Jahre lang abzuführen, meinten Ulrichs Berater. Das ergab eine Sondersteuer von 0,6 Prozent pro Jahr. Als Gegenleistung bot Ulrich den Vertretern der Städte den schon vom Herzog Eberhard in Aussicht gestellten »freien Zug«, also die Erlaubnis der Auswanderung für Landeskinder an. Ziel des »freien Zuges« war im allgemeinen nicht irgendein fernes Land, sondern die nahen Reichsstädte mit ihren Territorien, Hall zum Beispiel oder Heilbronn, Reutlingen, Esslingen, Ulm. Außerdem wollte Ulrich den »Landschaden«, die Erhebung einer Umlage, vergleichbar mit der heutigen Kreisumlage, abschaffen. In vielen Einzelgesprächen erreichten Ulrichs Räte die Zustimmung der Städte, allerdings unter der Bedingung, daß eine besondere Kasse zur Tilgung der Schulden eingerichtet, die Sondersteuer auf die Vermögen also nicht zweckentfremdet werde – ein Vorgang, durchaus vergleichbar mit staatlichen Umschuldungen durch die Organe der Staatengemeinschaft in unserer Zeit. Der schöne Plan scheiterte jedoch. Die Ehrbarkeit, also die wohlhabenden Bürger, vor allem in Stuttgart und Tübingen, widersprachen im nachhinein den Zusagen der städtischen Repräsentanten. Sie lehnten das Offenlegen ihrer Vermögen entschieden ab. Besonders erbost waren sie darüber, daß auch die Vermögen außerhalb Württembergs – »im Ausland« – offengelegt und besteuert werden sollten. Man war nach langen Verhandlungen wieder am Ausgangspunkt. Aber Ulrichs Ratgeber hatten einen neuen Einfall: das Umgeld auf Fleisch, Wein und Früchte sollte den Bankrott abwenden. Wenn bei den reichen Bürgern nichts Zusätzliches zu holen war, dann wollte man es mit einer allgemeinen Steuer versuchen. Den Einwand, daß dies gerade die armen Leute treffe, schob man am Stuttgarter Hof beiseite. Diese Leute könnten ja Fleisch und Wein unter Umständen auch entbehren. Dann freilich hätte das Umgeld nicht genug eingebracht.

Von einem gegensätzlichen Interesse zwischen Städten und Dörfern im Kampf gegen die neue Verbrauchssteuer kann man nur bedingt sprechen. Auch in den Städten wohnten zahlreiche Bauern und Weingärtner, die als »Selbstversorger« anderen Bedingungen unterlagen als die Handwerker und Kaufleute. Ärger machte sicherlich allgemein, daß vor 1514 einige schlechte Weinjahre zu beklagen waren. Der Wein muß, wenn man den alten Berichten trauen darf, in jener Zeit im Herzogtum Württemberg außerordentlich wichtig gewesen sein. In einer amtlichen Darstellung aus dem 19. Jahrhundert ist für die Reformationszeit angemerkt: »Das alte Laster der Völlerei war noch im Schwange. Es galt für einen großen Ruhm, der größte Trinker zu sein und auch das weibliche Geschlecht leistete im Weintrinken Bedeutendes.«

Die Ingersheimer geniert der Galgen

Über das Rumoren im Lande zur Maienzeit im Jahre 1514 ist mancher Bericht überliefert. Einer der Chronisten hat erfahren, daß sich in jenen Wochen ein Gerücht mit Windeseile im Herzogtum verbreitet habe, das den Stuttgarter Räten eine besondere Untat andichtete. Es solle befohlen werden, so erzählte man sich, daß alle Bauernhunde mit einer schweren Kettenkugel, einer »Trempel« zu beschweren seien, damit diese Hunde das Wild nicht mehr beim Äsen stören könnten. In den Akten findet sich nichts über diesen Plan, aber man traute Ulrichs Ratgebern allerlei zu. Einer, der die Stimmung gegen die Willkürherrschaft des Hofes besonders angefacht hat, war Pfarrer in Markgröningen (Abb. 3), Dr. Reinhard Geisslin wird er meist genannt (andere Quellen nennen ihn »Gaisser«). Schon an Ostern des Jahres 1514 soll er eine aufrührerische Predigt gehalten haben, ganz besonders aber in den Maitagen, als die Rebellion des »Armen Konrad« begann.

In Leonberg, einem anderen Ort des – passiven – Widerstandes wollte der Vogt Klarheit über die Gesinnung der Bürger gewinnen. Er befahl deshalb bei einer Versammlung, daß »wer für den Herzog ist« durch die kleine Tür hinausgehe. Ganze zwölf Leonberger benutzten daraufhin die kleine Tür, alle anderen verließen den Saal durch die große Tür. Ein ähnliches Alarmsignal kam aus Marbach. Pfarrer und andere Schreibkundige hätten damals in der ganzen Umgebung der Amtsstadt für ein Treffen geworben, zumal die Kunde von den Ereignissen im Remstal und von den Markgröninger Predigten auch schon im Marbacher Amt und im Bottwartal verbreitet war. Vor allem der Bauer Lux Voelter aus Poppenweiler, ein Mann mit wenig Besitz, habe überall im Amt von der Wasserprobe des Gaispeter Nachricht gegeben. So entstand »auch in Marbach ein Geschrei und Gemurmel«. Anläßlich der Marbacher Kirchweih, Anfang Mai 1514, versammelten sich die Unzufriedenen. Die Großbottwarer erschienen, angeführt »von einem jungen Pfaff«, die Bietigheimer kamen mit Flinten und langen Spießen. Auch eine Delegation aus Ingersheim war dabei. Es seien Reden gehalten worden gegen »die reichen Suppenesser in den Städten, gegen Vögte und Amtleute«. Überliefert ist auch die Forderung eines Teilnehmers: »Die Köpfe müssen herunter, die Reichen müssen zu den Läden hinausgeworfen und den Kornwürmern gegeben werden.« Radikalster Wortführer dieses Treffens »uff dem Wasen bei dem Rennhaus« – wahrscheinlich dem heutigen König-Wilhelm-Platz – war ein Mann namens Hemminger aus Kirchberg an der Murr. Der Wein scheint die Gemüter immer mehr erhitzt zu haben. Aber es kam doch nicht zum offenen Aufstand. Man begnügte sich mit wilden Reden. Die Ingersheimer freilich entschlossen sich doch noch zur Tat. Sie »drückten auf dem Heimweg den Marbacher Galgen um«. Das läßt eine symbolische Handlung vermuten, aber es könnte mehr gewesen sein. Man kennt aus jener Zeit Vorschriften, die besagen, daß ein zerstörter oder geraubter Galgen (Hermann Kurz berichtet in einer seiner Erzählungen von einer Galgen-Entwendung in Bopfingen durch die Beutelsbacher) nicht ohne neue Bestätigung des königlichen bzw. kaiserlichen Privilegs wieder aufgerichtet werden dürfe und daß bis zur Bestätigung des Galgen-Privilegs in der betroffenen Stadt keiner gehängt werden könne.

Sicher scheint indes, daß vor allem die Bauern und Weingärtner in Marbach und in den Orten rund um Marbach auf den Herzog und dessen Hofleute schon seit längerer Zeit schlecht zu sprechen waren. Der Grund: die Pferdeleidenschaft des jungen Herzogs hatte speziell das Marbacher Amt getroffen. In seinem Hochzeitsjahr teilte Ulrich allen, die es angehen konnte im weiten deutschen Land, mit, daß er »ein Kurzweil und allgemeines Pferderennen von einer Meile zwischen Neckarweihingen und Benningen bei unserer Stadt Marbach veranstalten wolle«. Am 3. Mai 1511 versammelten sich erstmals die Rennpferde auf dem Startplatz bei Neckarweihingen. Der Einsatz jedes Teilnehmers betrug einen rheinischen Gulden. Der Sieger erhielt 32 Gulden und einen silbernen Trinkbecher, der Zweite eine Armbrust, der Dritte ein Schwert. Zugleich wurde auch ein Wettlauf der »Weiber und Männer« veranstaltet. Als ersten Preis gab es je ein Stück Barchenttuch. Wiederholt wurde der Geländeritt mit Hindernissen im Neckartal, eine Art früher Military-Veranstaltung, am 11. Mai 1512. Das »Rennhaus«, das in der Benninger Ortsgeschichte überliefert ist, läßt darauf schließen, daß die herzoglichen Hofleute dort häufig zu Gast waren und daß die Bauern und Weingärtner Grund zur Klage wegen rücksichtsloser herrschaftlicher Reiter hatten.

Die Ideen des Doctor Seitz

Daß Marbach Anfang Juni 1514 auch der Treffpunkt von Vertretern des württembergischen Unterlandes war, ist wahrscheinlich, aber nicht eindeutig zu belegen. Man weiß jedoch zuverlässig, daß nur die Stuttgarter und die Schorndorfer Abgeordneten an diesem »Vorparlament« des nachfolgenden Stuttgarter und Tübinger Landtages nicht teilgenommen haben. Der »Marbacher Städtetag«, wie er später genannt worden ist, war »die erste spontane Zusammenkunft der württembergischen Landschaft«, von der wir Kenntnis haben. Man versammelte sich, ohne daß die Herrschaft, der Herzog, eine Einladung geschickt hatte. Ziel der Versammelten war angesichts der Unruhe im ganzen Land eine Vermittlung zugunsten des Volkes, des »gemeinen Mannes«. In 41 Beschwerde-Artikeln ist damals aufgelistet worden, was dem Herzog und seinen Räten auf dem nachfolgenden Landtag vorzuhalten sei. Der Herzog, so lautete eine der Hauptforderungen, solle künftig die Landschaft in ihrer Gesamtheit versammeln. Das hieß, man wollte nicht nur, wie bisher, von den Städten und deren »Ehrbarkeit« repräsentiert werden, die Dörfer mit den Bauern, der »gemein Mann«, sollten ebenfalls gehört werden. Von den Zusammenkünften der Landschaft sollten die herzoglichen Amtleute ausgeschlossen sein. Man sah in deren Teilnahme offensichtlich eine Interessen-Kollision. Es dauerte mehr als hundert Jahre, bis dieses Verlangen im Jahre 1629 – also schon mitten im Dreißigjährigen Krieg – erfüllt wurde.

In der Beschwerdeliste stehen Klagen über die Verschwendung, die der Marschall, der Kanzler und die Landschreiber trieben; verlangt wird eine Strafbestimmung für Bestechlichkeit im Amt, abgelehnt wird die Vergabe von Pfründen an Auswärtige. Den Bauern sollte es fortan erlaubt sein, auf ihrem eigenen Grund bis Michaeli (29. September) das Wildbret zu verjagen oder umzubringen. Protestiert wird unter anderem auch gegen »unnütze Kosten mit den jungen Hengsten«, die der Herzog außer Landes gekauft hatte, und gegen ein teures Rennhaus – lauter Beschwerden, die speziell Marbach und das Marbacher Amt betroffen haben. Die Marbacher Stadthistoriker fühlen sich dadurch in ihrer Ansicht bestärkt, daß die 41, sorgfältig und sachkundig formulierten Beschwerde-Artikel des Unterländer Vorparlamentes, die nach einigen Modifikationen zur Grundlage des Tübinger Vertrages geworden sind, von einem gelehrten Marbacher Bürger, dem Doctor Alexander Seitz (»Sytzen«) maßgeblich beeinflußt worden sind. Dieser Doctor Seitz hätte demnach in der württembergischen Geschichte und in der deutschen Verfassungsgeschichte eine wesentliche Rolle gespielt. Er war – daran gibt es keine Zweifel – ein ungewöhnlicher Mann. Man nimmt an, daß er um das Jahr 1470 in Marbach zur Welt gekommen ist. Er studierte in Tübingen, in Padua, in Rom und wahrscheinlich eine Zeit lang auch in Como die Heilkunde. In Marbach ließ er sich als Arzt nieder. Seine erste Publikation stammt aus dem Jahre 1509; sie gilt der »französischen Krankheit«, der Syphilis, die Seitz in italienischen Spitälern studiert hatte. Daß er ein kritischer Zeitgenosse war, zeigt seine Schrift »Der Thurnier oder adelige Musterung«. Vor der Wut der Adeligen wich er ins Wildbad aus. Auch dort wiegelte er gegen Hof und Herzog auf. Er entzog sich dem Haftbefehl schließlich durch die Flucht in die Schweiz. In Baden bei Zürich wurde er als Arzt rasch populär. Ein Traktat über »Schlaf und Traum« enthält Betrachtungen über das Fürstentum, die dem württembergischen Herzog gewiß nicht gefallen haben. »Gott der Allmächtige«, heißt es da, »hat uns alle gleich adels geboren«. Wir seien vor Gott alle gleich, »*ein* Hausgesind«. Begründet wird die Gleichheit unter anderem mit den Römerbriefen des Apostels Paulus.

In der Marbacher Stadtgeschichte wird gefolgert: »Das Büchlein darf als die älteste Programmschrift eines schwäbischen Demokraten gelten.« Seitz kehrte im Jahre 1519, nach der Vertreibung Ulrichs, aus der Schweiz zurück. Er ließ sich in Reutlingen nieder. Als Anhänger der neuen Lehre stand er im Briefwechsel mit Ulrich Zwingli. Weil Seitz von Reutlingen aus heftig gegen das Regiment der katholischen Kaiserlichen im nahen Stuttgart Stimmung machte, wiesen ihn die Reutlinger aus Furcht vor den Habsburgern aus. Über Straßburg gelangte er schließlich nach Zürich, wo ihm Zwingli eine Stelle verschaffte. Später findet man seinen Namen in Basel. Ein Bühnenstück aus dem Jahre 1550 ist das letzte Lebenszeichen, das wir von ihm besitzen. Wann und wo er gestorben ist, weiß man nicht.

Empörung nach dem Vertragsabschluß

Der Herzog Ulrich, wegen seiner akuten Geldnöte auf die Hilfe der Landschaft dringend angewiesen und voller Furcht wegen neuerlicher Unruhen im Lande, bequemte sich am 8. Juli 1514 zu dem vielzitierten Tübinger Vertrag mit den Vertretern der Landschaft. In einem alten Lehrbuch der Geographie von Württemberg war darüber zu lesen: »Die Regierungsform (des Herzogtums) ist im Kleinen die engländische, eine Vermischung von Aristokratie mit der Monarchie.« Die Landschaft – das Parlament stehe an der Spitze der Nation und besorge ihre Wohlfahrt. Über diese Selbstdarstellung des alten Württemberg im 18. Jahrhundert hat einst der Berliner Buchhändler und Schriftsteller Friedrich Nicolai in seinen Reiseberichten aus Schwaben (1783) voller Ironie berichtet. Die Württemberger, so meinte Nicolai, hätten ein stolzes Selbstgefühl auf ihre Verfassung und »dünken sich vermöge derselben eine Art von freien Bürgern zu sein, welche vor den Unterthanen anderer deutscher Fürsten einen großen Vorzug hätten«. Nach Nicolais Beobachtungen ist das Land Württemberg eher von bestimmten Sippen oder gar Cliquen beherrscht. Nach außen werde diese Ordnung gemeinsam verteidigt. Die Praxis im Innern entspreche indes keineswegs den vorgegebenen Idealen.

Man weiß, daß sich Nicolai im Lande, auch an der Tübinger Universität, sorgfältig umgesehen und umgehört hat. Da er ein radikaler Aufklärer war, hörte er bei seinen damals immer zahlreicher werdenden Gesinnungsgenossen auch ein offenes Wort. So gelangte er zu manchem, die Zeitgenossen im alten Württemberg verletzenden Urteil. Will man indes den Tübinger Vertrag gerecht beurteilen, dann eignen sich dazu die Maßstäbe und Verhältnisse zur Zeit der Nicolaischen Reisen kurz vor der französischen Revolution nur bedingt. Wichtiger ist der Blick auf die Zustände am Vorabend der Reformation und des Bauernkrieges. Wie immer man über Einzelheiten des im Tübinger Vertrag niedergelegten Vergleiches zwischen der Landschaft (einschließlich der Prälaten) und dem Herzog denken mag, so bleibt doch unbestritten, daß für das alte Württemberg am 8. Juli 1514 zu Tübingen eine entscheidende Beschränkung fürstlicher Willkürherrschaft erreicht worden ist. Unter starkem Druck mußte der Herzog einlenken, wie einst der König Johann Ohneland auf der Wiese von Runnymede unweit von Windsor hatte einlenken müssen, als er im Jahre 1215 das von den versammelten Rittern vorgehaltene »lange Dokument«, die »Magna Charta« unterschrieb. Diese englischen Ritter waren selbst kleine Könige, keine Repräsentanten des Volkes, des »gemeinen Mannes«. Die Vertreter der Landschaft und die Prälaten, die sich in Tübingen gegen Ulrich durchsetzten, können ebensowenig wie die englischen Ritter als Volksvertreter in einem modernen, demokratischen Sinne gelten; sie vertraten die Interessen der Wohlhabenden. Das waren die Angehörigen der städtischen Ehrbarkeit, aber auch die Klöster.

Die Bauern, die ihre Beschwerden gegenüber dem Herzog selbst vortragen und sich selbst vertreten wollten, sind von Ulrich trotz dringender Bitten und anderslautender Ankündigungen nicht gehört worden. Sie fühlten sich – mit Recht – düpiert. Nicht zuletzt deshalb ist es gewagt, diesen Tübinger Vertrag in unserem Wortverständnis als ein »demokratisches Ereignis« zu preisen. Man kommt der Wirklichkeit näher, wenn man diesen Tübinger Vergleich als ein Dokument betrachtet, das in bestimmtem Umfang die Grundlage gebildet hat für rechtsstaatliche Verhältnisse, für Rechtssicherheit und für einige Freiheiten. Richtig ist auch, daß der Herzog mit diesem Vertrag in seiner Finanzhoheit und in seiner Außenpolitik erheblich beschränkt worden ist, daß er fortan gegenüber der Landschaft bei wichtigen Entscheidungen beweispflichtig war. Die Landschaft übernahm einen großen Teil der Schulden, mußte aber künftig nicht mehr für den Landschaden aufkommen, also auch nicht für Frachtkosten, für Lebensmittel und Wein für den Hof, für Jagd- und Reisekosten, für die Entlohnung der Diener und Amtleute. Der Herzog sollte sehen, wie er diesen Aufwand seiner Hofhaltung aus dem eigenen Besitz finanziere. Damit der Herzog nicht in irgendeine Versuchung gerate, errichtete die Landschaft eine eigene Kasse zur Regelung der übernommenen Lasten. Hauptkriege – die der Sicherung des Reiches und des Landes dienten – durften künftig nur noch mit Rat und Wissen der Landschaft geführt werden (wegen der Kosten). Bei »anderen Fehden« bedurfte es ebenso des Rates, des Wissens und des Willens der Landschaft. Auch der »gemeine Mann« erhielt prinzipiell »freien Zug« (Auswanderungsfreiheit) ohne Vermögensverlust. Kleine Einschränkungen, eine Vermögensabgabe betreffend, waren nur für eine kurze Übergangszeit vorgesehen. Allein mit Zustimmung der Landschaft durften Teile des Landes verkauft oder verpfändet werden.

Fast ein Drittel des Tübinger Dokumentes befaßt sich mit Bestimmungen über Gericht und Aufruhr. Zugesichert wurde vom Herzog eine Art ordentliches Gerichtsverfahren: »ohne Urteil und Recht darf niemand peinlich gerichtet« werden. Aber: Friedensbrechern und Aufrührern drohte nun die Todesstrafe. Das hatte die Landschaft dem Herzog zugestanden. Dieser Passus, der Ausgewogenheit halber verbunden mit einem Verzicht auf Strafverfolgung der zuvor rebellierenden Bauern des »Armen Konrad«, sollte rasch an Bedeutung gewinnen. Eine ganze Reihe von Ämtern standen unter dem Druck des »gemeinen Mannes« und sträubten sich gegen eine Anerkennung des gerade die Bauern wenig befriedigenden Vertrages und gegen die von ihnen verlangte Huldigung für den Herzog. In den Dörfern war man enttäuscht vom Tübinger Ergebnis. Auf der Alb, im Schwarzwald, in Brackenheim, im Beilsteiner Amt, im Bottwartal war die Kritik kaum weniger heftig als in Schorndorf und im ganzen Remstal. Verlangt wurde unter anderem, daß der Boden frei werde von allen Lasten. Da und dort wollte man mehr als allgemeine Gerechtigkeit. »Die Reichen müssen mit uns teilen«, das Gut müsse gleich werden, lautete eine der radikalsten Forderungen. Auf der Alb verlangte man eine freie Jagd (»das Wild gemein zu machen«) und eine allgemeine, gemeinsame Nutzung des Waldes. In Blaubeuren erfand ein rebellischer Untertan des Herzogs gar die ernsthaft von einem Chronisten registrierte Forderung, jedem Bauern »och zwei Wib« (zwei Weiber) zu geben, daß die »fil burn (Bauern) machten«.

Der zentrale Punkt des Widerstandes befand sich indes, wie schon am Anfang des »Armen Konrad«, im Remstal und in der Stadt Schorndorf. Ulrich selbst hat es in Schorndorf erfahren müssen, als er vor der Stadt, wo er die Huldigung erwartet hatte, die Spieße der schweigenden Bauern drohend auf sich gerichtet sah. Nun brach der eigentliche Aufstand des »Armen Konrad« aus. Aber es fehlte den Rebellen, die sich auf dem Kappelberg bei Beutelsbach versammelten, an der Führung und an tatkräftiger Hilfe aus anderen Teilen des Landes. Der Herzog, unterstützt von außen, erwies sich diesmal rasch als der Stärkere. Der Aufstand brach zusammen. Die meisten der Anführer entkamen. Ihre Spur hat sich verloren. Die herzoglichen Oberhauptleute Nippenburg, Konrad Schott und Hans Leonhard von Reischach befahlen die Männer aus den Dörfern nach Schorndorf. Dort mußten sie ihre Degen ablegen. Anderntags kam Herzog Ulrich. Auf dem Wasen vor der Stadt seien schließlich 3500 des Aufruhrs Verdächtige versammelt gewesen, steht in den alten Akten. Auf Grund des Tübinger Vertrages verkündete eine Gesandtschaft der Landschaft den Spruch. Schorndorf solle, so lautete dieser Spruch, den Vertrag annehmen; der Herzog habe das Recht, die Missetäter zu richten. Etwa 60 der angeblich 3500 wurden in Ketten gelegt. Außerdem behielt man insgesamt 1682 der Versammelten in der Stadt in Gewahrsam. Von diesen vorläufig Festgenommenen waren 262 Schorndorfer. Da die Stadt damals 439 Männer zählte, kann nicht von einer rebellierenden Minderheit gesprochen werden. Mehr als die Hälfte der Schorndorfer Männer stand unter dem Verdacht einer Beteiligung am Aufruhr. In Anwesenheit des Herzogs tagte das Landgericht am 7. und 8. August 1514 auf dem Wasen an der Rems. Den 1682 Festgenommenen hat der Gerichtsherr das Leben geschenkt; acht der in Ketten Gelegten sind wegen Hochverrates zum Tode verurteilt und sogleich enthauptet worden. Der Gaispeter und andere Anführer, wie der Schorndorfer Bürger Bregenzer, waren nicht darunter. Die Hingerichteten, so liest man in einer Untersuchung über den »Armen Konrad«, hätten für die Entflohenen gebüßt. Man begrub die Gerichteten in einem Winkel des Schorndorfer Kirchhofes. Später ist an dieser Stelle die Lateinschule gebaut worden.

VON DER ALTEN ZUR NEUEN LEHRE

Am Beginn der Reformation zählte das Herzogtum Württemberg nach später angestellten Berechnungen etwa 250000 Einwohner. Genaues ist nicht überliefert. Man hat diese geschätzte Zahl aus den alten Unterlagen der Städte und Ämter gewonnen. Ganz exakt aber können wir heute noch in den Archiven der Kirchen feststellen, daß es einen großen Reichtum an Pfarrstellen, an Priesterpfründen gegeben hat, als im Jahre 1534 mit Ulrichs Rückkehr in sein Herzogtum nach der Schlacht bei Lauffen und dem Frieden von Kaaden die Reformation begann. Registriert sind aus jener Zeit 458 Pfarreien und 100 Stiftsstellen, sowie 636 Kaplaneien und Frühmessen. Insgesamt waren es 1209 Priesterpfründen. Die Stadt Waiblingen zählte damals 1445 Einwohner; sie hatte nicht weniger als neun Pfründen. Das kleine Wildberg mit 925 Einwohnern ist mit acht Pfründen aktenkundig. Die Hauptstadt Stuttgart, die zu jener Zeit nicht viel mehr als 6000 Einwohner aufwies, hatte 65 Pfründen in der Stadt und 33 im Amtsbezirk. Allein an der Stuttgarter Stiftskirche amtierten neun Kanoniker und zwölf Vikare; für die Stifts- und die Hospitalkirche zusammen waren 204 liturgische Gewänder und 22 Chormäntel verzeichnet. Reichsstädte wie Esslingen und Ulm waren ähnlich gut oder sogar noch besser mit kirchlichen Einrichtungen versehen als die Städte und Ämter des Herzogtums. Das rund 8000 Einwohner zählende Esslingen verfügte über neun Kirchen und elf Kapellen. Man hat errechnet, daß in Esslingen um 1500 auf 100 Einwohner eine geistliche Person kam; in Ulm war damals jeder Sechzigste ein Weltpriester. Im Herzogtum amtierte *ein* Weltpriester für durchschnittlich 120 Einwohner.

Diese Vergleichsziffern haben am Anfang unseres Jahrhunderts eine Diskussion über die Ausstattung der Kirchen im Königreich belebt. Die königliche Regierung hatte errechnen lassen, daß am Beginn der Reformation im katholischen Landesteil des Königreichs Württemberg dreieinhalbmal mehr Pfarrstellen vorhanden waren als im Jahre 1910; im altwürttembergischen, evangelischen Teil des Königreichs registrierte man für die Zeit Herzog Ulrichs sogar die siebenfache Zahl an Pfarrstellen. Die Dichte dieser kirchlichen Pfründen im württembergischen Kernland stärkte

Macht und Einfluß des Herzogs, denn ein großer Teil dieser Pfründen war vom Herzog zu verleihen, er war der Patronatsherr für mehr als ein Drittel der Pfarrstellen. Die Erträge der Pfründen schwankten sehr stark. Als Jahreseinkommen pro Pfarrpfründe im Herzogtum wurde ein Betrag von 58 Gulden errechnet bei insgesamt 27 000 Gulden für alle derartigen Pfründen. Aber zwischen der Spitze in der Steuerliste der Städte des Jahres 1525 und dem Ende dieser Liste zeigt sich eine gewaltige Differenz. Am ertragreichsten war Güglingen mit 400 Gulden im Jahr, am ärmsten Neuenbürg mit nur 25 Gulden. In den ländlichen Orten erreichten einige Pfarrpfründen um die 100 Gulden, andere lagen, wie die Stadt Neuenbürg, unter 30 Gulden.

Die verschiedenen Formen des Zehnten, die an den Pfarrherrn abzuliefern waren, mußten in den meisten Fällen zu einem großen Teil an den Patronatsherrn weitergegeben werden. Die Klagen, daß viele Pfarrer weit mehr mit der Verwaltung der Pfründe beschäftigt seien als mit ihrem geistlichen Amt, sind häufig. Sie dürften berechtigt gewesen sein. Zu den Pflichten des Pfarrers gehörte an zahlreichen Orten auch die Bewirtung von Gästen an ganz bestimmten Feiertagen – und die gab es reichlich. Der Pfarrer von Waldenbuch hatte die Pflicht, nicht weniger als 56mal im Jahr den Schultheiß und andere Honoratioren des Ortes zu einer Mahlzeit zu bitten. Sein Amtsbruder in Feuerbach war gar zu 59 derartigen Mahlzeiten verpflichtet. An manchen Orten bestanden spezielle Zusatzvorschriften, zum Beispiel über die Verteilung von Fastnachtsküchlein durch den Pfarrherrn. Als Ambrosius Blarer, einer der beiden Reformatoren des Herzogs Ulrich, in dem ihm zugewiesenen Gebiet südlich der Stuttgarter Weinsteige, die Rechte und Pflichten der Pfarreien untersuchte, stellte er fest, daß der Pfarrer an einigen Orten für die Haltung des Faselviehs, der Gemeindebullen und der Gemeindeeber, zuständig war. Solche Pflichten verschwanden dann, nicht zuletzt auf Betreiben Blarers, im Zusammenhang mit der Reformation und der Neuordnung des Kirchengutes.

Es muß, nachträglich betrachtet, eine höchst komplizierte kirchliche Situation gewesen sein. Einige der großen Klöster, wie Hirsau, Bebenhausen oder auch Maulbronn, hatten im ganzen Land ihre Besitzungen, ihre Pfründen. In nicht weniger als 60 Orten des späteren Königreichs Württemberg besaß Maulbronn Rechte, das

Kloster Bebenhausen hatte Besitz in den heutigen Kreisen Esslingen, Ulm, Tübingen, Böblingen, Reutlingen, Ludwigsburg und Stuttgart. Dazu Holzrechte im Schönbuch. Das zwölfte Jahrhundert vor allem hatte sich für die Klöster als eine »gesegnete Zeit« erwiesen. Damals erwarben sie zahlreiche Grundstücke und Nutzungsrechte in den Forsten sowie an Gewässern. Sie wurden Inhaber von Grundpfandrechten und erhielten fortan Zinsen in Form von Geld oder Naturalien. Für die Geistlichkeit insgesamt war »der Zehnte« schon seit dem 8. Jahrhundert der wesentliche Teil des Einkommens. Die ursprüngliche Aufteilung des Zehnten lautete: Ein Viertel für den Bischof, ein Viertel für den Kleriker, ein Viertel für die Armen und das letzte Viertel als Rücklage in die Kirchenbaukasse, die »fabrica ecclesia«, auch »Kirchenkasten« genannt. Die Reformation hat dies alles im Herzogtum und in den großen Reichsstädten, soweit sie protestantisch geworden sind, gründlich geändert.

Eine Besonderheit des alten Württemberg erschwert uns heute noch manchen Vergleich mit den Verhältnissen am Beginn und vor der Reformation: nicht weniger als fünf Bischöfe hatten Mitsprache und Gewalt im Gebiet des Herzogtums. Die Grenzen der Diözesen verliefen (übrigens bis zur Gründung der Diözese Rottenburg nach der Konstituierung des Königreichs mit seinen neuwürttembergischen Teilen) mitten durch das Neckarland (Abb. 4). Die alten Grenzen der Herzogtümer Franken und Schwaben sind in einigen Regionen als Grenzen der Diözesen wiederzuerkennen, zum Beispiel im Bereich der heutigen Kreise Calw und Böblingen. Die Konstanzer Grenze teilte die Gemarkung der jetzigen Stadt Ludwigsburg; die Orte Poppenweiler und Oßweil waren konstanzisch, ebenso das verschwundene Dorf Geisnang; Hoheneck, Eglosheim und Neckarweihingen unterstanden dem Bischof in Speyer, genauso wie Backnang, Marbach, Bönnigheim und Markgröningen. Kirchheim am Neckar gehörte zu Worms; große Teile des Landkreises Heilbronn zählten ebenso wie das Hohenloher Land mit der Reichsstadt Schwäbisch Hall zu Würzburg; bei Schwäbisch Gmünd begann schon das Augsburgische Gebiet. Immerhin – dominierend im alten Herzogtum Württemberg war Konstanz; drei Viertel der Ämter unterstanden in geistlichen Fragen der Gewalt des Konstanzer Bischofs. Es scheint, als habe im hohen Mittelalter und noch im späten Mittelalter im Konstan-

4 Ehemalige Bistumsgrenzen
in Württemberg

zer Bistum eine besonders straffe Ordnung geherrscht, die unter anderem zu einer regelmäßigen Berichterstattung der Pfarrer an den Bischof und einer Weitergabe der Berichte an die römische Kurie geführt hat. Keine Diözese nördlich der Alpen sei im Vatikanischen Archiv so gut aus der vorreformatorischen Zeit dokumentiert wie Konstanz, hat ein in Rom arbeitender Historiker versichert.

Demnach müßte man in diesem bewährten Archiv zu Rom auch manche Einzelheit über die Klagen finden, die vor allem an der Wende vom 15. zum 16. Jahrhundert über den Verfall der Sitten, auch bei den Klerikern, vorgebracht worden sind. Als Eberhard im Bart seine Herrschaft im Land antrat, bemühte er sich unter anderem um eine bessere Zucht in den Klöstern. Im alten Württemberg scheinen die Verhältnisse, was die Sitten und die Kirchenzucht betrifft, alles andere als erfreulich gewesen zu sein. In der Kriminalstatistik sind für das Herzogtum und für die später zum Königreich gehörenden Reichsstädte in der Zeit von 1505 bis 1522 sogar fünf Totschläge durch Kleriker vermerkt: in Isny, in Untertürkheim, in Effringen, in Neufra und in Heilbronn. Im Jahre 1508 ist in Heilbronn heftig geklagt worden über die »Leichtfertigkeit« von Klerikern; manche von ihnen seien streitsüchtig, trügen Waffen, beherbergten Dirnen, verkehrten im Frauenhaus. Von einem Pfarrer in Flein ist aus dem Jahre 1505 überliefert, daß er ein Raufbold gewesen sei und bei den Händeln einen Bürger blutig geschlagen habe. Kritik findet bei den humanistisch gebildeten Geistlichen jener Zeit vor allem der Umstand, daß es vielen Männern der Kirche an der notwendigen Fähigkeit und Ausbildung mangele und daß vielerorts »nur noch in der Fastenzeit« gepredigt werde. Einige Städte, nicht zuletzt die Reichsstädte, richteten deshalb »Prädikaturen« ein und besetzten diese Stellen mit »gelehrten Predigern«, mit Männern, die meist von einer Universität kamen und sich dort schon einen Ruf als Kanzelprediger erworben hatten.

Reutlingen geht voran

Die Reutlinger sind im evangelischen Deutschland oftmals dafür gelobt worden, daß sie trotz der Nähe der habsburgischen Macht,

3 Markgröningen um 1643

5 Matthäus Alber
1495–1570

IOHAN·
NTIVS·
LIGEN·
DOCTOR
RRHERR
GARTTEN·

NES·BRE
DER·HEI
SCHRIFT·
VND·PFA
ZV·STVT·
1570

DER WEIS KORROCK ODER LEINWAN'T
WIRT ICZT EIN MITTELDING GENANT
DIES TRAGN VON ADIAPHORISTN
WELCHE NV SEIN DIE MEISTEN CHRITN
SANT PALVS SPRICHT HALT ORDNVNG FEIN
VERSTEN SIES RECHT·SO LAS GVT SEIN

6 Johannes Brenz
1499–1570

7 St. Michael in Schwäbisch Hall
Erste Hälfte 18. Jahrhundert

die nach der Ächtung des Herzogs Ulrich die oberste Gewalt im württembergischen Herzogtum übernommen hatte, mit der Reformation Ernst gemacht haben. Noch mutiger als die Reutlinger war indes der schon in der Zeit des »Armen Konrad« mit seinen Predigten gegen das »Umgeld« als rebellischer Geist bekannt gewordene Markgröninger Pfarrer Dr. Reinhard Geisslin (oder Gaisser). Er verweigerte im Jahr 1520, drei Jahre nach Luthers Thesenanschlag in Wittenberg, der österreichischen Obrigkeit das Kirchengebet. Das hatte es bis dahin im württembergischen Land nicht gegeben. Es dauerte noch vierzehn Jahre, bis die Habsburger das Land wieder verließen und – als Folge des Friedensschlusses im nordböhmischen Kaaden – dem zurückgekehrten Herzog Ulrich die Entscheidung über eine allgemeine Einführung der neuen Lehre zugestanden.

Die Reutlinger rissen anfangs 1523 einen Priester von der Kanzel. Er habe »unevangelisch gepredigt« und komme »von der Sippe des Antichrists«, warfen sie ihm vor. Aus Gerichtsakten weiß man, daß in jener Zeit an vielen Orten »ketzerische Büchlein gelesen worden sind«. Sicherlich auch in Reutlingen. Das Hauptverdienst an der Verbreitung der Lutherischen Lehren hat für Reutlingen jedoch *ein* Mann, der Prediger Matthäus Alber (Abb. 5). Über seinen Freund Melanchthon hatte er Kenntnis von den Vorgängen in Wittenberg. Er wolle, sagte der mitreißende Prediger Alber der Gemeinde, »nur Gottes Wort verkünden«. Das sei ihm vom Herrn befohlen. Der Bürgermeister Jos Weiß, der zum Stande der Weingärtner gehörte, stützte Alber. An Ostern 1524 hielt Alber erstmals eine evangelische Abendmahlsfeier. Ein Jahr zuvor schon hatte er die Messe in deutscher Sprache gelesen. Der Konstanzer Bischof schickte nach dieser Alberschen Oster-Demonstration eine Untersuchungskommission nach Reutlingen. Alber, der inzwischen auch geheiratet hatte, erhielt Unterstützung von der Bürgerschaft. Man hatte den Rat auf den Marktplatz geholt. Zusammen mit allen Zünften mußte der Rat der Stadt im Mai 1524 öffentlich schwören: »Bei Gottes Wort wolle man bleiben und Gottes Wort wolle man schützen.« Die Reutlinger nannten das »ihren Sieg«. Von den Zünften drängten die Reutlinger Weingärtner am beharrlichsten auf die neue Lehre, die Gerber dagegen hielten sich am meisten zurück. Im Jahre 1529 hat sich Reutlingen der Protestaktion von Speyer angeschlossen; zusammen mit

Nürnberg unterschrieb man die Augsburgische Konfession. Schon im Dezember 1530 trat Reutlingen dem Schutzbündnis der »christlichen Stände« in Schmalkalden in Thüringen bei.

In Heilbronn betrieb der Prediger Johannes Lachmann die Abkehr von der alten Lehre. Seine Hauptstütze hatte er dabei in Hans Riesser, der als »Reformations-Bürgermeister« in der Chronik der Reichsstadt verzeichnet ist. Die Priester, so lautet im Frühjahr 1524 eine Aufforderung des Rates, »sollten ihre Mägde hinwegtun«. Das war ein Signal. Kurz darauf forderte die Bürgerschaft, daß der Empfang des Sakraments in beiderlei Gestalt zugelassen werden solle. Der Bischof in Würzburg reagierte mit einem Verbot. Aber nicht nur in der Bürgerschaft, auch in den Klöstern der Stadt gab es ein Rumoren. Ein Barfüßer vom Kloster am Hafenmarkt legte die Kutte ab und heiratete eine Beguine, die bis dahin zusammen mit anderen unverheirateten Frauen oder Witwen in einem Beguinenhaus in klösterlicher Abgeschiedenheit gelebt hatte. Am 28. Juni 1528 fiel in Heilbronn die Entscheidung: die Mehrheit des Rates erklärte sich einverstanden mit der Einführung des evangelischen Abendmahls. Der altgläubige Bürgermeister mußte Hans Riesser weichen. Bestätigt wurde die Entwicklung vollends am 8. Dezember 1531. Gegen eine Stimme erklärte sich der Rat der Stadt mit der Einführung der Reformation einverstanden.

Der Ulmer Reformator, Konrad Sam, galt als Eiferer. Ein Weißenburger Chronist hat ihn den »Schreier derer von Ulm« genannt. Er legte sich nicht nur mit den Altgläubigen an, sondern als Anhänger Zwinglis gleich auch mit Luther wegen dessen Abendmahlslehre. Für Konrad Sam waren die opfernden Priester nichts anderes als »Metzger«. Bei der entscheidenden, vom Rat angeordneten Abstimmung über den Augsburger Reichstagsabschied ließen sich die Ulmer eine ziemlich suggestive Fragestellung einfallen: »Entweder des Kaisers Gnade und Gottes Ungnade oder Gottes Gnade und des Kaisers Ungnade.« Wer hätte da schon für Gottes Ungnade votieren wollen! Von den siebzehn Zünften stimmten die »Grautucher« geschlossen für das Evangelium. Bei den Bäckern gab es einige Zaudernde, die am alten Glauben hingen. Nur 58 Prozent der Bäckerzunft entschieden sich für das Neue. – An der Volksabstimmung haben sich 1865 Ulmer beteiligt; nicht weniger als 1821 lehnten den Reichstagsabschied ab.

Genauso eindeutig war das Ergebnis der Abstimmungen in den Esslinger Zünften. Von den 300 Weingärtnern, am 6. November 1531 als erste Zunft befragt, wollten nur drei beim alten Glauben bleiben. Schneider, Kürschner und Tucher votierten ohne Gegenstimme für die neue Lehre. Bei insgesamt 1076 Befragten, die an den Abstimmungen teilnahmen, gab es 21 Nein-Stimmen, darunter waren fünf Mitglieder der Zünfte, die sich zur Lehre der Wiedertäufer bekannten. In den Jahren vor dieser Entscheidung, hatte es in Esslingen heftige Fehden gegeben. Der Bürgermeister Holdermann blieb ein strikter Verfechter der alten Lehre. Einer seiner Widersacher war der Esslinger Michael Stifel, ein Augustiner, der die lutherischen Gedanken schon 1522 verbreitete und sich einem Verhör durch den Konstanzer Weihbischof durch die Flucht entzog. – Als in der zweiten Hälfte der zwanziger Jahre Gewalttätigkeiten in der Reichsstadt drohten, erinnerte Johannes Brenz in einem Schreiben an den Rat daran, daß es sinnlos sei, »mit Gewalt und Aufruhr einem anderen seinen Glauben abzudringen, der sich nicht zwingen« lasse.

Hall wird Vorbild

Weit über die Stadt und das Umland hinaus gewann die Reformation in Schwäbisch Hall eine allgemeine Bedeutung. Das war im wesentlichen bedingt durch die Person des Haller Reformators, durch Johannes Brenz (Abb. 6). Als 23jähriger übernahm der aus einem alten Weil der Stadter Geschlecht stammende Brenz die Prädikatur, das Predigeramt an der Michaelskirche (Abb. 7). Sogleich unterband Brenz, der in Heidelberg studiert hatte und dort schon 1518 mit Luther zusammengetroffen war, den Heiligendienst. Die wahre Kirche, das sei die Gemeinschaft der Gläubigen. »Weil sie ein verborgener geistlicher Leib ist, hat sie kein weltliches, sichtbares Haupt.« Christus habe seine Kirche nicht auf Petrus gebaut, sondern auf den Glauben: »Der Fels ist Christus selbst.« An Weihnachten 1525 wird in der Michaelskirche das Abendmahl erstmals nach evangelischem Ritus gefeiert. Zusammen mit anderen Sprechern der fränkischen Reformationsbewegung arbeitet Brenz an der »Haller Kirchenordnung«. Trotz seiner Jugendlichkeit genießt er rasch großes Ansehen und Autorität.

Die Reichsstädte, so heißt es in der neuen Kirchenordnung, seien »durch ihren Eid zu Gott und durch ihren Eid zum Kaiser verpflichtet«. Sie hätten dafür zu sorgen, daß »das Wort Gottes lauter und rein von aller menschlichen Zutat gepredigt werde«. Im Mittelpunkt habe nichts anderes zu stehen als Predigt, Taufe und Abendmahl. Bis in unsere Zeit ist im Grunde das erhalten geblieben, was Brenz 1527/28 für die Ordnung des Jugendunterrichts in Hall niedergeschrieben hat, ein kleiner Katechismus über Taufe, Glaube, Gebot, Vaterunser und Nachtmahl. »Fragstücke des christlichen Glaubens für die Jugend zu Schwäbisch Hall« nannte ihn Brenz. Rückblickend ist festgestellt worden, daß Brenz in Hall die Reform »vorsichtig und allmählich« betrieben hat. Seine Sprache sei bildhaft gewesen, er habe, ganz im Stil der Zeit, die Sprichwörter geliebt, aber Derbheiten vermieden. Berühmt geworden sind die 22 »Türkenpredigten«, in denen Brenz angesichts der akuten Gefährdung Mitteleuropas durch die Streitkräfte des Sultans zur Umkehr und Buße aufrief. Außerdem peinigten Hunger und Pest zu jener Zeit die deutschen Lande. »Zechgelage, ausschweifende Hochzeiten und sonstige Völlereien« müßten aufhören. Man lebe in einer schamlosen Epoche. Die Folge seien all die großen Plagen, von denen man heimgesucht würde. In einer dieser Bußpredigten geißelte Brenz als besonderes Übel auch das »Fluchen, Huren, Schwelgen, Betrügen«, die »modische Putzsucht« und »das hemmungslose Vergnügen der Jugend«.

In der alten Ordnung hatte das bischöfliche Landgericht Verstöße und Vergehen gegen die Sitten mit Kirchenstrafen geahndet. Brenz wollte als Ersatz dieser bischöflichen Kompetenz, ähnlich wie von Zwingli in Zürich vorgeschlagen, ein Sittengericht (Synodus) einsetzen. Doch der Haller Rat zögerte, auch wenn man mit dem Reformator darin einig war, daß Glaube und Liebe an der ersten Stelle stehen müßten und die Obrigkeit für eine ungestörte Ausführung der Befehle Christi zu sorgen habe. Ein Kollegium, bestehend aus Pfarrern und Laien, erhielt schließlich das Recht, den Bann zu verhängen und die Sünder und Gottlosen vom Abendmahl auszuschließen. Den Einwänden gegen solch strenges Regiment begegnete Brenz mit dem Satz: »Es wird drum aus der Stadt kein Kloster, sondern eine züchtige Bürgerschaft.« Da Brenz der deutschen Sprache einen wichtigen Platz zuwies und großen Wert auf das Lesen der Heiligen Schrift legte, bemühte er sich besonders um eine Verbesserung des Schulwesens. Eine gebildete Jugend sei die beste Mauer einer Stadt, gab er denen zu bedenken, die wegen der zusätzlichen Kosten für die neuen Schulen Einwände erhoben. Schließlich redete Brenz seinen Haller Mitbürgern auch wegen einer wirksamen Hilfe für die Armen ins Gewissen. »Die Reichen«, so meinte er, »sollen den Armen helfen.« Die freiwerdenden Priesterpfründen sollten die Mittel des Armenkastens aufbessern.

Im Bauernkrieg drängte Brenz den Rat der Stadt zu entschlossenem Widerstand gegen die bereits an die Stadttore pochenden Aufständischen. Er wollte die bestehende Ordnung geschützt wissen. Wenn man den rebellischen Bauern nachgebe, wollten sie noch mehr haben. Als der Angriff abgewehrt war, riet Brenz jedoch zur Milde. Die meisten Rebellen seien verführt worden. – Die Hinrichtung des Bauernkanzlers und Pfarrers Kirschenbeißer am 25. Juni 1525 stieß bei Brenz auf heftige Kritik.

Als Berater Herzog Ulrichs – und später noch des Herzogs Christoph – hat Johannes Brenz einen nachhaltigen Einfluß auf das gesamte württembergische Herzogtum ausgeübt. Fast alles, was die evangelisch-lutherische Kirche in Württemberg in den nachfolgenden Zeiten zu einer Institution unverwechselbarer Art gemacht hat, geht zu einem nicht geringen Teil auf Brenz zurück. Eine Vorform der späteren »Confessio virtembergica« war die in 19 Artikel gegliederte, von Brenz in Hall verfaßte Schrift: »Unterrichtung der zwiespältigen Artikel christlichen Glaubens.« Die Obrigkeit, so wird da erläutert, muß sich nicht nur nach dem Wort Gottes richten, sie muß es auch fördern und beschirmen. Allein der Glaube an das Wort Gottes mache fromm, gerecht und selig, nicht die frommen Werke. Sie seien allenfalls die Folgen, durch den Glauben hervorgerufen. In der Abendmahlsfrage, dem Streit zwischen Lutheranern und Zwinglianern, stand Brenz ganz auf Luthers Seite. Für ihn war das Abendmahl nichts anderes als eine Gedächtnisfeier des Todes Christi. »Das Brot wird Leib Christi durch das Wort.« Durch diese Brenzsche Auffassung entstand für lange Zeit eine Spannung zwischen den Straßburger Reformatoren und den Anhängern von Brenz. Von Brenz ist das Wort überliefert: »Die Straßburger halten das Brot, wir das Wort.« Zwingli wehrte sich heftig und nannte die Abendmahls-Auslegungen des Haller Reformators »freche Verzerrungen«.

Fünf Jahre nach der Berufung von Brenz war die Reformation in Hall und im hallischen Land beendet. Ein Chronist hat vermerkt: »Anno 1527 die Kirche reformiert – die papistische Messe abgetan.«

Teils Luther, teils Zwingli

Ein halb heimliches, halb offenes Bündnis deutscher Fürsten gegen das Haus Habsburg und die Macht Österreichs hat am Ende bewirkt, daß die Reformation im alten Württemberg ganz anders verlaufen ist als in den meisten anderen Gebieten des Heiligen Römischen Reiches. Weder die Kurpfälzer, noch die Hessen, Sachsen oder Bayern waren erfreut darüber, daß im Neckarland nach der Ächtung und Vertreibung Ulrichs ein habsburgisches Regiment aufgerichtet worden war. Man wollte vermeiden, daß daraus ein Dauerzustand werde. Die Bayern mit ihrem Kanzler Dr. Leonhard Eck bemühten sich um eine möglichst baldige Regentschaft des jungen Christoph, Sohn Ulrichs und Sabinas, der Tochter des Bayernherzogs Albrecht. Philipp von Hessen dagegen, seit 1525 Landgraf und mit Ulrich verwandt, betrieb das Ende der Habsburger-Herrschaft im alten Württemberg. Das Instrument Philipps war der Schmalkaldische Bund, ein Zusammenschluß der protestantischen Mächte, benannt nach dem thüringschen Ort Schmalkalden. Philipp war im Jahre 1531 der Hauptmann dieses, mit dem katholischen Kaisertum im Konflikt liegenden Bundes geworden. Die evangelischen Fürsten und Städte versprachen sich von einem Sieg der Reformation in Württemberg entscheidende Vorteile für die Behauptung der neuen Lehre in den deutschen Landen. Solche macht- und religionspolitischen Erwägungen verhalfen Ulrich schließlich zur Rückkehr in die Heimat. Die Habsburger, im Jahre 1534 durch allerlei Krisen in ihrem ausgedehnten Machtbereich geschwächt und abgelenkt, konnten die Rückkehr des vor allem vom hessischen Landgrafen unterstützten Ulrich nicht länger verhindern. Nach der Schlacht bei Lauffen, am 13. Mai 1534, mußten die Österreicher weichen. Das in Lauffen siegreiche Heer ist Leopold Rankes Ansicht nach das »erste Heer religiös-politischer, europäisch-deutscher Opposition gegen das Haus Österreich« gewesen. Der Form nach blieb das Herzogtum im Frieden von Kaaden, der Ulrichs Rückkehr besiegelte und ihm freie Hand in der Religionsfrage gab, zunächst ein österreichisches Afterlehen. Aber die Herrschaft Ulrichs war kaum beschränkt. Der Herzog mußte sich ein Jahr darauf, 1535 in Wien, allerdings verpflichten, keine Sektierer in seinem Lande zu dulden.

Ulrich selbst hatte im Exil mancherlei Kontakte mit Reformatoren. Beim Marburger Religionsgespräch (1529) war er Zuhörer gewesen. Er kannte Luther und Melanchthon. In der Schweiz nahm er Verbindung mit Zwingli auf; nach dessen Tod setzte Ulrich die Korrespondenz mit den Freunden und Anhängern Zwinglis fort. Der Landgraf von Hessen, dem Ulrich so viel verdankte, war ganz auf Luthers Lehre fixiert. Aber Ulrich zeigte sich auch von den reformatorischen Ansätzen beeindruckt, die er in der Schweiz und von seiner Grafschaft Mömpelgard, dem heutigen Montbéliard in der burgundischen Pforte, aus beobachtet hatte. Der Herzog fand rasch einen Ausweg aus dem drohenden Dilemma. Er ließ am 17. Mai 1534 in der Stuttgarter Stiftskirche den hessischen Hofprediger Konrad Oettinger das Evangelium verkünden, bat aber auch den Reutlinger Matthäus Alber zu einer Predigt nach Stuttgart. (Das sollte überdies eine Geste der Versöhnung gegenüber den Reutlingern sein, die Ulrich früher einmal böse überfallen hatte.) Mit der Einführung der neuen Lehre im Herzogtum beauftragte Ulrich zwei weitbekannte Männer: den bis dahin in Hessen wirkenden, aus Heilbronn stammenden Erhard Schnepf (Abb. 8) und den in Konstanz geborenen, aus der an Zwingli orientierten, oberdeutsch-straßburgischen Schule kommenden Ambrosius Blarer (Abb. 9).

Der Lutheraner Schnepf übernahm das Land »unter der Steig« (der Stuttgarter Weinsteige) mit Ämtern wie Schorndorf, Gröningen (Markgröningen), Vaihingen, Besigheim, Weinsberg und Neuenstadt; Blarer, der zuvor schon in Ulm, in Geislingen und Esslingen gewirkt hatte, war zuständig für den südlichen und westlichen Landesteil. Durch diese Entscheidung wollte Ulrich offensichtlich eine Balance zwischen den unterschiedlichen Mächten und Interessen finden. Spannungen waren jedoch unvermeidlich. Schnepf und Blarer fanden schließlich in der Lehre vom Abendmahl einen Kompromiß, die »Stuttgarter Konkordie« vom 2. August 1534. Das war kaum mehr als eine mühsame Überdeckung der Gegensätze, ein Formel-Kompromiß. Vor allem die einflußreichen Straßburger übten daran Kritik, ohne großen Erfolg. Am Ende entschied man sich im Herzogtum doch für die »Augsburger Konfession«. Auf sie wurden alsbald alle im Amt belassenen oder neu ins Amt übernommenen Pfarrer in Württemberg verpflichtet. Ferdinand von Österreich selbst hatte im Friedensvertrag von Kaaden (29. Juni 1534) gegenüber dem Kurfürsten Johann von Sachsen zugestanden, daß in Württemberg die Reformation gemäß der Augsburgischen Konfession eingeführt werden dürfe. Im Wiener Vertrag vom 21. August 1535 hat sich Ulrich gegenüber den Habsburgern verpflichtet, neben den Wiedertäufern auch den »Sakramentierern« keinen Platz einzuräumen. Das entsprach dem dringenden Wunsch des sächsischen Kurfürsten und ist überall als eine gegen die Zwinglianer gerichtete Auflage verstanden worden. Der Vertrag von Wien hat insofern das streng lutherische Württemberg begründet und das süddeutsche Württemberg vom oberdeutsch-schweizerischen Protestantismus getrennt.

Blarers hauptsächlicher Stützpunkt war Tübingen. Der erste Versuch, dort die Geistlichkeit für die neue Lehre zu gewinnen, verlief nicht sehr erfolgreich. Von neunzehn auf dem Tübinger Rathaus versammelten Geistlichen stimmten nur sieben dem Reformator zu, zwölf erbaten sich Bedenkzeit, was einer Ablehnung gleichkam. In den Amtsstädten des Landes examinierte man die Geistlichen in Gegenwart des Vogtes und bestätigte diejenigen im Amt, die bestanden hatten. Für die Entlassenen holte man Ersatzleute. Darunter war mancher, der schon zuvor evangelisch gepredigt hatte und dann von den Österreichern verjagt worden war. Aber das reichte nicht aus. Blarer rief Prediger aus der Schweiz und aus Straßburg ins Land, Schnepf holte eine Anzahl von Lutheranern aus Hessen in die württembergischen Ämter. Da die Ehrbarkeit in den Städten oftmals katholisch und österreichisch bleiben wollte, kam es in jenen Jahren der Reformation zu einer beträchtlichen Umschichtung der Bevölkerung. Alte Familien verließen das Land, sie nutzten den »freien Zug«, den der Tübinger Vertrag gewährte. Neue Familien, die Angehörigen der Prediger aus Hessen, aus der nahen Schweiz und aus dem Elsaß kamen ins Land und begründeten in den Pfarrhäusern fortan eine Familientradition, die Württemberg bis in unsere Zeit prägen sollte. Überall dort, wo auswärtige Herren oder kirchliche Institutionen die Pfarrstellen zu besetzen hatten, wurde ihnen das Besetzungsrecht abgekauft oder sie wurden durch Druck zur Neubesetzung gezwungen. Es ist kaum übertrieben, wenn man aus den alten Visitationsakten den Schluß zieht, daß die Reformatoren und Amtsleute damals die Geistlichen, die der neuen Lehre folgen wollten, einem regelrechten Verhör, einer Gewissensprüfung unterzogen haben. Wer unter österreichischer Herrschaft ins Amt gekommen war, besaß nur eine geringe, oftmals gar keine Chance der Weiterverwendung. Aus mancher Ortschronik weiß man über die damaligen Vorgänge ziemlich genau Bescheid. Deckenpfronn, heute dem Kreis Böblingen zugehörig, damals dem Amt Calw unterstellt, schickte seinen Pfarrer, den Martin Yelin, ins Amtsgebäude nach Calw, wo Ambrosius Blarer alle Geistlichen des Amtsbezirkes versammelte. Wollte ein junger Geistlicher nicht evangelisch predigen, wurde er entlassen, ältere Geistliche schickte man in den Ruhestand und gab ihnen eine, sicherlich bescheidene, Pension. Calw selbst bekam als ersten evangelischen Geistlichen einen Schweizer. Der Deckenpfronner Martin Yelin entschied sich für die neue Lehre. Er blieb im Dorf und versah weiterhin das Amt des Pfarrers. Vermerkt ist auch, daß er geheiratet habe, in zehnjähriger Ehe seien ihm acht Kinder geboren worden. Was die beiden Deckenpfronner Pfründen betrifft, so sind sie sogleich mit der Reformation aufgehoben und die zugehörigen Güter ebenso wie die anderen aus dem Bezirk zu einer gemeinsamen Verwaltung des »geistlichen Gutes« in Calw zusammengefaßt worden. In der Ortsgeschichte von Deckenpfronn ist vermerkt: »Den Heiligenpflegerrechnungen (die über das Vermögen der Kirchengemeinde Auskunft geben) sieht man in nichts an, daß eine neue Zeit gekommen war. Der Heilige (das Kirchengut) wird nach wie vor von zwei Heiligenpflegern (Kirchenpflegern) verwaltet, nur an den Ausgaben des Abendmahlsweins ist eine kleine Änderung eingetreten. Die beiden Kaplane erscheinen nicht mehr mit dieser Ausgabe. Herr Martin, der Pfarrer, wird nach wie vor nur mit seinem Vornamen genannt. Die Ausgaben für Kerzen aber sind wesentlich geringer.«

So wie in Deckenpfronn wird es auch anderswo im Land gewesen sein. Daß es vor allem in den Städten Widerstand oder doch Resignation unter den Gläubigen gegeben hat, ist von manchem Chronisten bezeugt. Als in Stuttgart am 2. Februar 1535 die letzte katholische Messe gelesen wurde, sei, so wird berichtet, »viel Volks in der Kirche gewesen«; viele Lichter und Kerzen hätten gebrannt und das Volk habe sehr geweint.

Im Kampf gegen die Bilder

Eines der seltsamsten Treffen in der württembergischen Geschichte ist aus Urach verzeichnet. Es hieß der »Götzentag«. Versammelt waren auf Wunsch des Herzogs die Reformatoren Blarer und Schnepf, dazu einige andere Theologen und die Räte des Herzogs mit dem Erbmarschall Hans Konrad Thumb. Im Mittelpunkt der Debatte stand die Frage, ob und in welchem Umfang in den Kirchen Bilder geduldet werden könnten. Bilder seien, so meinten die Strengen im Lande, im Grunde nichts anderes als »Götzen« und »Götzen« hätten in einer Kirche, im Gottesdienst nichts verloren. Herzog Ulrich selbst hatte in Stuttgart ein Signal gegeben, als er in seiner Hofkapelle die »Götzen« entfernen ließ. Die Vögte in Blarers Gebiet folgten dem herzoglichen Beispiel. In Tübingen, Herrenberg, Neuffen und Nürtingen fehlten schon die Bilder in den Kirchen und Kapellen.

In Erinnerung blieb im ganzen Land vor allem auch der Ulmer Bildersturm. Die Ulmer, die am 16. Juni 1531 die Messe ausdrücklich abgeschafft hatten, brachen zwei Tage später den Marienaltar mitten im Münster ab (Abb. 11). Anderntags begann das Wüten gegen die Bilder. Der Ulmer Rat, von der Gefährlichkeit bildhafter Darstellungen durchaus überzeugt, verlangte von den Familien, die »Bilder und Tafeln« im Münster hatten, sie sollten ihr Eigentum aus der Kirche schaffen. Doch dazu war kaum mehr Gelegenheit. Aufgestachelt von eifernden Predigern, die die Bilder »Götzen« nannten und von »unleugbarer Abgötterei« sprachen, drang eine wütende Menge in das Münster ein. Statuen, Altäre, Bilder wurden zerstört. Die »Prädikanten«, die Prediger der neuen Lehre, selbst hätten die Menge angestachelt. Auf deren Drängen habe man am Ende sogar die beiden Orgeln mit Pferden aus der Kirche gezogen. Beschädigt war im übrigen auch das Chorgestühl Syrlins. Wie konsequent der Ulmer Rat bei dieser Bilderstürmerei verfuhr, zeigte der Beschluß, sämtliche anderen Kirchen und Kapellen in und vor der Stadt zu schließen. Alle Kapellen vor den

Toren der Stadt sollten abgebrochen werden. Zwölf Jahre später – im Februar 1543 – unterbrach man auch noch per Ratsbeschluß den Weiterbau des Münsters. Man wollte »Schimpf und Spott« durch den Stillstand verhüten, hieß es in der Begründung.

Dieser Sturm auf die Bilder und Altäre im Ulmer Münster hatte über das ulmische Gebiet hinaus weitreichende Folgen. Die Künstler wanderten aus. Wer, wie Martin Schaffner, bei der Abstimmung für den alten Glauben eingetreten war, erhielt nun keine Aufträge mehr. Daniel Mauch ließ sich aus der Stadt beurlauben. Die Schule der Ulmer Künstler gehörte der Vergangenheit an. Ebenso wie manche Künstler verließen in den Jahren der Reformation auch rund 250 Familien des Patriziats und der Ehrbarkeit das ulmische Gebiet. Sie wollten die neue Lehre nicht akzeptieren und wanderten deshalb aus. Es waren die Familien, die wesentlich zum Bau des Münsters beigetragen und viele der nun verbannten oder zerstörten Bilder gestiftet hatten.

Die Ulmer waren nicht die einzigen, die ihre Kunstschätze in der Reformationszeit zerschlugen. Auch in Esslingen wurden 1532 viele Bilder verstümmelt. Im Beisein des Esslinger Rates, wie ausdrücklich in einem zeitgenössischen Bericht vermerkt ist, habe man damals auch die Christus-Statue am Pfarrhof zerschlagen. Jetzt, fünf Jahre später, erregte sich das württembergische Umland der inzwischen reformierten Reichsstädte über die Bilderfrage. Blarer und Schnepf, so schien es, seien im Prinzip durchaus einig in der Ablehnung von Bildern. Aber in der Praxis, in der Frage, wie man vorgehen solle, gab es doch erhebliche Differenzen zwischen dem Zwinglianer Blarer und dem Lutheraner Schnepf. Die Debatte in Urach dauerte lang. Schließlich bekannte sich eine Mehrheit zu Blarers Ansicht, daß »die Bilder ärgerlich seien, weil sie vom Wort abziehen«. Johannes Brenz, den man ebenso wie den Reutlinger Reformator Alber nach Urach gebeten hatte, weil der Herzog die bedächtige Art des Haller Reformators hoch schätzte, drang mit seinen Einwänden und Vorbehalten nicht gegen Blarer durch. Man dürfe sich in der Bilderfrage doch nicht von der Kirche in Sachsen und anderen lutherischen Ständen trennen, hatte Brenz eingeworfen und als lebenserfahrener Geistlicher hinzugefügt, es sei besser, wenn die jungen Burschen während der Predigt die Bilder und nicht »die Jungfrauen als lebendige Götzen« anguckten. Da die Versammlung einer Entscheidung des Herzogs ohnedies nicht vorgreifen konnte, ließ man die Sache trotz des ursprünglichen Mehrheitsvotums für Blarers prinzipielle Meinung in der Schwebe. Ulrich solle das letzte Wort haben. Der ließ sich Zeit. Am 20. Januar 1540 befahl er, alle Bilder zu entfernen. Aber dies solle nicht geschehen »mit Stürmen und Poltern, sondern mit Zucht und bei geschlossenen Türen«.

Nicht überall ist diese Anordnung des Herzogs sorgfältig beachtet worden. Manch wertvolles Kunstwerk wurde noch vernichtet. Einige der kostbaren mittelalterlichen Bilder und Statuen aber sind am Ende doch erhalten geblieben. Wenn man jedoch die Frage stellt, weshalb es die Musen im altwürttembergischen Gebiet verhältnismäßig schwer haben, allgemein anerkannt oder gar geschätzt zu werden, dann wird man sich bei der Suche nach einer Antwort auch an den Uracher Götzentag erinnern müssen.

Bereichert durch die Klöster

Noch heute findet man in den Schriften katholischer Kirchenhistoriker deutliche Klagen über den harten Zugriff des württembergischen Herzogs auf die Klöster und deren Güter in der Zeit der Reformation. Die Habsburger, das ist wahr, haben sich damals kaum ernsthaft gegen die Aufhebung der Klöstergüter gewehrt. Im Gegenteil – Ferdinand von Österreich gab nach der Schlacht bei Lauffen im Frieden von Kaaden dem Drängen vor allem des sächsischen Kurfürsten nach. Der Habsburger brauchte die Stimmen der Kurfürsten. Ulrich erhielt nicht nur sein Land zurück, man gewährte ihm auch freie Hand gegenüber den Klöstern in seinem Land. Wäre Ulrich damals noch nicht von der neuen Lehre überzeugt gewesen, wie zumindest die evangelischen Historiker und Kirchenmänner stets behauptet haben und behaupten, dann hätte er der Reformation schon wegen dieser Aussichten auf Mehrung seines Besitzes und seiner Macht zuneigen müssen.

Fast ein Drittel des Württemberger Landes befand sich bei Ulrichs Rückkehr im Frühjahr 1534 in der Verfügungsgewalt der Klöster. Der Anspruch auf den Klosterbesitz wurde vor allem mit Luthers Kritik am Mönchtum begründet. Die fürstlichen Verfechter der neuen Lehre leiteten daraus ihre Machtbefugnis über die nicht reichsunmittelbaren Klostergebiete ab. So auch Ulrich. Er ließ die

Messe verbieten und schickte evangelische »Lesemeister« in die württembergischen Klöster. Sie sollten für die »geistliche Unterweisung« der Klosterinsassen sorgen. Es war, modern gesprochen, wohl der erste Auftrag zur »Umerziehung« in unserer Geschichte. Die Klöster leisteten Widerstand gegen die neue Lehre und gegen die Lesemeister. Nicht allzuviele Mönche waren bereit, die Reformation anzuerkennen und sich mit einem evangelischen Pfarramt betrauen zu lassen. Wer nicht für die neue Lehre zu gewinnen war, dem wurde ein »Leibgeding« angeboten – eine Rente von 40 Gulden im Jahr auf Lebenszeit. Diejenigen, die unbedingt in einem Kloster leben wollten, wanderten aus. Ein Teil der Widerspenstigen wurde nach Maulbronn geschickt. Dort richteten sie einen gemeinsamen Haushalt ein.

Glaubens- und Finanzfragen waren in jener Zeit miteinander verflochten. Die Klöster, so beschloß ein Landtag im Juni 1534, müßten künftig die Hälfte ihres Jahreseinkommens an die Landschreiberei abliefern. Der Beschluß kam für die Betroffenen kaum überraschend. Jedermann wußte, daß Ulrich, nicht anders als in der ersten Periode seiner Herrschaft, in großen Geldnöten steckte. Er mußte nicht nur die eigenen Kriegskosten für die Wiedergewinnung seines Landes bezahlen, sondern auch noch die Lasten ersetzen, die dem Schwäbischen Bund bei der einstigen Vertreibung des Herzogs entstanden waren. Daß man zur Finanzierung solch großer Verpflichtungen auch die Klöster heranziehen werde, galt allgemein als selbstverständlich. Doch leicht war es nicht, die Klosterschätze in die Hand des Herzogs zu bringen. Freiwillig rückten die Äbte nichts heraus. Der Maulbronner Abt reagierte bei drohender Gefahr besonders gründlich. Er packte die Kleinodien, die Barschaft und die Lagerbücher, in denen die Besitzverhältnisse verzeichnet waren, einschließlich aller Abrechnungen zusammen und floh damit nach Speyer zum Bischof. In Herrenalb mußte die Auslieferung des Klosterschatzes von achtzig Soldaten erzwungen werden, die von den Herzoglichen rasch im Neuenbürger Amt rekrutiert worden waren. Der Abt teilte später auf Hohenurach eine Zeitlang das Los der Gefangenen, weil er im Verdacht stand, 30 000 Gulden beiseite geschafft zu haben. Auch den Widerstand gegen die »Lesemeister« brach man an einigen Orten mit Hilfe von Soldaten, so zum Beispiel in Alpirsbach. Mit 120 Mann rückten die Beauftragten des Herzogs ins Kloster ein. Der störrische Benediktiner-Abt hat bald darauf seinen Frieden mit der Obrigkeit gemacht. Er amtierte fortan als Klosterverwalter mit dem Titel eines herzoglichen »Rats und Dieners«.

In Hirsau (Abb. 10) war der Widerstand weniger heftig als in anderen Klöstern im Lande. Der Heidelberger Humanist und Poet Theodor Reysmann, zuletzt Rektor der Realistenburse in Tübingen, gewann als Lesemeister bei den Klosterinsassen rasch einige Freunde. Dem Hirsauer Abt mißfiel es freilich, daß auch die Frau des Lesemeisters ins Kloster einzog. Auf Einspruch des Abtes mußte sie nach Calw umziehen. Reysmann amtierte später in Güglingen im Zabergäu als Pfarrer. Er muß dort eine beträchtliche Vorliebe für den Wein gezeigt haben. Wegen Trunksucht wurde er seines Amtes enthoben. Bald darauf starb er.

In den Frauenklöstern und auch in den Beguinenhäusern, wo Witwen und unverheiratete, meist begüterte Frauen in klosterähnlicher Weise lebten, regte sich entschiedener Widerstand gegen die neue Lehre und besonders gegen eine Änderung der Besitzverhältnisse. In Lauffen, im Kloster der Prämonstratenserinnen, schlossen sich die Nonnen in die Kirche ein und beteten Tag und Nacht, als die Visitations-Kommission sich näherte. Die Altmutter der Beguinen in Markgröningen wetterte gegen die Reformatoren. »Man wird ihnen ihres Evangelions« geben, erklärte sie. Sechsundzwanzig Schwestern der Klarissinnen in Pfullingen wurden zusammen mit ihrer Äbtissin zwangsweise ins Franziskanerkloster nach Leonberg versetzt. Im Wildberger Kloster Reutin widerstrebten die Klosterfrauen besonders hartnäckig den Visitatoren. Sie befürchteten hauptsächlich den Verlust ihrer Versorgung. Man ließ sie schließlich gewähren und schloß das Kloster erst im Jahre 1571. Vier Nonnen, die zu jener Zeit noch in Reuthin waren, versetzte man ins Kloster Kirchberg bei Sulz. Die Beguinenhäuser wandelte man fast überall im Land in Spitäler oder Schulen, vorwiegend Lateinschulen, um. Wer von den Frauen aus dem Haus austreten wollte, erhielt das eingebrachte Gut zurück.

Handgreiflichkeiten sind von den Zisterzienserinnen in Rechtshofen überliefert. In diesem, zur damaligen Gemeinde Hohenhaslach zählenden Kloster, hätten sich die alt- und die neugläubigen Nonnen nicht mehr miteinander an einen Tisch gesetzt und sich schließlich geprügelt. Dabei sei Blut geflossen. Noch etwas anderes ist ebenfalls von Rechtenshofen in Erinnerung geblieben: Der

Bietigheimer Prädikant fand, als er wie immer an einem Donnerstag zur Predigt nach Rechtenshofen kam, auf der Kanzel unter der Sanduhr, die den Prediger zur Knappheit ermahnen sollte, ein Blatt Papier. Zur Enttäuschung der vollzählig erschienenen Gegnerinnen der Reformation steckte er es ungeöffnet in die Tasche. Nach dem Gottesdienst kehrte er zur Stärkung des Leibes im Gasthaus ein. Dort öffnete er das Papier. Auf ihm standen, von Frauenhand geschrieben, Schmähgedichte. Zum Beispiel diese beiden:

> »Gib mir das dein,
> laß mir das mein –
> so will ich gut evangelisch sein«

und

> »Das evangelium wer nit so schwer,
> wann der aigen nutz nit wer.«

Der Prädikant brachte das Beweisstück, das noch Gedichte gegen den Reformator Blarer verzeichnete, dem Bietigheimer Vogt. Der aber kam bei seiner Nachuntersuchung zu keinem Ergebnis. Man fand nicht heraus, *wer* die Gedichte auf den Zettel geschrieben hatte. Ziemlich sicher erscheint jedoch, daß die Erfinder der Verse nicht im Kloster Rechentshofen saßen, sondern, wegen der Anspielungen auf Blarer, irgendwo in den südlichen Ämtern des Herzogtums.
Solche Reime und Spottgedichte waren überall im Lande verbreitet, sie bilden wohl den Anfang einer Tradition, die im 19. Jahrhundert mit den Sprüchen und Reimen der Volksmänner in Württemberg, nicht zuletzt durch Ludwig Uhland, eine hohe Blüte erreicht hat. Glücklicherweise hat der Vogt von Bietigheim das Blatt von Rechtenshofen zu den Akten genommen und die Verse so der Nachwelt überliefert.

Ulrichs doppelte Buchführung

Die Biographen des Wittenberger Reformators haben herausgefunden, daß Luther im November 1538 einen längeren Brief nach Stuttgart geschrieben hat. Adressat war Herzog Ulrich. Der Inhalt des Schreibens betraf die Verwendung der Kirchengüter im Herzogtum. Luther sei besorgt gewesen über die Vorgänge im Herzogtum, er habe sich deshalb bei dem württembergischen Fürsten dafür eingesetzt, daß der Ertrag der im Zusammenhang mit der Reformation eingezogenen Kirchengüter vor allem für die Schulen verwendet werde. Es gibt auch Hinweise darauf, daß Ulrich bei seinen evangelischen Glaubensbrüdern vom Schmalkaldischen Bund, der Vereinigung der protestantischen Gewalten, wegen seines Vorgehens in der Frage der alten Kirchengüter mit einigem Mißtrauen beobachtet worden ist. Der Schmalkaldische Bundestag hatte empfohlen, daß diese Güter künftig drei Hauptzwecken dienen sollten: dem Lebensunterhalt der Kirchendiener, den Schulen und den Armen. Zur Armenhilfe gehörten auch die Spitäler und die Gewährung von Stipendien für arme Studenten. Eben diese Bedingungen, antwortete Ulrich seinen Kritikern, habe er im Herzogtum Württemberg erfüllt. Es sei durchaus rechtens, daß er den verbleibenden Rest zur Tilgung der Schulden, für den Bau von Festungsanlagen und als Rücklage für Notzeiten verwende. Im Reichstagsabschied von Speyer sind dann 1544, ganz im Sinne Ulrichs, generell die Eigentums- und Besitzveränderungen nachträglich gebilligt und bestätigt worden. Ulrich selbst hat sich, als er Hand auf die Güter der Kirche legte, nicht etwa auf die Reformation und die neue Lehre berufen. Nach seiner Ansicht galt schon im Mittelalter der Grundsatz, daß »Kirchengüter in jedem Territorium fürstliche Kammergüter« seien. Tatsächlich hatte man in Böhmen die Kirchengüter zur Kammer des Königs gerechnet und auch in Niederösterreich galt solche Zuordnung als Rechtsgrundlage – unabhängig von der Nutzung dieser Güter. Zimperlich war Ulrich bei der Anwendung des von ihm behaupteten Rechtsgrundsatzes keineswegs verfahren. Alles wertvolle Gold und Silber der Kirchen und kirchlichen Einrichtungen mußte auf Befehl des Herzogs im Frühjahr 1535 nach Stuttgart geschickt werden. Dort ließ es der Herzog einschmelzen. Unzählige, auch künstlerisch wertvolle Stücke wie Monstranzen, Kelche, Kapseln, Schüsseln sind auf diese Weise am Stuttgarter Hof im buchstäblichen Sinne zu Geld gemacht worden. Aus dem Jahre 1536 datiert eine Verfügung Ulrichs, wonach die kirchlichen Bekleidungsstücke einzuziehen seien. Die wertvollen Stücke, Ornate aus Samt und Seide, vor allem diejenigen mit Goldaufla-

ERHARDVS SCHNEPFIVS D.
THEOL. NAT₉ 1. NOV. 1495. OBIIT 1558. DIE NATAL.

8 Erhard Schnepf
1493–1558

AMBROSIVS BLAVRERVS.
Ambrosio imbutus fuerat BLAVRERVS odore
Diuini verbi, totus hic AMBROSIVS.
Incons tans pepulit tantum Cons tantia ciuem
Iigratum patriam spreuit at ille suam.

9 Ambrosius Blarer
1492–1564

gen, wurden verkauft, »geringere Sachen, wie wollene und leinene Tücher an hausarme Leute« verschenkt. Das geschah ausdrücklich im Namen des Herzogs. Die einstigen Stifter, Familien oder auch Gemeinden, waren darüber wenig erfreut. Wenn der Herzog schon über das von ihnen gestiftete Gut verfügte, dann sollte nicht auch noch unter einem falschen Etikett geschenkt werden. Der eigentliche Protest der Stifter von Kirchengut betraf jedoch die Einziehung jener Ländereien, die, hauptsächlich von Gemeinden, einst als Pfarrpfründen gestiftet worden waren. Von Göppingen ist unter anderem ein derartiger Einspruch überliefert, auch vom Reichenauer Abt, dessen Kloster Besitz im Herzogtum hatte, auf den Ulrich nun seine Hand legte. Doch all diese Proteste und Vorbehalte überging der Herzog. Etwa drei Viertel des ganzen Kirchengutes wurde eingezogen und der herzoglichen Kasse zugeteilt. Auch die Pfarrpfründen blieben nicht verschont. Die Inhaber dieser Pfründen erhielten feste Bezüge aus der gesamten Pfründmasse.

In der Rentkammer, der Finanzbehörde Ulrichs, gab es nun die doppelte Buchführung; die eingezogenen Kirchengüter und Pfarrpfründen wurden einer besonderen Verwaltung unterstellt. Der Überschuß aus der »geistlichen Rechnung« ging an die weltliche Zentralkasse. Die Gemeinden erhielten prinzipiell den »Heiligen«: das Ortskirchenvermögen, das der Unterhaltung des Kirchengebäudes und der Ausstattung des Gottesdienstes diente. Neben Geldeinkünften hatten die »Heiligen« Sacheinkünfte wie Frucht und Wein, aber auch Öl und Wachs. An vielen Orten reichten diese Einnahmen nicht aus; man mußte deshalb das Defizit durch freiwillige Spenden, durch Sammeln, ausgleichen. Was vom allgemeinen Kirchengut und von den Pfarrpfründen noch übrig geblieben war, wurde dem gemeindlichen Armenkasten zugeschlagen. Nach einem sogenannten Visitationsbrief von Bietigheim gilt als Zweckbestimmung solcher Armenhilfe – einer kommunalen Fürsorge – die »Unterstützung armer Knaben zum Studium oder zum Handwerk«, die »Handreichung für bedürftige Kindbetterinnen« und die Anstellung einer Person, sei es Mann oder Frau, zur Krankenpflege. Vorgeschrieben war zum Beispiel auch, daß die Städte aus den ihnen zufallenden Vermögensrechten einen »lateinischen Schulmeister unterhalten« und den Mesner bezahlen sollten. Auch Beiträge zum neugegründeten Stipendium, dem Tübinger Stift, wurden erwartet. Da die Finanzkraft der Gemeinden innerhalb eines Amtes ganz unterschiedlich war, verfügte die herzogliche Verwaltung in einer Kostenordnung des Jahres 1536, daß in einem Amt »die vermöglichen Flecken den unvermöglichen« durch Dotationen aus dem Armenkasten helfen sollten. Als Beispiel ist der Stromberg-Ort Ochsenbach im Güglinger Amt genannt, dessen Einkünfte seien »etwas ring«.

Die Bürger in den Ämtern und Gemeinden hatten von der neuen Zeit etwas ganz anderes erwartet als eine Verschiebung der Armenhilfe von den kirchlichen Einrichtungen auf die städtischen oder gemeindlichen Armenkästen. Man hatte auf eine wirksame finanzielle Entlastung gehofft. Zu Buch schlug am Ende nur die Abschaffung des sogenannten »lebenden Zehnten«. Ansonsten handelte der Herzog Ulrich nach einem uralten und stets aufs neue angewandten Lehrsatz der Staatsfinanzierung: bereits vorhandene, also alte Steuern und Abgaben, sind gute Steuern und Abgaben, weil sich die Leute daran gewöhnt haben. Geändert hat sich in jenen Jahren die Verfügungsgewalt über große Teile des Grundvermögens, nicht die Belastung der Bevölkerung.

Der gute, strenge Christoph

Kaum ein anderer Herrscher hat das alte Württemberg so stark geprägt wie der Sohn Ulrichs und Sabinas von Bayern, der Herzog Christoph (Abb. 12). Als er nach dem Tode seines Vaters am 7. November 1550 die Regierung übernahm, begann die Epoche des streng evangelisch-lutherischen Württemberg; zugleich wurde der Grundstein gelegt für die Entwicklung einer Orthodoxie, die bis zum heutigen Tag das württembergische Kernland kennzeichnet. Als Begründer des allgemeinen Schulwesens, der »Großen Kirchenordnung« – und damit eines strengen Kirchenregiments – ist Christoph vielfach gelobt und bewundert worden. Ihm zur Seite stand als wichtigster Helfer und Ratgeber in Johannes Brenz einer der wirkungsmächtigsten Reformatoren im deutschen Südwesten.

Seiner Erziehung und Erfahrung nach gehört Christoph sicherlich zu den ungewöhnlichsten Erscheinungen in der Reihe der württembergischen Grafen, Herzöge und Könige. Im Jahre 1515 geboren, kam Christoph nach der Flucht der Mutter schon als Fünfjähriger unter die Aufsicht seines Verwandten, des Kaisers Karl V. Später war König Ferdinand sein Vormund. Innsbruck, Wiener Neustadt und schließlich Leoben in der Steiermark sind die Schulorte des württembergischen Fürstensohnes gewesen. Als der Siebzehnjährige in ein spanisches Kloster gesteckt werden soll, veranlaßt ihn ein Hofbeamter zur Flucht aus Tirol. Aber der 1534 in sein Land zurückgekehrte Ulrich mißtraut dem ebenfalls zurückgekehrten Sohn. Ulrich befürchtet, daß Christoph von den bayerischen Verwandten geschickt sei, um dem Vater die Herrschaft streitig zu machen. So muß Christoph unfreiwillig weitere acht Jahre in eine Art Exil; er lebt am französischen Hof und bildet sich dort in den Wissenschaften und Künsten der Zeit aus. Schließlich wird dem mit Frankreich und französischer Art so gut Vertrauten, inzwischen 27 Jahre alt gewordenen Christoph die Regentschaft über die Grafschaft Mömpelgard übertragen. Dort fehlt es Christoph nicht an Zeit und Gelegenheit, sich mit Religions- und Konfessionsfragen zu befassen. Er vertieft sich in die Bücher der katholischen Kirchenväter und studiert die Schriften Zwinglis ebenso wie die Bücher und Traktate Luthers und die Werke Melanchthons. Die Heirat mit der Tochter eines weitbekannten lutherisch gesinnten Fürsten, des Markgrafen Georg von Brandenburg-Ansbach, mag bei Christoph die Hinneigung zur lutherischen Lehre weiter verstärkt haben. Aber Christoph, der bei seinen habsburgischen Verwandten, besonders auch bei Kaiser Karl V., als Knabe in hoher Gunst stand, bemüht sich als Herzog um eine Wiederannäherung der Religionsparteien. Er entsendet Johannes Brenz zum Trienter Konzil, wo Brenz die Grundlagen der »württembergischen Konfession« erläutern soll, aber nicht angehört wird, obwohl die von ihm formulierten Thesen und Erläuterungen in einer durchaus versöhnlichen Diktion formuliert sind.

Als der Augsburger Religionsfrieden von 1555 die endgültige, rechtliche Voraussetzung für ein souveränes Handeln des Landesfürsten schafft, sorgt Christoph dafür, daß sein Herzogtum in Gesetzen und Vorschriften nach den Vorstellungen der lutherisch gesinnten Reformatoren von Grund auf neu geordnet wird. Die »Große Kirchenordnung« greift weit hinein in das Leben aller Württemberger und betrifft keineswegs nur die kirchlichen Angelegenheiten. Es entsteht (durch das Zusammenführen allen kirchlichen Besitzes) das württembergische Kirchengut unter der Verwaltung des Kirchenrates. Der Ertrag dieses Vermögens soll in erster Linie entsprechend den Bedürfnissen der evangelischen Kirche verwendet werden. Die Besoldung der Pfarrer wird so geregelt, daß diese von den schwankenden Jahreserträgen der Pfründen unabhängig werden. Der Kirchendiener erhält an Stelle des alten Pfründertrages »sein bestimmt und verzeichnet Besoldung«. Dazu gehört ein bestimmter Geldbetrag, aber auch Sachleistungen an Frucht und Wein. Naturaleinkünfte wie Eier, Hühner, Gänse und Käse entfallen. Auch der Anteil an Korn – im allgemeinen Dinkel – vermindert sich. Es scheint, als sei für die Festsetzung der Besoldung in Geld und Naturalien nicht nur die Größe der jeweiligen Gemeinde berücksichtigt worden, sondern auch die Würdigkeit und die Bedürftigkeit des Amtsinhabers. In einem Ort wie Eglosheim verdoppelt sich bei der Neuordnung die Geldbesoldung des Pfarrers, dafür gibt es keine Hühner mehr, aber immer noch vier Eimer Wein, also 1200 Liter im Jahr. Es solle mit einer verbesserten und gesicherten Besoldung erreicht werden, daß die »Kirchendiener nicht mit Seufzen dienen oder Mangel leiden« müssen. Damit sich die Pfarrer besser auf ihre Studien und auf ihr Predigtamt konzentrieren können, befreit man sie von der Verwaltung der Pfründen. Für die Instandhaltung der Pfarrhäuser ist nun die Behörde zuständig. Wie sehr der Kirchenrat als Oberbehörde eine Verwaltungsinstanz geworden ist, zeigt eine alte Rechnung aus der Entstehungszeit des Kirchenrates. Gekauft wurden – neben Tintenzeug und Sandbüchsen – »vier hölzerne Schüsseln zum Geldzählen«, dazu 20 Geldsäcke und eine Goldwaage.

Die Zentralisierung hatte freilich auch eine Kehrseite: sie schränkte die Verfügungsfreiheit in den Ortschaften ein und lockerte mit der Abhängigkeit des Pfarrers von der Gemeinde zugleich dessen Bindung an seine Gemeinde. Gestärkt war die Position der landeskirchlichen Zentralinstanz. In den zunächst 23, später 28 Dekanaten des Herzogtums werden die Pfarreien auf dem Lande von nun an regelmäßig ein oder zweimal im Jahr visitiert. Die Besetzung der Pfarrstellen und Diakonate ist jetzt Sache der geistlichen Abteilung des Kirchenrates. Die Kirchenbehörde ist zugleich oberste Schulbehörde des Landes, insofern obliegt ihr auch die Ausbildung der »Schreiber«, der weltlichen Beamten. In der »politischen Zensur- und Rügordnung« wird vorgeschrieben, daß ein »gemeinschaftliches Oberamt« zu bilden ist, in dem weltliche und geistliche Bezirksbeamte für die polizeiliche Ordnung des Landes zusammenwirken. Geregelt ist in der Großen Kirchenordnung auch das Armenwesen, die Sozialfürsorge, wie man mit einem modernen Ausdruck sagen müßte. Unter der Überschrift »Kastenordnung« wird das Einkommen für die Armen festgesetzt. Auch die Dotierung der Volksschulen und der ortskirchlichen Bedürfnisse gehört zur »Kastenordnung«. Schließlich amtet der Kirchenrat auch noch als oberste Medizinalbehörde des Landes; das entspricht der mittelalterlichen Fürsorge von Kirche und Klöstern für die Krankenpflege und der Zuständigkeit der Kirche für die Seuchenbekämpfung.

In dem Teil der Großen Kirchenordnung, der die Schulen und Bildungsfragen betrifft, wird unter der Rubrik »Von den Zauberern« unter anderem ausgeführt, daß eine gründliche Schulbildung die Sektierer und Zauberer überwinden soll. Man sieht, auch das Licht der späteren Epoche der Aufklärung dringt schon ein wenig in das Reich des Herzogs Christoph ein. Für den Herzog, ebenso wie für seinen Ratgeber Johannes Brenz, hatte der Kampf gegen das Analphabetentum ohnedies einen hohen Rang. Die Leistungen beim Aufbau und Ausbau des Schulwesens haben wohl am meisten zum Nachruhm des in Fragen des Kirchenregiments so strengen Herzogs Christoph beigetragen. Überdauert hat vor allem die Umwandlung einer Anzahl von Klöstern in die alsbald berühmt gewordenen Klosterschulen. Vier von ihnen entstanden Mitte des 16. Jahrhunderts als »höhere Klosterschulen«, nämlich Bebenhausen, Herrenalb, Hirsau und Maulbronn; hier lehrte man die griechischen Klassiker, die Mathematik, Sprachen und das Alte Testament. In den »grammatischen« Klosterschulen, in Adelberg, Alpirsbach, Anhausen, Blaubeuren, Denkendorf, St. Georgen, Königsbronn, Lorch und Murrhardt bildeten die lateinischen Klassiker und das ins Latein übersetzte Neue Testament den Kern des Unterrichts. Dazu kamen die Anfänge des Griechischen.

Nicht nur in der Kirche selbst, auch im Schul- und Bildungswesen war das von Christophs Reformen und Ordnungen geprägte alte Württemberg streng am lutherischen Verständnis der christlichen Botschaft orientiert. Was im alten Herzogtum Geltung hatte, übertrug sich später auch auf das größere Württemberg, das

Königreich. So kam es, daß der evangelische Kirchenhistoriker Heinrich Hermelink vor einigen Jahrzehnten seiner württembergischen Kirchengeschichte den Titel geben wollte: »Reich Gottes in Württemberg.« Hermelink bezog sich dabei besonders auf eine Stelle in dem Jugendroman Theodor Bohners, »Kwahla«: »Unser Haus war auf Württemberg erbaut, Württemberg war Leib- und Magenbrot allen Lebens. Gott selber schien seine alte Judenheimat verlassen zu haben und hielt sich am liebsten in den 64 schwarzroten Oberämtern auf. Er ließ seine Augen gehen von Ravensburg nach Schwäbisch Gmünd, von Enzweihingen nach Ulm, badete im Federsee und ging schlafen in Schwenningen. Im Traum noch hielt er die Hand über Stuttgart. Am schönsten aber war es am Sonntag. Da schwieg das ganze Land und hielt den Atem an vor Gott, der über die Flur von Korntal kam und leise die Felder segnete. Kein Lüftlein ging.«

KAMPF GEGEN WELTLUST UND WELTGIER

Nach dem Abzug der kaiserlichen Truppen, die sich 1634 in der Schlacht bei Nördlingen den Weg in das lutherische Württemberg freigekämpft hatten, befand sich das Herzogtum in einem schlimmen Zustand. Viele Tausend starben an Hunger, Seuchen grassierten. Es schien, als habe sich jede Ordnung aufgelöst. Aus allen Teilen des Landes kamen Klagen über die Not, aber auch über den Verfall der Sitten. Herzog Eberhard III., der vier Jahre außer Landes, vor allem in Straßburg, verbracht hatte, berief nach seiner Rückkehr den Calwer Dekan Johann Valentin Andreä (Abb. 13) nach Stuttgart in die Kirchenleitung und gab ihm den Auftrag, bei der Wiederherstellung von guter Zucht und Ordnung im Lande mitzuwirken. So kam es sechs Jahre vor dem Frieden von Münster und Osnabrück am 29. Juli 1642 zur Einrichtung eines Kirchenkonvents für die württembergischen Amtsstädte. Zwei Jahre darauf wurde diese folgenreiche Institution für das ganze Land dekretiert.

Andreä hat sich stets die von Calvin in Genf geprägte Ordnung zum Vorbild genommen. Nach seiner Berufung zum Dekan in Calw publizierte der in Herrenberg geborene Andreä seine Schrift »Theophilus«. In ihr wird unter anderem der Plan einer Art Sittenbehörde erörtert. Ein Kreis ausgewählter Bürger, so schlug Andreä bereits 1622 vor, solle über Frömmigkeit, Sittsamkeit und Fleiß der Mitbürger wachen. Alles Verwerfliche sei anzuzeigen. Zum Verwerflichen gehörte in Andreäs Verständnis unter anderem das Würfelspiel, das Kartenspiel, das Tanzen und das Streiten. Ein Bürgerkomitee habe solche Vergehen zu rügen, den Geistlichen bleibe es dann überlassen, die Sünder zur Buße zu veranlassen oder die Unbußfertigen vom Abendmahl auszuschließen. Als Andreä seine Idee im Calwer Bezirk praktizieren wollte, widersetzten sich die Vögte dem Vorhaben, indem sie auf die bestehenden Vorschriften verwiesen. In den herzoglichen Erlassen stand damals, am Beginn des Dreißigjährigen Krieges, noch nichts über das Verbot von Tänzen und von Kleiderluxus; auch die von Andreä besonders gerügten üppigen Tafelfreuden fielen nicht unter ein amtliches Verbot. Aber Andreä gab nicht klein bei. Seine Anhänger in Calw bildeten einen eigenen, privaten Zirkel, dem auch der Bürgermeister und andere Ratsmitglieder angehörten. Wöchentlich einmal besprach dieser Andreä-Kreis die Fragen der Kirchenzucht. Man konnte dabei nicht nur die Erfahrungen des weitgereisten und welterfahrenen Calwer Dekans verwerten, sondern sich auch auf Vorschläge stützen, die niemand anders als der aus dem benachbarten Weil der Stadt stammende Johannes Brenz einst schon bei der Reformation in Schwäbisch Hall gemacht hatte.

Brenz hatte gelehrt, daß die Obrigkeit eingesetzt sei »zur Strafe des Bösen und zur Förderung des Guten«. Der Haller Reformator war der Ansicht, daß »Sünden in Herzen und Gedanken zollfrei und unstrafbar« seien, aber »am Ende der Tage vor Gottes Gericht« verantwortet werden müßten. Die weltliche Obrigkeit, so Brenz in seiner Lehre von den dreierlei Sünden, müsse zuständig sein für »öffentliche Übeltäter«: für Aufrührer, Mörder, Räuber, Diebe, auch für Ehebrecher und Gotteslästerer. Untaten und Sünden jedoch, die am Beginn der Reformation nur von geringen weltlichen Strafen bedroht waren, gehörten nach den Vorschlägen des Johannes Brenz vor ein »Synod«, eine Art Sittengericht, besetzt mit einem Prediger und mit »rechtschaffenen Bürgern«. Dieser »Synod« oder »Send«, wie dieses Sittengericht in einer 1531 erlassenen Ordnung der reformierten Reichsstadt Hall hieß, sollte die »ärgerlichen und schändlichen Sünden« ahnden. Zu den »ärgerlichen Sünden« zählte Brenz Zauberei und Aberglauben, Wahrsagen, Schwören und Fluchen, die »Eltern unehrlich und schmählich halten«, »über die Leute reden oder die Leut schänden«, »Neid und Haß tragen und nit verzeihen wollen«. In dem Brenzschen Sündenregister finden sich auch: »ein zänkisch Leben führen«, »Fressen, Saufen und voll sein«, einen »Ehebrecher oder eine Ehebrecherin in der Tat erwürgen«, schließlich: »wucherisch Kauf treiben«. Das »Spielen« ganz allgemein, sei es Würfel- oder Kartenspiel, gehörte ebenfalls in die Kompetenz des »Send«. Die zu verhängenden Strafen waren als Erziehungsstrafen gedacht.

Zusammen mit den von Brenz in Hall konzipierten Maßregeln dürften die Anregungen und Erfahrungen, die Andreä aus Genf mitbrachte, der Ausgangspunkt all der Überlegungen gewesen sein, die man im Calwer Sitten-Zirkel diskutierte und die schließlich im Jahre 1642 zur Einrichtung des Kirchenkonvents in Württemberg geführt haben.

Ein dörfliches Sündenregister

In den alten Akten der Kirchenbehörden und in den Ortschroniken findet man über eine lange Zeit hinweg Beispiele für die Praxis des württembergischen Kirchenkonvents. In der von Gottlob Ernst verfaßten Geschichte des Dorfes Deckenpfronn (Abb. 14), das zum Dekanat des Johann Valentin Andreä gehörte, ist einiges aus jener Praxis verzeichnet, die den von Kirchenrat und Herzog definierten hohen religiös-sittlichen Zielen dienen sollte. Für die Deckenpfronner ist die am Ende des Dreißigjährigen Krieges verordnete Strenge freilich nicht ganz neu gewesen. Schon am Ende des 16. Jahrhunderts, im Jahre 1593, mußte ein Hans Gerlach, »so mit der Geißel bei des Pfarrers Tor knallt«, zwei Schilling Buße zahlen. Wegen Gotteslästerns auf der Gasse sind damals auch die beiden Deckenpfronner Hans Schütz und Jakob Däublin zur Zahlung etlicher Schilling verurteilt worden. Der Jerg Vetter wurde mit zwei Schilling zur Kasse gebeten, weil seine »Hausfrau an einem Sonntag Kübel ob der Lindenpfützen gefegt hat«. Die Buße für zwei andere Mitbürger fiel mit je fünf Schilling noch deutlicher aus: sie hatten »am Heiligen Christtag gespielt«. Der Wirt, der diese Sünder »über die Zeit hatte sitzen lassen«, mußte ebenfalls eine Strafe bezahlen.

Im Jahre 1644 richtete man in Deckenpfronn, wie von der Stuttgarter Obrigkeit befohlen, den Kirchenkonvent ein. Der Pfarrer und der Schultheiß führten den Vorsitz. Dazu ernannte man fünf zusätzliche Konventsrichter. Es hätten aber, so wird vermerkt, meist nur zwei oder drei von ihnen an den Verhandlungen mitgewirkt. In den Protokollen lesen wir: »Wenn man zur Kirche geht, sollen die Männer unter der Kirchentür gleich die Hüte abnehmen; die Weiber, Töchter und Mägde sollen ihre Hände zusammenlegen.« Das war 1681. Fünf Jahre später ist das »schändliche Fluchen des Jakob Paulus« aktenkundig. Der Sünder leugnet nicht und zahlt zehn Schilling. Immer wieder gibt es Klagen über eine Störung der Sonntagsruhe. »Die Hirten sollen mit den Ochsen erst nach der Predigt heimkommen«, beschließt der Konvent als Mahnung. Ein ander Mal stört man sich daran, daß die Männer so ungepflegt sind. Sie sollen »zuerst die wüsten Bärte abnehmen, ehe sie zum Tisch des Herrn treten«. Auf den Kuhhirten sind die Mitglieder des Konvents nicht gut zu sprechen. Er wird dringend ermahnt, künftig »die Hage nicht mehr vor den jungen Kindern springen zu lassen«. Ärgernis verursacht auch, daß mancher Deckenpfronner am Sonntag nicht im Dorf bleibt. Deshalb wird das »Überfeldgehen am Sonntag« verboten. Als ein besonderer Verstoß gegen die gute Ordnung ist verzeichnet, daß zwei Deckenpfronner »in der Karwoche ins Bayernland gefahren sind«. Die beiden sind – zurück aus Bayernland – vom Konvent streng ermahnt worden.

In den ersten Jahren des achtzehnten Jahrhunderts hatte man viel Ärger mit den umherziehenden Soldaten. »Katarina Einkörn soll künftig das Geschwätzwerk und Händelanstellen mit Soldaten unterlassen.« Aus dem Jahr 1701 sind noch zwei andere bemerkenswerte Vorgänge verzeichnet. Im einen Fall hatte man den Calwer Dekan Zeller nach Deckenpfronn gebeten. Es ging um einen Ehebrecher, der nach zehn Jahren rückfällig geworden war. Er wurde in der Kirche »auf das Stühle gesetzt«. So, öffentlich zur Schau gestellt, mußte sich der Ehebrecher eine »Lasterpredigt des Spezial Zeller« anhören. Im Jahre 1723 war die Ernte reichlich und gut, vor allem die Weinernte. Infolgedessen gab es, wie der Protokollant vermerkt, im Dorf »ohnmenschliches Zechen und Saufen bei Jungen und Alten, worauf andere große Sünden und Werke des Fleisches folgten«. Das scheint in jener Zeit bei Kirchweihen nicht gerade die Ausnahme gewesen zu sein. Ob es aber viel bewirkt hat, daß der Calwer Dekan im Jahre 1727 »alle Tänze und Üppigkeit« bei den Kirchweihen verbot, verschweigt uns der Chronist.

Insgesamt beurteilen die Kirchenhistoriker den von Andreä ausgehenden Versuch, durch strenge Vorschriften gegen Weltlust und Weltgier anzukämpfen, ziemlich zurückhaltend. Die kirchliche Sitte, namentlich der regelmäßige Besuch des sonntäglichen Gottesdienstes, sei wesentlich gefestigt worden. Widerstand aber habe sich bei den Abend- und Wochengottesdiensten gezeigt. Andererseits habe das Verbot der öffentlichen Tänze eingeschränkt werden müssen, weil auch die Beamten, die als Aufpasser eingeteilt waren, hier einfach nicht mitgemacht hätten. Gedacht war ursprünglich an »geheime Aufpasser«, die ihrem Beruf nach unter dem Volke leben und viel mit den Leuten zusammenkommen sollten. Von ihnen wollte man zum Beispiel wissen, wer im Gottesdienst schläft, wer zu spät kommt, wer während der Predigt lacht oder schwatzt. »Im Unterschied zum calvinistischen Vorbild gewann die ganze Sache einen bürokratischen, stark polizeilichen Einschlag«, urteilte der Kirchenhistoriker Heinrich Hermelink. Fraglich ist, ob die strengen, bis ins einzelne gehenden Kleidervorschriften für Bauersleute, gewöhnliche Bürger, Handelsleute und Ratsherren, die ebenfalls aus der Zeit des Kirchenkonventes stammen, nicht doch nachgewirkt haben. Vor allem bei der Landbevölkerung im Altwürttembergischen dürfte dies der Fall gewesen sein. Noch in den ersten Jahrzehnten unseres Jahrhunderts konnte der geübte Blick der Verkäuferin in einem Nagolder Aussteuergeschäft rasch erkennen, ob die Kunden aus der altwürttembergischen Nachbarschaft kamen oder aus einem der vorderösterreichisch-hohenbergischen, also katholischen Dörfer. Man führte in den Geschäften lange Zeit die mehr bunte, farbenfrohe Ware für die katholischen Kunden und die dunklen, oft tristen Textilien für die Käufer aus dem altwürttembergisch-evangelischen Umland.

Strafen und Strafandrohungen waren, auch das muß man rückblickend feststellen, als Erziehungsmittel schon im 17. und 18. Jahrhundert nur bedingt wirksam. In den Berichten der Visitatoren finden sich immer wieder Klagen, daß die in das Orts- oder Amtsgefängnis gesteckten Missetäter sich gemeinsam mit den Stadtknechten vergnügt, mit ihnen gespielt und getrunken hätten. Das ist sicher ebenso zutreffend wie die immer wiederkehrende Behauptung, daß die eingesperrten Sünderinnen im Gefängnis für die Frau des Vogtes spinnen und nähen müßten. Zu den Aufgaben des Kirchenkonvents gehörte nicht nur die Kirchenzucht mit Sonntagsheiligung und der Regelung von Eheangelegenheiten. Dem Konvent oblag auch die Armenpflege, die Beratung über allgemeine kirchliche Fragen, einschließlich der Aufgaben des »Heiligen«, also der Verwendung des Ortskirchenvermögens. Im Katalog der Pflichten finden sich außerdem die Bestellung des Schulmeisters, die Bestellung der Hebamme und des Totengräbers und die Betreuung des Armenhauses und der Bettler durch den Bettelvogt. Erst im letzten Jahrhundert hat sich Grundlegendes in der Verbindung von kirchlicher und weltlicher Ordnung im altwürttembergischen Gebiet geändert. Aus der Asperger Chronik wissen wir zum Beispiel, daß der Kirchenkonvent noch in den vierziger Jahren des 19. Jahrhunderts ziemlich aktiv war, so daß Christian M., der am Sonntag ohne Erlaubnis Garben nach Hause gefahren hatte, wegen »Entheiligung des Sonntags durch werktätige Arbeit« als Buße einen Gulden in die Stiftungspflege zahlen mußte.

Verdruß in Vaihingen

Was denn das Besondere an der Frömmigkeit der Schwaben sei, wollte ein Gast bei einem Disput an einer der nach dem Zweiten Weltkrieg neu erstandenen evangelischen Akademien wissen. Der Vortragende, ein noch junger, wackerer Mann, der die landesübliche Ausbildung in Tübingen im Stift mit guter Examensnote hinter sich gebracht hatte, geriet ein wenig in Verlegenheit. Er zögerte mit der Antwort. Sollte er sagen, das Besondere daran sei, daß man die Wollust zügele und ein gottesfürchtiges Leben lebe? Aber wäre das unter den evangelischen Deutschen ein spezifisch württembergisches Verhalten oder Gebot? Wohl kaum. In der kleinen Verlegenheitspause meldete sich ein anderer Teilnehmer zu Wort. Man möge ihm ausnahmsweise gestatten, daß er eben diese, den Herrn Referenten verständlicherweise überraschende Frage, mit einer Anekdote beantworte. Er, von Hause aus Psychiater, in Duisburg aufgewachsen und nun als Wissenschaftsredakteur an einer überregionalen Zeitung tätig, gehöre in seiner rheinischen Heimat dem Evangelischen Bund an. Seine Familie habe das Kriegsende im Remstal erlebt und er selbst habe bald nach Kriegsende dort im Remstal sein Brot zunächst mit dem Schreiben von Lokalberichten für die neu erschienene Zeitung verdient. Als Neuling in diesem Beruf und im Schwäbischen, habe er über die Jubiläumsveranstaltung einer Nudelfabrik berichten müssen. Der würdige Seniorchef dieser Firma habe seine Festansprache mit dem Satz beendet: »Qualitätsnudeln machen, das heißt Gottes Wort gehorchen.« Niemand in der zahlreichen Versammlung habe diese Schlußbemerkung als unangemessen oder gar als einen Scherz empfunden. Er, als Rheinländer, sei jedoch trotz einer durchaus guten theologischen Bildung von dieser Kurzfassung schwäbischer Unternehmerphilosophie überrascht und auch ein bißchen verwirrt gewesen. Beim kleinen Festimbiß habe ihm dann der Pfarrer des Ortes den Vorgang näher erläutert. Unter anderem habe der Pfarrer auf Johann Valentin Andreä hingewiesen. »Rechtschaffenheit in den Werken, in der täglichen Arbeit« im Sinne Andreäs, das könne man wohl als das herausragende Merkmal einer schwäbischen, einer altwürttembergischen Frömmigkeit betrachten.

Als Mitte der fünfziger Jahre ein junger Historiker in Göttingen bei Hermann Heimpel, dem Freund von Theodor Heuss und Mitherausgeber der »Großen Deutschen«, über den »Evangelischen Utopismus bei Johann Valentin Andreä« promovierte, gab er seiner Dissertation den Untertitel: »Ein geistiges Vorspiel zum Pietismus.« Daß Andreä in der ersten Hälfte des 17. Jahrhunderts, mitten im Dreißigjährigen Krieg, wesentliche Grundlagen für die spätere, das alte Württemberg so sehr prägende pietistische Art des Religionsverständnisses geschaffen hat, ist vielfach belegt. Aber die Wirkungsgeschichte dieses Mannes geht weit über das hinaus, was man im engeren Sinne unter Pietismus versteht. Kaum irgendwo wird noch gebührend vermerkt, daß Andreä als Mitglied des Stuttgarter Konsistoriums im Jahre 1643 im Herzogtum Württemberg die Schulpflicht für alle Kinder, für Buben und Mädchen, durchgesetzt und damit dem alten Württemberg gegenüber manchem anderen deutschen Land einen erheblichen Bildungsvorsprung verschafft hat. Niemand anderes als Andreä war auch der Verfasser »des ersten deutschen Staatsromans«, der »Beschreibung der Stadtrepublik Christiansburg« oder, wie der Originaltitel des in Latein verfaßten Werkes lautet: »Rei publicae christianopolitanae Descriptio.«

In Vaihingen an der Enz ist dieses 1619 erstmals publizierte, Aufsehen erregende Werk einst entstanden. Dort in Vaihingen fand Andreä nicht nur die Zeit für die Niederschrift des in 100 Briefkapitel unterteilten Manuskriptes, in seiner ersten Stelle als Diakon hatte der Neuling auch guten Grund, »Umkehr und Wandlung« zu predigen. Die Vaihinger Bürgerschaft habe, so heißt es in zeitgenössischen Berichten, damals »leichtsinnig und frevlerisch« gelebt und Gottes Gesetze gering geachtet. Andreä mahnte. Er mahnte vergebens. Als 1617 ein großes Feuer ausgerechnet in der Zeit der Gedächtnisfeier zur hundertsten Wiederkehr der Reformation ausbrach und 61 Wohnungen und 33 Scheunen in Schutt und Asche legte, herrschte in der kleinen Amtsstadt große Not. Viele Vaihinger waren obdachlos und deshalb auf die Hilfe der Mitbürger angewiesen. Diese Heimsuchung, so predigte

Andreä, sei ein Zeichen Gottes. Die Strenge des höchsten Richters weise auf die Vergänglichkeit des Irdischen hin. Geduld, Demut, Nächstenliebe täten not, wenn man nicht die weit schlimmeren Flammen der geistlichen Verdammung fürchten wolle. Die Worte des Predigers stießen auf taube Ohren. Es habe bei dem Wiederaufbau weiterhin Händel, Leichtsinn und Übermut unter den Vaihingern gegeben und so sei dann auch die zweite Heimsuchung rasch gekommen: diesmal zerstörte das Feuer die mit Gemälden neu geschmückte Kirche, dazu einen Teil der wertvollen Bibliothek Andreäs. Die Gemälde in der Stadtkirche hatte auf Anregung Andreäs ein junger Bauer gestiftet, der den wortgewaltigen Pfarrer verehrte. Die Bilder stellten unter anderem das Wüten des Antichrists und Mohammeds dar, sie handelten vom Untergang des Papstes und der Türken und erinnerten an das Reformationsjubiläum von 1617.

Für Andreä war das lasterhafte Leben der Vaihinger die Ursache für das Unglück. Das schrieb und sagte er. So bekam er Streit mit den Bürgern der Amtsstadt. Den Verdruß und die Enttäuschung des Gottesmannes findet man in einem Gedicht, in dem Andreä vom Widerspruch zwischen Weltglauben und Gottes Wort erzählt. Da heißt es unter anderem:

> »Ich hab gesagt: ein Pfarrer glaubt,
> das kaum ein Mensch bringt in sein Haupt.
>
> Er glaubt ein'n Gott, des niemand acht,
> ein jeder nach seim Götzen tracht.
>
> Er glaubt ein'n Himmel, der verschmächt,
> ein jeder hier gern ewig zecht.
>
> . . .
>
> So glaubt er, was die Welt verneint
> und ihren Augen ungereimt.
>
> Damit zeucht er den schweren Karren
> und wird gehalten für ein'n Narren.«

Wer hat, der soll geben

Die große und zugleich schwere Zeit Andreäs sind seine neunzehn Jahre in Calw gewesen. Dort hat er zwischen 1620 und 1639 die Schrecken des Krieges, der Gesetzlosigkeit, der Pest erlebt und dabei die Fürsorge für den Nächsten in einer Weise praktiziert, die den Ruf der Stadt und des Dekans weit hinaustrug in die deutschen Städte und Territorien. Allein in den fünf Jahren von 1626 bis 1631 sind 11 000 Flüchtlinge, die der Krieg des Glaubens wegen aus ihrer Heimat vertrieben hatte, durch Andreäs Initiative in Calw unterstützt worden. Sie erhielten Essen und Unterkunft und ein Zehrgeld, ehe sie weiterzogen. Andreä selbst schrieb dazu, dies sei ein »nicht zu verwerfendes Beispiel für die Nachwelt, wieviel von einer kleinen Zahl Bürger geleistet werden kann, wenn alle in christlicher Liebe einig sind und jene bäurische Zähigkeit, welche Türen verschließt, mit unermüdlichem Eifer abzulegen suchen«. Damit den Flüchtlingen geholfen werden konnte, mußte der Rat der Stadt unter anderem zeitweilig eine gestaffelte Kopfsteuer erheben. Zu den von Andreä verfochtenen Grundsätzen gehörte es, daß die Reichen für »die armen Stände« zahlen sollten: »Wer da hat, der solle geben.« Bei Andreä finde man die Anfänge des christlichen Sozialismus, ist in der Vergangenheit bei manchem Disput über Christentum und Sozialismus behauptet worden. Ganz sicher findet man bei Johann Valentin Andreä die Anfänge dessen, was später zu den Aufgaben der »Inneren Mission« gehört hat: die Speisung Bedürftiger, die Altersfürsorge, die Gutleuthäuser (das Calwer Gutleuthaus stand außerhalb der Stadtmauern an der Straße nach Hirsau, es ist erst nach dem Zweiten Weltkrieg als Verkehrshindernis abgebrochen worden), die Sorge um die Jugend – all das ist untrennbar mit dem Wirken des Calwer Dekans verbunden.

Eines seiner sozial-ethischen Werke hat Andreä trotz Krieg und Not lange überdauert: das Calwer »Färberstift«. Es war eine Gründung reicher Bürger, die sich in der »christlichen Gesellschaft« zusammengefunden hatten. Die meisten von ihnen gehörten der Färber- und der Zeugmacherzunft an, zwei Zünften, die weit über die Stadt hinaus Bedeutung erlangt hatten. In den sechzehn Abschnitten der Gründungsurkunde wird unter den Zielen unter anderem die Förderung von Standhaftigkeit und

Freundschaft genannt. Man will dafür sorgen, daß die Jugend das Wort Gottes unverfälscht erhalte und will damit »künftigen Übeln« vorbeugen.

Auf ausgedehnten Reisen hatte der junge Andreä das Elsaß, die Schweiz, Frankreich, Italien und Österreich kennengelernt und sich überall bei seinen Studienaufenthalten mit Erziehungsfragen beschäftigt. Das Gründungsdekret des »Färberstifts« enthält eine ganze Anzahl der Folgerungen, die Andreä aus seinen Beobachtungen zieht. Das »Neue«, das er gefunden hat, will er zur Besserung des Menschen anwenden. Die studierende, begabte Jugend möchte Andreä unterstützen lassen; er will die Bibliotheken vermehren und so das Wissen der Zeit besser nutzbar machen. Waisen und Armen soll mit Ehestandsdarlehen die Heirat erleichtert werden. Die Kranken sollen versorgt, die Armen unterstützt und gepflegt werden. Auch die Erhaltung und Vergrößerung der Kirchen gehört zu den Zielen der Stiftung. Nicht zu Unrecht ist gesagt worden, die Gründungsurkunde dieser von Andreä inspirierten Einrichtung enthalte nicht weniger als ein von sittlich-religiösen Gedanken geprägtes Wohlfahrtsprogramm; »praktiziertes Christentum«, tätige Nächstenliebe und Herzensreligion habe Andreä angestrebt.

Auf eine besondere Weise fühlte sich Andreä der Lebenswirklichkeit, den Fragen des Alltags gleichermaßen verpflichtet wie den großen Gedanken und Visionen. Die Entdeckungen und Erkenntnisse Galileo Galileis regten den naturwissenschaftlich und mathematisch hervorragend gebildeten Andreä zur Niederschrift einer Fabel an, die er »Oculus« betitelte. Galilei, lesen wir da, habe ein Instrument erfunden, mit dem man das Wesen der Dinge erkenne. Die Linsen dieses Wunderinstruments hießen: »Contemplation, Lektion und Experienz«, also Betrachtung, Belehrung und Erfahrung. Aber Galilei habe sein Genie vergebens in den Dienst der Menschen gestellt; die meisten verstünden gar nicht mit diesem Instrument umzugehen. Deshalb habe es der Erfinder im Zorn wieder zerstört.

Ein ganz anderer Einfall des jungen Andreä hat bis heute nachgewirkt: die Rosenkreuzer-Schriften. Zusammen mit einigen Freunden dachte sich der Tübinger Student, wie mit gutem Grund heute vermutet werden kann, die im Jahre 1614 veröffentlichte »Fama« von der Bruderschaft der Rosenkreuzer aus, einem Geheimbund,

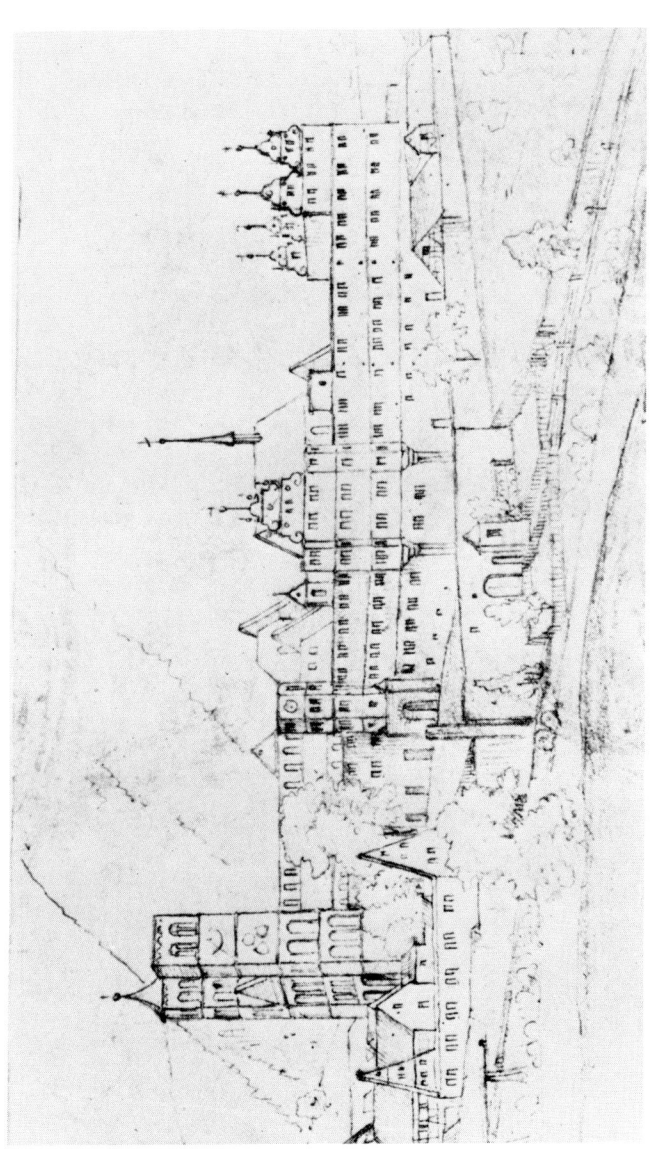

10 Hirsau. Ruine des Klosters St. Peter und Paul um 1692

11 Ulmer Münster
um 1660

dessen Mitglieder das reine Evangelium – nach Luther – vertreten und die christliche Philosophie verbreiten. Durch solch neues Welt- und Gottesverständnis werde das ewige Leben garantiert, ebenso die Sicherung vor leiblicher Not. – Die Hauptfeinde des Geheimbundes sind die Goldmacher und das Papsttum, das in jener Zeit vor allem mit Hilfe der militanten Jesuiten die Gegenreformation betrieb. In einer der Publikationen taucht als Held und Begründer des Bundes ein »Christian Rosenkreuz« auf. Dies sei, so hat die Forschung herausgefunden, die ureigene Erfindung des Studenten Johann Valentin Andreä gewesen. Man kennt auch eine Spur, die auf Namen und Ursprung des Symbols hinweist. Der Großvater Johann Valentin Andreäs, der Stuttgarter Kanzler und Begründer der für die Reformation in Württemberg so wichtigen Konkordienformel, Jakob Andreä – dessen Vater als Schmied aus dem Mainfränkischen kam, wo er noch Endriß hieß, sich in Waiblingen verheiratet und das Bürgerrecht erhalten hatte –, dieser Jakob Andreä führte in seinem Wappen schon die »Rose unterm Kreuz«. Vielleicht war dieses Zeichen abgeleitet von Luthers Wort: »Des Christen Herz auf Rosen geht, wenn's mitten unterm Kreuze steht.«

Die Visionen des Gottesmannes

Eduard Mörike hat im »Alten Turmhahn« bekannt, daß für ihn unter »den goldenen Namen der frommen Schwabenväter« der Name des Johann Valentin Andreä an erster Stelle stehe. Dabei denkt Mörike auch an die überraschend vielseitigen Talente Andreäs, der den einen wegen seiner »Rosenkreuzer« als Mystiker galt, von anderen als Mathematiker, als »Voltigierer« – nach heutigem Verständnis als Turner und Sportsmann – bewundert worden ist. Vor allem aber war dieser Andreä ein Mann der Feder, ein zeitkritischer Literat. Das erste Faustdrama ist sein »Turbo« – ein »irrender Ritter vom Geist«, der durch Europa zieht und in Paris zum Weltgenießer und Atheisten wird. Eines der Themen in diesem fünfaktigen Spiel ist die Alchemie. Andreäs Vater, der Herrenberger Dekan, hatte sich ihr einst gewidmet und dabei eher Spott und Unglück als Erfolg geerntet. In der Entstehungszeit des »Turbo«, in dem sich eine Reihe von autobiographischen Hinweisen entdecken lassen, gab es in Württemberg eine Art von Sensationsprozeß. Der Stuttgarter Hof war einem betrügerischen Goldmacher aufgesessen. Die Strafe ließ nicht auf sich warten: Herzog Friedrich gab Befehl, den Mann, der die Obrigkeit zum Narren gehalten hatte, an den Galgen zu hängen. Der tatendurstige, stets neugierige »Turbo« des Autors Andreä entgeht einem so grausamen Schicksal, er hat nicht andere, sondern vor allem sich selbst betrogen. »Mein Forschen war meine Sünde« bekennt er und wird gerettet und erlöst, denn er ist nun demütig geworden zu Gott. Seine Ansicht und Einsicht am Ende klingt recht modern: »Grausames Jahrhundert, da der Dummheit Altäre errichtet werden.«

»Turbo«, dieses »Märchen vom Wahn des Menschen und seiner Wissenschaft«, wie es Ernst Müller einmal in seinen »Stiftsköpfen« charakterisiert hat, wird an Originalität der Erfindung in den zahlreichen Schriften Andreäs wohl nur noch durch die schon erwähnte »Christenstadt« übertroffen, die wir Andreäs Vaihinger Zeit verdanken. In diesem Roman mischen sich Andreäs bis dahin gewonnene Lebenserfahrungen mit seinen Zukunftsvisionen. Er läßt Schiffbrüchige auf einer einsamen Insel stranden. Sie gelangen in »eine Welt im Kleinen«. Die Stadt, die sie aufnimmt, hat Ähnlichkeit mit Freudenstadt, das Heinrich Schickhardt zwanzig Jahre vor dem Erscheinen der »Christenstadt« in einem regelmäßigen Viereck erbaut hat. Bewohnt ist diese Stadt von Seligen, die, wie der Autor meint, »in der Welt gewöhnlich die Unseligen sind«. Vierhundert Bürger leben in der streng auf einem quadratischen Grundriß aufgebauten Stadt, in deren Mittelpunkt ein mächtiges Gebäude steht, das Kirche und Rathaus zugleich ist und so die Zusammengehörigkeit von Gottesreich und weltlichem Leben symbolisiert. In diesem Gebäudekomplex findet man das »Theatrum mathematicum« mit Globussen, mit Feldmeßgeräten, auch mit Sextanten, dazu Pläne und Aufrisse sowie die Sternbilder, wie sie Johannes Kepler entdeckt und beschrieben hat. In einem anderen Stockwerk sind die Hörsäle mit den Zentren für Medizin, für Chirurgie, für Gesundheitsberatung und Räume für Rechtspflege und Schulberatung. In den übrigen Stockwerken befinden sich die Schulräume für die schulpflichtigen Buben und Mädchen, die, nach Geschlechtern getrennt, hier in einem Internat untergebracht sind. Inmitten des mächtigen Baues aber ragt die Kirche hervor, ein Werk von königlicher Pracht. Konzipiert ist dieser Kirchenbau als ein Rundbau. Die Kanzel steht in der Mitte, die Sitzreihen sind in einem Halbrund wie in einem Amphitheater gruppiert. Das andere Halbrund soll der Austeilung des Abendmahls dienen und ist darüber hinaus für die Musik bestimmt. Andreä hat sich ausgedacht, daß »ohne jeden Verstoß gegen Takt und Melodie« jeweils vier- und mehrstimmig gesungen wird. Es ist ein heller, lichtdurchfluteter Raum mit vielen Fenstern; an den Wänden hängen Gemälde. Im Oberstock der Kirche, der als Rathaus dient, findet man allegorische Darstellungen und Bilder aus der Weltgeschichte.

Die Klarheit in der geometrischen Anlage der Stadt ist wichtig, ebenso das Licht. Die Mächte der Finsternis sollen keine Chance haben. Die Straßenbeleuchtung, Errungenschaft einer späteren Epoche, ist schon in der Anfang des 17. Jahrhunderts beschriebenen »Christenstadt« vorhanden. Die Wohnhäuser sind nicht Privatbesitz, sie gehören dem Gemeinwesen; die Rohstoffe, die der Handwerker verarbeitet, werden vom Staat zugeteilt. Es gibt keinen Außenhandel, man ist autark in der Versorgung der »Christenstadt«. Den einzelnen Familien werden die Lebensmittel vom Schlachthaus zugeteilt. Jede Arbeit, die verrichtet wird, hat den gleichen Wert. Gewinnsucht als Antriebskraft kann es nicht geben. Geleitet wird dieses Gemeinwesen von drei verheirateten Männern, einem Kollegium der »Besten«, dem eine beratende Körperschaft zur Seite steht. Einer der drei, ausgestattet mit der Gabe der Beredsamkeit, ist der Kanzler und damit der »Dolmetsch des einzigen Königs Christus«. Drei Ideale sollen von der Obrigkeit gepredigt werden: Billigkeit, Frömmigkeit und Verachtung der irdischen Güter. Die höchste Strafe, die einem Bewohner der »Christenstadt« droht, ist die Ausstoßung aus der Gemeinschaft, denn dies ist schlimmer als der Tod. Die Erziehung der Jugend »auf Gott hin« gilt als die herausragende Aufgabe des Gemeinwesens. Der Tageslauf aller Bewohner wird vom Dienste an Gott bestimmt: Morgens, mittags und abends ist Betstunde, alle müssen daran teilnehmen. Das Schiff übrigens, dessen plötzlicher Untergang, die Schiffbrüchigen auf ihre Insel und damit zur »Christenstadt« gebracht hat, hieß »Phantasia«.

Dreißig Jahre nach der Niederschrift dieser mit genauen Bau- und Lageplänen erläuterten christlichen Staats-Utopie schrieb Johann Valentin Andreä in einem Brief an den Herzog Rudolf August von

Braunschweig-Wolfenbüttel: »Mich hat immer ein unbegreiflicher Geist getrieben, mehr zu leisten und wissen zu wollen, als mir gut war.« Er habe nun seine »vierzig Kämpferjahre« hinter sich, meint der Briefschreiber Andreä. Mag sein, daß der resignierende Ton im Briefwechsel mit dem Herzog nicht gar so ernst gemeint war und eine indirekte Bitte um Aufmunterung enthalten sollte. An Tatkraft und praktischem Sinn hat es Andreä nicht gemangelt; ohne die »Curiositas«, die immerwährende Neugierde – im Falle Andreäs vielleicht besser übersetzt mit »Allwissenheitsdrang« – wäre sein großes und nachhaltig wirkendes Lebenswerk kaum denkbar gewesen.

DIE FROMMEN IM LANDE

Wenn man bei einem evangelischen, aus dem Altwürttembergischen stammenden Schwaben ein wenig kratze, dann komme auch heute noch stets ein Pietist heraus, hat vor dreißig Jahren ein Volkskundler behauptet. Ob er damit recht hatte, ist kaum zu entscheiden. Kein Zweifel besteht jedoch daran, daß der Pietismus Land und Leute für eine lange Zeit beeinflußt und auch geprägt hat. Wäre das Wort nicht inzwischen so abgegriffen und durch den Disput der Historiker über die deutsche Frage besetzt, man könnte mit Blick auf den Pietismus von einem württembergischen Sonderweg sprechen. Der Zeitpunkt, an dem dieser Sonderweg begonnen hat oder, um genauer zu sein, von der Obrigkeit freigegeben worden ist, läßt sich auf den Tag genau angeben: es ist der 10. Oktober 1743. Damals erging für das Herzogtum Württemberg das »Generalrescript über die besonderen Versammlungen verschiedener Personen zu allerhand geistlichen Übungen«. Vorgeschlagen und verfaßt von dem Hofprediger und Prälaten Georg Bernhard Bilfinger gab dieses, im Namen des Herzogs als regierungsamtliches Dokument herausgegebene Generalrescript denjenigen Recht, die Hausandachten neben den öffentlichen Gottesdiensten zulassen wollten. Wenn ein Kirchenmann, 235 Jahre nach dem Erlaß vom 10. Oktober 1743, davon sprach, daß damit die »Kirchlein in der Kirche« offiziell erlaubt worden seien, so hörte sich das wie eine Verniedlichung des Vergangenen an. Die württembergische evangelische Landeskirche selbst ist durch diese »Kirchlein« nachhaltig verändert und zugleich von einer Spaltung bewahrt worden. Das, was man heutzutage »gesellschaftliche Entwicklung« und »gesellschaftliches Verhalten« nennt, was viel zu tun hat mit Sitten und Gebräuchen, also mit dem »was man tut« oder was man unterlassen muß, das haben uns in Württemberg die Pietisten des 18. Jahrhunderts vorgezeichnet, Theologen und Nicht-Theologen, Angehörige der »Ehrbarkeit« ebenso wie Bauern und Handwerker vom Lande.

So harmonisch, wie manches in der Rückschau erscheint, ist freilich die Wanderung auf dem württembergischen Sonderweg auch nach dem Generalrescript von 1743 nicht gewesen. Mehr als einmal erwies es sich als schwierig, zwischen einem – erlaubten –

»Kirchlein in der Kirche« und einem nicht geduldeten Separatismus eindeutig zu unterscheiden. Nicht wenigen gottesfürchtigen Landeskindern erschien das alte Württemberg als viel zu weltlich, sie wollten sich ihre Glaubenswelt woanders einrichten, in Pennsylvanien zum Beispiel, in Rußland oder im heiligen Land selbst, in Palästina. Sie pochten auf die Auswanderungsfreiheit aus Glaubensgründen, die im »Tübinger Vertrag«, wenn auch aus anderem Anlaß, vom Herzog zugesichert worden war, und machten sich auf den Weg nach »ihrem Jerusalem«.

Der Begriff »Pietismus« oder »Pietistisch«, kaum irgendwo heute noch so häufig benutzt wie im deutschen Südwesten, war zuerst in Mitteldeutschland im Gebrauch und zwar keinesfalls als eine wertneutrale Kennzeichnung, sondern anfangs als ein Spottname. Der im elsässischen Rappoltsweiler im Jahre 1635, mitten im Dreißigjährigen Krieg, geborene Philipp Jakob Spener, gilt als der eigentliche Vater des deutschen Pietismus. Spener trat 1679 in Frankfurt als Vorkämpfer einer geordneten Armenpflege hervor; als Propst in Berlin empfahl er 1655 eine »Armenordnung« – also eine Art Sozialhilfe-Gesetz – und propagierte den Aufbau eines Anstaltswesens für Waisen und für unheilbar Kranke. So wurde Spener zum Anreger für August Hermann Franckes Gründung des »Hallischen Waisenhauses« und der späteren »Franckeschen Stiftungen«. Die Hauptschrift Speners, die »Pia Desideria oder Herzliches Verlangen nach gottgefälliger Besserung der wahren evangelischen Kirchen«, hat große Wirkung gehabt, vor allem auch im Herzogtum Württemberg. Über den Begriff »Pietismus«, den man alsbald nach der Publikation dieses Werkes mit Speners Namen verband, war der Theologe Spener nicht erfreut. Seiner Meinung nach sollte damit »Frömmelei und Heuchelei« unterstellt werden. Die kirchenhistorische Forschung hat herausgefunden, daß der Leipziger Poesie-Professor Johann Feller aller Wahrscheinlichkeit nach als erster die Anhänger August Hermann Franckes in Halle und Leipzig als »Pietisten« verspottet hat. Das Gedicht, aus dem Jahre 1684, machte rasch die Runde. Feller reimte:

>»Es ist jetzt stadtbekannt
>der Nam' der Pietisten.
>Wer ist ein Pietist?
>Der Gottes Wort studiert.

Und nach demselben auch
ein heilig Leben führt.«
»Ich selbst es will hiermit
gestehen ohne Scheu,
daß ich ein Pietist
ohne Schmeich – und Heucheln sei.«

In Württemberg fühlten sich die Anhänger und Bewunderer Speners vom Verdacht der Heuchelei kaum betroffen. Man wehrte sich, wie es scheint, auch gar nicht gegen die Benennung als Pietist, sondern akzeptierte das Wort »ohne Scheu«. Johann Albrecht Bengel, einer der großen Wegweiser des schwäbischen Pietismus, hat in einer inhaltlichen Bestimmung des rechten Glaubens und Gottesverständnisses von der notwendigen »Treue im Kleinen« gesprochen, von »Sorgfalt, Pünktlichkeit und Ehrlichkeit«. Da blieb wenig Raum und kein Grund für Spott. Der Kirchenhistoriker Christoph Kolb urteilte Anfang unseres Jahrhunderts über die Entstehung des Pietismus. »Es handelte sich um die Emanzipation der persönlichen Frömmigkeit vom Zwang der Kirche.« Die Differenz zwischen Pietismus und Orthodoxie sei nicht so sehr eine dogmatisch-ethische als vielmehr eine praktisch-kirchliche. Allerdings habe sich mit dem Aufkommen des Pietismus auch die Unterscheidung von Kirche und Religion vorbereitet.

Zu diesem, nach fast dreihundert Jahren immer noch und immer wieder aktuellen Thema geben die Ortschroniken und die Akten des kirchenrätlichen Archivs Aufschluß in großer Vielfalt, wobei, neben den Einflüssen Speners und Franckes, auch auf jene »Frömmigkeitsimporte« hingewiesen werden muß, die aus dem holländischen Calvinismus und aus dem englischen Puritanismus nach Württemberg gelangt sind. Auch das Aufkommen der mystischen Literatur, die Neugierde für die Schriften Johann Jakob Böhmes, ist nicht ohne Wirkung geblieben, so daß auch in Württemberg da und dort sogenannte separatistische Zirkel entstanden, die der Amtskirche manche Sorge bereitet haben. »Pietismus« – so meint Heinrich Hermelink in seiner Kirchengeschichte, sei jedenfalls von Anfang an ein »vielgestaltiges Gebilde« gewesen. Das gilt sicherlich bis in die Gegenwart mit ihrer oft verwirrenden Vielfalt der pietistischen Gemeinschaften im altwürttembergischen Gebiet.

Michael Hahn und die Folgen

Nicht immer, aber oft zählen sich die »Stundenleute« in den Städten und Dörfern Württembergs zu den »Hahnschen«. Nicht der Pfarrer und Mechanikus Philipp Mathäus Hahn war der Namensgeber dieser Pietistengruppe, sondern der in Altdorf bei Böblingen am 2. Februar 1758 geborene Bauer Johann Michael Hahn (Abb. 15). Er galt seinen Zeitgenossen als »der Mann der göttlichen Erleuchtung«. Über sein Auftreten und seine Wirkung anläßlich einer Reise in den nahen Schwarzwald, die Michael Hahn im Jahre 1785 zu einem Strumpffabrikanten in Calw und zum Pfarrer in Neubulach führen sollte, erfahren wir aus dem Bericht eines Zeitgenossen: »Er nahm seinen Weg über Deckenpfronn und wollte allda übernacht bleiben. Nun geschah es, daß es ohne sein Wissen bekannt gemacht worden war, daß es einen solchen Zulauf am Ort gab, daß ihn die Ortsvorsteher einsperren wollten. Weil aber die Brüder im Ort gut für ihn sprachen, so durfte er ohne Verhaft bei den Brüdern bleiben; aber am andern Morgen sollte er mit den Musketiers nebst einem Klagebericht an das gemeinschaftliche Oberamt nach Calw geschickt werden, welches aber um der Fürbitte der Brüder willen nicht durch die Musketiers sondern durch Brüder geschah.« So also mußte sich der Bruder Michael in Calw verantworten, weil er einen öffentlichen Auflauf verursacht hatte. Man fragte ihn beim Oberamt, was er denn in Deckenpfronn geredet habe. Er habe geantwortet, schreibt der Berichterstatter, daß die Rede von Matthäus 13, 44–46, »vom verborgenen Schatz im Acker und dem Gleichnis von einem Kaufmann, der gute Perlen suchte«, gewesen sei. Der Beamte habe geantwortet: »Das ist ja nichts Besonderes.« Hierauf meinte Michael Hahn: »Ja, es ist freilich nichts Besonderes, aber wenn es erlaubt ist, Herr Regierungsrat, zu sagen, woher es kommt, daß ich bewundert werde, so will ich's tun. Gestern bin ich nach Deckenpfronn gekommen, heute nun hierher transportiert worden. Wenn dies nun wieder überall bekannt wird, so betrachtet man mich als einen apostolischen Märtyrer und alles will mich dann sehen und bewundern. Hieran sind die Herren selbst schuld, daß es so ist.«
Der Regierungsrat, so heißt es, sei da sehr nachdenklich geworden. Er habe Hahn schließlich mit Glückwünschen zum Dekan

geschickt und auch dieser habe das Gespräch mit Hahn beifällig aufgenommen. »Nach dem eigenen Geständnis des Dekans, daß er durch die Worte Hahns viele überzeugende Eindrücke bekommen habe, ließ ihn dieser im Frieden ziehen und wünschte ihm zu seinen Vorträgen tausendfältig göttlichen Segen.« Dieser Bericht, von einem Anhänger des Michael Hahn notiert, mag einst als Werbung für den Laienprediger aus Altdorf verfaßt worden sein. Daß solche Berichte ihre Wirkung hatten, kann nicht bezweifelt werden. Noch 120 Jahre später erzählte der Deckenpfronner Pfarrer Daur, ein Pietist, den Kindern diese Geschichte vom Michael Hahn im Unterricht und zeigte ihnen das Haus, in dem einst die Versammlung mit dem Bruder Michael stattgefunden hat. Die Hahnsche Stunde, die im Jahre 1785 begann, gibt es in einem Ort wie Deckenpfronn nun 200 Jahre.

Die Stuttgarter Obrigkeit hatte nach dem Erlaß des General-rescriptes die Pfarrer und Dekane zu einer regelmäßigen Bericht-erstattung über die kirchlich-religiösen Verhältnisse angehalten. In diesen jährlichen Pfarrberichten wird zum Beispiel, wiederum von Deckenpfronn, aus dem Jahre 1790 mitgeteilt: »Privatversammlung bei Leuschner 8 Personen. Sie singen aus dem Gesangbuch und lesen ein oder zwei Kapitel aus Bengels Neuem Testament.« Im Jahre 1768 war nach Stuttgart gemeldet worden, daß sich »kein bekannter und öffentlicher Verächter göttlichen Worts« an diesem Ort befinde. »Separatisten gibt es Gott sei Dank keine.«

Der Kampf gegen Teufelswerk

Wie genau es mancher Bruder und manche Schwester mit den Verboten jeglicher Lustbarkeit genommen haben, ist in einer Anekdote überliefert, für die sich der aus Calw stammende einstige Teilhaber der Cottaschen Buchhandlung, Liederkomponist und Politiker Christian Jakob Zahn (1765–1830) verbürgt hat. Eine Mutter von zehn Kindern und Frau eines Schneiders, habe zu ihrem Sohn gesagt, der sich auf die Wanderschaft verabschiedete: »Von Gott aber erbitte ich, daß er Dich, lieber David, gleich beim ersten Tanz, zu welchem Du Dich etwa verleiten lässest, einen Fuß brechen lasse.« Ob sich dies im Calwer Amt so zugetragen hat oder anderswo im alten Württemberg, ist nicht mehr genau

73

festzustellen. Daß die Urheberin dieses frommen Wunsches im nördlichen Schwarzwald gelebt hat, erscheint durchaus glaubhaft. Mancher ältere Calwer erinnert sich daran, daß noch Ende der zwanziger Jahre ein Prediger – andere nannten ihn einen »Volksmissionar« – in einem der kleinen Dörfer des Calwer Waldes, wo es seit langem schon viele »Stundenleute« gab, gegen die aufkommende neumodische Lebensart gewettert und dabei in außerordentlich beredten Worten auch den Teufel Alkohol, speziell den Most und den Schnaps, angeklagt hat. Das geschah im späten Herbst, als die Bauern gerade gemostet und die Fässer im Gärkeller mit Birnen, Zwetschgen und auch mit Waldkirschen zum Schnapsbrennen gefüllt hatten. Die Wirkung dieser Predigten war gewaltig: fast alle Dorfbewohner, darunter auch die Besitzer einer der beiden Gastwirtschaften des Dorfes, schworen von Stund an dem Most, dem Zwetschgenwasser, dem Schnaps und allgemein allen alkoholischen Getränken ab. Der Most, ja sogar die wertvolle Maische zum Schnapsbrennen, sei damals – also vor kaum mehr als fünfzig Jahren – in die Straßengräben ausgeschüttet und nicht etwa an Freunde außerhalb des Dorfes verschenkt worden. Fortan gab es Apfelsaft und Birnensaft als Haustrunk. Aus der Dorfwirtschaft wurde eine »alkoholfreie Fremdenpension«. Die Frauen des Dorfes, das muß man hinzufügen, hatten sich als erste auf die Seite des Alkoholfeindes geschlagen. Einige Männer gehorchten nur murrend, aber sie gehorchten.

Verinnerlichung und Absage an die Welt, die Hinwendung zu einem wahrhaft gottgefälligen Leben sind wesentliche und kennzeichnende Motive im schwäbischen Pietismus. Da hat es immer wieder merkwürdige, kaum glaubhafte Reaktionen gegeben. Etwa bei der Weigerung, die Glocken der Kirche für irgendeinen anderen Zweck zu läuten als den, zum Gottesdienst zu rufen. In Marbach am Neckar, so ist überliefert, sei es deswegen im vergangenen Jahrhundert zweimal zu einem Konflikt mit Pietisten gekommen, als nämlich, 1839 und 1859, die Glocken bei den Feiern zu Ehren Friedrich Schillers geläutet werden sollten. Im württembergischen Jahrbuch für Volkskunde hat Dieter Narr auch auf die Weigerung von Marbacher Pietisten hingewiesen, für die Schillerfeiern zu flaggen. Ein anderes Beispiel: In der Lebensbeschreibung eines Mitglieds der Hahnschen Gemeinschaft wird berichtet, daß die Pietisten einst am Tage des Markgröninger

Schäferlaufes die festlich geschmückte Stadt verlassen hätten und erst nach dem Fest zurückgekehrt seien. Erinnert werden muß auch an die besondere Neigung der frühen Pietisten, alles, auch die Erscheinungen der Natur, auf das Himmlische zu beziehen, die sogenannte »Transgression«. Aus der Natur wollte man Sinnbild und Anregung zur Erbauung schöpfen, die Schönheit der Natur selbst ist nicht der eigentliche Gegenstand der Betrachtung. In seinen Publikationen über die altwürttembergischen Pietisten weist Friedrich Fritz unter anderem auf die Schriften des Dorfpfarrers Andreas Hartmann (1677–1729) hin, der in seinen »Gesprächen mit einem Bauernweib« ein Beispiel für solche »Transgression« gibt:

»BAUERNWEIB: Mein Garten ist Gottlob im Sommer wohl versehen. Ich habe Salat, Kraut, Bohnen, Mangolt.
PFARRER: Versehet euer Herz mit mancherlei Früchten des Geistes und der Gerechtigkeit, so ist eure Seele wohl versehen. Sagt mir, was für Blumen ihr in eurem Garten habt?
BAUERNWEIB: Schöne Blumen von allerhand Arten und Farben.
PFARRER: Habt ihr das Blümlein ›Je länger je lieber‹ auch in eurem Garten?
BAUERNWEIB: Ja, freilich, das ist ein edles Blümlein.
PFARRER: Euer Jesus soll euch das rechte ›Je länger je lieber‹ sein ...
BAUERNWEIB: Rosen habe ich auch in meinem Garten, aber sie stehen zwischen Dornen.
PFARRER: Wie eine Rose zwischen den Dornen, so ist Jesu Freundin (eine gläubige Seele) unter den Dornen (Weltkindern), nämlich unter dem Kreuz, Haß, Verfolgung – Hesekiel 2,2.«

Aus seiner eigenen Jugendzeit hat uns Dieter Narr als anschauliches Beispiel für diese Art der Sinndeutung bei einfachen Pietisten berichtet, daß ein Stundenmann in einem Gespräch über eine Albhöhle einwarf: »Ja, unser Herz ist auch eine rechte Höhle. Arge Gedanken wohnen darin, Mord, Ehebruch, Hurerei, Dieberei usw.«

In Erwartung des Antichrist

Die Frau eines Stuttgarter Hofangestellten, die »Trabantin Schnei-der«, hat am Beginn des 18. Jahrhunderts die württembergischen Behörden in besonderer Weise beschäftigt. In ihrem Haus traf sich regelmäßig eine Gruppe frommer Bürger. Mittelpunkt dieser Gemeinschaft war der Präzeptor am Gymnasium, Wendelin Spindler. Er hatte zuvor in Winnenden und in Marbach amtiert. In Stuttgart hatte man Spindler, unter anderem wegen seiner Dis-kurse über das »ewige Evangelium«, im Verdacht, ein Verführer der Jugend zu sein. Die von Spindler geleitete und beeinflußte Gruppe sei des Fanatismus und des Chiliasmus verdächtig, ist in den Behördenprotokollen vermerkt. Vorstellungen vom baldigen Ende der Welt, von der Wiederkehr Christi und vom tausendjähri-gen Reich waren freilich nicht nur in der Stuttgarter Gruppe, sondern auch anderswo zu finden. Gegen Ende des Jahres 1703 konkretisierte sich jedoch die Erwartung der Anhänger Spindlers. Man rechnete mit dem baldigen Kommen des Antichrist. Der sei – davon war man überzeugt – niemand anders als der Kurfürst von Bayern, denn dieser war im spanischen Erbfolgekrieg mit dem König der Franzosen verbündet, und die Franzosen hatten ja erst wenige Jahre zuvor mit den Truppen des Generals Mélac nicht nur Teile der Kurpfalz, sondern auch württembergische Städte und Klöster – wie etwa Hirsau – in Schutt und Asche gelegt.

Angekündigt wurde von Spindlers Gemeinschaft der große »Auf-bruch«: Den Neckar und den Rhein hinunter nach Koblenz wolle man ziehen, wenn der Ruf Gottes ertöne und von Koblenz dann weiter nach Pennsylvanien. Die Anhängerschaft des Präzeptors muß über Stuttgart hinausgereicht haben, denn es kam Anfang des Jahres 1704 zum Verkauf von Gütern auf dem Lande, unter anderem in Großgartach. Einige Bauern und Handwerker wollten jederzeit zum großen »Aufbruch« bereit sein. Doch sie warteten vergebens. Das Ausbleiben des göttlichen Rufes zum »Aufbruch« hat dem Zusammenhalt und der Resonanz dieser seltsamen Gemeinschaft nicht geschadet. Der Zulauf zu den Versammlungen hielt an. Als eines Tages die Polizei einschritt und eine der Ver-sammlungen auflöste, wurde die »Trabantin Schneider« festge-nommen. Beim Verhör sagte sie, die Kirche habe nicht die rechten Sakramente »wie sie der Heiland eingesetzt hat«. Wer Christum im Glauben ergriffen habe, der brauche ihm nicht in der Kirche nachzulaufen. Man könne Christum auch innerlich genießen. Sie wolle zu keiner Sekte, sondern nur zu ihrem Heiland, nach ihrer christlichen Freiheit. Ein Steinhauer, den man ebenfalls als Teilnehmer dieses separatistischen Zirkels verhörte, sagte, er finde keine Erbauung in der Predigt. Seit 34 Jahren sei er weder zur Kirche noch zum Abendmahl gegangen. Das Liebesgebot scheint man in dieser Gruppe ziemlich wörtlich genommen zu haben. Die Teilnehmer an den Versammlungen nannten sich »Brüder« und »Schwestern«. Sie hätten sich oft bis nach Mitternacht zusammengefunden und einander auf der Gasse geküßt, haben die in Polizeidiensten stehenden Beobachter berichtet.

Der Fanatismus der separatistischen Gruppen, aber auch deren Resonanz im Lande erreichte einen Höhepunkt im Jahre 1710. Ein Mann namens Schwanfeld tauchte in Stuttgart auf und sprach von einer Offenbarung, die er gehabt habe. Ein hoher Turm habe sich vor ihm bis auf den Boden herab verneigt, und Gott habe durch eine Stimme zu ihm gesprochen: »Wehe, ach wehe dem Hause Württemberg! Wehe dem Land Württemberg und allen Gottlosen! Tut Buße, Buße, Buße! Denn eine kleine Zeit der Gnade ist noch übrig.« An der Tür der Stiftskirche klebte ein Zettel, auf den Schwanfeld diese Worte seiner »Offenbarung« geschrieben hatte. Da sich die Kunde von dem seltsamen Mann rasch verbreitete, fühlte sich die Staatsautorität herausgefordert. Als man Schwanfeld festnahm, begleiteten ihn seine Anhänger und Bewunderer mit Triumphgeschrei ins Gefängnis. Eine Anzahl von Frauen und Männern aus der separatistischen Gemeinschaft wurden als Komplizen des Unheilverkünders ebenfalls in den Turm gesperrt. Die Gefangenen schrieen immer wieder: »Triumph, Viktoria, Halleluja!« Die Nachricht von den Ereignissen in Stuttgart verbreitete sich wie ein Lauffeuer im Land. Von Göppingen, Calw, Leonberg, Heumaden und Schöckingen seien Pietisten in Scharen nach Stuttgart gekommen und hätten, unter dem Turm stehend, auf das Geschrei der Inhaftierten wie auf Gottes Wort gehört, heißt es in einem zeitgenössischen Bericht.

Getröstet wurden die Gefangenen von dem aus Schöckingen herbeigeeilten Fräulein von Gaisberg, das sich Einlaß in den Turm verschafft hatte. Einige der Gefangenen »sah man nachher mit goldenen Ringen und sie sagten, sie seien aufs neue mit Christus vermählt; man vermutete, daß das Fräulein ihnen die Ringe angesteckt habe«. Außerhalb des Turmes war die »Trabantin Schneider« aktiv. Sie eilte zur Kirchenbehörde und beschimpfte den Dekan Härlin; sie habe den Kirchenmann geduzt, heißt es bei einem Kirchenhistoriker, und ihn angeherrscht: »Du Roßwanst, du hättest auch besser einen Säuhirten abgegeben.« Als Strafe für solche Beleidigung und Aufmüpfigkeit mußte die Schneiderin eine Gefängnisstrafe von vier Wochen absitzen. In Schöckingen bei Leonberg aber, beim Fräulein von Gaisberg, fanden die Anhänger dieser fanatischen Gruppe immer wieder für einige Tage Unterschlupf und hatten auch Gelegenheit, im Hofgut ihren Gottesdienst zu halten.

Information für Tübinger Weingärtner

Wann und wo die »Privatversammlungen«, die Konventikel, in Württemberg begonnen haben, ist nicht mehr exakt festzustellen. Beim Konsistorium ist jedoch registriert, daß der Helfer Eberhard Zeller im Jahre 1684 in Göppingen mit Duldung der Behörde eine Gruppe von Gläubigen außerhalb des offiziellen Gottesdienstes versammelt hat. Als Vorbild dienten die von Spener eingeführten Konventikel. Da Zeller den Zustand der Kirche scharf kritisierte, kam es zum Konflikt mit der Stuttgarter Obrigkeit. Der Göppinger Helfer gab sein Amt auf und zog nach Hessen. Mit Hilfe Speners erhielt er in Wallau bei Wiesbaden wieder eine Stelle. Die Rückkehr in die Heimat, die er sich wünschte, blieb ihm verwehrt, obwohl sich einige seiner einflußreichen Verwandten beim Konsistorium für ihn einsetzten. Im Jahre 1692 starb Eberhard Zeller in Hamburg.

Nach dem Zeugnis Albrecht Bengels hat sich in Tübingen, im Stift, zwanzig Jahre nach Zellers Initiative eine »denkwürdige Glut frommer Bewegung« entzündet. An erster Stelle müssen hier die Namen der Repetenten Sigmund Christian Gmelin, Johannes Öchslin und Jeremias Rebstock genannt werden, dazu Konrad Pregitzer und Christian Gottfried Schmoller. Professor Reuchlin hat an das Stuttgarter Konsistorium berichtet, daß etliche Repetenten am Sonntag in Weingärtnerhäusern Privatkonvente halten; auch auf dem freien Feld kämen diese Repetenten mit den Weingärtnern zusammen. Die Sache habe ihren Ursprung darin, daß die in der Spitalkirche predigenden Repetenten – in diesem Falle Gmelin, Öchslin und Rebstock – nach dem Gottesdienst von Weingärtnern um weitere Informationen gebeten worden seien. Daraufhin habe Gmelin ein Kapitel aus dem Matthäus-Evangelium erklärt. Er, Reuchlin, habe geraten, »die Stunde in die Spitalkirche zu verlegen« und keine Zusammenkünfte auf dem Felde zu halten. Im übrigen hätten die Repetenten den Stundengängern geraten, Neue Testamente zu kaufen, »was diese taten«. Im Stuttgarter Konsistorium kam man nach langem Disput über das Für und Wider solcher Privatkonventikel schließlich zu der Ansicht, daß die Konvente »nur unter der Aufsicht eines Geistlichen gehalten werden dürfen«, und zwar »ohne Zuziehung von Weibspersonen«. Der kirchliche Charakter der Versammlungen sei zu wahren. Bevor man sich dann im Jahre 1743 auf einen generellen Erlaß, das General- oder Pietisten-Rescript einigte, mußte noch mancher strittige und schwierige Fall untersucht und im Stuttgarter Konsistorium verhandelt werden.

Verbannt in die Fremde

An Konfliktstoff hat es der Kirchenbehörde nie gefehlt, nicht zuletzt wegen der intensiven Beschäftigung mancher Pfarrer mit den Schriften Johann Jakob Böhmes. In den Akten sind aus der zweiten Hälfte des siebzehnten Jahrhunderts zwei besonders umstrittene Fälle verzeichnet. Sie betreffen den Löchgauer Pfarrer Ludwig Brunnquell und dessen Freund, den Bietigheimer Diakonus Johann Jakob Zimmermann. Schon als junger Diakonus in Großbottwar hatte Brunnquell Ärger verursacht, weil er Ansichten über die Bekehrung der Juden und über das tausendjährige Reich äußerte, die der Kirchenleitung mißfielen. Zunächst blieb es bei einem »väterlichen Verweis«. Als Brunnquell 1662 die Pfarrstelle in Löchgau erhielt, schrieb er alsbald einigen inzwischen neu ins Amt gekommenen Kirchenräten Briefe, in denen er unter anderem empfehlend auf Böhmes Schriften verwies. Der Kirchenrat wollte ihn entlassen, aber »der Herzog Eberhard und einige Politici« hätten für Milde plädiert. Der Beschuldigte mußte Abbitte leisten und seine »böhmistischen Bücher« abliefern.

Brunnquell verhielt sich nun einige Jahre ruhig. Als aber 1675 die Franzosen einfielen, deutete er dies in seinen Predigten als ein untrügliches Zeichen für das bevorstehende Gericht. Die Kirchendiener, so sagte er, seien in ihrer derzeitigen Verfassung unfähig, dieses Gericht abzuwenden. In einer Schrift setzte er sich mit dem Ungeist der Zeit auseinander. Man verbot ihm sogleich diese Publikation und lud ihn erneut zum Verhör vor das Konsistorium. Dort vertrat er seine Ansichten über neue Offenbarungen und über den Untergang des Papsttums. Schließlich wurde er vom Amt suspendiert, weil er an seinem Chiliasmus festhalte. Brunnquell, dessen Bestrafung manchem Kirchenmann als zu hart galt, fand in Spener einen Verteidiger, an seiner Entlassung aus dem württembergischen Kirchendienst hat dies nichts geändert.

Dem Diakonus Zimmermann in Bietigheim, einem, wie es hieß, hochbegabten Mathematiker und Astrologen, warf das Konsistorium bei einer ersten Vernehmung im Jahre 1679 vor allem die Freundschaft zu Brunnquell und das Lesen »verdächtiger Bücher« vor. Gemeint waren hauptsächlich die Schriften Jakob Böhmes. Da Zimmermann versprach, seine, von der Lehre der Landeskirche abweichenden Ansichten für sich zu behalten, durfte er ohne Strafe nach Bietigheim zurückkehren. Fünf Jahre später aber erregte sich der Kirchenrat über einen Traktat Zimmermanns. Er handelte von der mutmaßlichen Zeitbestimmung bevorstehender Gerichte Gottes. Zimmermann ließ sich von Kritik nicht einschüchtern. Er zeigte Mut. Vom Konsistorium verlangte er Aufschluß über vier Punkte: »1. Den Untergang des europäischen Babels, 2. den tausendjährigen Sabbat der Frommen und die allgemeine Bekehrung der Nichtchristen, 3. die Existenz wahrer Propheten auch in der Gegenwart«, und schließlich bat Zimmermann um Aufklärung wegen etlicher Zweifel, »die Augsburger Konfession betreffend«. Tatsächlich gab ihm das Konsistorium auf diese Fragen einen Bescheid. Aber Zimmermann empfand die Antworten auf seine gewiß nicht anspruchslosen Fragen als ganz und gar ungenügend. Als Antwort auf die Antwort verfaßte er, wie es scheint zusammen mit Brunnquell, eine zweite Schrift. Darin setzte er die evangelische Kirche mit Babel gleich und nannte sie »antichristlich«. Man hielt ihm vor, daß er die Schrift ohne Erlaubnis habe drucken lassen. Zimmermanns Rechtfertigung war ebenso knapp wie klar: bei der Vorschrift über die Druckerlaubnis

CHRISTOPHORVS DVX WIRTEMBERGIÆ.
ET TECCÆ. COMES MONTISPELIG.
dubium reginen et vacillantem Religionem Evang. firmavit; per Ordinationes varias Ducatui suo nitorem, immo et Imperio pacem publicam restituit.

Natus V. Id. Maii MDXV.   *Obiit V. Kal. Jan. MDLXVIII.*

Lorenz Rugendas A.I.

12 Herzog Christoph von Württemberg
1515–1568
Regierungszeit: 1550–1568

IOHANNES VALENTINVS ANDREÆ HERRENBERGENSIS WIRTEMBERG: NATVS MDLXXXVI. XVII. Aug: Aᵒ. 1628

I.P.S.

MAGNIFICAT, CANTO, RE,
PVTANS BENEFACTA IEHOVÆ:
ATVITAM RELEGENS! OH
MISERERE MEI.

Iörg Kümmel: Ex

13 Johann Valentin Andreä
1586–1654

Deckenpfron.

14 Deckenpfronn um 1681

MICHAEL HAHN.

geb. an. 1758. gest. 1819.

Dis liebevolle Bild, mit Herrlichkeit verkläret,
Zeigt einen Bauern an, der göttlich weise war,
Von Jesu Ursprungs Kraft, hat er allhier gelehret,
Wie, aus, durch und zu Ihm sei alles offenbar.

Evan. Joh. 17. 22. 1. Corm. 12. 6. Röm. 11. 36.

15 Michael Hahn
1758–1819

handle es sich um ein Menschengesetz, er aber müsse nach den Gesetzen Gottes handeln. Sein Gewissen habe ihn zur Publikation gezwungen. Im Verhör blieb Zimmermann bei seinen Ansichten vom Ende der Welt und vom tausendjährigen Reich. Auf Vorschlag des Kirchenrates wurde er daraufhin aus dem Kirchendienst entlassen. Der Herzog habe Zimmermanns Entlassung nur ungern zugestimmt, wird hierzu vermerkt, weil ihm die großen mathematischen und astrologischen Kenntnisse Zimmermanns imponiert hätten.

Wie Brunnquell ist auch Zimmermann in der Fremde gestorben: aus Rotterdam, wo er sich nach Pennsylvanien einschiffen wollte, wurde 1696 sein Tod gemeldet.

Rosenbach – Sporer und Pazifist

Der Kampf gegen den separatistischen Pietismus erreichte in der Zeit von 1703 bis 1715 einen Höhepunkt im Herzogtum Württemberg. Über Ursachen und Urheber des Separatismus in Württemberg existieren mancherlei Versionen. Immer wieder findet man Hinweise auf Johann Georg Rosenbach aus Heilbronn. Die Überzeugungskraft und Überredungskunst dieses Laienpredigers, der Geselle bei einem Sporenmacher gewesen war und deshalb in den Akten der Kirchenbehörden im allgemeinen der »Sporer Rosenbach« genannt wird, muß beträchtlich gewesen sein. Es scheint, daß vor allem Rosenbachs Schrift über die »Wunder- und Gnadenvolle Führung Gottes« im Volke zahlreiche Leser gefunden hat. Dieser Rosenbach, der später nach Halle ging und dort »alles reformieren wollte«, wie der Kirchenhistoriker Christoph Kolb meint, aber bei den hallensischen Theologen heftigen Widerstand fand, ist schließlich nach Holland weitergezogen und dort verschollen. Rosenbach sei, so hat Kolb herausgefunden, ursprünglich »selber aus einem heillosen Lasterleben nach qualvollem Bußkampf zum Frieden gelangt«. Der alsbald von der Kirche mit Argwohn betrachtete »Sporer« aus Heilbronn war anfangs von Mitgliedern des württembergischen Konsistoriums wegen seines Glaubenseifers recht freundlich aufgenommen worden. In Stuttgart beschwerte sich Rosenbach über die schlechte Behandlung, die ihm in seiner Heimatstadt widerfahren sei. Da er auf dem

Weg nach Stuttgart zahlreiche Pfarrer im Unterland besucht und ausgefragt hatte, wußte Rosenbach den Herren vom Konsistorium manches zu berichten. Der Pfarrer von Nordheim sei oft schon betrunken vom Pferd gefallen. Ihm, Rosenbach, gegenüber habe er auch das weltliche Tanzen verteidigt: »Er könne im Glauben mit seinem lieben Johannale (seiner Frau) eines herumtanzen«, hat Rosenbach kolportiert und in Stuttgart hat man es eifrig in die Akten genommen. Von einem anderen Pfarrer überlieferte Rosenbach einen Ausspruch, der gewiß nicht für die Mitglieder des Kirchenrates bestimmt war. Dieser Pfarrer habe zu ihm, Rosenbach, gesagt, er könne nicht glauben, daß Rosenbach den heiligen Geist habe, er könne ja nicht lateinisch.

Der Eifer Rosenbachs im Kampf gegen das Böse scheint auch manchen Pfarrer erfaßt und nach Meinung der Mitglieder des Konsistoriums verwirrt zu haben. Als man feststellte, daß Rosenbach von dem Erlanger Notar Johann Adam Rabe bekehrt worden war, einem »infamen Frömmler«, wie ihn ein Tübinger Professor genannt hat, schlug die Stimmung gegen Rosenbach um. Die Kirchenräte betrachteten sein Wirken im Lande nun als eine Gefahr für die Kirche, man sah in ihm einen Laienprediger, der den Zusammenhalt der Glaubensgemeinschaft störe und zur Separation einzelner Gruppen beitrage. Die »rücksichtslose Kritik« des geistlichen Amtes, die Rosenbach vorgeworfen wurde, hat noch lange Zeit später einen Kirchenhistoriker wie den ehemaligen Ludwigsburger Dekan Christoph Kolb empört. Vor allem den Pazifismus oder Anti-Militarismus, der sich in Rosenbachs durchaus auch demagogischen Vorträgen und Schriften manifestiert, scheint die Obrigkeit im Herzogtum gegen ihn aufgebracht zu haben. In seiner Untersuchung über die besonderen Formen des Pietismus sah sich ein Autor wie Kolb noch am Anfang unseres Jahrhunderts zu der rhetorischen Frage veranlaßt: »Ist das etwa heiliger Geist, wenn er, Rosenbach, rät, man solle die Priester, die den Krieg für recht halten, zu Soldaten nehmen, da bekäme man brave, ausgeruhte, ausgemästete, dicke, fette Leute, die tapfer zuschlagen und brav beten könnten, da würde man einen Sieg nach dem anderen erlangen?« Dieser Rosenbach, daran ist kein Zweifel möglich, war ein Aufwiegler und ein Zyniker, ein Unruhestifter, der im Lande nicht länger geduldet werden konnte. Vielleicht wäre er, wie auch der Göppinger Helfer Eberhard

Zeller, der Löchgauer Pfarrer Ludwig Brunnquell oder der Bietigheimer Diakonus Johann Jakob Zimmermann, in einer anderen Zeit und in einem anderen Land von anderen Beobachtern und Zeugen freundlicher beurteilt worden als von der offiziösen Geschichtsschreibung der württembergischen evangelischen Landeskirche, möglicherweise wäre er in der Gegenwart irgendwo als Dissident gelobt und zugleich dafür bedauert worden, daß er seiner Glaubensüberzeugung wegen seine Heimat habe verlassen müssen.

Anfangs des 18. Jahrhunderts war es jedenfalls allgemeine Ansicht, daß Mitbürger, die sich mit der offiziellen Kirche überwarfen oder dieser Kirche und deren Repräsentanten gar den Kampf ansagten, im Grunde milde bestraft seien, wenn sie lediglich zum Verlassen des Herzogtums Württemberg, ihrer Heimat, veranlaßt würden. Bedenkt man, wie am Beginn der Reformation mit sogenannten Ketzern oder mit Anhängern der Täuferbewegung da und dort verfahren worden ist, dann wird man mit den Kirchenhistorikern die Empfehlung des Johannes Brenz an den Rat der Stadt Nürnberg als weise und weitsichtig empfinden. Brenz sprach sich damals für den Verzicht auf die Todesstrafe aus und empfahl statt dessen die Ausweisung all derer, die in Glaubensfragen zur Opposition gegen die neue Kirche aufgerufen hatten.

Streit im Bottwartal

Rosenbachs starker Einfluß in Württemberg konzentrierte sich zunächst auf das Gebiet zwischen Heilbronn und Stuttgart. Diesem Einfluß wird zugeschrieben, daß es im Bottwartal im Jahre 1703 zu einem offenen Streit zwischen einem Pfarrer und seinem Helfer in der Kirche gekommen ist. Der Helfer, Eberhard Ludwig Gruber, einst Repetent in Tübingen, der seit 1692 in Großbottwar amtierte, las eines Tages in der Kirche einen Abschnitt aus Rosenbachs Schrift über die »Wunder- und Gnadenvolle Führung Gottes« vor. Das empörte den auf die offizielle Linie der Kirche eingeschworenen Stadtpfarrer Johann Grüninger, der zu jenem Zeitpunkt – 1703 – gerade seit einem Jahr die Pfarrstelle in Großbottwar innehatte. Grüninger, ein aus Bingen am Rhein stammender Konvertit, hatte sofort das Mißfallen Rosenbachs erregt. Der »Sporer« behauptete, der neue Pfarrer sei »ein fleischlicher Mann«, der »die Leute freigemacht habe zum Sündigen«. Der Stadtpfarrer und der Helfer Gruber stritten sich bald »vor versammelter Gemeinde«. Höhepunkt war die Kinderlehre am Osterfest 1703. Gruber, so hat Rosenbach berichtet, widerlegte vom Altar aus des Stadtpfarrers Predigt, »wies seine Lügen zurecht und suchte den Leuten ihren falschen Wahn zu nehmen«. Die Folge, wiederum nach diesem Bericht, war, daß in der »Gemeinde ein Aufruhr ausbrach und sie sich spaltete«. Der Dekan in Marbach und das Konsistorium mußten eingreifen. Da der Stadtpfarrer auch nach Ansicht der Kirchenbehörde sein Amt mangelhaft geführt hatte, kam der Helfer Gruber glimpflich davon, zumal er anerkannte, daß er gefehlt hatte und sich zur Versöhnung bereit zeigte. Schließlich versetzte man die beiden Streitenden auf andere Stellen: Grüninger nach Gärtringen und Gruber nach Hofen, das zum Dekanat Brackenheim zählte. In Hofen war Gruber freilich nicht mehr Helfer, sondern Pfarrer. Die Versetzung erwies sich so als eine Beförderung.

Wie groß die Erregung im Bottwartal in jenem Frühjahr 1703 gewesen sein muß, wissen wir aus Berichten, in denen geschildert wird, daß am Pfingstmontagabend nach einer Versammlung im Hause des Helfers Gruber ein Tumult ausgebrochen sei. »Die heimkehrenden Stundenleute wurden verfolgt, mit Steinen beworfen, mißhandelt und als sie sich wieder in das Helferhaus flüchteten, dieses selbst bedroht.« Die Ordnungskräfte seien (vermutlich auf Geheiß des Vogtes, wie Rosenbach behauptet hat) untätig geblieben. Besonders übel mißhandelt wurde ein Mann, den die Leute irrtümlich für den Sporer Rosenbach gehalten hatten. Rosenbach selbst, der zu jener Zeit »oft in Großbottwar einkehrte«, wurde durch eine Intervention des Herrn von Gaisberg, Schloßherr auf Schaubeck, in Sicherheit gebracht. Der Kleinbottwarer Schloßherr schickte »seine eigene Kutsche«. Vor Gaisbergs Eigentum schreckten die Rosenbach-Gegner wohl zurück, so daß Rosenbach in dieser Kutsche das Grubersche Haus verlassen konnte. Das Dekanat Marbach hatte übrigens zur Verhandlung beim Konsistorium ein vierzehn Punkte umfassendes Sündenregister Grubers zusammengestellt. Mit Hinweis auf das Buch Hiob 33, 29 behauptete der Helfer, daß einer, der nach der neuen Geburt dreimal sündige, nicht mehr zu Gnaden kommen könne. Die Mitglieder des Kirchenrates scheinen über diese Behauptung Grubers selbst ein wenig in Streit geraten zu sein, denn sie machten längere philosophische Anmerkungen zum »Begriff der Wiedergeburt«. Man hielt Gruber vor, daß er behauptet hatte, unter Hundert sei nicht einer, der den rechten Glauben habe, unter Tausend nicht ein Wiedergeborener. Das entspreche, meinte Gruber, lediglich seinem subjektiven Glauben. Punkt für Punkt ging man in Stuttgart die Beschwerdeliste mit Gruber durch, am Ende blieb als Hauptvorwurf, daß Gruber vom Altar aus den Pfarrer in Großbottwar widerlegt habe.

Die Möglichkeit zur Bewährung, die Gruber in Hofen geboten wurde, hat er nicht genutzt. Alsbald warf die Gemeinde dem neuen Pfarrer vor, daß er schon bald nach seinem Aufzug Händel erregt habe, unter anderem bei der Kirchweih. Die Gemeinde bat dringend um die Entlassung des Pfarrers; da man in Stuttgart zögerte, beteiligten sich die Hofener zweieinhalb Jahre lang nicht mehr am Heiligen Abendmahl. Als Gruber schließlich aus dem Kirchendienst entlassen wurde, »zeigte er sich recht vergnügt« und bat am 8. April 1706 um einen Paß nach Kurbrandenburg.

Verständnis für die Separatisten

Der zweifelhafte Ruhm, einer der Väter des kirchlichen Separatismus zu sein, gebührt einem der zahlreichen Enkel Johann Valentin Andreäs, dem nach Frankfurt ausgewanderten Rechtskonsulenten Dr. Johann Jakob Schütz, Verfasser des Kirchenliedes »Sei Lob und Ehr dem höchsten Gut«. Der aus Calw stammende Schütz verfaßte einen scharfsinnigen Traktat über die Frage, ob die Auserwählten verpflichtet seien, sich notwendig »zu einer heutigen Großen Gemeinde insonderheit zu bekennen«. Diese Schrift von Schütz hat nach Ansicht von Kirchenhistorikern (wie Hermelink) die Separation in der Freien Reichsstadt Frankfurt am Main entscheidend begünstigt. Auch Schütz selbst, in Frankfurt wiederholt von pietistisch gesinnten Landsleuten besucht und um Rat gefragt – auch von Johann Georg Rosenbach –, trennte sich von der Kirche.

Außer in Stuttgart und in Calw kam es Anfang des 18. Jahrhunderts vor allem in Herrenberg und in Bietigheim zur Bildung von

Gemeinschaften, die Distanz zur Kirche hielten oder sich ganz von der Kirche lösen wollten. In einem Bericht des Calwer Dekans Johann Philipp Zeller aus dem Jahre 1712 wird auf Zusammenhänge zwischen der Zeughandelskompagnie und dem Separatismus hingewiesen. Die meisten der von Dekan Zeller gezählten dreiundzwanzig Abtrünnigen seien Mitglieder der Kompagnie und gehörten den vornehmsten Familien an. »Alle separatistischen Mägde des Fürstentums begehrten nach Calw zu ziehen«, klagte der Dekan. Die Stadt sei ein Treffpunkt der »Schwärmer« und bilde eine Art »Separatisten-Akademie«. Wohl seien gute, verständige Leute dabei, die einen guten Wandel führten und auch reich seien, aber sie zeigten einen »Haß auf das Ministerium, affektierten das Martyrium, seien fast alle Chiliasten und bezeugten viel geistlichen Hochmut«. Ihre Kinder ließen sie nicht taufen. Außerdem reisten sie, meint der Dekan Zeller, als Kompagnie-Angehörige viel herum. Dieser Bericht gab Anlaß zu einer Untersuchung der Calwer Verhältnisse. Eine Kommission des Konsistoriums reiste 1713 in die Tuchmacher- und Gerberstadt an der Nagold. Sie kam zu der keineswegs überraschenden Erkenntnis, daß die zur Kompagnie und zum Separatismus gehörenden Familien, darunter die Dörtenbachs, die Wagners, die Fischers, miteinander verwandt seien und in »günstigen Vermögensverhältnissen« stünden. Es seien durchweg etwas seltsam veranlagte Leute, zu allerhand »singulären Gemütsbewegungen« neigend. Der Stadtphysikus muß der Stuttgarter Kommission eine Art sozialpsychologischen Berichts gegeben haben. Die meisten Frauenzimmer in Calw, so meinte er festgestellt zu haben, seien »mit der hysterischen Anlage als einem gemeinen Übel« behaftet. Das erkläre die »Neigung zu tiefer Meditation, Bangigkeit, Zweifeln, Mißtrauen«. Während der Verhöre hat die Kommission im übrigen »zwei Anfälle des Übels konstatiert«. Aber die Herren aus der Residenz entdeckten auch anderes. Die Separatisten seien von ihren Pfarrern falsch behandelt worden, der Dekan Zeller selbst habe sogar während der Tagung der Kommission Proben seiner Taktlosigkeit auf der Kanzel abgelegt. Man müsse auch zugute halten, daß die Leute allzuviel auf Träume hielten. Alle eiferten gegen den Orthodoxismus. Dennoch werden sie von der um Versöhnung und Wiederannäherung bemühten Kommission ermahnt, wenigstens einige Male im Jahre wieder in die Kirche zu gehen. Das ist, wie registriert wird, dann auch geschehen. Der Führer der Calwer Separatisten, der reiche Handelsherr Mose Dörtenbach, habe am 11. September 1714 erstmals wieder den Gottesdienst besucht.

In Herrenberg, wohin die Kommission nach der Visite in Calw gereist war, machte die Frau des Obervogtes als prominentes Mitglied der separatistischen Gemeinde den Herren vom Kirchenrat viel Kummer. Diese, eine Frau von Leiningen, hatte zusammen mit dem Theologen Gmelin sogenannte »prophetische Schriften« im nassauischen Idstein drucken lassen und hieß deshalb auch »die Prophetin«. Sie verwarf im Verhör durch die Kommission die Kindertaufe, beschimpfte die Kirche und sagte, man sei zu Separation genötigt, weil man damit Zeugnis ablege gegen die Gottlosigkeit. Man befragte sie nach ihren – auch pazifistischen – Schriften. Sie gab schließlich zu, daß man auch dann Fürbitte einlegen dürfe für die Fürsten, wenn diese Krieg führten. Aber man dürfe nicht Gott um den Sieg der Waffen bitten. Die Kommission befand, daß es sich um eine von Jugend auf gottesfürchtige Frau handle. Man müsse sie gewähren lassen, bis Gott ihr die Augen öffne. Aus dieser und zahlreichen anderen Untersuchungen zog man im Konsistorium nach sorgfältigem Abwägen aller Standpunkte den Schluß, daß »der Separatismus ein nützliches Übel« sei. »Der Ayßen (das Geschwür) sei aufgedrückt.« Es gehe lediglich um eine Verdunkelung des Verstandes, nicht aber um Häresie. Man müsse deshalb Geduld haben und den Irrenden Zeit lassen. Ein Verbrechen sei die Separation nicht, aber ein Denkfehler.

Wiedertäufer und Obrigkeit

Im Dreißigjährigen Krieg, so meinte der Kirchenhistoriker Friedrich Fritz in einer nun fünfzig Jahre alten Untersuchung, sei in Württemberg das Täufertum, die Wiedertäufer-Bewegung, untergegangen. Aber Fritz selbst zitiert in seiner Publikation Beispiele für ein Wiederaufleben der Täuferbewegung im Zusammenhang mit dem Separatismus am Beginn des 18. Jahrhunderts. Der Maurer Johann Kipping aus Oberstenfeld im Bottwartal verweigerte im August 1706 die Taufe seines neugeborenen – dritten – Kindes und wurde deshalb in Beilstein in den Turm gelegt. Das Kind taufte man gegen den Willen des Vaters. Kipping bestand darauf, daß zur Taufe ein »gläubiger Täufer und ein glaubender Täufling« gehöre. Die Apostel hätten die Kindertaufe weder befohlen noch geübt. Als Quelle für seine Ansichten berief sich der Maurer aus Oberstenfeld auf ein »altes wiedertäuferisches Buch«, das er kurz zuvor auf Schloß Schaubeck von dem »Informator Polykarp« erhalten habe. Das geheimnisvolle Buch hieß vermutlich »Probierstein der wahren Tauffe des Neuen Testaments«. Nach Ansicht seines Verfassers sei die »Sogenannte Pietisterei« noch nicht das wahre, wesentliche Christentum, aber doch eine Vorbereitung dazu. Für besonders verwerflich hält es der Autor dieses »Probiersteins«, »die unmündigen Kinder Nichtwiedergeborener zu taufen«. Bevor Kipping sich zu den täuferischen Ideen bekannte, hatte er schon engen Kontakt mit den Pietisten im Bottwartal, vor allem auch mit dem Helfer Gruber. Zu seinen Bekannten zählte auch Rosenbach. Kippings Festnahme verhalf dieser radikalen Form des Pietismus zu einiger Resonanz. Vor dem Beilsteiner Turm versammelten sich alsbald Gesinnungsfreunde des Inhaftierten und ermahnten Kipping zu »christlicher Standhaftigkeit«.

Nach dieser Episode im Bottwartal hörte man längere Zeit nicht mehr viel von einem Wiederaufleben der Täuferbewegung in Württemberg, bis dann der neu aufkommende sogenannte Rappsche Separatismus am Ende des 18. Jahrhunderts wieder an gewisse Erscheinungen der Täuferbewegung erinnerte. Georg Rapp (1757–1847), ein Weber aus dem Dorf Iptingen, versammelte um sich eine Gruppe von Pietisten, die Distanz hielten zur Kirche. Die Männer in der Anhängerschaft Rapps verweigerten den Militärdienst und den Fahneneid. Als ihnen auferlegt wurde, Ersatzmänner für den Militärdienst zu stellen, sie aber diese Ersatzmänner nicht finden konnten, wanderten erste Gruppen der Rappschen Anhänger nach Pennsylvanien aus. Aktenkundig wurde im Jahre 1787 ein Anhänger Rapps, der Iptinger Separatist Johannes Hörnle, weil er die Taufe seines neugeborenen Kindes verweigerte. Nach der Geburt waren die Iptinger Separatisten in Hörnles Haus gekommen; nacheinander niederkniend hatten sie Gott gebeten, dieses Kind in seinen Gnadenbund aufzunehmen. Ihm sei geoffenbart, so hatte Hörnle nach dem Gebet mitgeteilt, daß das Kind Joseph heißen solle. Mit der Taufe müsse man warten, sagte Hörnle später bei einer Vernehmung, »bis einer sich selbst

Wohlmeynende
Nachricht,

wie sich
die Teutsche,
die
nach Pensilvanien
reisen wollen,
zu verhalten haben.

Geschrieben den 19. Oct. 1749.

von

L. M.

Ann eine Kranckheit nicht zu curiren, so pfleget der Artzt nur solche Mittel vorzuschreiben, welche dem Patienten zu Erleichterung seiner Qual dienen. Weilen die Lust nach Pensilvanien zu ziehen bey den Leuten in Teutschland so tief eingewurtzelt ist, daß dieselbe nicht mehr auszurotten; obwohl viele kräfftige Ursachen könnten angeführet werden, sie davon zu curiren, so will man ihnen hiedurch nur ein Erleichterungs-Mittel vorschreiben, nemlich: Wie sie bey ihrer vornehmenden desperaten Reise dennoch denen grösten Unheil und Ungemachen mögen vorbeugen; dann man setzet zum Voraus, daß doch zum wenigsten einige aufrichtige Briefe dieses Jahr hinaus geschrieben worden, welche von dem Jammer und Elend, so die meisten dieses Jahr auf dieser Reise gelitten, wenigstens einige Nachricht werden gegeben haben, und daß unterschiedliche das grosse Glück werden haben, solchen Briefen einigen Glauben zuzustellen, und sich wohl in Acht zu nehmen, wann sie ja dennoch hieher ziehen wollen. Man hofft, daß unserer Warnung und Belehrung in diesem werde Glauben zugestellet werden, weil ein jeder leicht sehen kan, daß unser Seits keine Interesse dabey bezielet wird, im Gegentheil kostet es Mühe und Unkosten, und unser Profit soll bestehen in einem ruhigen Gewissen, daß wir unsere Pflicht betrachtet, indeme wir andere für Schaden warnen und helfen wollen. Wisset dann, daß dieses Jahr ungefehr 2000. in das Meer geworfen worden,

)(

viele

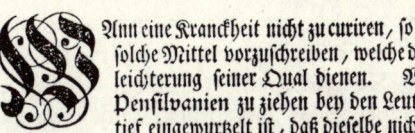

16 »Wohlmeynende« Warnung
vor der Auswanderung nach Pennsylvanien
aus dem Jahre 1749

prüfen und urteilen könne, ob in ihm die Trennung zwischen dem Reich des Teufels und dem Reich Gottes vorangegangen sei«. Die Anhänger Rapps in Iptingen tauften später ihre Kinder meist unmittelbar nach der Geburt selbst, um der Taufe durch den Pfarrer zuvorzukommen. Das Kind sei nun »ein bißle getauft«, sagten die Anhänger Rapps, es sei so dem Kind überlassen, ob es sich in acht oder zehn Jahren wiedertaufen lasse.

Ein früher Pazifismus

Weit mehr Ärger als durch ihr Verhalten bei der Kindtaufe machte diese Gemeinschaft der Obrigkeit durch ihre Kriegsdienstverweigerung. Ein Israel Hörnle, ebenfalls aus Iptingen, sollte 1794 in der Zeit der napoleonischen Kriege Soldat werden. Rapp und seine Freunde schrieben deswegen an ihren »lieben Landesvater«, den Herzog Ludwig Eugen: es sei wohl nötig, daß die Obrigkeit das Schwert führe, sie selber aber seien zum Soldatenberuf untauglich. Christus habe sie dazu berufen »den Zorn in Liebe zu transmutieren«. Aber ein Landesherr brauche ja auch Beter, die für sich und andere zu Gott treten. Sie hätten nun, so schließt das Bittgesuch, »in Einfalt ihren geraden Sinn ausgedrückt und erwarteten in Untertänigkeit eine Gott wohlgefällige Resolution«. Ob sie diese erhalten haben, ist fraglich, denn es galt als Gebot, daß alle ledigen jungen Männer zwischen siebzehn und dreißig Jahren zu Übungen in der Landmiliz verpflichtet seien. Einige der Einberufenen kamen gar nicht zum Dienst, andere junge Separatisten »bewegten auf dem Exerzierplatz weder Hände noch Füße«. »Sie stehen da«, heißt es in einem amtlichen Bericht, »wie die Klötze und achten auf nichts«. Mit Erstaunen vermerkt ein Protokollant dieser Vorgänge, daß einer der jungen Separatisten die Frage, ob er es für unrecht halte, sich gegen die Feinde des Vaterlandes zu wehren, ohne Zögern und Einschränkung mit Berufung auf die Bergpredigt bejaht habe.

Auch Schüler Michael Hahns, nicht nur Anhänger Georg Rapps, haben sich damals gegen Übungen bei der Landmiliz gewehrt und den Dienst verweigert. Man erwartete, daß sie deshalb des Landes verwiesen würden, aber der Herzog zögerte, weil es sich »vielfach um brave junge Leute handelte«. Die Mitbürger in den Heimatorten sollten mehrheitlich »aus christlicher Liebe und Toleranz« darüber befinden, ob solche jungen Separatisten statt der persönlichen Dienstleistung bei der Landmiliz eine Geldsumme bezahlen sollten. In diesem Falle durften sie im Lande bleiben. In Plieningen stimmten 161 Bürger für und 61 gegen einen der Betroffenen, Israel Kaufmann mit Namen. Weil aber 104 Bürger sich trotz zweimaliger Aufforderung nicht an der Abstimmung beteiligten, anerkannte die Regierung die Entscheidung nicht. Gefordert war die Zustimmung einer Mehrheit der Stimmberechtigten. Kaufmann durfte dennoch im Land bleiben, er amtierte später in der neugegründeten Brüdergemeinde in Korntal als Vorsteher.

Prinzipiell lehnten die Separatisten die Eidesleistung ab, selbst bei den Vogtgerichten, weil der Eid etwas Unchristliches sei. Mit großem Mißfallen registrierte man in den Ämtern zu jener Zeit auch die Neigung zahlreicher junger Separatisten in Iptingen, in Markgröningen und in anderen Orten, sich »gräßliche, lange Bärte« wachsen zu lassen. Das sei für die ganze Gemeinde »ärgerlich und anstößig«. Gewünscht wurde ein Befehl der Obrigkeit, wonach »diese eigensinnigen Leute sich auch wie andere Bürger tragen und die Bärte abnehmen lassen sollen«. Andere, für die Mitbürger aufreizende Kennzeichen der Separatisten waren – zum Beispiel in Strümpfelbach – die »großen Laschen ihrer Schuhe und der heruntergeschlagene Hut«. Das Tragen von blau-weiß-roten Kokarden deutete man als Sympathie-Kundgebung gegenüber der Französischen Revolution. Eine besondere Form des Konflikts ist im Jahre 1782 erstmals aktenkundig: die Weigerung, den Hut abzunehmen. Der Provisor Matthäus Kugel habe, so wurde notiert, bei einer Vernehmung im Schorndorfer Oberamt den Hut aufbehalten und dazu gesagt, das tue er, weil die Ehre Gott gebühre. »Derlei Devotion« -- wie das Hut-Abnehmen – heiße »das Tier anbeten«. In der Schrift werde die Obrigkeit geduzt, daraus folge, daß man auch den Hut vor derselben nicht abnehmen dürfe. Dieser Matthäus Kugel war von keinem anderen als von Philipp Matthäus Hahn dem Herrn Geheimen Rat von Pfeil als Schreiber empfohlen worden und hatte die Stelle auch erhalten. Doch Kugel weigerte sich, einen Besucher bei seinem Herrn anzumelden. Vor Gott dürfe man auch unangemeldet kommen. Nur solche Hauptwörter schrieb er mit großen Anfangsbuchstaben, bei denen »die göttliche Ehre mitinteressiert« sei. Bei Rapps

Iptinger Freunden gab es anscheinend kein Hutproblem, wohl aber folgten Separatisten in Nordheim und in Rottenacker dem Beispiel des Matthäus Kugel.

Als übrigens Georg Rapp begann, sich einen langen Bart wachsen zu lassen, rätselte der Iptinger Pfarrer »ob er damit einen Juden oder Wiedertäufer oder sonst einen Sektierer vorstellen wolle«. Als Hauptmerkmal der Rappschen Anhängerschaft wird vermerkt: »Sie lassen alles auf das *innere* Gefühl ankommen; was sie nicht fühlen, dazu achten sie sich nicht verbunden, geben innere Offenbarungen vor, selbst in gleichgültigen Dingen.« Friedrich Fritz schloß daraus in seiner Untersuchung über die pietistisch-separatistischen Gruppen, daß dieser Spiritualismus stark an die pietistisch geprägten Gemeinschaften des Siegerlands erinnere und der Einfluß der Berleburger Bibel unverkennbar sei.

Distanz zu den Musen

Die hier genannten Beispiele für die ganz verschiedenartige Entwicklung und die Vielfalt der im weitesten Sinne pietistischen Gruppen könnten leicht um weitere Varianten ergänzt werden. Festzuhalten ist indes, daß der Pietismus die Ausbreitung der Bibel in hohem Maße begünstigt hat. Stets bemühte sich der Pietismus auch um ein neues Verständnis der Heiligen Schrift. Das war ein historischer Prozeß von tiefreichender Wirkung, positiver wie zuweilen auch negativer Wirkung. Wenn nichtwürttembergische Beobachter schon im 18. Jahrhundert, wie auch heute noch, den Eindruck gewonnen haben oder gewinnen, daß das württembergische Kernland ein merkwürdig distanziertes Verhältnis zu den Künsten und zu den Musen habe, dann ist es nicht schwer, gerade dafür einige Hinweise in der Geschichte der spezifisch württembergischen Frömmigkeit zu finden. Schließlich hat kein anderer als der Hofprediger Johann Reinhard Hedinger, berühmter Herausgeber des Neuen Testaments und Beichtvater des jungen Herzogs Eberhard Ludwig, im Jahre 1700 der »lieben Jugend« in Württemberg Ratschläge erteilt, über die man damals keineswegs zur Tagesordnung überging. »Gottselige und erbauliche Unterredungen« unter sich und mit den Kindern empfahl Hedinger den Eheleuten. Am Sonntag solle man auf »alle Kurzweil«,

nicht nur auf »Spielen und Tanzen« verzichten. Selbst das Spazie-
rengehen und das Führen weltlicher Gespräche solle sonntags
nicht gestattet sein. Für ganz besonders verderblich hielt Hedinger
Opern und Schauspiele. Solche Gottesgelehrte, schrieb er voller
Zorn, welche Opern der schönen Musik wegen gebilligt haben,
»sind Baals- und Bauchpfaffen, welche Israel nicht trösten in
seinen Sünden«. – Noch heute gibt es in Württemberg manche
Gelegenheit, sich an dieses Verdikt aus dem Jahre 1700 zu erinnern.

Über Anlässe und Ursachen für das Entstehen der pietistischen
Zirkel fehlt es nicht an gelehrten Untersuchungen. Eine besonders
prägnante Erklärung des Pietismus hat einst der große Prediger
Johann Friedrich Flattich gegeben. Er gab zu bedenken, wenn man
seinen Hund den ganzen Tag schlage, so gehe er durch und suche
sich einen anderen Herrn, bei dem er es besser habe; auf die
gemeinen Leute schlage jeder zu, der Herzog, die Soldaten, die
Jäger – »darum gehen sie zu Christus, und wer Christus sucht, ist
ein Pietist«.

»HEILIGES KORNTAL«

Hätte es am Ende der napoleonischen Zeit schon den Begriff der »inneren Emigration« gegeben, er wäre gewiß für ein Projekt als passend empfunden worden, das den Namen »Gemeinde Korntal« erhalten hat. Entstanden ist das »Heilige Korntal«, wie es die Nicht-Pietisten unter den Schwaben lange Zeit halb bewundernd halb spöttisch genannt haben, im Jahre 1819 – schon bald nach dem Inkrafttreten der Verfassung des neuen Königreichs Württemberg. Einige der Korntal-Gründer spielten ursprünglich mit dem Gedanken an die Auswanderung in ein Land, einen Kontinent, wo man unbehelligt von einer staatlichen Obrigkeit oder gar von einem Stuttgarter Oberkirchenrat sein Leben nach eigenen Vorstellungen einrichten könne. Manche andere pietistische Gruppe in Württemberg hatte diesen Weg der Emigration und des Neuanfangs aus Glaubensgründen schon gewählt, man denke nur an die Leute aus der Maulbronner Gegend, speziell aus Iptingen, die in Georg Rapp ihr Vorbild und ihren Lehrer sahen und als Gegner eines, wie sie argumentierten, »von Gott nicht erlaubten Kriegsdienstes« in Pennsylvanien gesiedelt hatten. Sollte es indes nicht möglich sein, im Land zu bleiben und sich doch in der Gemeinschaft mit Gleichgesinnten einen eigenen Platz, unabhängig von den weltlichen Erscheinungen ringsherum, zu sichern? Gottlieb Wilhelm Hoffmann (Abb. 17), ein Pfarrerssohn aus Ostelsheim im Oberamt Calw, stellte sich diese Frage.

Hoffmann war nicht, wie man vermuten könnte, in einem pietistischen Elternhaus aufgewachsen. Sein Vater scheint sich gegenüber den »Stundenleuten« in seiner Umgebung eher skeptisch, ja abweisend verhalten zu haben. Gottlieb Wilhelm, der Pfarrerssohn, sei in Ostelsheim als lebensfroher Knabe bekannt gewesen, wird in der örtlichen Chronik berichtet. Der Vater habe ihn allerdings streng, ja mit Härte erzogen. Da sich der Ostelsheimer Pfarrerssohn besonders für die praktischen Dinge des Lebens interessierte, sollte er Notar werden. Zur Ausbildung kam er nach Merklingen. Dort, unweit von Weil der Stadt, sei er »bekehrt« worden. Später war Gottlieb Wilhelm Hoffmann dann Notar und Amtsverweser – Bürgermeister – in Leonberg. Und von dort aus ging der 1771 Geborene am Ende der napoleonischen Kriege zusammen mit Freunden auf die Suche nach einem Ort, wo die »Brüder« frei »vom Druck kirchlicher und staatlicher Einschränkungen« und von niemand gehindert ein »gottgefälliges Leben« beginnen könnten. Ein wichtiges Motiv für die Versammlung der Gleichgesinnten an einem Ort bildete dabei auch die von Albrecht Bengel vorausberechnete und prophezeite »Wiederkunft des Herrn« im Jahre 1836. Ungestört durch äußere Einflüsse wollte man die damit verbundene Aufrichtung des »tausendjährigen Friedensreiches« erwarten. Mit der offiziellen Kirche lagen die »Brüder« ohnedies schon seit längerer Zeit im Streit. Unter anderem wegen der Gesangbuchfrage. Im Jahre 1791 hatte die Stuttgarter Obrigkeit für die öffentlichen Gottesdienste ein neues Gesangbuch bindend vorgeschrieben. Das alte Gesangbuch, das die Pietisten der verschiedensten Gruppen besonders hoch schätzten, war fortan nur im sogenannten privaten Gebrauch erlaubt – also nicht mehr in der Kirche. Die Autoren des neuen Gesangbuches behaupteten, sie hätten einige der alten Choräle und Lieder »durch völlige Umarbeitung dem verfeinerten Geschmack der Zeit nähergebracht«.

Dieser Anschlag auf das Gewohnte allein hätte noch nicht zur heftigen Empörung ausgereicht. Als aber am 1. Januar 1809 auch noch eine neue Liturgie von der Staats- und Kirchenleitung in Württemberg verordnet wurde – Kurfürst Friedrich war inzwischen König geworden und amtierte als erster Repräsentant der evangelischen Kirche –, da rumorte es im Lande. Die Pfarrämter waren angehalten, scharf darüber zu wachen, daß die neue Liturgie bei Taufen und sonstigen Anlässen angewandt wurde. Auch die Polizei bot man zur Kontrolle auf. Bei Nichtbefolgung gab es Strafen. In Winzerhausen bei Großbottwar widersetzte sich Pfarrer Friedrich diesen Anordnungen. Er wurde daraufhin seines Amtes enthoben – bald darauf war er der erste Pfarrer von Korntal.

Daß König Friedrich bei den »Brüdern« nicht in gutem Ansehen stand, ergibt sich aus diesen Hinweisen. Man verübelte ihm ganz besonders sein Bündnis mit Napoleon, denn der Kaiser der Franzosen galt dieser, dem Michael Hahn verbundenen Pietistengemeinschaft als Personifizierung des Antichrist. Friedrich hatte in seiner Regierungszeit zudem die ursprünglich nach dem Tübinger Vertrag erleichterte Auswanderung erheblich erschwert. Auch der

Nachfolger Friedrichs, König Wilhelm I., war wenig erfreut über den Wunsch vieler seiner Landeskinder, nach Amerika oder nach Rußland zu ziehen. Der junge Monarch, voller Tatendrang, wollte ein modernes Württemberg schaffen; vor allem die Landwirtschaft sollte auf einen besseren Stand gebracht, das Gewerbe gefördert werden. Da brauchte man tüchtige, auch risikobereite Leute im eigenen Land.

Hoffmann nahm die amtlichen »Ermahnungen« gegen die Auswanderung zum Anlaß, um sich am 28. Februar 1817 mit seinen Überlegungen über die Gründung politisch-religiöser Gemeinden an König Wilhelm zu wenden. In dieser »Vorstellung«, wie man die Eingabe nannte, legt Hoffmann dem Monarchen die Gründe für die »Auswanderungssucht« dar und nennt zugleich Mittel zur Abhilfe. Man müsse unterscheiden zwischen dreierlei Art von Auswanderern: den Separatisten, welche »aus religiöser Schwärmerei einen anderen Aufenthaltsort suchen«, den Verarmten, die mit ihren Schulden und Lasten nicht mehr fertig werden und schließlich denjenigen, die sich infolge der neuen Liturgie »in einer Art Gewissenszwang« befinden, weil diese Liturgie nach ihrer Überzeugung nicht nach der alten lutherischen Glaubenslehre verfaßt sei. Von dieser Gruppe, der Opposition gegen die neue Liturgie, könnte, gibt Hoffmann dem König zu bedenken, ein großer Teil zurückgehalten werden, »wenn ihnen die Anlegung eigener Gemeinden im Königreich gestattet würde«. Als Beispiel wird die Herrnhuter Kolonie in Königsfeld im Schwarzwald genannt, die König Friedrich im Jahre 1806 privilegiert hatte. Die Eingabe fand ein Echo. Schon nach wenigen Wochen forderte das Stuttgarter Oberkonsistorium den Leonberger Notar auf, er solle seinen Plan näher entwickeln. Es folgte, da nun auch die Regierungsbehörden eingeschaltet waren, ein langes Hin und Her. Das Innenministerium meinte nach der Durchsicht des Gründungsplanes scharfsinnig, daß es sich bei diesen neuen Gemeinden doch wohl um eine Art »Theokratie« und also um einen »Staat im Staate« handle, das aber werde »von keiner guten Verfassung« gebilligt.

In einigen Punkten machte der »Geheime Rat« – die damalige oberste Landesinstanz – schließlich Korrektur-Vorschläge an Hoffmanns Plan, die aber insgesamt den Gründern akzeptabel erschienen, so daß man – selbst ein wenig überrascht nach den

17 Gottlieb Wilhelm Hoffmann
der Gründer von Korntal
1771–1846

Knaben-Institut.

Töchter-Institut.

Kornthal von der Nordseite.

Kornthal von der Südseite.

18 Korntal Nord- und Südansicht
das »Knaben-Institut« und das »Töchter-Institut«, um 1850

langen Erörterungen – am 12. März 1818; ein Jahr nach der ersten Eingabe, die amtliche Genehmigung zur Gründung von Brüdergemeinden erhielt. Es dürften, so hieß es in dem regierungsamtlichen Vorbehalt, allerdings keine »besondere Religionssekten« entstehen. Hoffmann seinerseits legte den Entwurf eines »Religionsund Glaubensbekenntnisses der Gemeinden« vor, beschrieb auch »Kirchenordnung und Zeremonien« und bat gleichzeitig den König »allergnädigst Plätze in billigen Kaufpreisen« anzuweisen. Man dachte als erstes an das Überlassen einer Staatsdomäne. Hoffmann selbst hatte Hohenheim im Auge, das spätere staatliche Mustergut bei der Landwirtschaftlichen Hochschule. Dieser Plan scheiterte an den Behörden. Nach langem Verhandeln und Suchen entschied sich Hoffmann zusammen mit seinen Freunden für den Erwerb des Ritterguts Korntal (Abb. 18) im Oberamt Leonberg. Die zwei Jahre, die zwischen der ersten Eingabe und der Unterzeichnung des Kaufvertrags mit den Eigentümern dieses Ritterguts – dem Freiherrn Ludwig von Münchingen und dem Grafen von Goerlitz, Obersthofmeister der Witwe König Friedrichs – vergangen waren, sind den Gründern der Brüdergemeinde gewiß sehr lange erschienen. Verglichen mit den inzwischen üblichen Schwierigkeiten bei staatlichen Entscheidungen über ungewöhnliche Anträge muß man indes das Tempo bewundern, mit dem die damaligen Stuttgarter Ministerien und die unteren Verwaltungsbehörden verfahren sind.

Es scheint, daß man in den Ministerien anfänglich das Bedürfnis für derartige Gründungen – Wilhelmsdorf im Oberland folgte einige Jahre später – bezweifelt hat. Hoffmann legte deshalb auf Wunsch der Behörden während seiner Verhandlungen ein vorläufiges, innerhalb von wenigen Tagen aufgestelltes Verzeichnis interessierter Familien vor. Allein aus dem Umkreis von Stuttgart ergab dies mehr als dreihundert Familien, fast durchweg Bauern, Weingärtner- und Handwerkerfamilien mit rund 1500 Köpfen. Verzeichnet sind dabei die Remstal-Orte Strümpfelbach und Winterbach, die Gemeinden Untertürkheim, Walheim am Neckar, Großbottwar, Denkendorf und Knittlingen, um nur einige zu nennen.

Grundlage des »Heiligen Korntal« ist das »Privilegium«, das »Wilhelm, von Gottes Gnaden König von Württemberg« am 22. August 1819 der »Gemeinde Korntal« gewährt hat. Diese Gründungsurkunde enthält die Namen der damals aufgenommenen achtundsechzig Familien und beschreibt sowohl die »Bürgerliche Verfassung der Gemeinde« als auch die »Kirchliche Verfassung«. Der Ortsvorstand bestand danach aus einem »geistlichen Vorsteher« und einem »weltlichen Vorsteher«, dazu ein Gemeinderat. Wohnen konnte in der Gemeinde nur, wer sich allen Bestimmungen der Urkunde »ohne Widerrede« unterwarf. Ohne Vorwissen der Gemeinde-Vorsteher durfte sich kein Gemeindemitglied »mit einer auswärtigen Person ehelich verloben und diese mit sich bringen«. Im Privileg ist auch bestimmt, daß kein Gemeinde-Angehöriger aus der Gemeinde entfernt werden darf, bevor er nicht anderswo eine angemessene und sichere Unterkunft gefunden hat. Jedem stand indes frei, Korntal zu verlassen und sein Vermögen mitzunehmen – die Immobilien freilich mußte er an einen von der Gemeinde anerkannten Erwerber verkaufen. Die staatliche Gewalt verzichtete gegenüber den Gemeinde-Mitgliedern auf die Abnahme eines Eides, verlangte aber im Privilegium, daß jedes Mitglied »auf Verlangen der Obrigkeit die Wahrheit durch Handgelübde« bestätigen solle. Besonders wichtig war für die damalige Zeit, daß die Bindung der Gewerbetreibenden an die Zunftordnung im Privilegium ausgeschlossen war, es gab also in der neuen Gemeinde Gewerbefreiheit, zumindest die Freiheit der Berufswahl. Andererseits waren die Korntaler Handwerker wegen ihrer Zunftfreiheit nicht als Meister anerkannt und deshalb nicht auf auswärtigen Märkten zugelassen. Handwerker aus der Nachbarschaft kauften auch nicht in Korntal ein – Hoffmann hat sich einmal in Leonberg beim Oberamt darüber beschwert. Auferlegt war der Gemeinde die Versorgung der Alten und Kranken, auch die Sorge für die Waisen, die »zu Erlernung nützlicher Wissenschaften, Professionen und Arbeiten anzuleiten« seien.

Zuweilen ist die Ansicht verbreitet worden, in Korntal sei eine Art urchristliche Kommune gegründet worden. Dagegen und gegen die Bezeichnung »Religiöser Liebeskommunismus« regte sich Widerspruch. In der königlichen Gründungsurkunde, die auf

Hoffmanns Vorschläge zurückgeht, heißt es in Artikel XIX ausdrücklich: »Alles, was nur einen Schein von Gemeinschaft der Güter hat, ist sorgfältig zu vermeiden.« Statuiert wird unter anderem die Pflicht jedes Gemeinde-Angehörigen zur eigenen Arbeit: »Es soll kein Müßiggänger geduldet werden.« Eine gewisse Verwirrung der Begriffe ist wohl dadurch entstanden, daß man das Rittergut Korntal von einer neu gegründeten »Güterkaufgesellschaft« erwerben ließ, die, ebenso wie die Leihkasse, im Besitz der Gemeinde-Angehörigen war. Die Liegenschaften wurden den einzelnen Mitgliedern durch das Los zugeteilt, sie gingen in den Besitz der Gemeinde-Angehörigen über, auch an deren Erben, blieben aber Eigentum der Güterkaufgesellschaft. Bei der Rückgabe wurde, wie bei Genossenschaftsanteilen unserer Banken, kein Wertzuwachs des Grundstücks vergütet; die durch Bauten, durch Zäune etc. erzielten Verbesserungen ersetzte die Gesellschaft jedoch dem Mitglied, das ausscheiden wollte. Die Haftung war gegenseitig. Ausdrücklich ist im Statut vermerkt, es gelte der Grundsatz: »Einer für Alle und Alle für Einen.« Verboten war es den »Brüdern«, anderswo als bei der eigenen Leihkasse Geld aufzunehmen oder ohne Erlaubnis der Gesellschaft eine Bürgschaft zu leisten.

Die kirchliche Verfassung bestimmte, daß die Gemeinde frei sei von der Aufsicht durch die evangelisch-lutherische Konsistorial-Behörde, aber unter der Oberaufsicht des Ministeriums für Kirchen- und Schulwesen stehe. Es stand der Gemeinde im übrigen frei, ihre eigene Liturgie zu haben und die Prediger – auch die Lehrer – selbst zu berufen. Das Ministerium behielt sich nur vor, zu prüfen, ob das »rein lutherische Dogma« garantiert sei. Außer beim Religionsunterricht waren die Schulen der Gemeinde verpflichtet, bei den Lehrbüchern und beim Unterrichtsstoff den Regierungsvorschriften zu entsprechen. Bei den Erziehungsgrundsätzen pochte man freilich auf altwürttembergische Tradition anstelle der durch Pestalozzi empfohlenen Neuerungen. Diese lehnten die Gründer der Brüdergemeinde als »unchristlich« ab. Das Schulwesen in Korntal erwarb sich rasch einen Ruf, der weit über Württemberg hinausdrang, nachdem der Schulmeister Kullen sogleich im Jahre 1819 das »Erziehungsinstitut« mit den üblichen Gymnasialfächern gegründet hatte. In den Schulverzeichnissen des 19. Jahrhunderts findet man zahlreiche Schweizer, Franzosen und Engländer. Das Mädchen-Institut führte zur mittleren Reife und hatte einen Schwerpunkt in Hauswirtschaft; im Jahre 1835 gründete man noch ein »Realistisches Institut«. Mit der besonderen Beachtung der Jugenderziehung und der Schulbildung befanden sich die Gründer der Korntaler Brüdergemeinde in der besten Tradition der württembergischen Reformatoren und des schwäbischen Pietismus.

Herrnhut und »Christenstadt«

Nicht weniges am äußeren und inneren Aufbau der Gemeinde Korntal erinnert an die Visionen oder Utopien Johann Valentin Andreäs, vor allem an dessen Staatsroman über die »Christenstadt«. Das eigentliche Vorbild war jedoch das vom schlesischen Grafen Zinzendorf schon 1722 gegründete Herrnhutertum, dessen Gütergemeinschaft bei der Aufnahme der aus Mähren vertriebenen »Brüder« als Ausdruck einer allgemeinen brüderlichen Gesinnung verstanden werden sollte. Deshalb hat sich Hoffmann in seiner Petition an den König mit gutem Recht auf die unter württembergischer Hoheit bereits zugelassene Brüdergemeine der Herrnhuter in Königsfeld im Schwarzwald berufen können. Freilich wollte Hoffmann, dessen Glaubensbekenntnis auf dem Pietismus des Michael Hahn aufgebaut war, für seine Freunde und für sich etwas »Einmaliges« schaffen, also keine bloße Kopie der Herrnhuter. Die bauliche Anlage der neuen Gemeinde, darüber waren sich die Gründer Korntals von Anfang an einig, sollte in ihrer Strenge und Klarheit die Glaubensüberzeugung der Gemeinde ausdrücken. Man hatte, dafür gibt es deutliche Hinweise, recht genau die Aufrisse Andreäs für dessen »Christenstadt« studiert. Als Berater gewann Hoffmann den renommierten Oberbaurat Eberhard Etzel, den später vielgerühmten Erbauer der Stuttgarter Neuen Weinsteige. Hoffmann selbst entwickelte als Notar und erfahrener Kommunalpolitiker genaue Statuten und Bauvorschriften für die Gebäude, die Wege und Straßen und die Einteilung der Felder. Ein wenig war die Planung behindert oder doch beeinflußt durch das bereits vorhandene, nicht besonders große Schloß des Grafen von Goerlitz und einige Gutsgebäude. Anstelle der Kirche, im Zentrum des neuen Orts, entstand ein einfacher Saalbau. Man errichtete außerdem sogleich eine »Gemeindehandlung«, ein kleines Kaufhaus, und baute das Schlößchen des Grafen zum »Gemeindegasthaus« um. Von Anfang an sorgten die Gründer für eine vorbildliche Kanalisation – eine damals keineswegs übliche Investition. (Sie wurde im Jahre 1832 in einem Erlaß des Oberamts Leonberg als beispielhaft gerühmt.) Mit welcher Tatkraft die Mitglieder der Brüdergemeinde ans Werk gegegangen sind, zeigt sich darin, daß der große Betsaal schon im November 1819 – wenige Monate nach der Gründung der Gemeinde – im Beisein von 8000 inländischen und ausländischen Gästen eingeweiht worden ist.

Unter den zahlreichen Bewerbern, die sich bei Hoffmann gemeldet hatten, wählte ein »Brüderkollegium« aus. Man war darauf bedacht, daß die berufliche und soziale Mischung den Planungen und Bedürfnissen beim Aufbau entsprach. Alsbald zählte die Gemeinde zwölf Bauern und einen Schäfer und je einen Angehörigen der wichtigen Handwerksberufe wie Schuhmacher, Schneider, Maurer, Wagner, Weber, Schmied etc. Zur Gemeinde gehörten schon kurz nach der Gründung außerdem acht Witwen mit ihren Angehörigen, insgesamt vierundzwanzig Personen. Fast alle Korntal-Gründer kamen aus dem Oberamt Leonberg und aus der näheren Umgebung von Stuttgart. Schwierigkeiten hat es beim Aufbau der Gewerbebetriebe gegeben. Ursprünglich sollte von jedem Gewerbe nur ein Betrieb zugelassen werden. Man wollte eine »unchristliche Konkurrenz« vermeiden. Da sich der Gemeinderat die Zulassung jedes Betriebs vorbehalten hatte, schien es möglich, diesen Grundsatz zu verwirklichen. Aber bald zeigte sich ein Problem – es gab nämlich Handwerker, die nach Korntal heirateten und der Gemeinde beitraten. Ihnen konnte man die Ausübung ihres Berufes schwerlich untersagen. Ein anderer, zu jener Zeit nicht ungewöhnlicher Konflikt, störte die Planungen der Gemeindegründer ebenfalls: der Maurer und der Maler gerieten in Streit wegen der Abgrenzung ihrer Tätigkeit. Schließlich stellte sich – im Jahre 1833 – heraus, daß die Idee von einer Autarkie der Gemeinde wegen des Monopols im Ort zu relativ hohen Brotpreisen geführt hatte. Man stellte deshalb Preisvergleiche mit Stuttgart und Leonberg an und entdeckte bald die Probleme eines nicht funktionierenden Marktes.

Im »Gemeindegasthaus« amtierte Hoffmann anfangs selbst als

Gastwirt. In der Wirtsstube traf man sich zu Beratungen; auch Gottesdienste wurden in dieser Stube abgehalten. Mit Stolz ist in der Chronik der Anfangsjahre vermerkt, daß »die Einwohner sehr mäßig« seien und »in der Regel das Gasthaus nie besuchen«. Zwanzig Jahre lang – von 1832 bis 1852 – wurde das Gasthaus dann als Privatbetrieb geführt, anschließend auf Rechnung der Güterkaufgesellschaft. Es dauerte insgesamt siebzig Jahre, bis man in Korntal einer weiteren, privaten Schankwirtschaft eine Konzession erteilte.

Zu den bleibenden Werken Hoffmanns und der Brüdergemeinde gehört die Gründung der Rettungsanstalten, die im Jahre 1823 mit einem »Aufruf an alle Menschenfreunde« begann. Mit Hilfe von Spenden und Schenkungen baute man die Stiftung für ein »Rettungshaus für verwahrloste Kinder« auf, ein Akt der Jugendfürsorge, der als Vorbild im Land gewirkt hat. Die Finanzierung der Kostgelder, so der Plan, solle Sache der Eltern oder der Armenbehörde sein. Man ging von dem Grundsatz aus, daß »manuelle Arbeit als Erziehungsmittel« eingesetzt werden müsse. Gottlieb Wilhelm Hoffmann war fünfzehn Jahre nach der Gründung der Korntaler Kinderrettungsgesellschaft, dem späteren »Großen Schülerheim«, auch Initiator bei der Einrichtung einer Taubstummenanstalt in Wilhelmsdorf im Oberland, die zunächst als privates Institut unter der Leitung des Taubstummenlehrers August Friedrich Oßwald stand.

Seit dem Jahre 1929 ist Korntal eine Gemeinde wie jede andere im Land, vor allem nach dem Zweiten Weltkrieg hat es sich in einer Weise ausgedehnt und verändert, die das alte Korntal, die Brüdergemeinde des Gottlieb Wilhelm Hoffmann, nur noch an einigen Details und in Umrissen erkennen läßt. Aber wer dieses Korntal aus der Nähe betrachtet, der findet leicht die Spuren und die Werke der Gründer. Für die alteingesessenen Württemberger, auch für die Nicht-Pietisten, ist Korntal immer noch ein Ort, bei dessen Nennung ein wenig Ehrfurcht und Bewunderung mitschwingen, weil sich kaum irgendwo anders in Württemberg die traditionelle Verbindung von Glauben und Lebenspraxis so klar manifestiert hat wie in dieser Brüdergemeinde.

VOM SALON NACH PALÄSTINA

Wer hat schon einmal daran gedacht, daß wir die saftigen Jaffa-Orangen – historisch betrachtet – dem Schwaben Christoph Hoffmann verdanken? Das ist eine Geschichte, die der Erklärung bedarf – die Geschichte der »Templer« oder »Jerusalemsfreunde«. In den sechziger Jahren des letzten Jahrhunderts haben sie sich auf dem Ludwigsburger Salon und auf dem Kirschenhardthof bei Burgstetten im heutigen Rems-Murr-Kreis versammelt und sind dann ins Heilige Land gezogen. Heute leben die meisten Templer in Melbourne und Umgebung und sind dort das, was ihre Vorfahren in den Städten und Dörfern des nördlichen Schwarzwalds, des Neckarlands, der Alb und des Schwäbischen Walds schon vor hundertdreißig Jahren gewesen waren: Handwerker und Landwirte. Und sind immer noch eine Gemeinschaft, die enge Verbindung hält, eine Gemeinschaft, in der jeder dem anderen hilft, wo und wann immer dies notwendig ist.

Die Probe aufs Exempel hat ein Bonner Politiker vor einigen Jahren in Sydney gemacht. Er erwähnte gegenüber dem deutschen Generalkonsul, daß er gerne mit einem Schulkameraden Kontakt aufnähme, aber leider nur wisse, daß dieser Schulkamerad nach der Entlassung aus der Kriegsgefangenschaft den Schreinerberuf erlernt und dann nach Australien ausgewandert sei, wohin schon zuvor einige Freunde von ihm, Angehörige der schwäbischen Templer, gegangen seien. »Geben Sie mir zehn Minuten Zeit und Sie haben die Anschrift und Telefonnummer Ihres Schulfreundes«, versprach der Konsul. Er machte das Versprechen wahr, denn es genügte, einen der Angestellten, einen Palästina-Schwaben, zu fragen. Jeder Templer habe über den ganzen Kontinent hinweg ständig Verbindung mit den anderen ehemaligen Palästina-Schwaben – es sei deshalb ganz einfach gewesen, den Gesuchten rasch zu finden.

Die Anfänge der Templer-Gemeinde in und bei Melbourne reichen in das Jahr 1950 zurück. Als man im Jahre 1975 das 25jährige Jubiläum feierte, wurden in der deutschsprachigen australischen Zeitung »Neue Welt« Namen genannt, die schon 1868, am Beginn der Emigration nach Palästina, in den Chroniken verzeichnet sind. An erster Stelle stand und steht noch immer der Name Hoffmann.

Niemand anders als der Sohn des Gründers der Korntaler Brüdergemeinde Gottlieb Wilhelm Hoffmann, der Theologe Christoph Hoffmann, gab einst den Anstoß für die Auswanderung nach Palästina und war dort bis zu seinem Tod der Leiter einer in vier Orten lebenden Kolonie der »Templer« oder »Jerusalemsfreunde«. Anders als sein Bruder Wilhelm, den seine Karriere als Theologe nach Norden führte, wo er sich schließlich als preußischer Hofprediger einen Namen machte, war Christoph Hoffmann schon in jungen Jahren skeptisch gegenüber der traditionellen kirchlichen und gesellschaftlichen Ordnung. Er wünschte sich einen anderen, einen »freien, christlichen Staat« mit einer Gesellschaft von Gläubigen, die ihr Leben streng nach den Worten des Evangeliums einzurichten hätten. Als im Jahre 1837 Christoph Hoffmanns Schwäger, die Brüder Paulus, auf dem »Salon« bei Ludwigsburg, der späteren »Karlshöhe«, eine christlich-wissenschaftliche Bildungsanstalt einrichteten, wurde Christoph Hoffmann Lehrer an diesem, von Korntal abgezweigten Institut. Die Brüder Paulus, Enkel des Philipp Matthäus Hahn, machten ihren Schwager Hoffmann auch zum Teilhaber. Auf dem Ludwigsburger »Salon« sollte eine Anstalt entstehen, die den Menschen so im Glauben festigen sollte, daß er den Versuchungen und Verlockungen des beginnenden Industriezeitalters und der neuen Philosophie standhalten konnte.

Eine besondere Gefahr sahen Theologen wie Christoph Hoffmann in jenem Mann, der, aus Ludwigsburg stammend, mit einem Buch großes Aufsehen erregt hatte: David Friedrich Strauß (Abb. 19). Sein »Leben Jesu«, erstmals 1835 erschienen, war eine Herausforderung für diejenigen, die jedes Wort der Bibel, so wie es nun einmal geschrieben stand, streng beachtet wissen wollten und sich deshalb gegen alle Arten von Umdeutungen und Neudeutungen zur Wehr setzten. Das Prinzip der historischen Kritik, die Vorstellung, daß die alten Bücher auch Mythen enthalten könnten – wie Strauß von Teilen des Evangeliums behauptete –, all das paßte nicht in die traditionelle pietistische Glaubenswelt. Vollends empörend fanden Christoph Hoffmann und seine Freunde, was im Jahre 1845 der junge Friedrich Theodor Vischer, auch ein Ludwigsburger wie David Friedrich Strauß, bei seiner Antrittsvorlesung in Tübingen, seinem Landsmann Strauß sekundierend, über Ursprung und Wesen der Heiligen Schrift behauptet hatte. Das sei

»antichristlicher Geist«, diesem Geist müsse man entschlossen den Kampf ansagen. Man gründete zum Zwecke der Gegenaufklärung ein publizistisches Kampfblatt, die »Süddeutsche Warte«. Das Blatt fand rasch Zuspruch im württembergischen Königreich, aber darüber hinaus auch in ganz Deutschland und sogar bei Deutschen, die aus Glaubensgründen nach Rußland oder nach Amerika ausgewandert waren.

Die Gründung der »Warte« war anfangs nicht beabsichtigt gewesen. Hoffmann und die Brüder Paulus wollten ihren Protest gegen die neue Theologie und Philosophie (und deren Verfechter im Stuttgarter Demokratenblatt »Der Beobachter«) zunächst in schon bestehenden Zeitungen und Zeitschriften unterbringen. Aber keine Zeitung druckte im Jahre 1845 den von Christoph Hoffmann verfaßten Aufruf gegen Friedrich Theodor Vischer, ein Pamphlet mit dem Titel: »Einundzwanzig Sätze wider die neuen Gottesleugner, von Christoph Hoffmann, Diener der evangelischen Kirche in Württemberg.« Es war darin die Rede von der bösartigen Tübinger Schule, die »eine Verschwörung wider das Christentum« betreibe, eine Formulierung, die zeigt, daß die hierzulande immer noch beliebten Verschwörer-Theorien eine ziemlich lange Tradition haben.

Im Kampf gegen David Friedrich Strauß

Die Schärfe, mit der Christoph Hoffmann in seiner »Süddeutschen Warte« focht, machte das Blatt für die württembergischen Staatsorgane verdächtig, zumal der Eifer des Redakteurs auch die Landeskirche und die königliche Regierung nicht verschonte. Aber diese Art von radikaler, auf einer Glaubensüberzeugung gegründeter Opposition sorgte für eine rasch wachsende Anhängerschaft des Christoph Hoffmann und der Brüder Paulus. Wie groß diese Anhängerschaft schon war, sollte sich bald zeigen. Gelegenheit dazu bot die Wahl zur Frankfurter Nationalversammlung im Revolutionsjahr 1848. Württemberg durfte 28 Abgeordnete in direkter und geheimer Wahl entsenden, auf 50 000 Einwohner entfiel ein Mandat. In der Stadt und im Oberamt Ludwigsburg kandidierte kein anderer als der von Hoffmann gehaßte David Friedrich Strauß. Das war eine Herausforderung, der sich Christoph Hoffmann selbst stellen wollte. Er meldete ebenfalls eine Kandidatur in Ludwigsburg an, unbeschadet der grundsätzlichen Vorbehalte gegen die bestehende Form von Staatlichkeit, also gegen all das, was man in unserem Jahrhundert schon einmal und neuerdings wieder verächtlich das »System« genannt hat oder zu nennen pflegt. Der Schlag gegen David Friedrich Strauß gelang. Bei der Wahl am 11. und 12. April 1848 siegte Christoph Hoffmann. Der berühmte David Friedrich Strauß konnte in der Frankfurter Paulskirche nicht an der Seite seines Freundes Friedrich Theodor Vischer oder eines Ludwig Uhland für die neuen Freiheiten streiten. Ludwigsburg hatte eine Sensation geliefert; nicht nur in Württemberg, sondern weit darüber hinaus wurde dieses Wahlergebnis registriert. Nicht die Wähler in der Stadt Ludwigsburg hatten dem wortmächtigen Strauß einen Denkzettel gegeben, sondern die umliegenden Dörfer. Dort, wo die »Stundenleute« zu Hause waren, entschied man sich mit deutlicher Mehrheit für Hoffmann und gegen den »Gottesleugner« Strauß – ein Schimpfwort, das die »Warte« immer wieder verbreitet hatte.

Wie heftig der Wahlkampf gewesen sein muß, wissen wir nicht nur aus den polemischen Beiträgen der von Christoph Hoffmann redigierten und herausgegebenen »Warte«. Überliefert ist auch ein Gedicht, als dessen Verfasser ein Mann namens Friedrich Mühlekker vermutet wird. Im Stuttgarter Adreßbuch von 1848 ist Mühlecker als Landschaftsmaler verzeichnet. Er schrieb regelmäßig Gedichte für den »Eulenspiegel« und verfaßte Beiträge für ein revolutionäres Blatt mit dem Titel »Sonne«, dessen Inhaber, der Gaildorfer Fabrikant Gottlob Rau, eine Zeitlang auf dem Asperg saß. Unter dem Signum F. M. erschienen im Ludwigsburger Wahlkampf ein »Volkslied, unter Begleitung von Mistgabeln, Dreschflegeln und Besen zu singen«. Da die Anhänger von Strauß ihren Mann als »den Vogel des Tages« zu bezeichnen pflegten und Christoph Hoffmann als »den Uhu der Finsternis« oder als »Nachteule« apostrophierten, reimte F. M. die Strophen:

»Straußvogel wollt auf Reisen gahn
nach Frankfurt an dem Maine;
die Eule wollt den Vorrang han
und macht sich auf die Beine

und sprach zum Eul- und Rabenstamm
und zu den Fledermäusen:
›Seht her, auf diesem meinem Lamm
will ich gen Frankfurt reisen.

Der Strauß der hat gar starke Bein,
der kann gar mächtig schreiten
und liebet auch den Sonnenschein,
der weh thut unsern Leuten.

Er würde in dem Frankfurt drein
den Fortschritt dekretieren
und einen Ew'gen Sonnenschein,
uns zu incommodiren.

Drum sammelt unsre ganze Zunft,
die Jungen und die Alten,
daß wir ihm die Zusammenkunft
in Frankfurt vorenthalten,

auf daß wir fürder so und so
im Stillen dürfen munkeln
und manches Werk der Liebe froh
vollführen noch im dunkeln.‹

Und wie die Eule sprach,
so that das ganze Nachtgefieder
und krächzet nunmehr früh und spat
dem Uhu Siegeslieder.

Denn die da in dem Finstern gehn,
sind äußerst schlaue Wichte
und tölpeln, die bei Tage sehn,
das ist 'ne alte Geschichte.«

Hoffmann war in der Frankfurter Paulskirche der einzige Pietist.
Er blieb isoliert, als sich die ersten Gruppierungen und Fraktionen
bildeten. In Veit Valentins zweibändiger »Geschichte der deutschen Revolution 1848–1849«, dem grundlegenden Werk über
jene Zeit, ist Hoffmanns Name nicht verzeichnet. Man weiß aus
zeitgenössischen Berichten, daß Hoffmann, der sich immer mehr
zu einem prinzipiellen Gegner des nach seiner Ansicht zur Ent-

wicklung einer wahrhaft christlichen Ordnung unfähigen Staats gewandelt hatte, in Frankfurt ein schwarz-rot-goldenes Band am Hut getragen habe. Konsequenterweise gehörte Hoffmann übrigens zu den Mitgliedern des Paulskirchen-Parlaments, die für die totale Trennung von Staat und Kirche votierten.

Das Ziel: Jerusalem

Es gibt Hinweise darauf, daß in Christoph Hoffmann während seines insgesamt zehn Monate dauernden Frankfurter Aufenthalts der Entschluß zur Emigration herangereift ist. Vor allem der Inhalt eines Buchs spricht dafür: »Stimmen der Weissagung über Babel und das Volk Gottes.« Diese Publikation erschien bald nach dem Ende der Paulskirchen-Versammlung. Hoffmann scheint das Manuskript in Frankfurt verfaßt zu haben. Im Heiligen Land solle sich das Volk Gottes sammeln, schlägt Hoffmann vor. Dieses Heilige Land ist von nun an das feste Ziel seiner Vorstellungen und Wünsche; die Deutschen, die den revolutionären Gedanken anhängen, sieht er auf dem direkten Weg in die Gottlosigkeit. Davon will er sich mit seinen Freunden und Glaubensgenossen trennen. Grundlage der Überlegungen sind für Christoph Hoffmann die Bücher der alten Propheten mit den Weissagungen. Das neue Babel sei nur zu vermeiden, wenn sich »die Besten der Völker zum Volk Gottes vereinen und eine exemplarische Glaubens- und Lebensgemeinschaft« bilden. Wie viele andere Pietisten zweifelte Hoffmann auch nach dem Jahr 1836 (das Bengel als das Jahr der Wiederkunft vorausgesagt und vorausberechnet hatte) nicht daran, daß Christus, der Herr, in Kürze wiederkommen werde. Weil dies nirgends anders als in Jerusalem geschehe, wie die Bibel offenbare, gelte es, sich an der Heiligen Stätte zu versammeln. Das sei gleichbedeutend mit der Wiederaufrichtung des Tempels.

Was Hoffmann vorschwebte, war eine Gemeinschaft im urchristlichen Sinne, eine geläuterte Welt, frei von »zerstörerischen Einflüssen der westlichen Zivilisation«. Nicht anders als mancher seiner pietistischen Vorgänger und Vorbilder im alten Württemberg war Hoffmann überzeugt, daß sich die Kirche gegenüber Gott auch in der Liebe zum Nächsten im täglichen Leben bewähren müsse, in der Hinwendung zum hilfsbedürftigen Bruder und zur hilfsbedürftigen Schwester. Hierzu war in den Hunger- und Elendsjahren der Jahrhundertmitte vielerlei Gelegenheit. Die Not jener Jahre verstärkte das Aufeinander-Angewiesen-Sein in drastischer Weise. Der Ruf nach Brüderlichkeit, nach der neuen und besonderen Form eines christlichen Sozialismus hatte vielfältiges Echo. Die »Warte«, Hoffmanns altes Kampforgan gegen Strauß, Vischer und die Volksmänner des »Beobachters« wurde im Laufe der Jahre, besonders aber seit 1854, mehr und mehr zu einem Organ der neuen christlichen Sammlungsbewegung. Was Hoffmann sich schon vor Jahren vorgestellt, was ihm als »rettender Gedanke« erschienen war, mochte nun, begünstigt durch die Zeitumstände, realisierbar werden: die Auswanderung ins Heilige Land.

Der Krimkrieg, der 1853 begonnen hatte, schwächte die Macht des türkischen Sultanats. Die Befreiung Palästinas von der Herrschaft der Türken rückte in den Bereich des Möglichen. Da mußte man bereit sein für die Aktion. Nun zählte nicht mehr die Utopie, jetzt galt es, genau zu planen. Eine feste Organisation wurde benötigt, in deren Namen verhandelt werden konnte. Diese Organisation entstand am 24. August 1854 in Ludwigsburg. Christoph Hoffmann versammelte seine Anhänger und gründete die »Gesellschaft für die Sammlung des Volkes Gottes in Jerusalem«. Die Brüder Paulus, die Gründer des Bildungsinstituts auf dem »Salon«, waren nicht dabei. Sie hatten schon zwei Jahre zuvor die auf Separation und Emigration abzielenden Ideen ihres Schwagers in der »Warte« nicht mehr gutheißen und unterstützen wollen. In einer Eingabe an den Frankfurter Bundestag, das oberste Organ allgemeiner deutscher Staatlichkeit in jener Zeit, baten die »Jerusalemsfreunde« um eine Intervention des »Deutschen Bundes« beim türkischen Sultan. Mehrere hundert Petenten äußerten den Wunsch nach Ansiedlung in Palästina. Man solle »dem Volk Gottes« bei diesem Vorhaben behilflich sein. Hoffmann und seine Freunde hatten bei der Weitergabe ihrer Bittschrift in Frankfurt die württembergischen Behörden übergangen. Darüber ärgerte man sich in den Stuttgarter Kanzleien. Es scheint, als sei man in der königlichen Regierung auch mit den örtlichen Behörden unzufrieden gewesen. Die Ludwigsburger Stadtverwaltung nahm allem Anschein nach die Vereinsgründung Hoffmanns nicht ernst. Eine

Rückfrage aus Stuttgart, lange nach der Gründungsversammlung, förderte schließlich den Bericht eines Polizisten zu Tage, der vermerkte, daß der Ludwigsburger Kaufmann Georg David Hardegg »auf höchst unverständliche Weise über die Liebe« gesprochen habe.

Hardegg selbst war den Polizeibehörden gut bekannt. Er hatte als junger Revolutionär von 1832 bis 1840 fast acht Jahre im Gefängnis verbracht und sich während seiner Haftzeit dem christlichen Mystizismus zugewandt. Da Hardegg nicht auf den deutschen Fürsten warten wollte, der die christliche Idee verwirklichen werde, schloß er sich Hoffmann an und wurde einer der Gründer und Pioniere der als Templer-Bewegung bekannt gewordenen »Jerusalemsfreunde«. Daß Hardegg so undeutlich gesprochen haben soll, wie der wackere Polizist in seinem Bericht vermerkt hat, ist verwunderlich. Wahrscheinlich war der amtliche Beobachter mit der Terminologie der Versammelten so wenig vertraut, daß er vieles nicht verstand. Notiert hat er allerdings, daß ein Bauer namens Kolb aus Hausen die Rednertribüne bestiegen und gesagt habe: »Wer nicht mit mir handelt, der zerstreue sich.« Das Zitat findet man in einem Bericht des Ludwigsburger Stadtdirektors an den Chef des königlichen Kabinetts. Im übrigen beteuern die damals in Ludwigsburg befragten Beamten, daß sie geglaubt hätten, Hoffmann und die anderen Versammlungsteilnehmer beschäftigten sich mit dem »himmlischen Jerusalem«. Diese Bemerkung läßt wiederum darauf schließen, daß man sich zu jener Zeit in einigen Amtsstuben besser in der Epoche der Kreuzzüge ausgekannt hat als in der Gedankenwelt, die die »Warte« schon seit Jahren verbreitete. Am Ende der Kreuzzugs-Epoche war erstmals in burgundischen Klöstern die Frage offen diskutiert worden, ob es nicht am wichtigsten sei, das »himmlische Jerusalem«, das »Jerusalem in uns« zu erreichen. Daß nun, mitten im 19. Jahrhundert, eine Gruppe von Christen sich tatsächlich in Jerusalem versammeln wollte, in dem Lande, das einst das Ziel der Kreuzritter gewesen war, das wollte den städtischen und den königlich-württembergischen Verwaltungsbeamten nicht in den Kopf. So hörten sie also mit Überraschung von der Eingabe an den Frankfurter Bundestag und an den Sultan und nahmen mit Genugtuung zur Kenntnis, daß man in Frankfurt die Weitergabe des frommen Wunsches an den Türkenherrscher abgelehnt habe.

Kundschafter im Heiligen Land

Die »Jerusalemsfreunde« ließen sich von dem Bescheid aus Frankfurt nicht entmutigen. Überall in Deutschland war man nun auf ihre Sache aufmerksam geworden. Das verschaffte Auftrieb und Hoffnung für das geplante Unternehmen. Die systematische Vorbereitung für den Auszug ins Heilige Land ging weiter. Zunächst auf dem 1856 erworbenen Kirschenhardthof. Hier begann man in einer ersten geschlossenen Gemeinde mit dem Aufbau einer »Mustersiedlung«, in der nichts anderes als die Glaubens- und Lebensgrundsätze der »Freunde« gelten sollten. Vom Kirschenhardthof aus reiste Christoph Hoffmann, begleitet von dem Kaufmann und Mitstreiter Hardegg, im Jahre 1858 nach Palästina. Dort wollten sie die Möglichkeiten zur Ansiedlung erkunden. Als landwirtschaftlichen Experten hatten sie einen Bauern namens Bubeck mitgenommen. Die Kundschafter brachten den Freunden und den Lesern der »Warte« eine wenig erfreuliche Nachricht zurück. Eine Kolonisation, meinte Hoffmann, sei im Heiligen Land zwar nicht ausgeschlossen, aber doch mit vielen Risiken, Schwierigkeiten und auch Gefahren verbunden, Gefahren, die auch das Leben der Siedler bedrohen könnten. So blieb man also zunächst noch im Lande, hoffend, daß die Umstände in Palästina bald günstiger würden und daß sich die Gemeinschaft der Freunde weiter ausdehne und kräftige.

Registriert hatten Hoffmann, Hardegg und Bubeck, wie sie in Cannstatt am 8. September 1858 einer Versammlung von Freunden berichteten, daß das Land zwar gut sei, aber die moslemischen Einheimischen sich feindselig gegenüber den Plänen verhielten. Auch müsse man das Wesen der türkischen Regierung bedenken. Es empfehle sich, noch zu warten und in Deutschland das Volk und die Regierungen für Palästina vorzubereiten. Man müsse noch mehr missionieren. Der Versuch, eine Mission von vier jungen Leuten in den Orient zu schicken, scheiterte sichtbar. Einer der vier trat zum Islam über, ein anderer schloß sich einer anderen, einer »feindlichen« Mission an, der Dritte erlag der Malaria und vom Vierten hat man nichts mehr gehört, er verschwand. Solche Nachrichten machten ebenso unsicher wie der Reisebericht von Hoffmann, Hardegg und Bubeck.

Als Hoffmann im Jahre 1859 auf dem Kirschenhardthof entgegen den Vorschriften der Landeskirche Kinder aus der Gruppe der Freunde konfirmierte, folgte als Antwort der Stuttgarter Obrigkeit der Ausschluß aus der evangelischen Landeskirche, der endgültige Bruch. Bald darauf entschied man sich zur formellen Gründung einer religiösen Gemeinschaft und der Errichtung des »Deutschen Tempels« auf dem Kirschenhardthof. Mancher der ursprünglich 10 000 Anhänger Hoffmanns und seiner Ideen von 1854 resignierte und wandte sich ab. Allerdings bildeten sich auch neue örtliche Gruppen im Neckargebiet und im nördlichen Schwarzwald. Diese Gründungen brachten Risiken mit sich. Berichtet wird aus jener Zeit von Zusammenstößen mit der Obrigkeit, vom Verbot, die »Warte« zu lesen, von der gewaltsamen Auflösung einiger Templer-Versammlungen – nach der Trennung von der Landeskirche – und vom Verbot der Pfarrer, bei der Beerdigung eines Templer-Mitgliedes die Glocken zu läuten. Bei den Zusammenstößen, so heißt es, sei geprügelt, die Templer seien mit Steinen beworfen worden.

Am 19. Juni 1861 unterzeichneten 64 Männer das Gründungsdokument. Keine der bestehenden Kirchen, so heißt es in der Erklärung, strebe die Herstellung des Menschen zum Tempel Gottes und die Herstellung des Heiligtums für alle Völker zu Jerusalem an. In diesem Verhalten der Kirchen habe die allgemeine Zerrüttung der Menschen ihre Ursache. Die Herstellung des »Deutschen Tempels« solle der Ausführung des Gesetzes, des Evangeliums und der Weissagung dienen. »Tempel«, so erläuterte die »Warte«, heiße nicht ein Gebäude aus Holz oder Stein, sondern bedeute »die Gründung eines Volkes, das selber die Wohnung Gottes ist«.

Zur Zeit dieser Gründungserklärung betrug die Anhängerschaft etwa 3000 Personen. Auch in der Schweiz, in Rußland und in Amerika bekannten sich einige Personengruppen zu den »Templern«. Sie alle hatten das Ziel fest im Auge: Palästina. Nach einer weiteren Warte- und Vorbereitungszeit von sieben Jahren wagten Hoffmann und Hardegg, die Wortführer der »Templer«, im Jahr 1868 mit ihren Familien den Aufbruch. Die erste Kolonie entstand in Haifa, Vorsteher der dortigen Gemeinde wurde Hardegg.

Nicht mit den Franzosen

Der Entschluß zur Tat war durch die politischen Umstände erheblich beeinflußt. Nach dem Sieg Preußens über Österreich und das mit Österreich verbündete Königreich Württemberg sahen die jüngeren Templer den Tag kommen, an dem sie in einem französisch-preußischen Krieg an der Seite Frankreichs und seines Kaisers gegen Preußen kämpfen mußten. Dieser Napoleon der Dritte aber galt Hoffmann und seinen Anhängern, wie sie in der ersten Bittschrift von 1854 geschrieben hatten, als »das Tier der Offenbarung 14,9«. Die Templer betrachteten das französische Kaiserreich als das Sündenbabel schlechthin. Zusammen mit den Franzosen wollte man sich keineswegs für die württembergischen Interessen schlagen, auch oder schon gar nicht in einem weiteren Krieg gegen das herrschsüchtige Preußen des Otto von Bismarck. Im übrigen schien die Lage im Orient nun, im Jahre 1866, günstiger zu sein als anfangs der sechziger Jahre. Gerade erst hatte die Templer eine Nachricht aus Jaffa erreicht: 156 Amerikaner waren im Heiligen Land eingetroffen und wollten dort bleiben. Man vernahm zudem den Appell des Henri Dunant aus Genf, des Gründers des Roten Kreuzes, der aus seinen schrecklichen Erlebnissen in der Schlacht von Solferino so weitreichende humanitäre Konsequenzen gezogen hatte. Dunant rief zum Wiederaufbau des Orients auf; speziell eine europäische Siedlung in Palästina – eine umfassende Aktion – sollte nach Dunants Ansicht zu diesem Wiederaufbau beitragen. Doch diesen guten Nachrichten folgten rasch die schlechten. Ein Jahr nach ihrer Ankunft mußten die Amerikaner, allesamt Mitglieder der »Messiaskirche«, um Hilfe für die Rückreise bitten. Das Klima sei schlecht, sie litten schwer unter Krankheiten. Dennoch wagten einige Anhänger der Templer auf eigene Faust und außerhalb der offiziellen Gesellschaft eine erste Übersiedlung ins Esdralontal. Die Malaria forderte unter dieser Gruppe viele Opfer. Man war überstürzt abgereist, offensichtlich auch aus Furcht vor der Einberufung, einer Furcht, die in jener Zeit auch die württembergische Auswanderung nach Amerika und nach Rußland begünstigt hat.

Die Vorsteher der Gesellschaft wollten sich nicht auf ein Abenteuer einlassen. Henri Dunant, so meinten sie, könne ihnen ein wichtiger Bundesgenosse sein. Hardegg fuhr zu Dunant, der sich in Paris aufhielt, und brachte ein Hilfeversprechen und einen Vertrag zurück. Das betrachteten der Rat der Gemeinschaft und die Ältesten bei einer Versammlung am 2. Oktober 1867 auf dem Kirschenhardthof als eine Fügung Gottes, denn Dunant, der Genfer Bankier, hatte den Ruf eines einflußreichen, zuverlässigen Mannes. 2500 Franken hatten sie ihm als Anzahlung für seine Hilfe bezahlt. Was sie jedoch bei der Pariser Vertragsunterzeichnung noch nicht wissen konnten, sollten sie bald erfahren: Dunant war am Ende. Er hatte bei Investitionen in die algerische Landwirtschaft ein Vermögen verloren und besaß nun auch keinen politischen Einfluß mehr, der den Templern den Weg ins Heilige Land hätte ebnen oder erleichtern können. Doch nun wollte man nicht mehr aufgeben, auch wenn sich inzwischen Spannungen innerhalb der Gemeinschaft zwischen Anhängern Hoffmanns und Hardeggs abzeichneten, die zu dem Beschluß führten, daß Hoffmann nunmehr für die geistliche Arbeit zuständig sein solle, Hardegg aber für die »praktischen Sachen«. Überliefert ist in den Berichten, daß am 26. Juli 1868 im Kirschenhardthof 1200 bis 1500 Templer Abschied genommen haben. Am 30. Oktober 1868 trafen die Auswanderer in Haifa ein. Den erhofften Schutzbrief des türkischen Sultans hatten sie nicht erhalten.

»Die stille Hoffnung bewahren«

Aus der von Paul Sauer verfaßten und herausgegebenen Chronik der Familie Beilharz wissen wir, daß in Haifa schon zwei Jahre nach dem Eintreffen der ersten Siedler eine beachtliche Templer-Kolonie bestand. Zehn aus Stein erbaute Haupt- und sechs Nebengebäude mit einem geräumigen Gemeindehaus waren 1870 vorhanden. Die Kolonie zählte damals 120 Deutsche. Der Lehrer Friedrich Stecher unterrichtete in zwei Abteilungen die fünfundzwanzig deutschen schulpflichtigen Kinder zusammen mit einigen Araberkindern aus der Nachbarschaft. Die Einwanderer aus Württemberg eröffneten Handwerks-Betriebe; vor allem Bauhandwerker, Schreiner, Zimmerleute, Maurer, Schlosser hatte man für den ersten Transport eingeteilt. Dazu kamen erfahrene Landwirte, die sogleich auf dem neu erworbenen Land mit dem Ackerbau begannen. Die Siedler hatten – vermutlich aus Süditalien – Eukalyptus-

Bäume mitgebracht, die für die Trockenlegung der sumpfigen Gebiete notwendig waren. Das galt vor allem für eine der bald folgenden Siedlungen in Sarona bei Jaffa, wo die gefährliche Malaria-Fliege in den Sümpfen bekämpft werden mußte. In der Gegend um Jaffa konzentrierte man sich schon bald auch auf das Anlegen von Orangenbäumen und widmete sich der Entwicklung schmackhafter und saftiger Orangensorten. Die Landwirtschaft im heutigen Israel profitiert immer noch von dieser Pionierarbeit, die mit den Templern oder Palästina-Schwaben unauslöschlich verbunden ist.

Die beiden Vorsteher der Gemeinschaft, Hoffmann und Hardegg, waren zusammen mit dem Rat der Ältesten darauf bedacht, daß nur so viele Familien aus Deutschland jeweils in die neuen Templer-Kolonien aufgenommen wurden, wie Plätze geschaffen und Land erworben werden konnte. Das führte in Württemberg zu enttäuschten Hoffnungen und auch zu einem Abfall von der Gemeinschaft. Die Leitung der Gemeinschaft nahm dies hin, sie wollte keine zusätzlichen Risiken eingehen. Die bereits erwähnte Familie des Christian Beilharz aus Aach bei Freudenstadt erhielt zum Beispiel die Aufforderung zur Ausreise erst, als der Kassier der Kolonisationskasse in Haifa im Jahre 1870 mitgeteilt hatte, daß man einen Maurer- und einen Gipsermeister brauche, dazu einen Steinbrecher und Pflasterer, sowie einen Weingärtner. Der Ausschuß auf dem Kirschenhardthof entschied daraufhin, daß Beilharz zusammen mit Gottlob Schumacher aus Wangen bei Stuttgart und Johann Georg Pfänder aus Möhringen abreisen könne. Der Gemeinderat von Aach entließ Beilharz aus der Bürgerschaft. Beilharz selbst mußte auf alle künftigen Rechte in Württemberg verzichten. Er verkaufte seine Güter und beschaffte mit dem Erlös die nötige Ausrüstung für den Neuanfang im Heiligen Land. Dann fuhr er mit seiner Frau, seinen sechs Kindern und großem Gepäck per Eisenbahn nach Triest und von dort mit dem Schiff nach Palästina.

Wie hart die Anfangsjahre gewesen sind und wie schlimm in der ersten Siedler-Generation die Malaria gehaust hat, erfährt man bei einem Blick in die alten Bände der »Warte«. Die Todesanzeigen vor allem lassen erschaudern: »den vierzehn Kindern, die sie geboren hatte, mußte sie ins Grab nachblicken«, heißt es da von einer Mutter, die dem Fieber erlegen war. Dennoch – das Gottvertrauen und die Beharrlichkeit der »Templer« blieben. Bald schon lebte man in vier Kolonien: in Haifa unter Hardeggs Leitung, seit 1871 in Jaffa, wo Christoph Hoffmann sich niederließ, in Sarona bei Jaffa am Wadi Miserera, einer Ackerbaukolonie und seit 1873 auch in Rephaim, südöstlich von Jerusalem.

Die Leitung der Gemeinschaft in Deutschland lag in den Händen von Christoph Paulus, in Palästina trat Hardegg mit einigen seiner Freunde nach den Zerwürfnissen mit Christoph Hoffmann aus der Gemeinschaft aus, so daß von 1874 an Hoffmann als Alleinvorsteher amtierte. Die erste große Zäsur in den längst aufgeblühten Kolonien der Templer brachte der Erste Weltkrieg. Als die Briten ihre Herrschaft begannen, internierten sie die Palästina-Schwaben in Ägypten. Nach dem Kriege, im Jahre 1920, kehrten 350 Angehörige der Templer freiwillig und verdrossen in die alte, württembergische Heimat zurück. Man überlegte, ob man nicht weiterziehen solle in den Kaukasus oder nach Argentinien. Doch der britische Außenminister Lord Curzon teilte am 29. Juni 1920 im Londoner Oberhaus mit, daß den Templern die Rückkehr in ihre palästinensische Heimat nunmehr gestattet sei, er fügte hinzu, es seien »achtbare, ruhige und nützliche Leute«. Ein halbes Jahr später reisten 300 Palästina-Schwaben aus Württemberg zurück ins Heilige Land. Als 1939 der Ausbruch eines Krieges drohte, befanden sich 60 Templer in Deutschland auf Besuch, 550 reisten Ende August 1939 nach Württemberg und trafen dort bei Kriegsausbruch oder kurz danach ein. Siebenhundert Templer, die in Palästina geblieben waren, findet man im Sommer 1941 in einem Internierungslager bei Melbourne im südlichen Australien. Andere waren durch Austausch mit britischen Internierten am Anfang des Krieges über die – damals neutrale – Türkei nach Deutschland gekommen. Denjenigen, die in Palästina verblieben waren, gestattete die britische Mandatsverwaltung die Ausreise zu Verwandten nach Australien. Der Krieg zwischen den jüdischen Siedlern und den Palästinensern, der schließlich im Jahre 1948 zur Gründung des Staates Israel führte, hatte andere Palästina-Schwaben zur Flucht nach Zypern veranlaßt. Am 14. Mai 1948, dem Gründungsdatum des Staates Israel, lebten noch fünfzig Angehörige der Templer-Gemeinschaft im Heiligen Land. Sie wanderten aus oder wurden ausgewiesen. Im Jahre 1962 zählte die Gemeinschaft in Deutschland 750 Mitglieder, in Australien waren es 1300.

Der Vorsteher der Tempelgesellschaft in Melbourne, Dr. Richard Hoffmann, ein Nachfahre des Gründers, schrieb 1973 im Vorwort zu einer wissenschaftlichen Arbeit über die Templer aus der Feder eines israelischen Historikers: »Die Herstellung des Menschen zum Tempel Gottes (im Sinne von 1. Petr. 3,5 und Eph. 2,0) war und ist das Ziel der Tempelgesellschaft.« Die Hoffnungen hätten sich zwar nicht erfüllt, fügte der Vorsteher hinzu; man müsse die »Jetztzeiterwartung preisgeben und sich die stille Hoffnung auf die Zukunft bewahren«.

PREDIGER UND PRAKTIKER

Die Württemberger haben den Berliner Buchhändler Friedrich Nicolai im allgemeinen nicht in guter Erinnerung, denn dieser Nicolai, durchdrungen vom Geist der Aufklärung und ausgestattet mit einer scharfen Beobachtungsgabe, hat sich in seinen 1781 erschienenen »Reisen in Schwaben« manche kritische Bemerkung über die Zustände im Herzogtum erlaubt. Gemächlichkeit und Lebensgenuß will Nicolai am Ende des 18. Jahrhunderts bei den Württembergern festgestellt haben. Man flüchte sich, weil kein Tanz erlaubt sei, gerne ins Essen und Trinken. Der Landmann im Herzogtum Württemberg sei nicht so fleißig wie der Bauer in der Pfalz oder im Kanton Bern. Das fruchtbare Land am Neckar und im Gäu erlaube den Leuten eine Fünf-Tage-Woche, manche versuchten es gar mit einer Viereinhalb- oder Vier-Tage-Woche, aber das reiche nicht. Die ausgewanderten Württemberger, meint Nicolai, seien im Gegensatz zu den Daheimgebliebenen sehr strebsam. Die Not zwinge sie dazu, sechs Tage in der Woche fleißig zu arbeiten.

Man kann sich denken, daß Nicolais Bücher über seine Reise-Erlebnisse und -Beobachtungen damals Aufsehen erregt und Widerspruch herausgefordert haben, schließlich sahen sich die Württemberger auch schon vor 200 Jahren gerne als arbeitsame, haushälterische Zeitgenossen. Aber ganz aus der Luft gegriffen hat der Reisende aus Berlin seine Behauptungen sicherlich nicht. Nicolai hörte sich in den Kreisen der Ehrbarkeit um, in Stuttgart und Tübingen vor allem. Er könnte dabei unter anderem erfahren haben, wie der eine oder andere evangelische Pfarrer über die Tugenden und Untugenden seiner Gemeindemitglieder redete, welche Erfahrungen er als junger Vikar in einem der ländlichen Bezirke gemacht hatte. So ist es denkbar, daß der neugierige Reisende aus Berlin schon in den siebziger Jahren des 18. Jahrhunderts gewußt hat, was achtzig Jahre später in einem Werk über den großen Prediger Johann Friedrich Flattich (Abb. 20) von dem Autor Karl Friedrich Ledderhose notiert worden ist. Flattichs Biograph will die Verdienste seines Helden in ein besonders helles Licht rücken. Er zeichnet deshalb auch die Zustände in der Gemeinde Asperg, wo Flattich als 28jähriger im Jahre 1742 sein erstes selbständiges

M. Johañ Friderah Flattich, Pfarrer
Zu Münchingen.
Salau ist seliger, als nehmer. Ag. B 20,35.

20 Johann Friedrich Flattich
1713–1797

Pfarramt übernommen hatte, in ziemlich düsteren Farben. »O, was war das für eine heruntergekommene Gemeinde!« heißt es in diesem Buch über Flattich und Asperg. »Sie bestand fast aus lauter Faulenzern und Bettlern.« Eine kleine Entschuldigung läßt der Autor Ledderhose gelten: der Boden in Asperg sei sehr schlecht gewesen und habe wenig abgeworfen. Die Asperger hätten deshalb gedacht, daß beim Betteln mehr herauskomme als beim Arbeiten. Dem jungen Pfarrer Flattich haben diese Zustände mißfallen. In den Predigten und besonders in den Hausbesuchen sei er »entscheidend dagegen angegangen«. Der wahre Christ solle und dürfe nicht betteln, im Schweiße seines Angesichts müsse er sein Brot verdienen.

Die Wirkung solcher Ermahnungen gegenüber der Asperger Gemeinde waren zunächst einigermaßen verblüffend. Der eifrige Pfarrer stellte fest, daß nun mehr und mehr die Kinder zum Betteln geschickt wurden, überall dorthin in die Häuser und Dörfer, wo zuvor die Eltern Gaben erhalten hatten. Man habe sich so die »alten Kundenhäuser« weiter offenhalten wollen. Mit anderen Worten: die Reichen und die Gutmütigen sollten des Angebetteltwerdens nicht entwöhnt werden – eine ganz spezielle Art von »Kundendienst«. Die Standpauken des Pfarrers Flattich wurden daraufhin heftiger; er hielt der Gemeinde vor, daß sich die Erwachsenen der zweifachen Sünde schuldig machten, denn sie betrieben nach wie vor die Bettelei und verführten dazu noch die armen Kinder »zur Schlemmerei und Landstreicherei«. Da der Pfarrer nur sagte, was verboten, was Sünde sei, aber keinen Ausweg aus der Armut wies, kamen schließlich, wenn man den überlieferten Berichten über Flattichs Leben vertrauen darf, einige ältere Asperger zu ihrem Seelsorger und baten um einen Rat. Der Pfarrer habe gut reden, er solle sich doch einmal einen Haushalt bei ihnen ansehen und sich selbst von dem geringen Ertrag ihrer ohnedies kleinen Äcker und Felder überzeugen.

Diese Fragen haben in Flattich den Sinn für das Praktische geschärft. Er riet den Aspergern, sie sollten zunächst einmal anfangen, nach der Ernte und nach dem Schlachten des Schweines die Vorräte richtig für das ganze Jahr einzuteilen und nicht länger nach dem Motto zu leben: »Iß frisch drein, so lang du kannst.« Viele kämen doch nach dem Schlachten »vor lauter Essen nicht ordentlich zum Beten und zum Arbeiten«. Und wenn dann nichts mehr da sei »lauft ihr vor fremde Türen und bettelt«. Flattich ging in die einzelnen Häuser, er berechnete jeweils den Ertrag, der von den Feldern und vom Vieh zu erwarten sei und gab Ratschläge für den Anbau, für die Verbesserung der Äcker und für die Viehhaltung. So sei Flattich, meint sein Biograph, »der Haus-, Hof- und Schatzmeister« für die Asperger geworden und habe wesentlich zur Verbesserung der Verhältnisse beigetragen. Die Leute hätten bald eingesehen, daß beim Arbeiten ebensoviel, ja noch mehr herauskomme als beim Betteln. Als Flattich nach fünfjährigem Wirken in Asperg die Pfarrei in Metterzimmern bei Bietigheim übernahm, war nach Ansicht des Biographen Ledderhose »eine Gemeinde, die vorher fast aus lauter Bettlern und zerlumpten Müßiggängern bestand, in eine Gemeinde von wackeren, ordentlichen Hausvätern umgewandelt«.

Diese, mehr als hundert Jahre nach Flattichs Wirken erstmals publizierte Darstellung der Verhältnisse und Veränderungen in einer württembergischen Gemeinde, ist sicherlich in einigen Punkten überzeichnet, aber man findet auch in anderen Aufzeichnungen aus dem 18. Jahrhundert mancherlei Hinweise auf die Rückständigkeit in der Landwirtschaft und, was mit solcher Rückständigkeit zusammenhängt, im Schul- und Bildungswesen. Auch diese Schwäche hat der fromme Flattich bald erkannt und auf seine Weise bekämpft. Im Pfarrhaus in Asperg, in Metterzimmern und danach in Münchingen – dessen relativ gut dotierte Pfarrei Flattich durch den Herzog Karl Eugen erhalten hatte, der von dem Prediger und Praktiker Flattich beeindruckt war –, in diesen Pfarrhäusern hatte Flattich stets ein Dutzend oder mehr »Kostgänger«, die er unterrichtete. Dabei fiel ihm rasch auf, daß man die spezifischen Anlagen der jungen Leute entwickeln müsse und sie nicht nach einem gleichen Schema mit Wissen vollstopfen dürfe. Vor allem gelte es den Willen, die Fähigkeit zum Lernen, zum selbständigen Denken und Handeln zu stärken.

In einem »Sendschreiben von der rechten Art, Kinder zu unterweisen« hat Flattich seine pädagogischen Ideen niedergelegt. Ausgangspunkt zu jeder Betrachtung und Schlußfolgerung sind Worte und Kapitel aus der Bibel. Flattichs immer noch lesenswerte Mitteilungen und Hinweise beruhen auf Erfahrungen im Umgang mit Kindern. Die Vorliebe für Anekdotisches, auch für bildhafte Vergleiche hat Flattich populär gemacht. Wenn er das

Wesen des Gehorsams beim Kind und beim Menschen überhaupt erörtert, erzählt er vom Hund des Herrn von Harling, der seinem Herrn aufs Wort gehorchte, was immer dieser Herr von Harling dem Hund befal. So gehorsam wünsche er sich wohl auch seine Kinder, habe er dem adeligen Herrn gesagt. Ja, habe dieser geantwortet, oft schon sei dies sein Wunsch gewesen. »Ich sagte aber«, erläutert Flattich, »das wäre hernach eben eine Hundezucht. Menschen aber sind keine Hunde, sie haben einen eigenen Willen.« Besonderes Aufsehen erregte Flattich beim Vater eines zur Faulheit neigenden Schülers, der sich vor allem nicht mit der Algebra und der Geometrie plagen wollte. Anstelle der vom Vater erwarteten Strenge, zu der auch die körperliche Züchtigung gehörte, wandte der Pädagoge Flattich ein ganz und gar unerwartetes Rezept an. Er begann, mit seinem unwilligen Schüler stundenlang Mühle und Schach zu spielen. Der Ehrgeiz des Schülers erwachte. Er begann, beim Schachspiel sorgfältig zu kombinieren und zu rechnen, er bekam Ausdauer und Freude am gründlichen Nachdenken. Von da war es nur noch ein kurzer Schritt zur Mathematik und zur Rückkehr in die Gruppe der lernwilligen und lerneifrigen anderen Schüler Flattichs.

Aus den Fehlern vor allem, die man sie begehen lasse, müßten und könnten junge Leute lernen, meinte Flattich in seinen pädagogischen Schriften. Eine seiner Maximen lautete: »Es liegt sehr viel daran, daß man Kinder auch zu solchen Sachen anhält, die zur Kultur ihres Verstandes dienen.« Die auf reines Nützlichkeitsdenken eingeschworenen Schulmänner warnte der Münchinger Pfarrer: »Es gehört eine große Einsicht und Erfahrung dazu, wenn man sagen will, daß etwas unnützlich sei.« Seinen Ruhm und Nachruhm verdankt der 1713 in Beihingen am Neckar als Sohn eines Amtmanns geborene Nachfahre mährischer Flüchtlinge indes weniger seiner volkserzieherischen Begabung als seinen bildhaften Predigten, seinem Witz und seiner Schlagfertigkeit. Da Flattich als Original galt, war er auch bei der Hofgesellschaft und beim Herzog Karl Eugen wohl gelitten. Einer Einladung des Landesherrn folgend sei Flattich eines Tages in seiner einfachen, ja dürftigen Kluft bei Hofe erschienen, ohne Perücke und ohne gepudertes Haar. Zur Rede gestellt, weshalb er seine inzwischen schon ergrauten Haare nicht gepudert habe, antwortete Flattich dem Herzog, das könne er sich nicht leisten, er brauche sein Mehl für die Knöpfle. Diese Antwort, von Generationen im Land um den Asperg mit Lokalstolz weitererzählt, ist Volksgut geworden und hat manchen Altwürttemberger vergessen lassen, daß das »Aushausig-Sein« in der Mitte des 18. Jahrhunderts nicht nur Privileg der Hofgesellschaft gewesen ist.

Ein Revolutionär in Grabenstetten

Ein Amtsbruder von Flattich, Johann Gottlieb Steeb (Abb. 21), hat während der großen politischen Umwälzungen, die in Europa mit der Französischen Revolution begonnen haben, auf seine Weise eine Revolution eingeleitet. Im Landbau des alten Württemberg war der Pfarrer Steeb von Grabenstetten weit mehr als ein Pionier, er war ein Mann, der manches gründlich verändert und den systematischen Landbau in Württemberg entscheidend gefördert hat. Ob Steeb zugleich ein großer Theologe und Prediger war, läßt sich im nachhinein kaum feststellen, aber daß er ein hervorragender Praktiker und ein einflußreicher Schriftsteller gewesen sein muß, kann man den Nachrufen entnehmen, die diesem außerordentlichen Mann im Jahre 1799 gewidmet worden sind. Steeb, am 10. Februar 1742 in Nürtingen geboren, stammte aus einem seit 1470 in Bittenfeld bei Waiblingen ansässigen Geschlecht. Sein Vater war kirchenrätlicher Verwalter in Nürtingen. Als Pfarrer in Grabenstetten, das zu jener Zeit 600 Seelen zählte, hat Steeb in seinem dort zwölf Jahre dauernden Wirken die Alb und deren Landschaft verwandelt. Die große Armut in diesem »südlichen Sibirien«, wie Steeb die Alb einmal nannte, ließ ihn auf Abhilfe sinnen. Ihn störten die zahlreichen verwilderten Felder, die schlecht genutzten Äcker, der Mangel an Heu, der Mangel an Mist (wegen der geringen Viehbestände). Dem neuen Pfarrer fiel sogleich auf, daß die im Unterland seit langem gebräuchliche Futterpflanze, der Esper (Abb. 22) (auch Esparsette oder »Ewiger Klee« genannt) in Grabenstetten unbekannt war. Steeb legte ein Versuchsfeld mit Esper an, der auf dem trockenen Boden gut gedieh. Die Bauern von Grabenstetten mißtrauten jedoch ihrem neuen landwirtschaftlichen Berater. Es dauerte sechs Jahre, bis sich wenigstens die jungen Landwirte vom Nutzen dieser Futterpflanze – einem Schmetterlingsblütler mit tiefgehenden Wurzeln, ähnlich der Luzerne – überzeugt hatten und die Ratschläge des Pfarrers akzeptierten. Die alten Bauern, so wird in den Chroniken berichtet, hätten ihre Anbaumethoden nicht mehr geändert.

In Stuttgart wurde man auf Steebs Initiativen aufmerksam. Die Regierung ordnete schließlich an, daß auf der ganzen Alb Esper angebaut werden solle. In einem Buch »Über das Einweichen des Esper-Samens bei der Aussaat aus mehreren in größerem Umfang gemachten Erfahrungen« hat Steeb seine Experimente beschrieben. Bekannt wurde er außerdem durch sein Hobby, die Nelkenzucht mit künstlicher Befruchtung, und durch die mit vom Esper-Anbau begünstigte Bienenzucht. Steeb verfaßte auch Abhandlungen über den Wiesenbau, über die »Schafzucht im Verhältnis zur Brache« und schrieb als aufmerksamer Beobachter ländlicher Probleme sogar seine Überlegungen zu einer Hagelschaden-Versicherung nieder. Ganz besondere Bedeutung hat Steeb mit dem Versuch erlangt, die Statistik zur Grundlage einer systematischen Verbesserung der Existenzmöglichkeiten der Bevölkerung zu machen. Angeregt hatte ihn dazu das Werk von Sir John Sinclair über Schottland. Der Pfarrer von Grabenstetten begann mit einer genauen Erfassung klimatischer Daten, sammelte Zahlen über den Ernte-Ertrag, über die Viehzucht, beschrieb die Bodenbeschaffenheit und ergänzte seine Erhebungen durch Daten über das Gewerbe sowie über Einwohnerzahl, Beschäftigungsart, Vermögensstand der Bewohner und Hinweise auf Sitten und Gebräuche. Selbst ein Urteil über die Charaktereigenschaften der Bewohner fehlte nicht. Das war nichts anderes als der Anfang zur ersten Oberamtsbeschreibung im Land, Urach und die 35 Dörfer betreffend, die zum Uracher Amt gehörten. Bis dahin hatte es in Württemberg keinerlei verläßliche Statistik gegeben. In einem alten Werk des 18. Jahrhunderts ist zum Beispiel nicht klar, ob das Herzogtum 68 oder 200 Quadratmeilen umfaßte.

Die Vorschläge und Ideen des Pfarrers Steeb vermitteln auch in unserer Zeit noch den Eindruck, daß der Theologe mit großem Scharfsinn genau die Fragen und Probleme erkannt hat, die sich ganz ähnlich heute in großen Teilen der Dritten Welt stellen, vor allem in den sogenannten ruralen, den ländlichen Gebieten Afrikas, Asiens und Lateinamerikas.

Steeb nannte es eine wichtige Aufgabe des Staates, daß er die Ausbildung von Landwirten vor allem in den armen Regionen fördere. Er schlug die Gründung einer »Ökonomischen Societät« vor, »zwecks Hebung des Volkswohlstandes«. Die Gesellschaft solle als Beraterin fungieren und müsse deshalb über eine erstklassige zentrale Bibliothek für alle den Landbau betreffenden Fragen verfügen. Pfarrer und Verwaltungsbeamte sollten dieser Gesellschaft im ganzen Land angehören. Dieser Vorschlag ist noch zu Lebzeiten von Steeb verwirklicht worden, er selbst wurde der erste Leiter dieser »Societät«.

Steeb war ein Mann voller Wißbegierde und außerdem ein geborener Lehrer. Er begnügte sich bei seinem Studium in Tübingen nicht mit Theologie und Philosphie, sondern interessierte sich auch für allgemeine Fragen, vorwiegend aus dem Bereich der Geographie, der Ökonomie, der Völkerkunde und der Psychologie. Angeregt wurde er dabei seinerseits von den Enzyklopädisten der Aufklärung und von Jean Jacques Rousseaus Werken. So schrieb Steeb in Tübingen eine Magisterarbeit »Über die mancherlei Sitten und Einrichtungen der Nationen auf dem Erdboden«. Sein Fleiß war beachtlich. Im Jahre 1766 erschien als eine Art Jünglingsarbeit des nun 24jährigen ein kleines Buch mit dem Titel: »Versuch einer allgemeinen Beschreibung von dem Zustand der ungesitteten und gesitteten Völker, nach ihrer moralischen und physikalischen Beschaffenheit«. Es wird berichtet, der Herzog Karl Eugen, dessen Bildungs- und Erziehungsvorstellungen zu jener Zeit in der Hohen Karlsschule realisiert worden sind, habe das Buch von Steeb gelesen und sei damit zufrieden gewesen. Im Grunde war dieses Werk der frühe und ziemlich vergessene Versuch, eine »Kulturgeschichte der Menschheit« zu schreiben. Da Steeb zunächst in Heilbronn als Erzieher für den Sohn des Geheimrats von Gemmingen angestellt war, begann er sich recht bald für eine Darstellung des Wissens und Denkens der Zeit zu interessieren, eine Art Kompendium für Heranwachsende. So kam es im Jahre 1785 – Steeb war inzwischen Pfarrer in Dürnau bei Göppingen und 43 Jahre alt – zur Veröffentlichung eines dreibändigen Werkes »Über den Menschen nach seinen hauptsächlichen Anlagen in seiner Natur«. Ein vierter Band, in dem Steeb über die menschliche Anlage zur Tugend und zur Religion hatte schreiben wollen, ist nicht fertig geworden. Die Pfarrstelle in Grabenstetten lenkte die Interessen des vielseitig begabten und interessierten Theologen von 1787 an so sehr auf die praktischen Probleme einer verbesserten Landwirtschaft, daß diesem »ersten Verbesserer unserer vaterländischen Landwirtschaft« und »Apostel des Espers«, wie er in einem Nachruf genannt worden ist, keine Zeit mehr für das Studium und die Niederschrift allgemeiner wissenschaftlicher Probleme blieb. Unter den württembergischen Pfarrern aber wird Steeb stets als einer der Praktiker gelten, die am meisten für Land und Leute bewirkt haben.

Seelsorger mit feinmechanischer Werkstatt

Onstmettingen auf der Zollernalb, Kornwestheim und Echterdingen sind die drei Orte in Württemberg, in denen einer der großen Tüftler und Erfinder des Landes, der Pfarrer Philipp Matthäus Hahn (Abb. 24), seine – zum Teil überlieferten – Predigten gehalten und spezielle Erbauungsstunden zur Festigung des Gottesglaubens eingerichtet hat. Zuerst und vor allem ein Seelsorger wollte er sein. Das Konstruieren von Hauswaagen, Uhren, Weltmaschinen und Rechenmaschinen betrachtete Hahn, wie er in seinen sorgfältig geführten Arbeits- und Tagebüchern festhielt, als eine »unschuldige Abwechslung der Geschäfte zur Erholung des Gemüts und Erlangung neuer Kräfte«. Doch diese »unschuldige Abwechslung« verschaffte Hahn die Gunst des Herzogs Karl Eugen und die Bewunderung berühmter Zeitgenossen wie Goethe oder Schelling, die das Hahnsche Haus voller Neugierde besuchten und sich von dem Herrn Pfarrer die komplizierten Apparate und Maschinen erklären ließen. Die Präzisionswaagen-Industrie im heutigen Zollernkreis und viele der feinmechanischen Unternehmen im Lande wären ohne den Konstrukteur und Techniker Hahn wohl kaum entstanden.

Philipp Matthäus Hahn selbst war kein gebürtiger Älbler, er wurde in einem Pfarrhaus auf den Fildern, in Scharnhausen, am 25. November 1739 geboren. Es sei, behaupten die strenggläubigen Theologen, die sich mit dem Lebenslauf des Philipp Matthäus Hahn beschäftigt haben, kein frommes Pfarrhaus gewesen. Der Vater Hahn habe zum Beispiel keine Hausandachten gehalten und sei überhaupt »kein würdiger Vertreter« gewesen. Tatsächlich mußte der Scharnhauser Pfarrer denn auch seine relativ gutdotierte und ordentlich ausgestattete Pfarrei auf den Fildern aufgeben. Er wurde nach Onstmettingen, ein damals bescheidenes Albdorf mit einem bekannt rauhen Klima, strafversetzt. Der Sohn aber, der bei einer ersten Predigt in der Pfarrei des Vaters wegen seiner Treue zum Wort der Schrift einen starken Eindruck hinterlassen hat, fand in Onstmettingen bald die Freunde und Helfer, die seine Vorstellungen und Pläne von Maschinen und Instrumenten ausführen konnten. Der wichtigste seiner Mitarbeiter war dabei der Lehrer Schaudt. Nicht zu vergessen auch der Schmiedemeister Johann Jakob Sauter, mit dessen Hilfe die Hahnsche Hauswaage gebaut worden ist.

Der Umstand, daß Hahns Vater bei den Kirchenoberen wenig geschätzt war, sollte sich für den Sohn nachteilig auswirken, als dieser das Studium der Theologie über Landexamen und Tübinger Stift beginnen wollte. Er mußte auf eigene Kosten in der Stadt wohnen. Man sagte, beim Landexamen sei der Scharnhauser Pfarrerssohn durchgefallen, weil sich doppelt so viele Bewerber gemeldet hätten wie Plätze zu vergeben waren. Vielleicht war die Vorbereitung bei Philipp Matthäus nicht allzu gründlich – er hatte zuletzt die Esslinger Lateinschúle besucht –, aber die Annahme, daß auch der Vater materiell ein wenig bestraft werden sollte, ist zumindest bei der späteren Verweigerung einer Aufnahme ins Stift naheliegend. Der zuständige Mann im Konsistorium meinte im übrigen, er könne sich nicht vorstellen, daß der Sohn des Pfarrers Hahn ein guter Pfarrer werden könne. Das Urteil ist revidiert worden. Aber der einfache Weg blieb dem Philipp Matthäus Hahn verbaut. Das hatte Folgen. Der junge Studiosus zog sich in seinen entbehrungsreichen Tübinger Jahren einen Gesundheitsschaden, ein Magenleiden zu, das ihn bis zu seinem frühen Tod im Jahre 1790 immer wieder gepeinigt hat. Aber – mußte Hahn denn diesen schweren Weg des in der Stadt lebenden Studenten gehen? Er wollte es, denn sein Ziel war die Seelsorge. Ein Angebot, in das Ingenieurkorps einzutreten, schlug der Knabe selbstbewußt aus, obwohl seine Kenntnisse in Mathematik ungewöhnlich waren und er schon in seiner Schulzeit Sonnenuhren bastelte und Sternkarten zeichnete. Die Herstellung und das Experimentieren mit Farben gehörte ebenfalls zu den Interessen des Schülers. Für den jungen Studenten wurde das Anfertigen von Sonnenuhren sogar zur Ferienarbeit. Die Balinger zahlten ihm für eine solche Uhr am Kirchturm einmal die stolze Summe von

dreißig Gulden. Auch das Glasschleifen gehörte zu Hahns Neben-
einkünften, ebenso das Bauen von Fernrohren und Mikroskopen.
Der Onstmettinger Jugendfreund Schaudt, der spätere Lehrer,
unterstützte den Theologiestudenten dabei.

In Lorch, wohin Hahn nach dem Abschluß des Studiums für kurze
Zeit als Hauslehrer für die beiden Söhne des Oberamtmanns
gegangen war, entwickelte der junge Theologe den Plan für eine
Maschine, die dann viele Jahrzehnte später in England erstmals
gebaut worden ist: eine Lokomotive. Mit Feuer und Wasser als
Antrieb müsse man künftig arbeiten, dachte sich Hahn aus. Die
Grundlagen für ein später, zum Staunen der Zeitgenossen, ausge-
führtes Werk, die große astronomische Uhr oder Weltmaschine,
sind Anfang der sechziger Jahre des 18. Jahrhunderts in dem Ort
Breitenholz – zwischen Tübingen und Herrenberg – entstanden.
Beim Anblick des gestirnten Nachthimmels faßte der Vikar Hahn
den Gedanken, »den Himmelsbau in einer Maschine beweglich
vorzustellen«. Er begann, die Bewegungen der Planeten, der
Sonne, der Erde, der Sterne zu berechnen und »in Rad und
Getriebe« umzusetzen. Die Idee einer bequemen Hauswaage kam
ihm in Ostdorf bei Balingen. Hahns Vater war von Onstmettingen aus dorthin versetzt worden, der Sohn diente dem Vater eine
Zeitlang als Helfer. Aber seine Hauptbeschäftigung scheint das
Rechnen und Konstruieren gewesen zu sein, denn in Ostdorf
entwickelt er Pläne für Taschenuhren und Pendeluhren, für eine
verbesserte Sonnenuhr und fertigt den Entwurf einer leichten und
dauerhaften Art von Kirchen-Uhren. Kurz darauf erhält Hahn die
Pfarrstelle in Onstmettingen. Er war der Favorit der Gemeinde,
vor allem der jungen Leute. Zusammen mit dem Freunde Schaudt
entstehen in der Onstmettinger Werkstatt die »astronomischen
Maschinen« (Abb. 23). Sie zeigen die Uhrzeit des Tages an,
registrieren die Tage und die Jahre und besitzen eine bewegliche
Himmelskugel mit Fixsternen und mit Planeten, die sich drehen.
Herzog Karl Eugen hört von den Arbeiten des jungen Onstmettinger Pfarrers. Er schaut sich die von Hahn entworfenen und
unter Schaudts Leitung gefertigten Produkte an und bestellt eine
größere astronomische Uhr. 300 Gulden schenkt der Herzog dem
Pfarrer. Ein halbes Jahr arbeiten die Onstmettinger Mechaniker,
bis die Hahnschen Konstruktionszeichnungen ausgeführt sind. In
der Bibliothek des Ludwigsburger Schlosses wird das Wunder-

werk aufgestellt. Der Bibliothekar Georg Friedrich Vischer hat sie zusammen mit Hahn beschrieben. Die Beschreibung verbreitete den Ruhm des genialen Erfinders in ganz Europa.

Hahn, in seinen Glaubensüberzeugungen ganz in der Tradition Bengels stehend, hatte auf dem dritten Zifferblatt auch die apokalyptische Gotteszeit nach Bengels Berechnungen aufgezeichnet. Zwei Zeiger dienten der Bestimmung der »Tempora« und der »Chroni«, die Bengel für die prophetischen Zeitabschnitte errechnet hatte. Hundert Jahre dauerte der Umlauf des langen Zeigers, achttausend Jahre der Umlauf des kürzeren. Innerhalb dieser achttausend Jahre findet man die ganze Gottesgeschichte – beginnend mit der Erschaffung der Welt bis zum Großen Gericht und zum Weltende. Kein Wunder, daß auch andere Fürsten auf den schwäbischen Pfarrer und Erfinder aufmerksam wurden. Ein Angebot des badischen Markgrafen mußte Hahn abschlagen. Herzog Karl Eugen wollte einer »Auswanderung« ins badische Durlach nicht zustimmen. Er versprach dem Onstmettinger Pfarrer, daß er baldmöglichst Nachfolger des Pfarrers von Echterdingen werde, also die in der Besoldung zweitbeste Pfarrei des Landes erhalte. Bis dahin solle er nach Kornwestheim versetzt werden, ebenfalls eine der begehrten, gut besoldeten Stellen im Herzogtum.

Vom Amtsantritt Hahns in Kornwestheim ist eine merkwürdige Geschichte überliefert. Kurz nach dem Eintreffen des neuen Pfarrers sei der Knopf auf dem Kirchturm heruntergefallen. Man habe darin Papiere gefunden, die hundert Jahre zuvor ein Pfarrer geschrieben habe. Der Pfarrer habe vermerkt, daß er in Kornwestheim nicht viel Gutes habe bewirken können, obgleich er sich alle Mühe gegeben; aber es werde ein Hahn kommen, der werde viel Gutes in der Gemeinde wirken. Diese seltsame Weissagung, über die anläßlich einer Herausgabe der Hahnschen Predigten im Jahre 1896 der Echterdinger Pfarrer und Dekan Paul Wurm berichtet hat, dürfte die Kornwestheimer sehr neugierig auf den nun dreißigjährigen, aber schon recht bekannten Philipp Matthäus Hahn gemacht haben. Dieser widmete sich in seinen ersten Predigten hauptsächlich der Frage des göttlichen Heilsplanes und suchte mit den Methoden der Mathematik nach systematischen Zusammenhängen in der Heiligen Schrift. Wichtig ist für Hahn vor allem auch die Einrichtung von Erbauungsstunden für die Mitglieder seiner Gemeinde. So entstehen in Kornwestheim mehrere Gemeinschaften, die freilich nicht von der Kirche getrennt sind, sondern in einer engen Verbindung mit ihr und dem Pfarrer stehen. Die mechanischen Arbeiten, die Hahn in Onstmettingen so erfolgreich begonnen hat, werden in Kornwestheim fortgesetzt. Allerdings bleibt der hochgeschätzte Schaudt mit den Gehilfen auf der Alb. Hahns Brüder arbeiten in der neuen Werkstatt, zusammen mit einigen Uhrmachergesellen.

Eine neue Idee beschäftigt Hahn nun immer stärker: der Bau einer Rechenmaschine. Beim mühsamen Berechnen der astronomischen Uhr hat sich gezeigt, daß eine solche Maschine, wie sie Leibniz schon entworfen, aber nicht zum Funktionieren gebracht hatte, außerordentlich nützlich wäre. Hahn beschäftigt sich intensiv mit dem Leibnizschen Entwurf. Ein paar Wochen, so entnimmt man Hahns Tagebuchaufzeichnungen, werde es wohl dauern, bis er mit der Sache fertig sei. Aber diese Hoffnung erfüllt sich nicht. Wiederholt reist Hahn zum Freund Schaudt nach Onstmettingen. Man berät und überlegt. Systematisch entwickelt sich der Konstruktionsplan. Modelle entstehen und werden wieder verworfen. Herzog Karl Eugen macht Hahn Mut. Besucher kommen nach Kornwestheim, sie beehren Hahn und stören ihn zugleich bei der Arbeit. Am 8. April 1777 ist sogar der Kaiser, Josef II., Gast im Kornwestheimer Pfarrhaus und in der Werkstatt. Dort erklärt Hahn ihm und dem Fürsten von Hohenzollern-Hechingen die astronomische Uhr und die Rechenmaschine. Er solle das Werk an die Wiener Akademie einschicken, bittet der Kaiser den Pfarrer. Bald darauf, im Jahre 1778, war die endgültige Konstruktion der Rechenmaschine gefunden. Hahn, der auf Bitten Christoph Martin Wielands darüber im »Teutschen Merkur« berichtet, sagt von dem gelungenen Werk: »Soviel ist gewiß, daß sie die einzige in dieser Art auf der Welt ist und wenn es auch Rechenmaschinen sonsten geben sollte: so bin ich gewiß, daß von dieser Vollkommenheit und Bequemlichkeit keine existiert.« (Tatsächlich gab es in Tübingen schon einen vom Bruder Heinrich Schickhardts gefertigten Entwurf.)

Die Pionierleistung Hahns hat jahrzehntelang eine erstaunlich geringe Resonanz gefunden, ja sie ist fast hundert Jahre lang vergessen worden. Man hielt den Franzosen Xavier Thomas, der von 1818 an seine nach dem Hahnschen Prinzip gebaute Rechenmaschine produzierte, für den eigentlichen Erfinder. Bei der Londoner Weltausstellung im Jahre 1876, knapp ein Jahrhundert nach der Fertigstellung der ersten Hahnschen Rechenmaschine, hat man dann bei einem Vergleich der verschiedenen Konstruktionsmerkmale von Rechenmaschinen erkannt, daß der schwäbische Pfarrer als erster die grundlegenden Ideen von Leibniz weiterentwickelt und in der Praxis nutzbar gemacht hat. Als Hahn nach elf arbeitsreichen Jahren in Kornwestheim die begehrte Stelle in Echterdingen übernehmen konnte, setzte er dort seine Tätigkeit als Konstrukteur und Erfinder fort. In der Werkstatt arbeiteten nun auch zwei seiner älteren Söhne zusammen mit zwei Gesellen. In Echterdingen erfindet Hahn die bald sehr begehrte »Cylinder-Sackuhr«. Mit dem Verkauf dieser Uhren verdient der Pfarrer auch Geld für den Unterhalt der inzwischen ziemlich großen Familie. (Hahn hatte nach dem Tod der ersten Frau, die kurz nach der Geburt des vierten Kindes im Wochenbett verstorben war, die Tochter Beate seines Münchinger Kollegen Flattich geheiratet.)

Beim Herzog und besonders bei dessen zweiter Frau, Franziska von Hohenheim, stand Hahn in hoher Gunst. Die fromme Franziska besuchte oft den Gottesdienst und die Andachten des Echterdinger Pfarrers. Sie war als Kirchenbesucherin auch beim Pfarrer zur Tafel geladen. Der Herzog gewährte Hahn Zutritt zur Bibliothek im Hohenheimer Schloß. Der Pfarrer hatte für diese Räume einen eigenen Schlüssel. Weit weniger Vertrauen in Hahn als der – katholische – Herzog und seine Franziska hatten die Mitglieder des Stuttgarter Konsistoriums. Sie machten Hahn vor dem Antritt der Echterdinger Stelle Schwierigkeiten, weil er einige seiner Schriften ohne Erlaubnis der Kirchenbehörde habe drucken lassen und weil er die Bibelstunden – entgegen den strengen Vorschriften des Generalreskripts von 1743 – zuweilen bis in die Nacht ausdehne. Hahn mußte bereuen und Besserung geloben. Das Ansehen, das er sich zu jener Zeit schon weit über die engere Heimat hinaus erworben hatte, hinderte die Mitglieder der obersten Kirchenbehörde nicht an kleinlichen Vorhalten.

Dreisatz und Quadratwurzel

Adam Riese ist nicht nur in seiner fränkischen Heimat unvergessen und wird gelegentlich an Gedenktagen gefeiert, das Rechnen

»nach Adam Riese« hat sich im ganzen deutschen Sprachgebrauch behauptet. Wer aber erinnert sich daran, daß auch das Wort »einen Stiefel rechnen« von einem großen Mathematiker abgeleitet ist, einem Mathematiker freilich, dessen Hauptberuf der des Geistlichen und Gemeindepfarrers war? Nur einigen Fachleuten, Kennern der Geschichte der Mathematik und der Naturwissenschaften, ist jener Michael Stifel – oder Stiefel – aus der Reichsstadt Esslingen geläufig, von dem gesagt werden kann, daß er die Quadratwurzel in unsere Rechnungen eingeführt und wohl als erster die Anwendung des Dreisatzes an Hand praktischer, volkstümlicher Beispiele erläutert hat. Anders als die übrigen Praktiker unter den schwäbischen Gottesmännern hat dieser Michael Stifel aus Esslingen freilich nicht in seiner Heimat gewirkt, sondern den größeren Teil seines Lebens außer Landes verbracht, verbringen müssen. Man kann ihn zu den ersten Glaubens-Flüchtlingen in unserer Geschichte zählen. Allerdings auch zu der Art von Landsleuten, bei denen Genie und Schrulligkeit ziemlich nahe beieinander wohnen.

Aus den Kirchengeschichten, speziell aus den Darstellungen der Reformation in Esslingen, geht hervor, daß Michael Stifel (als dessen Geburtsjahr 1487 angenommen wird und der der Sohn des angesehenen Bürgers Konrad Stifel war), sich schon als junger Mönch im damaligen Esslinger Augustinerkloster für Luther und dessen Schriften interessiert hat. Überliefert ist vor allem der Anlaß für Stifels Flucht aus Esslingen. Der im Jahre 1511 zum Priester Geweihte hatte während der Vertreibung Ulrichs aus Württemberg einen Konflikt mit dem hohen Klerus und mit dem Erzherzog Ferdinand. Man kannte Stifels Gesinnung, seine Präferenz für die neue Lehre. Wie schon sein kritischer Vater nahm Michael Stifel Anstoß am Lebenswandel der damaligen Kirchenleute. Dem für Esslingen zuständigen Konstanzer Weihbischof soll der Mönch Michael Stifel den Spitznamen »Wein-Bischof« angehängt haben. Dieser Bischof löste schließlich den Konflikt aus und veranlaßte den Augustiner-Pater zur Flucht über Kronberg bei Frankfurt nach Sachsen. Stifel hatte nämlich einer Frau Absolution für deren Sünden erteilt. Dafür war der Pater nach Meinung des Weihbischofs nicht zuständig. Er selbst, der Weihbischof, hatte die Absolution gegen einen »Sündenzoll«, eine Geldspende, gewähren wollen.

Bekannt wurde Stifel in eben diesem Jahr 1522 durch eine originelle Darstellung Luthers und der reformatorischen Lehre in der Form eines Vers-Epos nach der Art des Nibelungenliedes. Für jedes der zehn Gebote wählte Stifel eine Strophe. Abgehandelt wird auch in jeweils vier Versen Luthers Lehre von der Gnade, vom Glauben und von der Rechtfertigung. Der Reformator selbst ist in diesem Werk Stifels der in der Apokalypse (14,6f) auftretende Engel, der durch die Himmelsräume fliegt. Das »Lied« über die Lehre Luthers, in witziger, auch satirischer Weise geschrieben, wurde anscheinend rasch populär. Es mußte mehrfach nachgedruckt werden.

Nach seinem Eintreffen in Wittenberg, wo ihn Luther recht freundlich aufnahm, erhielt Stifel zunächst eine Stelle als Hofprediger in Mansfeld. Als der Tiroler Edelmann Christoph Jörger, der Schloßherr von Tollet, Luther um die Entsendung eines Predigers der neuen Lehre bat, empfahl Luther den Flüchtling aus Esslingen. Von Tirol aus hat Stifel starken Einfluß auf die reformatorische Bewegung in ganz Österreich genommen. Eben deshalb mußte er diese Wirkungsstätte nach dem Erlaß scharfer Verbote durch Erzherzog Ferdinand bald wieder verlassen. Er kehrte zu Luther zurück und bekam durch die Vermittlung des Reformators von Kurfürst Johann dem Beständigen die Pfarrstelle in dem Ort Lochau, zwischen Wittenberg und Torgau gelegen. Die Heirat mit der Witwe des Amtsvorgängers führte zu einer glücklichen Ehe. Stifel war nun seßhaft und widmete sich neben der Theologie vor allem auch seinen mathematischen Studien. Allerdings geschah dies zuweilen in der merkwürdigen Art einer Verknüpfung der Botschaft Gottes mit Zahlen. Es zeigte sich, daß in Stifel auch ein Spintisierer steckte, dessen Vorliebe die Wortrechnungen waren. Die Lehre von der Magie mit Buchstaben und Zahlen, die Kabbalistik, schien da nicht gerade fern. Immer wieder glaubte Stifel, in der Bibel Buchstaben und Zahlen gefunden zu haben, mit denen sich die Zukunft weissagen lasse. Luther warnte, aber Stifel blieb bei seinen Neigungen. Im Jahre 1532 publizierte er eine Schrift, das »Rechenbüchlein vom End Christ. Apokalypsis in Apokalypsin«. Ein Verfasser fehlte. Aber jedermann wußte, daß es der Pfarrer von Lochau geschrieben hatte. Man kannte seine Auffassungen und hatte ihn zu eben den Gegenständen, die in der Schrift behandelt waren, predigen hören. Die Schrift löste eine ungeheure

Erregung aus, denn Michael Stifel hatte angeblich berechnet, daß die Welt am 8. Oktober 1533 morgens um 8 Uhr untergehe. Er legte diese Rechnung auch offen. Grundlage war das Evangelium Johannes, in der Fassung der Vulgata. Las man an einschlägigen Stellen bestimmte Großbuchstaben nicht als Buchstaben sondern als römische Ziffern und addierte sie, so ergab dies die Zahl 1533. Sogleich war Stifel von Freunden vorgehalten worden, daß bei Markus 23,22 geschrieben steht: »Den Tag aber und die Stunde weiß niemand«. Stifel ließ das nicht gelten. Es hieße ja »weiß«. Also gelte diese Angabe für die Zeit der Niederschrift. Inzwischen sei man besser im Bild. Den Hinweis könnte man nur gelten lassen, wenn bei Markus stünde: »wird niemand wissen«.

Um eine Ausflucht war der von seinen Wortrechnungen besessene Theologe nicht verlegen. Aber das, was sich aus seiner Weissagung ergab, schadete ihm lange Zeit. Viele Leute in nah und fern erwarteten nun ernsthaft das Ende der Welt. Einige Bauern, so ist berichtet worden, hätten ihr Hab und Gut verschenkt und ihre Felder nicht mehr bestellt. Mancher wollte noch für eine kurze Zeit gut leben. Martin Luther, der mit großer Sorge die Vorgänge beobachtete, schickte am 8. Oktober einen Studenten namens Weller nach Lochau. Alles Volk versammelte sich in der Kirche. Auch der Beobachter aus Wittenberg hatte in dem überfüllten Gotteshaus einen Platz gefunden. Kurz vor acht Uhr erschrak Luthers Kundschafter, weil er die Posaunen des Jüngsten Gerichts zu hören glaubte. Aber es war das Horn des Kuhhirten, der unverdrossen auch an diesem Tag seine Herde auf die Wiese hinaustrieb. Stifel, so erfahren wir aus den Berichten über das große Ereignis, habe eine eindringliche Predigt gehalten. Die alten Weiblein, die zu heulen anfingen, tröstete er mit der Behauptung, daß Gott zuerst eine neue Erde schaffen werde. Dahin würden die Frommen versetzt. Danach erst vergehe die alte Erde in Brand. Dreimal hob der Pfarrer Michael Stifel nach dieser tröstlichen Mitteilung die Hände und rief: »Er wird kommen«, dann ging er gemessenen Schrittes zum Altar und teilte das Abendmahl aus. Draußen blieb es still. Nichts geschah. Die Gemeinde, zunächst ruhig lauschend, begann unruhig zu werden. Es war neun Uhr geworden – um eine Stunde zumindest hatte sich Stifel verrechnet. Das machte auch ihn allmählich unsicher. – Was dann geschehen ist, läßt sich genau nicht mehr ermitteln. In einem der Berichte

ARITHMETI-
CA INTEGRA.

Authore Michaele Stifelio.

Cum præfatione Philippi Melanchthonis.

Norimbergæ apud Iohan. Petreium.
Anno Chriſti M. D. XLIIII.

Cum gratia & priuilegio Cæſareo
atcɱ Regio ad Sexennium.

wird gesagt, daß ganz unerwartet Leute des Kurfürsten hereinge-
stürmt seien und den irrenden Propheten kurzerhand gefaßt und in
einem Wagen nach Wittenberg gebracht hätten. Eine andere Version will wissen, die enttäuschten und erzürnten Bauern hätten
Stifel verprügeln wollen und hätten lauthals nach der Rückgabe
ihrer verschenkten oder verkauften Güter verlangt. Sicher ist, daß
Stifel vom Kurfürsten vier Wochen Hausarrest bei einem Wittenberger Bürger zudiktiert bekam – eine milde Strafe. Luther, der
die Sache nicht allzu tragisch nahm, sondern darin eine heilsame
Lehre für Stifel sah, hatte sich beim Kurfürsten für den Lochauer
Propheten eingesetzt. In Lochau freilich konnte Stifel nicht mehr
bleiben. Er hatte selbst seine Habe verschenkt und mußte nun bei
Freunden für sich und seine Familie um Hilfe bitten. Neben Luther
warb auch Melanchthon um Unterstützung für Stifel. Anderthalb
Jahre nach dem denkwürdigen 8. Oktober 1533 erhielt der irrende
Rechner in der Nähe Wittenbergs die Pfarrstelle in Holzdorf. Dort
konnte er dreizehn Jahre, bis zum Einzug der Spanier während des
Schmalkaldischen Krieges, bleiben.

In den Holzdorfer Jahren entwickelte Michael Stifel sein großes
Talent als Mathematiker. Er hielt engen Kontakt mit den Gelehrten der nahen Wittenberger Universität, auch mit dem Mediziner
Milich. Von 1541 an gab Stifel den Wittenberger Studenten mathematische Lektionen. Sein wichtiges Werk, die »Arithmetica integra«
(Abb. 25), ist auf Anregung des Mediziners Milich in der Holzdorfer Zeit erschienen. Gedruckt wurde diese »vollständige Arithme-
tik« 1544 bei Petreius in Nürnberg. Die Vorrede schrieb Melanchthon. Stifel beruft sich selbst ganz bescheiden auf Vorgänger wie
Christoph Rudolff, Adam Riese und Hieronimo Cardano. Erstmals wird in diesem, für die Geschichte der Mathematik wichtigen
Werk eine kurze, klare Anleitung zur Aufstellung und Lösung
algebraischer Gleichungen angeboten. Dargestellt sind bereits
auch die Grundgedanken des logarithmischen Rechnens. Der
mathematische Begriff »Exponent« stammt aus dieser Publikation, ihn verdanken wir also Stifel. Das heute noch gebräuchliche
Zeichen für die Quadratwurzel geht ebenfalls auf Stifel zurück.
Auch für die Praxis des einfachen Volkes bestimmte Rechenbü-
cher hat Stifel veröffentlicht. Darin wird in deutscher Sprache die
für den Alltag nützliche Methode des Rechnens erklärt, unter
anderem wird in einem dieser Werke der Dreisatz anhand von

eingängigen Beispielen erläutert. Stifel war ein ausgezeichneter Didaktiker, das zeigen gerade diese populären Schriften über das Rechnen wie die »Deutsche Arithmetica« von 1545 und das »Rechenbuch von der welschen und deutschen Practik« (1546).

Nach der Vertreibung aus Mitteldeutschland fand Stifel eine Zeitlang Aufnahme als Pfarrer in Ostpreußen, zuerst im Memelland, dann in der Nähe von Königsberg. Dort hielt er wieder enge Verbindung zur Universität und widmete sich weiterhin – neben seinem Dienst im Pfarramt – der mathematischen Wissenschaft. Nach dem Augsburger Religionsfrieden kehrte Stifel zurück nach Sachsen. Der schon über Siebzigjährige wird schließlich noch an die Universität Jena berufen. Am 29. April 1567 ist Michael Stifel, vermutlich in seinem achtzigsten Lebensjahr, gestorben.

In den alten Büchern über die Reformationszeit ist von Stifel meist nur am Rande berichtet worden. Die Mathematiker haben sich in ihren historischen Untersuchungen mehr mit diesem genialen Autodidakten befaßt. Er war ein großer Praktiker und sicherlich auch ein eindrucksvoller Prediger. Aber im allgemeinen hat man ihn meist in die Abteilung »schwäbische Sonderlinge« eingeordnet. Wer heute die Wendung »einen Stiefel rechnen« für die Kennzeichnung einer Fehlkalkulation gebraucht, der erinnert damit an die Lochauer Affäre. Und wenn Jugendgruppen oder – zu vorgerückter Stunde – Männerkehlen den Refrain schmettern: »Stiefele muß sterben, ist noch so jung, jung, jung...«, dann nehmen auch sie, ohne es zu wissen, Bezug auf die Wortrechnungen des Michael Stifel und auf jenen Weltuntergang von 1533, den sein Prophet immerhin um fast vierunddreißig Jahre überlebt hat.

DER FREUDENTALER SCHUTZVERTRAG

Bei den württembergischen Landständen und bei den Frommen im Lande hatte sie einen recht kurzen Namen. Sie hieß – unübersetzbar ins Hochdeutsche oder gar in irgendeine andere Schriftsprache – ganz einfach »das Mensch«. Sie selbst zeichnete das, historisch betrachtet, wichtigste Dokument ihres turbulenten Lebens mit teils erheirateten, teils erkauften Namen und Titeln: »Wir, Christina Wilhelmina, Verwittibte Reichsgräfin von Würben und Freudenthal, regierende Gräfin zu Welzheim und Gochsheim, Frau zu Freudenthal und Neccarbeyhingen, gebohrene Gräfin von Graeveniz...« (Abb. 26). Der Partner des so umständlich eingeleiteten Vertrags hieß Levin Fränckel, Hoffaktor beim Herzog Eberhard Ludwig von Württemberg und mit Wirksamwerden dieses Vertrags Vorsteher der jüdischen Gemeinde in dem Ort Freudental am Stromberg. In dreißig Einzelparagraphen listete dieses Edikt der damaligen Herrin von Freudental die Rechte und Pflichten der dort lebenden oder anzusiedelnden Juden auf. Die Historiker haben später herausgefunden, daß es zu jener Zeit weit und breit in Deutschland, speziell im Südwesten, keinen Schutzvertrag gab, der den Juden ähnlich große Freiheiten und Rechte eingeräumt hätte. Ob die in ihrem Leben – nach Auffassung der meisten württembergischen Landeshistoriker – so intrigante und böse, den armen Eberhard Ludwig »mit dem Feuer ihrer Augen« geradezu verhexende Graevenitz diese Pioniertat (das war es ohne Zweifel) unter dem Einfluß der gerade modern gewordenen Aufklärung mit ihrer Toleranz-Idee vollbracht hat? Oder ob sie ganz einfach von dem sicherlich hochintelligenten Hoffaktor und herzoglichen Geldbeschaffer Levin Fränckel zu ihrer Großzügigkeit überredet worden ist? Guter Geschäfte wegen, zum Beispiel? Die Antworten müssen wohl Spekulation sein und bleiben, da sich in dem Nachlaß der einstigen Landhofmeisterin und Geliebten des Gründers von Ludwigsburg keine Hinweise auf die Motive gefunden haben. Sicher ist nur, daß die Idee zu einem derart umfassenden und auch detaillierten Schutzvertrag für eine Judengemeinde in Freudental nicht von der Graevenitz stammt, sondern auf die Initiative Levin Fränckels zurückgeht. Sicher ist zum anderen, daß die Graevenitz, nur wenige Wochen nach der Unterzeichnung des Dokuments vollends in Ungnade gefallen, von herzoglichen Soldaten in Freudental verhaftet und ins Gefängnis nach Hohenurach gebracht worden ist. Die aus Mecklenburg stammende Gräfin kam am Ende noch glimpflich davon; sie mußte ihre Besitzungen gegen eine relativ bescheidene Summe zurückgeben und Württemberg verlassen. Ein Dutzend Jahre nach dem Ende ihres Wirkens am herzoglichen Hofe starb sie 1744 in Berlin.

Der Schutzvertrag, den die Graevenitz im Herbst 1731 mit Levin Fränckel abgeschlossen hatte, wurde von den neuen Besitzern Freudentals, den württembergischen Herzögen, im wesentlichen anerkannt und bestätigt. Es scheint, als ob einzelne Bestimmungen dieses Schutzvertrags das Denken und Verhalten der württembergischen Obrigkeit auch gegenüber anderen Judengemeinden im Verlaufe des 18. Jahrhunderts positiv beeinflußt haben. Die schrittweise Verbesserung der rechtlichen Situation der Juden in Württemberg, die unter dem Kurfürsten und späteren König Friedrich erfolgt ist, knüpft in einigen Punkten durchaus an die Bestimmungen des Graevenitz-Fränckel-Vertrages an.

Was war der wesentliche Inhalt des Dokuments aus dem Jahre 1731? Der Vertrag enthält die Erlaubnis zur Ansiedlung von zunächst vierundzwanzig jüdischen Familien und vier verheirateten Bediensteten, nämlich einem Rabbiner, dem Vorsinger, dem Totengräber und dem Schulklopfer. Die Judengemeinde partizipiert am Wasser, an der Weide und am Holzeinschlag. Die jüdischen Feste, die Festtage und die besonderen Riten werden respektiert, umgekehrt sind die Juden gehalten, auch auf die christlichen Sonntage und Festtage Rücksicht zu nehmen. Frondienste werden den Juden erlassen, auch von Einquartierung sind sie freigestellt. Levin Fränckel amtiert auf Lebenszeit als Vorsteher der jüdischen Gemeinde, die, rechtlich gesehen, eine Art Selbstverwaltung innerhalb der Gesamtgemeinde besitzt. Das Vorsteheramt vererbt sich auf Sohn und Enkel. Die jüdische Gemeinde kann neue Mitglieder aufnehmen und darf von ihnen ein Einstandsgeld erheben. Das Recht, Geld zu verleihen und Handel zu treiben ist insofern eingeschränkt, als für Schulden, die ein Gläubiger macht – etwa beim Viehkauf – bei einem Betrag zwischen fünfzig und hundert Gulden nicht mehr als sechs Prozent Jahreszins berechnet werden darf. Bei kleineren Beträgen ist der erlaubte Zinssatz zwar höher, aber ebenfalls nach oben begrenzt, damit der Vorwurf des

Wuchers nicht aufkommen kann. Gibt es Probleme mit der Vormundschaft, mit dem Erben, mit sogenannten Inventuren, so ist es Sache der Juden selbst, die notwendigen Regelungen und Entscheidungen zu treffen. Ähnlich wie im Herzogtum Württemberg, dem Freudental damals nicht angehört hat, ist die Auswanderung, »der freie Zug« erlaubt. Bemerkenswert sind vor allem die von der Graevenitz unterschriebenen Vorschriften über die Frauenrechte. Die jüdischen Frauen werden in dem Vertrag in den Eigentumsrechten mit den Frauen der Christen gleichgestellt.

Die Vorteile der Herrin von Freudental waren bei dieser Übereinkunft sicherlich nicht gering. Die Graevenitz hatte zunächst einmal Anspruch auf tausend Gulden in bar. Vereinbart war außerdem, daß als Schutzgebühr oder Steuer pro Jahr und Haushalt, einschließlich der für den Kirchhof, für Begräbnisse und für die Synagoge berechneten Abgaben, 25 Gulden zu zahlen seien, so daß sich bei 24 Familien eine Jahreseinnahme von 600 Gulden errechnete. Die Abgabe pro jüdischem Haushalt war höher als der Lohn eines Lakaien im Freudentaler Schloß. Die Graevenitz bezahlte dem Lakaien an Bargeld lediglich 24 Gulden im Jahr. Eine für die damalige Zeit nicht ungewöhnliche Verpflichtung der jüdischen Gemeinde betraf die jährliche kostenlose Lieferung von einem Zentner Zucker für die Küche des gräflichen Schlosses. Ließ sich der Zucker – eine Rarität – auf den Märkten nicht auftreiben, so war zum Jahresende pro Haushalt ein zusätzlicher Gulden zu zahlen. Die erhobene Friedhof- und Begräbnisgebühr bezog sich nur auf die Einheimischen. Bei Fremdbegräbnissen erhob der Amtmann der Herrschaft Freudental eine besondere Gebühr. Auch die Heirat von Juden mit Auswärtigen war nicht kostenlos. Zwei Gulden mußten dafür erlegt werden.

Das Besondere dieses Schutzbriefes aus dem Jahre 1731 bestand im Vergleich zu ähnlichen Dokumenten aus jener Zeit darin, daß die Rechte der jüdischen Gemeinde ziemlich umfassend geregelt waren, wobei der Vorsteher eine Art Doppelfunktion als geistliches und als weltliches Gemeindeoberhaupt innehatte. Der Vorsteher verlangte zum Beispiel Strafen, die der Amtmann der Herrschaft eintreiben mußte. Die Hälfte der Strafe gehörte der Herrschaft, die andere Hälfte kam in die Almosenkasse der Juden. Sie war angesichts der zahlreichen armen Betteljuden, zu deren Unterstützung die Angehörigen der jüdischen Gemeinde nach den strengen Gesetzen der Gastfreundschaft verpflichtet waren, eine wichtige Einrichtung. Prinzipiell hatte die jüdische Gemeinde auch ein Steuerrecht; unter anderem bestimmte sie selbst die Aufnahmegebühr für jüdische Familien, die sich in Freudental niederlassen wollten. Erlaubt war den Freudentaler Juden der Handel im ganzen Herzogtum, eine Regelung, die Eberhard Ludwig, als er die Herrschaft Freudental im Jahre 1733 nach dem Vergleich mit der Graevenitz in seinen Besitz übernahm, ebensowenig angetastet hat wie die Nachfolger Carl Alexander und Karl Eugen.

In einem gründlich dokumentierten Aufsatz über die Geschichte der jüdischen Gemeinde in Freudental hat Theobald Nebel (in den Ludwigsburger Geschichtsblättern) auch auf die Vorschrift verwiesen, daß für Geschäfte mit einem Wert von mehr als 50 Gulden die schriftliche Vertragsform erforderlich war. Das bot beiden Seiten eine größere Sicherheit vor nachträglichen Streitereien; den jüdischen Partner konnte diese Bestimmung vor allem vor dem rasch erhobenen Vorwurf des Wuchers schützen. Ebenso wie diese Bestimmung dürfte auch die erbrechtliche Gleichstellung der Jüdinnen für Gesprächsstoff im württembergischen Land gesorgt haben. Es scheint, als habe man besonders bei den Klauseln, die in den Schutzverträgen für die Judengemeinden in Jebenhausen und in Buttenhausen gewählt worden sind, das Freudentaler Vorbild teilweise kopiert. Auch als Hochberg mit seiner jüdischen Gemeinde später dem Hofkammergut – nicht dem Herzogtum – einverleibt wurde, nahm man sich einige Vorschriften des Graevenitz-Fränckel-Vertrags zur Richtschnur.

Christophs Verbote

Der Ursprung der Freudentaler Juden-Gemeinde ist indes älteren Datums als der Schutzbrief und Vertrag des Jahres 1731. Den ersten Freudentaler Schutzvertrag schlossen Juden aus Flehingen im Kraichgau im Jahre 1723 mit dem früheren Besitzer Freudentals, dem Freiherrn Johann Gottlob Zobel von Gibelstadt. Damals bot der Freiherr dem Seligmann Wolffen von Flehingen in dem später »Judenschlößle« genannten Bau die Unterkunft für sechs Haushaltungen an. Der ziemlich kurze Vertrag sah Schutzgebühren, einschließlich Hauszins, in ähnlicher Höhe vor wie der Graevenitz-Fränckel-Vertrag. Der Pflichtkatalog der neuen Bewohner war kurz, eventuell sollten sie zum Beispiel beim Heuen oder bei der Ernte einspringen. Versprochen wurde unter anderem ein Platz für die Begräbnisse, der spätere Judenfriedhof. Erwartet hat der Freiherr Zobel von Gibelstadt von seinen Schutzjuden »einen billigen Zinsfuß«. Überliefert ist außerdem der Entwurf eines ausführlichen Vertrags. Hierin wird zugesichert, daß die Juden in Freudental »unangefochten wegen der Religion« sein sollten und frei Handel mit Waren und Viktualien treiben könnten. Vor dem Vertrieb von Hehlerware werden sie freilich gewarnt, dazu gehörte auch der Verkauf von Fellen, die von Wilderern stammen konnten. Als Zinslimit für Kredite sind generell sechs Prozent vorgesehen. Auch in diesem Entwurf, über dessen Inkraftsetzen keine Unterlagen gefunden worden sind, werden den Juden Sonderrechte bei der Religionsausübung zugesichert. Ausdrücklich wird ihnen jedoch »die Gotteslästerung in hebräisch und in anderen Sprachen« untersagt. Gemeint sind hier wohl herabsetzende Äußerungen über Jesus Christus und den christlichen Glauben.

Wieweit dieser Vertragsentwurf aus dem Jahre 1723 den Graevenitz-Fränckel-Vertrag von 1731 beeinflußt hat, ist nicht bekannt. Man weiß auch nicht, wie viele, aus Flehingen gekommene Juden in Freudental gewohnt haben, als die Graevenitz die Herrschaft Freudental gekauft und im Jahre 1729 den Schloßbaumeister Leopold Retti mit der Errichtung des Freudentaler Schlosses beauftragt hat. Recht eindeutig läßt sich dagegen die Frage beantworten, weshalb ausgerechnet in einem so abgelegenen Ort wie Freudental eine Ansiedlung von Schutzjuden möglich war, nicht aber in günstiger gelegenen Orten des Herzogtums Württemberg, wenn doch am Hofe selbst ein Ratgeber und Geldbeschaffer wie Levin Fränckel gewirkt hat.

Zwei Namen aus der altwürttembergischen Geschichte müssen bei der Antwort genannt werden: Eberhard im Bart und Herzog Christoph. Von Eberhard existiert aus dem Jahre 1492 eine testamentarische Verfügung, in der er seinen Erben auferlegt, sie dürften keine Juden mehr ansiedeln und die Juden kein Gewerbe in Württemberg treiben lassen. Indirekt wird diese Verfügung im Jahre 1498 in der sogenannten zweiten Regimentsordnung bestä

tigt. Auch die Nachbarn werden darin ersucht, keine Juden anzu-
siedeln. Fremde Juden – so heißt es wenig realistisch, aber in gut
kanonisch-rechtlicher Abneigung gegen das Zinsennehmen – sollten nur das von ihnen geliehene Kapital zurückfordern dürfen.

Einer der Nachfolger, Herzog Ulrich, blieb in seiner Politik bei
dieser anti-jüdischen Grundlinie. Die eigentliche Sanktionierung
durch eine Regelung mit Gesetzeskraft erfuhr die Eberhardsche
Verfügung unter Herzog Christoph. Erst unter dém König Friedrich, in der napoleonischen Zeit, sind die restriktiven Erlasse
gegen die Juden in Württemberg entscheidend gelockert worden.
Fast dreihundert Jahre lang sollten im Lande keine Juden wohnen.
Der Herzog durfte – so verfügte es Christoph – keinen Schutzbrief
für eine längere Zeit ausstellen. Nur auf Jahrmärkten war es
fremden Juden erlaubt, »Gegenstände des Marktverkehrs um
bares Geld zu handeln«. Ein württembergischer Untertan, der
einen Vertrag – außerhalb des Marktverkehrs gegen bar – mit
einem Juden schloß, mußte diesen Vertrag »dem Erkenntnisse der
ordentlichen Obrigkeit des Christen unterwerfen«. Nur dann
durfte diese Obrigkeit den Vertrag bestätigen, wenn er »eine
Vernachteiligung des Christen nicht enthielt«. Fehlte diese Bestätigung, so war der Vertrag mit dem Juden null und nichtig. Die
Strafandrohung für ein Zuwiderhandeln lautete: Landesverwei-
sung des Württembergers, eine Strafe, die man im Herzogtum
zuweilen auch gegen die Kritiker der evangelisch-lutherischen
Kirche praktiziert hat, gegen sogenannte Separatisten zum Beispiel. Als sittenwidrig und damit nichtig galt auch das Abtreten
von Schuldforderungen, die ein Jude gegenüber einem Christen
hatte.

Die Praxis im Herzogtum unterschied sich freilich in mancherlei
Hinsicht von diesen strengen Vorschriften des Herzogs Christoph.
Da mancher der Nachfolger Christophs sich durch die Haushalts-
mitsprache der Landstände mit ihrer Landschaftskasse in seinen
ausgreifenden Plänen für Prachtbauten, fürs Militär und für ein
großzügiges Hofleben behindert sah, mußte Geld außerhalb des
üblichen Landesaufkommens beschafft werden. Wer anders aber
durfte und konnte Kredit beschaffen, als die auf den Beruf des
Geldwechslers und Geldverleihers beschränkten Juden? So kamen
Männer wie Levin Fränckel an den württembergischen Hof oder –
nach ihm – Ratgeber wie Joseph Süß Oppenheimer. Das Ansied-

lungsverbot im Herzogtum umging ein Herrscher wie Herzog Friedrich, indem er, durchaus haarspalterisch, entschied (was einem Herzog Christoph sicherlich nicht eingeleuchtet hätte), daß man in einem Ort, der zwar dem Haus Württemberg und damit dem Herzog gehörte, aber nicht in den Staat selbst, in das Herzogtum und eines seiner Ämter inkorporiert war, allemal Juden ansiedeln dürfe und sie dafür kräftig zur Kasse bitten könne. So schloß Herzog Friedrich einen Schutzvertrag mit Juden zur Ansiedlung in Neidlingen und so entstanden im 18. Jahrhundert auch die Judengemeinden in nicht inkorporierten Orten wie Aldingen am Neckar, in Hochberg, in Zaberfeld. Die in diesen Gemeinden lebenden Juden, die im 18. Jahrhundert zum Teil aus den hohenbergischen Gebieten um Horb, aus Rexingen und Nordstetten ins mittlere Neckarland gekommen waren, sollten durch ihre nicht geringen Schutzgelder diejenigen Einnahmen der Herzöge vermehren, die außerhalb der landständischen Mitsprache erzielt wurden; außerdem mußten sich die Juden generell verpflichten, dem Landesherren für günstige Kredite zu sorgen. Will man den gut evangelisch-lutherischen Zeitgenossen glauben, dann hatte niemand anders als die Graevenitz in der Zeit Eberhard Ludwigs gegen die anti-jüdische Grundhaltung der Stände Stimmung gemacht. Jedenfalls ist ihr nachgesagt worden, sie habe »den ersten Hofjuden den Weg in die Residenz« geebnet. Wäre dies die ganze Wahrheit, dann wäre ein Eberhard Ludwig noch schwächlicher und auch einfallsloser gewesen, als er ohnedies in den über 300, gegen die Graevenitz vorgebrachten Anklagepunkten erscheinen muß. Man hat – auch diese allgemeine Erfahrung bestätigt die altwürttembergische Geschichte – zu allen Zeiten gerne mit Verschwörertheorien und mit Drahtziehern hantiert. So auch hier, wenn es um eine Deutung der Vorgänge im Zeitalter des Absolutismus ging. Die simple Wahrheit, daß einige der württembergischen Fürsten sich allzusehr von der Prachtentfaltung anderer Höfe, vor allem des französischen Versailles, angezogen fühlten und sich deshalb wie Neureiche benahmen, ohne reich zu sein, diese einfache Wahrheit paßt nicht in die althergebrachte württembergische Achtung vor der Obrigkeit. Tatsache ist, daß ein Herzog von Württemberg auch ohne Einflüsterungen einer Mätresse damals genau gewußt hat, wer ihm Kredite beschaffen kann. Schließlich lebte man in Stuttgart oder nachher in Ludwigsburg

19 David Friedrich Strauß
1808–1874

Pfarrer Steeb in Grabenstetten.

geb. 1742, gest. 1799.

21 Johann Gottlieb Steeb
1742–1799

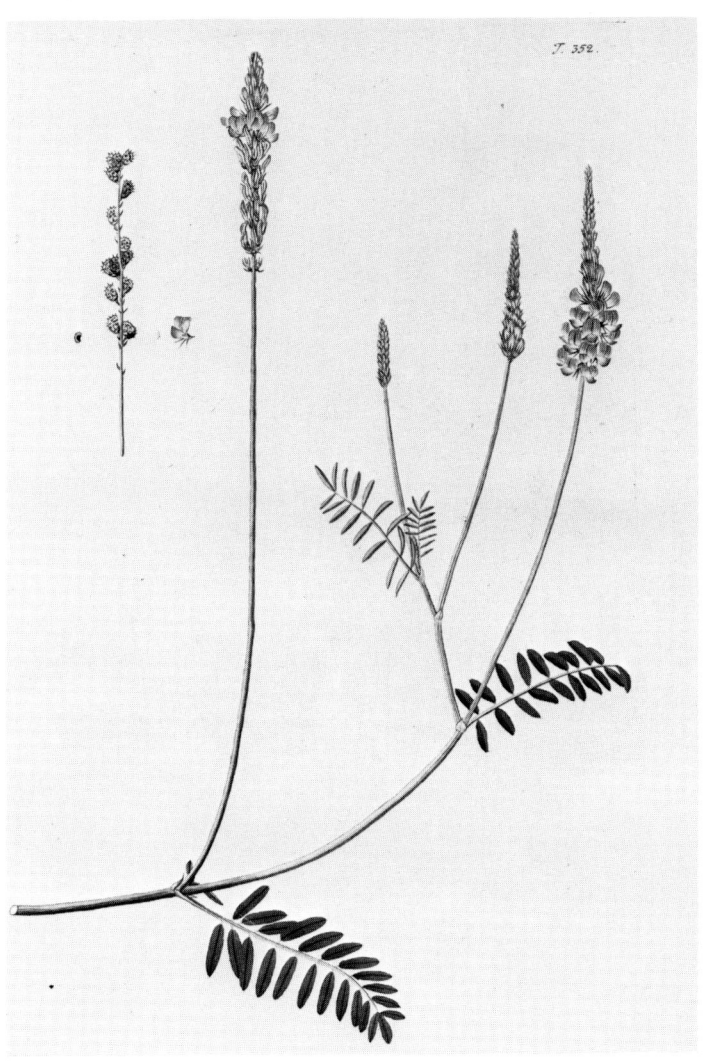

22 Esparsette

23 Die »Große astronomische Weltmaschine«
des Philipp Matthäus Hahn

Hahn
Pfarrer zu Kornwestheim.

24 Philipp Matthäus Hahn
1739–1790

26 Christiane Wilhelmine
Friederike von Graevenitz
1686–1744

27 Ludwigsburger Schloß von Süden
um 1810/1820

28 König Friedrich von Württemberg
(auf seinem Schimmel Helene)
1754–1816
Regierungszeit: 1797–1816

nicht in einer von der Außenwelt isolierten Residenz, sondern mitten in einer Umwelt, in der sich Absolutismus, Aufklärung und Merkantilismus in einer merkwürdigen, den Stil der Zeit prägenden Art gemischt haben. Das spezifisch Württembergische, Konfliktträchtige war der Zusammenprall zwischen den alten Gewalten des Landes – der von den Landständen repräsentierten Ehrbarkeit und den mächtigen Kirchenleuten – mit dem, was die einen als Fortschritt und Modernität gepriesen, die andern aber als reines Teufelswerk verabscheut haben. Ein unsolider Herzog, einer der plötzlich – im Falle Eberhard Ludwigs und der Graevenitz – für eine Zeit zum Bigamisten geworden ist, der konnte nur vom Teufel verführt, seines eigenen freien Willens beraubt sein. Ja, wäre er ein Franzose gewesen wie Ludwig XIV., dann hätten ihm die Frommen ohnedies alles Schlechte zugetraut. Aber ein Sproß des Hauses Württemberg? Als dann, nach dem Ende der Graevenitz-Ära und der Regierungszeit Eberhard Ludwigs, mit dem katholisch gewordenen Carl Alexander auch noch der von Macht und Einfluß faszinierte Joseph Süß Oppenheimer zum Finanzberater des Herzogs und zum Finanzminister aufstieg, da zeigten sich rasch alle jene Vorbehalte und Vorurteile gegen die Juden generell, die schon im Mittelalter so schlimme Konsequenzen, auch in der Grafschaft Württemberg, gehabt hatten.

Legenden und Verfolgungen

Die Anfänge, die wir kennen, reichen ins 11. Jahrhundert zurück. Damals gab die mächtig gewordene Kirche dem Kaiser »die Juden mit Leben und Gut als seine Kammerknechte in die Hand«. Gekommen waren die Juden wohl mit den Römern. Sie siedelten schon am Rhein und Main, wie Ausgrabungen gezeigt haben, als mancher Germanenstamm noch an den nördlichen oder südlichen Ufern der Ostsee saß. Die ersten bekannten Schutzbriefe für Juden in Speyer und in Worms stammen von Kaiser Heinrich IV., jenem Herrscher, der mit dem machtbewußten Papst Gregor in Konflikt geraten und – mit Vorbedacht – nach Canossa gegangen ist. Unter den Staufern Friedrich Barbarossa und Friedrich II. galten die Juden allgemein als »unfreie Kammerknechte des Kaisers«, die zu ihrem Schutz dem Kaiser erhebliche Abgaben zahlen mußten. Als die kaiserliche Macht im Heiligen Römischen Reich zerfiel, wurden die Juden von den Vertretern der Kirche oft als Rechtlose behandelt. Man muß dabei bedenken, daß in der Zeit der Kreuzzüge eine allgemeine Emotion entstanden war, die sich gegen alle Nicht-Christen, gegen alle »Ungläubigen« richtete.

Der Schutz durch den Kaiser, ein Sonderschutz, bedeutete zugleich ein Waffenverbot für Juden. Nach germanischer Rechtstradition galt der Jude damit als ein Unfreier oder als ein Knecht, persönlich und wirtschaftlich abhängig von seinem Herrn. Der Kaiser begann alsbald, den Judenschutz an diverse Städte des Reiches weiterzuverleihen; so wurde die Schutzfunktion zum Handelsobjekt. Man sah in der Schutzbedürftigkeit der Juden bald allgemein eine Form der Untertänigkeit und der Erniedrigung, die nach christlicher Ansicht nichts anderes war als die Strafe für die Verfolgung Christi durch die Juden. Die rechtliche Zurücksetzung, so die Hoffnungen im Mittelalter, werde die Juden, mehr als tausend Jahre nach dem Kreuzestod Christi, doch noch zum wahren Glauben bekehren. Im Gegensatz zu den Christen, die den damals geltenden strengen Vorschriften des kanonischen Rechtes unterworfen waren, durften die Juden für verliehenes Geld Zinsen erheben. Deshalb findet man sie im Mittelalter hauptsächlich als Geldverleiher in den Städten, etwa – im Jahre 1242, laut kaiserlicher Steuerliste – in Schwäbisch Hall, Schwäbisch Gmünd, Esslingen, Bopfingen, Ulm.

In jenen Jahren, in der ersten Hälfte des 13. Jahrhunderts, kam es bereits zu einer ersten, grausamen Judenverfolgung in Deutschland im Zusammenhang mit der Blutschuld-Legende von Fulda. An Weihnachten 1235, als sich zahlreiche Kreuzfahrer in der Stadt Fulda befanden, verbrannten in einer Mühle zwei Kinder. Plötzlich verbreitete sich das Gerücht, zwei Juden hätten die Kinder getötet, »um ihr Blut als Heilmittel zu sammeln«. Der Volkszorn, der daraufhin in Fulda ausbrach, kostete 32 jüdischen Frauen und Männern das Leben. Sie wurden erschlagen. Alle Juden im Heiligen Römischen Reich sollten des Mordes angeklagt werden. Kaiser Friedrich II., der sich in Hagenau im Elsaß aufhielt, sollte sich durch Augenschein von der Fuldaer Anklage überzeugen. Man brachte die beiden Kinderleichen zum Kaiser. Aber der fand keinerlei Bestätigung für irgendeine Anklage und ordnete das Begräbnis der beiden Kinderleichen an. Um dem Gerücht ein Ende zu machen, veranlaßte der Kaiser eine Prüfung der Frage und des Blutschuld-Vorwurfes durch eine Gelehrten-Kommission. Durch die Gesetze Moses und des Talmud sei es den Juden verboten, sich mit Menschenblut zu beflecken, befanden die Gelehrten. Daraufhin erklärte Friedrich II. die Juden für freigesprochen und verbot eine Wiederholung solcher Anklagen. Der Staufer teilte sicherlich die Ansicht, die Eike von Repkow in dem zwischen 1224 und 1233 aufgezeichneten Sachsenspiegel vertreten hat, daß nämlich die Juden, gleich Geistlichen und Frauen, besonders schutzbedürftig seien, aber bei ihnen keine Unfreiheit bestehe, da Gott *alle* Menschen nach seinem Ebenbild geschaffen habe.

Der Niedergang der Stauferherrschaft und der damit verbundene Verfall der kaiserlichen Autorität in der nun folgenden Zeit, erwies sich für die Juden in den Pestjahren 1348 und 1349 als besonders verhängnisvoll. Die Hauptbeschuldigung, die zur Ermordung der meisten Juden im Heiligen Römischen Reich führte, war die Behauptung, daß die Juden die Brunnen vergiftet und dadurch den Schwarzen Tod ins Land gebracht hätten. Auch von einer Verschwörung mit dem Mauren-König von Granada gegen die Christenheit war die Rede. Das Gerücht wurde alsbald zur Anklage, als ein Jude unter der Folter die Beschuldigungen mit der Verschwörertheorie angeblich bestätigte. Papst Clemens VI. wandte sich gegen das Gerücht, das allem Anschein nach von Genf ausgegangen ist und sich besonders hartnäckig in der Schweiz gehalten hat. Die Pest, so der Papst im Jahre 1348, sei eine Geißel Gottes, man solle doch zur Kenntnis nehmen, daß die Juden ebenso von der Pest hinweggerafft würden wie die Christen. Die Mahnung aus Rom fand kein Gehör. Der Chronist des Klosters Hirsau hat über die damalige Judenverfolgung geschrieben: »Es bedünkte viele derzeit unmöglich zu sein, daß die kleine Anzahl der Juden, wenn sie schon gewollt hätten, alle Brunnen der Welt, wie man sie getan zu haben beschuldigt, hätten sollen vergiften oder eine große Menge Gift finden sollen.« »Deshalb«, so fährt der Hirsauer Chronist fort, »hielten viele dafür, die Christen, die diese Verfolgung gegen die Juden erreget, seien dazu mehr durch Geiz als Liebe zum Gottesdienst oder Eifer der Gerechtigkeit bewogen worden.« In der Straßburger Chronik heißt es lapidar: »Ihr bares Geld war die Vergiftung, welche die Juden tötete.«

Statt überall Mordanklage zu erheben und der Verfolgung Einhalt zu gebieten, wie es die Pflicht des kaiserlichen Schutzherren gewesen wäre, zog es Kaiser Karl IV. vor, einzelnen Städten gegen entsprechende Zahlungen Straflosigkeit zuzusichern, ein Umstand, der vor einiger Zeit bei Gedenkfeiern und in Gedenkartikeln für diesen König und Kaiser so gut wie gar nicht in Betracht gezogen worden ist. Einen dieser schlimmen Verträge schloß Karl IV. im Jahre 1349 mit dem Rat der Stadt Frankfurt. Bei der Judenverfolgung in den Pestjahren des 14. Jahrhunderts sind im Gebiet des späteren Königreichs Württemberg in nahezu fünfzig Gemeinden die dort lebenden Juden beraubt und getötet worden. Nur wenige Juden überlebten diese Verfolgung. In die Grafschaft Württemberg kamen im Jahre 1360 wieder einige Juden, als Graf Eberhard der Greiner das Recht erhielt, Schutzverträge mit Juden abzuschließen und Schutzbriefe auszustellen. Aus dem 15. Jahrhundert, an dessen Ende Eberhard im Bart seine Testamentsverfügung gegen die Juden in Württemberg erließ, wird aus den Reichsstädten Heilbronn, Esslingen, Ulm, Reutlingen, Bopfingen, Biberach und Schwäbisch Gmünd von Juden-Ausweisungen berichtet. Die Vertreibung aus den Städten hatte zur Folge, daß sich die Juden auch im deutschen Südwesten mehr und mehr nach Wohnsitzen in den kleineren, reichsunmittelbaren ländlichen Herrschaften umsehen mußten.

Süß Oppenheimers Konflikt mit den Ständen

Als der Herzog Carl Alexander im Jahre 1736 einen Schutzvertrag mit Joseph Süß Oppenheimer aus Heidelberg schloß, lebten in Stuttgart zwei jüdische Familien, in der Residenzstadt Ludwigsburg waren es sechs. Der Herzog versicherte der argwöhnischen Landschaft, daß »über solche Anzahl keine anderen Juden in unser Land kommen«. Was sich in der kurzen Herrschaft Carl Alexanders in Württemberg ereignet hat, ist oft beschrieben worden, von Historikern ebenso wie von Romanciers. Man denke nur an Feuchtwangers »Jud Süß«. Ganz zu schweigen von der Verfilmung, die sich ein Goebbels als besonders wirksamen Beitrag zur Judenhetze ausgedacht hatte. Manche Publikation über diese Zeit, vor allem aus der Feder altwürttembergischer Autoren, die sich mit der Anklage und mit der Hinrichtung von Süß Oppenheimer befaßt, sah in dem damaligen Ludwigsburg nichts anderes als ein großes Sündenbabel, dessen Schloß eine »Lumpenburg« gewesen ist. Betrachtet man die Anklage gegen Süß Oppenheimer genauer, dann reduziert sich eines seiner Hauptverbrechen darauf, daß er in einer absolutistischen Zeit die vom Herzog geliehene Macht zur Ausschaltung der landständischen Rechte und Vorrechte benutzt hat. Er wollte durch einschneidende wirtschaftliche Veränderungen, ganz im Sinne des Merkantilismus, die Ertrags- und damit auch die Steuerkraft des Landes stärken. Man klagte ihn zum Beispiel dafür an, daß er Deputationen im ganzen Land nach verwertbaren Mineralien, nach Steinen und nach Kaolin für die Porzellanmanufaktur suchen ließ. Das Beschlagnehmen von Gelände für das Anpflanzen von Maulbeerbäumen zur Seidenraupenzucht stand ebenfalls unter den Anklagepunkten. Ganz besonders gravierend fand man im altwürttembergischen Zunftwesen die Idee, daß der Minister und Berater des Herzogs das getan hat, was in anderen Ländern ebenfalls üblich war: Monopole zu schaffen, denen der Export von Getreide, von Wein und – in Württemberg – auch von Möbeln zugewiesen sein sollte. Umstritten blieben auch die Einfuhrmonopole, die das Salz betrafen, den Import von Leder aus Bayern oder von Häuten. Da entstand dem Zunftwesen von Staats wegen eine Konkurrenz.

Als handfest erwiesen sich die Beschuldigungen in der Währungsfrage, denn Süß Oppenheimer hatte zwecks Geldbeschaffung eine altbekannte, verwerfliche Methode angewandt: er hatte den Edelmetallgehalt der Münzen verringert, sich also des Münzschwindels schuldig gemacht. Der Herzog, Soldat von Beruf und aus Neigung, verlangte Geld für Festungsbauten und für eine schlagkräftige Truppe. Der Finanzminister, ohnedies mit der Kreditbeschaffung aus Frankfurt sehr engagiert, sollte sehen wie er die teuren Wünsche des Landesherrn erfülle. Daß Süß Oppenheimer seinen eigenen Vorteil ebenfalls im Auge hatte, auch seine politische Macht, seinen Einfluß, war nicht außergewöhnlich und kann nicht verwundern. So machte er, wie zu jener Zeit an den Höfen üblich, seine Privatgeschäfte mit Militärlieferungen. Was sein Verfassungsverständnis betraf, so bekannte sich Süß Oppenheimer vor seinen Richtern offen zum Absolutismus. Für den Tübinger Vertrag, der nach wie vor in Württemberg Gültigkeit besaß, da er nicht einseitig widerrufen werden konnte, hatte der

Ratgeber Carl Alexanders nichts übrig. Das entsprach durchaus der Haltung seines Herrn, des Herzogs. Doch nicht auf diese Mißachtung der rechtlichen Grundlagen des Landes, die Süß Oppenheimer auch als ein Hindernis für die erstrebte Modernisierung betrachtete, konzentrierte sich die Hochverrats-Anklage. Der zentrale Punkt der Anklage betraf die Beschuldigung, daß Süß Oppenheimer als Ratgeber Carl Alexanders an der »Intrige der katholischen Partei« beteiligt gewesen sei. Der aus den Balkan-Feldzügen als Katholik zurückgekehrte Nachfolger Eberhard Ludwigs habe unter maßgeblicher Mithilfe seines jüdischen Finanzministers das »Land katholisch machen« wollen.

Es ist stets unklar geblieben, ob der am 12. März 1737 plötzlich verstorbene Carl Alexander tatsächlich solch »finstere« Pläne geschmiedet hat. Süß Oppenheimer war die Beteiligung an einer derartigen Verschwörung nicht nachzuweisen. Er selbst bekannte in seiner Verteidigung, daß er Kritik an den Landständen geübt habe, weil sie dem Herzog opponierten, aber er wies die Anklage, mit einer katholischen Partei den Staatsstreich geplant zu haben, entschieden zurück. Er sei »religiös neutral«, versicherte er dem Gericht. Dieses Gericht war nicht an einem fairen Verfahren interessiert. So verurteilte man den Juden Süß Oppenheimer stellvertretend für den toten – katholischen – Herzog und sorgte durch die öffentliche Hinrichtung für ein schlimmes Schauspiel. Die Vertreter der Landschaft, die so über den toten Carl Alexander gesiegt hatten, verlangten von Herzog Karl Eugen im Jahre 1739, daß die Juden innerhalb von sechs Monaten alle Orte im Herzogtum verlassen sollten. Nicht betroffen waren davon die Orte, die zum herzoglichen Kammergut, nicht aber zum Staat Württemberg gehörten. Karl Eugen selbst stellte wieder jüdische Hoffaktoren unter seinen Schutz und nahm ihre Dienste in Anspruch.

Eine israelitische Kirche

Eine rechtliche Verbesserung der Situation trat für die Juden in Württemberg erst nach dem Ende des Herzogtums ein. Friedrich, der erste württembergische König, gewährte den Juden im vergrößerten Land eine Reihe von Rechten und Freiheiten, nachdem die alten Vorschriften aus der Zeit des Herzogs Christoph endgültig erloschen waren. Der Leibzoll fiel weg, Juden durften Güter frei erwerben und ein Gewerbe treiben. Sie konnten nun auch in die Zünfte aufgenommen werden. Generell hatten die 7000 Juden im neuen Königreich allerdings noch den Status von Schutzjuden. Widerstand regte sich bei den Stuttgarter Handelsleuten, als Friedrich der Hofbank, deren Leitung er in jüdische Hände gegeben hatte, eine Vorzugsstellung bei Waffenkäufen einräumte und ihr eine Zeitlang auch das Salzmonopol gab.

Das Jahr 1808, in dem König Friedrich die Entscheidungen zugunsten der im Königreich lebenden 1134 jüdischen Familien traf, beendete vor allem auch die Zeit der religiösen Intoleranz. Das Königreich war ja konfessionell gemischt; die israelitische Gemeinde betrachtete man nun, neben der evangelischen und der katholischen Kirche, als die dritte Konfession im Lande. Die Verfassung von 1819 brachte weitere Fortschritte bei den staatsbürgerlichen Rechten. Nach einem Gesetz aus dem Jahre 1828, das die rechtliche Gleichstellung für Israeliten dekretierte und ihnen das aktive und passive Wahlrecht garantierte, mußte jeder Jude im Lande einen Familiennamen annehmen, auch für seine Nachkommen. Der letzte Schritt zur vollen Gleichberechtigung geschah im Königreich Württemberg mit der Gesetzgebung der Jahre 1861 und 1864. Ohne jede Einschränkung waren Israeliten von da an den Angehörigen der anderen Glaubensbekenntnisse gleichgestellt. Den über 40 israelitischen Gemeinden im Lande gehörten in der Mitte des vergangenen Jahrhunderts rund 10 000 Personen an. Nach offiziellem, für die mosaische Religion freilich unpassendem Sprachgebrauch, gab es laut Gesetz von 1828 eine straff organisierte »israelitische Landeskirche«, nach Statut eine Art Kopie des traditionellen Landeskirchentums. Neben den evangelischen und den katholischen Volksschulen existierten nun auch öffentliche israelitische Volksschulen.

In den Jahrzehnten bis zum Ersten Weltkrieg änderte sich an der Zahl derer, die den israelitischen Gemeinden angehörten, nur wenig. Von 10 824 im Königreich Württemberg registrierten Juden dienten zwischen 1914 bis 1918 insgesamt 1674 in der Armee; 270 davon sind gefallen. Die Überlebenden organisierten sich im »Reichsbund jüdischer Frontkämpfer«. Als sich die württembergischen Mitglieder dieses Verbandes am 9. April 1933 im Hof des Ludwigsburger Schlosses versammelten, wollten sie wenige Wochen nach Hitlers Ernennung zum Reichskanzler und nach dem Erlaß des Ermächtigungsgesetzes öffentlich bezeugen, daß Juden keine Außenseiter der Gesellschaft sind und sein wollen. Der Vorsitzende sagte bei seiner Ansprache: »Ihr wißt, die Armee kennt keine Gegensätze der Klasse, des Standes, der Religion oder des Stammes. Wir dienen und gehören dem ganzen Volke – unterschiedslos.« Das wollten die neuen Machthaber nicht hören. Höhnisch lachten sie über solche Bekenntnisse und entfernten Juden ohne Rücksicht auf Verdienste aus allen öffentlichen Ämtern. Als im November 1938 überall die Synagogen brannten, begann auch in Württemberg eine Massenauswanderung von Juden, die oft nichts anderes als eine überstürzte Flucht gewesen ist. Zwei Dritteln der rund 10 000 im Jahre 1933 in Württemberg und Hohenzollern lebenden Juden ist bis Anfang 1941 die Emigration gelungen, hat Paul Sauer auf Grund der Unterlagen des Staatsarchivs festgestellt. Etwa 2500 jüdische Bürger aus Württemberg und Hohenzollern sind in den Kriegsjahren zwangsverschleppt worden. Nur 180 von ihnen haben überlebt und sind im Jahre 1945 krank und entkräftet zurückgekehrt. Viele, die der Deportation entgehen wollten, haben ihrem Leben selbst ein Ende gesetzt. Die kaum vorstellbaren mittelalterlichen Schrecknisse und Verfolgungen, vor allem in den Pestjahren des 14. Jahrhunderts, begründet in religiösem Fanatismus, sind unter der nationalsozialistischen Gewaltherrschaft noch weit übertroffen worden. Nun allerdings nicht aus religiösem Fanatismus, sondern durch eine Rassentheorie, die zur Ursache von Rassenfanatismus und Völkermord geworden ist. Die Dunkelheit des Mittelalters, oft zitiert und oft als ferne Vergangenheit abgetan, war so plötzlich Gegenwart, als habe es nie ein Zeitalter der Aufklärung gegeben.

WARUM DER BISCHOF IN ROTTENBURG SITZT

Juristische Prüfungen haben ihre Tücken, zumal, wenn es um Gegenstände des öffentlichen Rechts geht. Der Sohn eines Esslinger Dekans mußte das einst schmerzlich erfahren. Er war – nach dem schriftlichen Examen gerade so auf der Kippe stehend – im Mündlichen vollends durchgefallen. Stein des Anstoßes war eine harmlos klingende Frage des Herrn aus dem königlich-württembergischen Ministerium der Justiz. Warum der Bischof in Rottenburg sitze, hatte der Examinator aus Stuttgart wissen wollen. Der Kandidat stutzte und begann ein angestrengtes Nachdenken. »Der Bischof in Rottenburg!« wiederholte der würdige Herr aus dem Ministerium mit väterlich sanfter Stimme. Plötzlich ein Leuchten auf dem Gesicht des Pfarrerssohnes und eine knappe, rasche Antwort: »Weil er katholisch ist.«

Das Pech dieses Kandidaten der Jurisprudenz hat einst in Tübingen Professoren und Studenten gleichermaßen ergötzt, zumal es das Mitglied einer bekannten altwürttembergischen Studenten-Verbindung betraf. Mancher der erfolgreicheren Kandidaten hat sich wohl insgeheim gefragt, ob ihm eine Antwort auf die Bischofsfrage leichter gefallen wäre, schließlich gehörte das Kirchenrecht, das katholische zumal, nicht zu den bevorzugten Gegenständen des Studierens, wenn man sich als evangelischer Württemberger in Tübingen für das Fach Rechtswissenschaften entschieden hatte. Kaum einer der Söhne der alten, württembergischen Ehrbarkeit ließ als Student jemals ein besonderes Interesse oder gar Verständnis für das neue, das »katholische« Württemberg erkennen. Auch wenn nach der Verfassung von 1819 das Königreich ein mehr-konfessioneller Staat war, so dominierten doch im ganzen 19. Jahrhundert die gleichen Führungsschichten wie im evangelisch-lutherischen Herzogtum. Daß sich die Neuwürttemberger, die Katholiken aus dem Oberland, den vorderösterreichischen Gebieten und der alten Fürstpropstei Ellwangen mit dem Recht und der Geschichte Altwürttembergs befassen mußten, hielt man für selbstverständlich. Aber das Umgekehrte, ein Interesse der Altwürttemberger für die Traditionen der neuen, der katholischen Landesteile, betrachtete man als die Ausnahme von der Regel. Hätte sich der Esslinger Dekanssohn auch nur ein wenig mit der katholischen Sicht jener Ereignisse befaßt, die in der napoleonischen Zeit aus dem Herzogtum Württemberg ein Königreich entstehen ließen, so hätte er die Prüfer mit einigen Andeutungen über das Ende des Heiligen Römischen Reichs und seiner Verfassung und Hinweisen auf die Gründung einer oberrheinischen Kirchenprovinz (anstelle der mittelalterlichen Ordnung der Diözesen) zufriedenstellen können. Der Examinator hatte sicherlich als Antwort keine erschöpfende Darstellung erwartet. Man wußte auch im Stuttgarter Justizministerium, daß die Universität Tübingen, trotz der großen Veränderungen unter König Wilhelm I. und der Gründung einer katholisch-theologischen Fakultät, eine Institution des evangelischen Württemberg geblieben war.

In den Vorlesungen und Übungen handelte man die Ereignisse in der Zeit des großen Umbruchs im wesentlichen aus der Sicht der Altwürttemberger ab, im Fach Geschichte nicht anders als in den Darstellungen der Verfassungsfragen und des allgemeinen öffentlichen Rechts. Diese Sicht und diese Kenntnisse zählten, wenn man sich für den höheren Schuldienst oder für ein Amt in der öffentlichen Verwaltung bewerben wollte. Die katholischen Neuwürttemberger, nach dem Buchstaben der Verfassung gleichberechtigte Bürger des Königreichs Württemberg, hatten sich auf diese Besonderheiten einzurichten, wenn sie in Tübingen studierten und eine Position im württembergischen Staatsdienst anstrebten. Mit genauen Kenntnissen über Geschichte und Recht der ehemals vorderösterreichischen oder reichsunmittelbaren katholischen Landesteile, mit einem Detailwissen gar über die Methoden der Säkularisierung und der Bistumsprobleme, konnte man im allgemeinen nicht viel Eindruck bei der Obrigkeit machen. Deshalb wurde man auf eine solch abwegig erscheinende Fragestellung, wie sie dem Esslinger Dekanssohn zum Verhängnis geworden ist, in der Examensvorbereitung auch gar nicht erst eingepaukt. Wen anders als zum Beispiel einen Zentrumspolitiker vom Schlage eines Matthias Erzberger, der sich in den Jahren vor dem Ersten Weltkrieg immer wieder polemisch mit dem evangelischen Württemberg auseinandergesetzt hat, konnte denn schon interessieren, warum der Bischof ausgerechnet in Rottenburg sitzt?

Erzbergers Rechnung

Erzberger war es, der als geschickter Agitator und Reichstagsab-
geordneter des Wahlkreises Biberach die alten Sachen, über die
hundert Jahre nach dem Regensburger Reichsdeputations-Hauptschluß vom Jahre 1803 nun endlich Gras gewachsen schien, wieder
ausgrub und seinen selbstgefälligen Kontrahenten in der Landeshauptstadt vorhielt. Der geschäftige Mann aus Buttenhausen
nahm als Mitglied des Haushaltsausschusses in Berlin nicht nur
die merkwürdigen Finanzpraktiken der Kolonialverwaltung in
Deutsch-Südwestafrika aufs Korn, er fand auch noch Zeit, den
Herren in Stuttgart vorzurechnen, wie sehr sich der Staat von
König Friedrich einst am Klostergut, vor allem in Oberschwaben,
bereichert und deshalb die Pflicht habe, das Oberland bei seiner
Entwicklung viel tatkräftiger zu unterstützen, als man dies bisher
von der königlichen Regierung gewohnt sei. Zeugnisse für Erzbergers Behauptungen fanden sich unter anderem im königlichen
Haushalt. Wurde den württembergischen Staatsgästen im Schloß
auf silbernen Tellern serviert, so durfte man mit einigem Grund
annehmen, daß die wertvollen Stücke einst aus *den* Silbergegen-
ständen entstanden waren, die man bei der Säkularisierung in
einem Kloster, zum Beispiel in Zwiefalten, von Amts wegen
eingesammelt und zur Sichtung und weiteren Disposition
zunächst nach Ludwigsburg verbracht hatte. Ein großer Raubzug
sei das damals gewesen, liest man in den Darstellungen der
katholischen Kirchenhistoriker.

In Erzbergers Zusammenstellung addieren sich die Kapitalwerte
der Klostergüter und der anderen geistlichen Besitzungen, die dem
Staat Württemberg bei der Säkularisation zugefallen sind, auf 55
Millionen Gulden. Daraus hat der Zentrumspolitiker Erzberger
für das Jahr 1902 einen Kaufwert von 300 Millionen Goldmark
errechnet, ein Betrag, der am Anfang unseres Jahrhunderts als
außerordentlich hoch angesehen worden ist. Hermann Tüchle,
Autor einer der neueren historischen Darstellungen der katholischen Kirche im Südwesten, ist bei der Prüfung der Dokumente
und Chroniken aufgefallen, daß in den Klöstern und Kirchen bei
der Besitzergreifung durch württembergische Beamte und Soldaten sofort Inventur gemacht und dann postwendend die silbernen
Kirchengeräte und »in einigen Stiften die sehr reiche Silberkam-

mer« in Kisten verpackt und nach Ludwigsburg überführt worden sind. In Ludwigsburg, so Tüchle, »wurden die Kelche und Monstranzen zergliedert und die einzelnen Stücke in die Münze gegeben«. Anderes habe man verkauft, zuweilen auch Schmuck und silbernes Tafelgeschirr.

Der Begriff des »Versilberns« erhielt, wie diese Beispiele zeigen, beim Kurfürsten Friedrich von Württemberg in jenen Tagen einen ganz wörtlichen Sinn. Mit Datum vom 9. Februar 1803 war in Ludwigsburg ein Silberschatz gesammelt, dessen Wert mit 98 000 Gulden ausgewiesen ist. Die größten Anteile stammten von der Comburg und von Ellwangen. Das Comburg-Silber stand mit 38 000 Gulden im Buch, das Ellwanger mit 31 000. Zwiefalten folgt mit 9000 Gulden, Schöntal mit 5000. Freilich – nicht nur der württembergische Staat profitierte damals vom Reichtum der Klöster und Stifte. Einige der Reichsgrafen, die in einer Übergangszeit für ihre linksrheinischen Gebietsverluste mit oberschwäbischen Klöstern und anderem Kirchenbesitz entschädigt worden waren, haben ebenfalls zugegriffen. Als man am Ende Inventur machte, betrug der Verlust an Kirchengeräten allein in Schussenried (nach späteren Schätzungen) rund 40 000 Gulden. Im Stuttgarter Alten Schloß hatte man eine besondere Schatzkammer für die Kirchenschätze eingerichtet. Darin befanden sich 281 Pfund goldener und silberner Quasten und Tressen. Der königliche Audienzthron konnte auf diese Weise mit 37 Pfund dieser Tressen geschmückt werden. Vier silberne Trompeten aus dem Kloster Schöntal dienten als Requisiten fürs königliche Hoftheater, die Orgel aus Zwiefalten erklang fortan in der Stuttgarter Stiftskirche. Manche wertvolle Handschrift, manches wichtige Buch ist damals verlorengegangen, weil einige der Interims-Herren in Oberschwaben über die Bedeutung solcher Schätze nicht genügend Bescheid wußten. Aus der Comburg holte man 150 Handschriften nach Stuttgart, um sie in der späteren Landesbibliothek unterzubringen. Ein Teil der Württemberg zugefallenen Handschriften und Bücher fand Platz im neuen Tübinger Wilhelmsstift und stand dort den Professoren und Studenten der katholischen Theologie zur Verfügung.

Kompensation durch Kirchengüter

Die barocke Klosterlandschaft sei mit dem Beschluß des Regensburger Reichstags vom 27. April 1803 – dem »ReichsdeputationsHauptschluß« – beseitigt worden, klagt der Kirchenhistoriker Hermann Tüchle. Er meint auch, daß das konfessionelle Gleichgewicht in Deutschland »durch den Übergang der meisten katholischen Kirchengüter in protestantische Hände zutiefst erschüttert« worden sei. Diesem Urteil liegt der Gedanke zugrunde, daß der Westfälische Friede, der den Dreißigjährigen Krieg rechtlich beendet hat, ein konfessionelles Gleichgewicht geschaffen habe. Das kann man so bewerten, aber man darf auch nicht übersehen, daß die aus machtpolitischen Gründen im Herzen Europas gepflegte und geförderte Kleinstaaterei gegen Ende des 18. Jahrhunderts allgemein, auch von katholischen Fürsten und von einflußreichen katholischen Klerikern, als überholt und einer modernen wirtschaftlich-sozialen Entwicklung hinderlich empfunden worden ist. Die Frage nach neuen Formen der Staatlichkeit hatte fast überall mehr Gewicht als die alte Konfessionsfrage. Dazu kam – als entscheidender Faktor für die großen Veränderungen der deutschen und europäischen Landkarte – die Kraft der französischen Revolutions-Ideen sowie des damit möglich gewordenen Imperialismus eines Napoleon Bonaparte. Der Herzog von Württemberg war eines der ersten Opfer der französischen Vorstellungen von Größe und Volkssouveränität. Er verlor daher rasch seine Grafschaft Mömpelgard im Burgundischen und seinen Besitz im Elsaß. Friedrich Eugen hat es freilich durch das Anwenden der uralten Methode sogenannter Kabinettsdiplomatie verstanden – zunächst in einem Separatfrieden im Jahre 1796 –, für sich das Beste aus der Abtretung der Grafschaft Mömpelgard und der elsässischen Besitzungen zu machen. Württemberg verpflichtete sich in einem geheimen Zusatzabkommen zur Unterstützung der Säkularisation, zur Aufhebung der geistlichen Güter und Herrschaften. Versprochen wurde dem württembergischen Herzog als Entschädigung unter anderem die Abtei Zwiefalten und die Fürstpropstei Ellwangen. In einem zweiten, später geschlossenen Zusatzvertrag, wurden von Frankreich auch noch die geistlichen Güter Marchtal, Neresheim und Rottenmünster in Aussicht gestellt. Die Franzosen selbst erhielten von Württemberg die

Zusicherung, Neutralität zu wahren. Prinzipiell hatte auch das katholische Österreich nichts gegen derartige Kompensationen. Als die Habsburger im Sonderfrieden von 1797 ihren Besitz auf dem linken Rheinufer an Frankreich verloren, verschafften sie sich einen Ausgleich für diesen Verlust durch die Annektion des Erzstiftes Salzburg.

Von der Kirche selbst gab es auch bei der entscheidenden, großen Veränderung in der Reichsdeputation (deren Beschlüsse mit der Bestätigung durch den Reichstag in Regensburg die endgültige Säkularisation bedeuteten), nur zaghaften Widerspruch oder Widerstand. Der Papst, von Frankreich in seinem Kirchenstaat überdies aufs Schwerste bedrängt, konnte kaum etwas ausrichten. Sein Wiener Nuntius, der Bischof Severoli, der die Regensburger Beratungen aufmerksam beobachtete, meinte, die Bischöfe verhielten sich »wie stumme Hunde«. Der mächtigste dieser Kleriker, der Erzkanzler und Erzbischof von Mainz, zugleich formal auch Oberhirte in Konstanz, Karl Theodor von Dalberg, beklagte zwar, daß nur die geistlichen Stände die Verluste ausgleichen müßten, die den anderen Ständen durch Frankreichs Annexionspolitik entstanden waren. Ändern aber konnte Dalberg daran nichts. Seine Hauptsorge galt fortan der Frage, wie man wenigstens die Versorgungsansprüche der Mönche und Nonnen sichern könne, deren Klöster von den neuen weltlichen Herren aufgehoben würden oder schon aufgehoben waren. Der Reichstag folgte in diesem Punkte Dalbergs Initiative und verpflichtete die neue Herrschaft generell zu einer Mindestversorgung der Betroffenen. Die neuen, weltlichen Herren sollten nicht nur Vermögen und Rechte der bisherigen geistlichen Herrschaften übernehmen, sondern auch die Fürsorgepflicht.

Das betraf Württemberg ganz besonders, denn schon im Jahre 1802 hatte man die meisten Männerklöster, die dem Herzogtum zugefallen waren, aufgehoben. Das geschah, ohne daß man sich, wie ebenfalls in den Verträgen und Abmachungen gefordert, mit den zuständigen Diözesanbischöfen zuvor in Verbindung gesetzt und wegen der weiteren Verwendung der Klosterinsassen verständigt hatte. Als sich Württemberg unter Hinweis auf den Reichsdeputations-Hauptschluß doch zur Zahlung von Pensionen bereit erklärte, blieb es bei den Klosterfrauen mit 150 bis 180 Gulden jährlich deutlich unter dem Minimum, das in Regensburg mit 300

Gulden festgelegt war. Im übrigen, so behaupten katholische Kirchenhistoriker, sei die württembergische Regierung und Verwaltung beim Vereinnahmen geistlicher Güter und Herrschaften stets »besonders schnell im Schaffen politischer Tatsachen« gewesen, zum Beispiel bei der Übernahme von Zwiefalten und von Ellwangen.

Der Rottenburger Generalvikar Anton Hagen, ein Mann der sich in der Zeit des Nationalsozialismus große Verdienste um die Kirche erworben hat und in der Nachkriegszeit seine Autorität beim Wiederaufbau einsetzen konnte, kommt in seiner umfangreichen Darstellung der Geschichte der Diözese Rottenburg zu dem Schluß, daß im Grunde nur die vom Kaiser genehmigte Säkularisation bis zum Jahre 1803 rechtens gewesen sei. Widerrechtlich waren nach Hagens Ansicht zum Beispiel die Konfiskationen im Jahre 1810, die Weingarten und Ochsenhausen betroffen haben. Der Anspruch auf volle Herausgabe von widerrechtlich angeeignetem Kirchengut bestehe fort. Dieser Rechtsvorbehalt, auf den Hagen die Rechtsnachfolger des Landes Württemberg hingewiesen hat, gehörte vor allem in den ersten Jahrzehnten der Existenz der Rottenburger Diözese zu den latenten Konfliktstoffen, die das Verhältnis von Staat und katholischer Kirche im Königreich Württemberg belastet haben.

Ein eigenes Bistum

Die Gründung einer für das ganze Königreich Württemberg zuständigen, einheitlichen Kirchenverwaltung, die Einsetzung eines »württembergischen Bischofs«, geht auf den Wunsch und die Initiative König Friedrichs zurück. Das Ende des Reiches und die Erhebung Württembergs zum Königreich erforderte nach Friedrichs Ansicht eine völlige Neuordnung der kirchenpolitischen Verhältnisse. Deshalb meldete Friedrich im Jahre 1806 die Forderung nach einem Landesbistum an, so wie schon der badische Großherzog vier Jahre zuvor gewünscht hatte, daß sich politische Grenzen und Bistumsgrenzen decken sollten. Ein Bischof, oder gar mehrere Bischöfe, außerhalb des Königreiches residierend, das widersprach den Souveränitätsvorstellungen des württembergischen Königs. Der Kaiser als Schutzherr der Kirche existierte nicht mehr, nun sollte die neue Staatlichkeit auf allen Gebieten in klarer Form wirksam werden, auch bei der Kirchenordnung.

Noch am Ende des 18. Jahrhunderts und in den ersten Jahren der Säkularisation hatte es unter den Kirchenfürsten selbst ganz unterschiedliche Auffassungen über die künftige Organisation und Funktion der katholischen Kirche in Deutschland gegeben. Dalberg, der Sprecher der deutschen Katholiken, erwog die Schaffung von Reichsbistümern. Dabei hätte Mainz eine herausragende Position erhalten sollen, als Zentralort und Zentralinstanz einer Art deutsch-katholischer Kirche in der römischen-katholischen Kirche. Dieser Gedanke war unter den maßgebenden deutschen Klerikern der katholischen Kirche nicht Allgemeingut. Eine Hauptstütze hatte Dalberg in seinem Konstanzer Generalvikar Heinrich Ignaz v. Wessenberg, einem in der römisch-katholischen Kirche umstrittenen Mann, der sich unter anderem gegen die Privilegien der Klöster aussprach und die Frauenklöster generell in Lehr- und Krankenpflege-Institute umwandeln wollte. Die kurientreuen Kleriker sahen in Dalbergs und Wessenbergs Plänen und Ideen die Gefahr eines deutschen Gallikanismus. Ob diese Ideen mit dem Ende des Reiches und der Niederlegung der Krone durch den Kaiser erledigt gewesen sind, wie manche Historiker meinen, erscheint nicht ganz sicher. Ziemlich wahrscheinlich ist jedoch, daß nach dem Ende des Reiches weder der badische Großherzog noch der württembergische König eine Organisationsform der katholischen Kirche gewünscht haben, die Zweifel an der Hoheitsgewalt der im Rheinbund vereinigten Staaten hätte aufkommen lassen.

Den Anfang zum Landesbistum machte König Friedrich, als am 28. September 1812 das Generalvikariat Ellwangen für die Katholiken im Bereich der Propstei Ellwangen und dem nun zu Württemberg gehörenden Sprengel des Bistums Augsburg eingerichtet wurde. Im Jahre 1814 kamen zum Generalvikariat Ellwangen auch diejenigen württembergischen Sprengel, die zum Würzburger Bistum gehörten. Anlaß für die Errichtung des Ellwanger Generalvikariats gab der Tod des letzten Kurfürsten von Trier, Klemens Wenzeslaus. Der Kurfürst war zugleich Bischof von Augsburg und Propst von Ellwangen gewesen. Generalvikar in Ellwangen wurde 1812 der Weihbischof von Augsburg, Franz Karl aus dem Hause Hohenlohe. Ein Erlaß des Papstes, ein päpstliches Breve, übertrug nach Dalbergs Tod dem Generalvikariat Ellwangen im Jahre 1817 die geistliche Verwaltung auch für die übrigen, zu den Diözesen Konstanz, Worms und Speyer gehörenden Landesteile. Der 11. Dezember 1817 ist somit das eigentliche Gründungsdatum einer Diözese mit Sitz in Rottenburg (Abb. 29), denn an diesem Tag erging eine Verordnung, wonach das Generalvikariat von Ellwangen nach Rottenburg zu verlegen sei. Der später zum ersten Bischof von Rottenburg ernannte Johann Baptist von Keller (Abb. 30) übernahm die Leitung des Generalvikariats in Rottenburg.

Ebenfalls im Jahre 1817 mußte das Priesterseminar von Ellwangen in das ehemalige Karmelitenkloster von Rottenburg umziehen; die Ellwanger katholisch-theologische Lehranstalt verlegte man nach Tübingen ins Collegium illustre und nannte sie Wilhelmstift. Die von der Regierung verlangte Anerkennung Rottenburgs als eigenständige Diözese ließ noch fast vier Jahre auf sich warten. Erst im Jahre 1821 lieferte die Kurie mit der päpstlichen Bulle »Provida solersque« das eigentliche Gründungsdokument.

Art und Umfang einer Mitwirkung des Landesherrn bei personellen und kirchenpolitischen Entscheidungen sind in der päpstlichen Bulle mit keiner Silbe erwähnt. Man hatte in Rom mancherlei Reserven gegen das Königreich Württemberg, offensichtlich mehr als gegenüber dem badischen Großherzogtum. So schuf man in Freiburg eine Erzdiözese, zuständig für Baden und auch für Hohenzollern und zugleich Hauptort der neuen oberrheinischen Kirchenprovinz mit den Bischöfen in Rottenburg, Mainz, Limburg und Fulda. Speyer, nun für das linksrheinische Bayern, die Pfalz, zuständig, gehörte jetzt auch kirchenrechtlich zum Königreich Bayern und zu München. Worms und Konstanz, die alten Bistümer, hörten auf zu existieren.

Zu Rottenburg gehörten bei der Gründung rund eine halbe Million Katholiken, im wesentlichen ursprünglich Angehörige des Konstanzer Bistums, von dem 490 Pfarreien an Rottenburg fielen. Augsburg mußte 78 Pfarreien an das neue württembergische Landesbistum abgeben, Würzburg 60, Worms rund um Schwaigern vier und Speyer drei, darunter die Pfarrei Weil der Stadt.

Vertrag oder Gesetz

Das Verhältnis der neuen kirchlichen Obrigkeit in Rottenburg zur weltlichen Herrschaft in Stuttgart litt von Anfang an unter Kompetenzkonflikten. Friedrich von Württemberg hatte recht präzise Vorstellungen von einer umfassenden Zuständigkeit des Staates und seines Königs. Deshalb bestand er auf dem Vorrang der Staatsaufsicht auch gegenüber der katholischen Kirche. Alle kirchlichen Anordnungen sollten dem Placet des Königs unterworfen sein. Der Bischof von Rottenburg weigerte sich jedoch, die Allzuständigkeit des Staates anzuerkennen und verlangte Nichteinmischung in die kirchlichen Angelegenheiten. Der württembergische König hatte sich nach dem Ende des Heiligen Römischen Reiches oftmals über die kirchlichen Oberbehörden hinweggesetzt und von sich aus, pochend auf die nun ihm zustehenden Rechte als Patronatsherr, eine Reihe neuer Pfarreien eingerichtet. Daß Friedrich prinzipiell ein Gegner der Kirchen gewesen sei, nicht nur der katholischen Kirche, wird von seinen Biographen entschieden bestritten. Überliefert ist aus dem Jahre 1808 das Wort Friedrichs: »Glauben kann jeder was er will, aber gehorchen muß jeder.« In einem Erlaß, der sich gegen eine damals recht populäre »Geisterkunde« richtete, warnte Friedrich die Protestanten: »Pietismus und Mystizismus gehören nicht zu den im Staat aufgenommenen Konfessionen.« Kritik forderte Friedrich heraus, als er die zahllosen kirchlichen Feiertage erheblich verminderte. Für ihn zählte das Staatswohl, wie er es verstand. Vergebens versuchte Friedrich, Konkordatsverhandlungen mit der römischen Kurie zu beginnen. Die Interessen der Kirche und die Souveränitätsvorstellungen des württembergischen Königs waren von jeder Kompromißmöglichkeit weit entfernt.

Wilhelm I. zeigte sich rücksichtsvoller im Umgang mit der römisch-katholischen Kirche als Friedrich. Aber an den unterschiedlichen Grundpositionen änderte sich lange Zeit nichts. Geregelt war allerdings seit 1827 (durch eine päpstliche Bulle), daß die Regierung bei der Wahl des Bischofs und des Domkapitels das Recht habe, die ihr nicht genehmen Namen auf der Kandidatenliste zu streichen. Der Bischof war vom Domkapitel aus dem Klerus der Diözese zu wählen. Der Kandidat mußte Deutscher von Geburt sein und die württembergische Staatsbürgerschaft besitzen. Bei anderen strittigen Fragen, wie dem autonomen Recht zur Ernennung von Pfarrern durch die Kirche oder der Entscheidung über die Ausbildung der Theologen kam die Regierung der Kirche im Revolutionsjahr 1848 einen Schritt entgegen. Die entscheidende Annäherung unternahm Wilhelm I. indes im Jahre 1857. Er löste damit erhebliche Reaktionen bei der nicht-katholischen Mehrheit des Königreichs aus. Das Ministerium Linden mit dem für Fragen des Kultus und der Schule zuständigen Minister Gustav von Rümelin verhandelte mit der Kurie über den Abschluß einer Konvention. In diesem Vertrag war die genaue Abgrenzung der staatlichen und der kirchlichen Rechte vorgesehen. Allein das Bekanntwerden dieser Absicht löste im Lande heftige Kritik aus. Jedermann wußte, daß ein derartiger Vertrag mit der Kirche nur rechtskräftig werden könne, wenn der König und die Regierung bereit seien, auf einige der Einspruchs- und Mitwirkungsrechte zu verzichten, die der Staat seit 1806 auf Grund seiner allgemeinen Hoheitsbefugnisse beansprucht hatte.

Die Gegner eines derartigen Nachgebens gegenüber dem Standpunkt der Kirche und des Rottenburger Bischofs nannten den ausgehandelten Vertrag auch keineswegs eine »Konvention«, sondern sprachen von einem »Konkordat«. Rümelin vor allem hat stets bestritten, daß ein Konkordat beabsichtigt gewesen sei. Er beharrte auf dem Begriff »Konvention«, weil Konvention eine innerstaatliche Regelung sei. Man schließe keinen Vertrag mit einer auswärtigen, mit einer fremden Macht, also handle es sich nicht um ein Konkordat. Der Inhalt der Abmachungen mit der Kirche stand offenbar weniger im Streit als ihre Bezeichnung, aus der juristischer Scharfsinn der Opponenten eine gewichtige politische Frage machte. Als die Regierung, mehr als vier Jahre nach dem Aushandeln des Dokuments, das nach der Verfassung von 1819 notwendige Placet der Zweiten Kammer – der damaligen Volksvertretung – einholen wollte, erlitt sie nach mehrtägiger, heftiger Debatte eine schmerzliche Niederlage. Am 16. März 1861 stimmten 63 Abgeordnete gegen die Regierungsvorlage, nur 27 votierten für die Anerkennung des Vertrags. Unter den Neinsagern befanden sich zum Erstaunen der Öffentlichkeit auch zwei Katholiken; vier Protestanten hatten die Gruppe der Befürworter ein wenig verstärkt. Rümelin bat daraufhin den König um seine Entlassung aus dem Amt des Kultministers (was ihm allgemein große Hochachtung einbrachte), der Chef der Regierung, Josef von Linden, aber blieb im Amt.

König Wilhelm I., inzwischen schon hochbetagt, war tief in seinem Stolz getroffen. In einem Telegramm an den Papst versicherte der König, daß er zu seinem Wort stehe. Den Volksvertretern wollte er in dieser Frage nicht nachgeben. Aber die Situation war ziemlich verfahren. Schließlich fand sich ein Ausweg aus dem Dilemma, bei dem das Prestige des Monarchen geschont wurde. Man verabschiedete im Jahre 1862 ein Gesetz zur Regelung der Angelegenheiten der katholischen Kirche. Darin stand, wie Rümelin seinen Kritikern später vorgehalten hat, inhaltlich fast genau das gleiche wie in dem abgelehnten Vertragstext. Der Bischof von Rottenburg und die römisch-katholische Kirche mußten fortan das Placet der Regierung nur noch für solche Entscheidungen einholen, die nicht rein kirchlicher Natur waren. Wollte die Regierung den Bewerber für ein kirchliches Amt ablehnen, so mußte sie Tatsachen benennen, und zwar in »politischer oder bürgerlicher Beziehung«. Die Regierung hatte nun eine Beweispflicht, nicht die Kirche oder der Kandidat. Der katholische Religionsunterricht unterstand der Leitung des Bischofs. Sollte ein geistlicher Orden vom Bischof eingeführt werden, so bedurfte er dazu der Einwilligung der Regierung.

Die publizistische Kampagne, die nach 1857 eingesetzt hatte und dann auch mit der Ablehnung einer zweiseitigen Abmachung, der Konvention, zum Erfolg führte, bezog ihre Kraft aus dem Zusammenwirken von liberalen Rechtswissenschaftlern und konservativen evangelischen Theologen. Hauptorgan der Konventions- oder Konkordatsgegner war der »Schwäbische Merkur«. Wie aufgewühlt das Land eine Zeitlang gewesen sein muß, belegt der Umstand, daß sich in Stuttgart eines Tages mit Windeseile das Gerücht verbreitete, der König, in einem nassauischen Bade weilend, sei zum katholischen Glauben übergetreten. Vergleiche mit Carl Alexander wurden angestellt. Ein alttestamentarischer Eifer sei bei der »evangelischen Empörung« zu verzeichnen gewesen, hat ein zeitgenössischer Beobachter vermerkt.

Der König rief nach seiner Rückkehr die evangelischen Prälaten zu sich und dementierte energisch jeden Gedanken an eine Konversion. Er habe nie geglaubt, sagte er den führenden evangelischen Geistlichen, daß ihm sein Volk so etwas wie den Wechsel der

Konfession zutrauen werde. Er bedrohe mit dem Vertrag den protestantischen Glauben nicht im mindesten. Vor der Parlamentsdebatte ließ der König in den evangelischen Kirchengemeinden eine Botschaft verlesen, die seinen Standpunkt von der Notwendigkeit der Konvention mit der katholischen Kirche bekräftigen sollte. Die Wirkung dieser Botschaft scheint jedoch eher negativ gewesen zu sein, zumal die Pfarrer ihren Gemeinden zuvor etwas ganz anderes, ja, das Gegenteil dessen gesagt hatten, was die königliche Botschaft enthielt.

Warum hat sich Wilhelm I. überhaupt auf ein derartiges Wagnis, auf einen Konflikt mit der evangelischen Mehrheit seines Landes eingelassen? Rümelin, der Hauptbetroffene, hat später in seinen gesammelten Aufsätzen, die er als Repräsentant der Tübinger Landesuniversität herausgegeben hat, diese Frage beantwortet. Der König habe den Konflikt mit dem geschätzten, friedliebenden Rottenburger Bischof Keller aus der Welt schaffen wollen; er habe damit auch »die neuwürttembergischen katholischen Untertanen« für die gleiche Anhänglichkeit an das Land und seine Dynastie gewinnen wollen wie die altwürttemberger Protestanten. Vor allem aber sollten die Katholiken im Lande nicht länger »ihre Blicke und Sympathien nach Österreich« richten. Ob er hundert Pfarreien mehr oder weniger zu besetzen habe, »lasse ihn wer er sei«, zitiert Rümelin eine Bemerkung Wilhelms I. Was die Religiosität dieses zweiten württembergischen Königs betrifft, so hat der gewiß gut informierte Gustav von Rümelin die Ansicht vertreten, daß Wilhelm I. nicht besonders religiös engagiert, sondern ein Sohn der Aufklärung, ein Verehrer Voltaires gewesen sei.

Mit der Konkordatsniederlage und der dadurch gewählten gesetzlichen Abgrenzung von kirchlichen und staatlichen Kompetenzen hat Wilhelm I. am Ende doch noch in einem recht positiven Sinne Geschichte gemacht: das Königreich Württemberg ist vom Bismarckschen Kulturkampf kaum berührt worden. Die Respektierung der Wünsche und Rechte der konfessionellen Minderheit unter dem König Wilhelm I. hat dem Lande genützt.

FRIEDRICH UND DIE FOLGEN

Halbwegs zwischen dem Freudentaler Judenschlößchen und dem alten Friedhof der israelitischen Gemeinde steht an einer Wegkreuzung der Grabstein der Stute Helene. »Helene, Schimmelstute, geboren auf dem Dobel 1785, geritten von dem Herzog Friedrich Eugen und von dem König Friedrich, gestorben, den 17. Mai 1812, alt 27 Jahre«, lautet die Inschrift des mehr als einen Meter hohen Grabsteins.

Wer die »Helene« und ihren mächtigen, beleibten Herren im Bilde sehen will, der muß das Ludwigsburger Schloß besuchen. Ein Hofmaler hat das berühmte, ungewöhnlich große und schöne Pferd im Bilde festgehalten, dazu einen grimmig dreinblickenden König Friedrich (Abb. 28). Die Zeitgenossen haben bestätigt, daß das Gemälde gut gelungen sei und sie haben noch etwas anderes überliefert: die kluge »Helene« pflegte mit den Vorderbeinen auf die Knie zu gehen, sobald sich ihr königlicher Herr im Reit- oder Jagdanzug näherte. Zwischen König und Pferd bestand eine innige Verbindung. Friedrich schätze seine »Helene« mehr als die meisten Menschen in seiner Umgebung, einige der eigenen Kinder nicht ausgenommen. So wurde denn auch der Tod dieses Pferdes alsbald zum Gegenstand einer Legende, die Friedrichs Untertanen gerne weitererzählt haben. Es ist die Fabel von dem einfältigen Gärtner, der seinen gefürchteten Herrn überlistet.

Als sich der Zustand des kranken Pferdes immer mehr verschlechterte, habe der König gedroht: »Weh dem, der mir die Nachricht vom Tod der ›Helene‹ bringt.« Als die Nachricht bald darauf dennoch überbracht werden mußte, weil auch ein königlicher Befehl das Schicksal eines 27jährigen Gauls nicht aufhalten kann, waren die königlichen Stallknechte bestürzt und ratlos. Ein Gärtner habe sich schließlich erboten, der Bote des Unglücks zu sein. Ehrerbietig habe sich der mutige Gärtner dem strengen Friedrich genähert und in seinem heimatlichen Dialekt bemerkt:

»Majeschtät, s'isch wege d'r Helene.«

»Was ist mit der Helene?«

»Se regt se net.«

»Ja, sie ist eben krank und schwach.«

»Aber, Majeschtät, se guckt oin au nemme a.«

»Sie guckt nimmer?«
»Ja, ond se schnauft au nemme.«
»Was, sie schnauft nimmer?«
»Ond se streckt au grad so d'Füeß naus.«
»Dann ist sie am Ende gar tot?«
habe der König mit Entsetzen in der Stimme gerufen.

»Majeschtät – des hend Ihr gsait«,
soll der Gärtner da geantwortet und sich so rasch entfernt haben
wie er nur konnte. Friedrich aber, wegen seines Jähzorns gefürch-
tet, sei ganz still geworden. Keinen Ton habe man von ihm
gehört.
Niemand hat sich für die Wahrheit dieser Geschichte verbürgen
können. Sie ist dennoch im ganzen Lande geglaubt worden und
hat die Württemberger noch lange beschäftigt, zumal auf dem
Freudentaler Grabstein bald nach der Beisetzung der »Helene« im
königlichen Jagdrevier ein Vers entdeckt wurde, der eine Fahn-
dungsaktion im Lande auslöste. Da stand, für jedermann sichtbar,
in schwarzer Farbe hingepinselt:

> »Lieber Schimmel!
> Kommst net in Himmel!
> s'wird a Frag sei,
> Kommt dei Herr drei'.«

König Wilhelm, Friedrichs ältester Sohn und Nachfolger, hat den
Grabstein später entfernen lassen. So gelangte er schließlich an die
Hofeinfahrt eines Bauern im nahen Löchgau. Dort hat man ihn
vor einigen Jahren wieder entdeckt und nach Freudental zurückge-
bracht. Auch der unerlaubte, gereimte Zusatz eines Schelmen ist –
in neuer Ausführung – der Nachwelt erhalten geblieben.

Ohne Respekt für Traditionen

Man hat sich im Lande oft mehr für die »Helene« und für diesen
Grabstein interessiert als für den König, der seinem Lieblingspferd
ein Denkmal setzen ließ, weil es ihn, anders als die Menschen, nie
enttäuscht hat. Kaum einer der Herrscher aus dem Hause Württemberg war so wenig beliebt wie dieser König Friedrich, aber

kaum ein anderer hat in einer relativ kurzen Regentschaft im Lande so tiefe Spuren hinterlassen wie er. Es kann nicht verwundern, daß ein Heinrich Treitschke diesen König von Württemberg nicht geschätzt hat. Für Treitschke – und für manchen anderen deutschen Historiker – war Friedrich der Mann, der auf Napoleon gebaut und die Rheinbund-Politik ermöglicht hat, ein Herrscher, den man unter dem Gesichtspunkt des späteren großpreußischen Machtstaats und kleindeutschen Reichsgedankens in die Kategorie der Franzosengünstlinge, ja der Separatisten einreihte. Doch damit wird man diesem Friedrich nicht gerecht. Die Deutschtümelei und die Herrschaftsideen der wilhelminischen Ära, einer alldeutschen Verstiegenheit gar, darf man nicht nachträglich auf das beginnende 19. Jahrhundert und auf die napoleonische Zeit projizieren. Dieser Friedrich hat das Land, das er regiert hat, umgekrempelt, er hat das alte Herzogtum Württemberg auf fast das Zweieinhalbfache vergrößert, sich selbst mit Napoleons Hilfe zum König gemacht und hat Regierung und Verwaltung revolutioniert. Er wollte radikal mit Traditionen brechen und das alte Württemberg in all seinen überkommenen Formen verschwinden lassen. Dabei hat er sich zahllose Feinde gemacht. So war denn sein Bild in der Geschichte von Anfang an verzerrt.

Sucht man nach zeitgenössischen Urteilen über den König Friedrich von Württemberg, so findet man wenig Positives. Napoleon ist eine der Ausnahmen. Er schrieb nach der ersten Begegnung mit Friedrich (am 3. Oktober 1805 im Ludwigsburger Schloß) (Abb. 27), in einem Brief an Talleyrand, er sei mit dem Gespräch sehr zufrieden gewesen, Friedrich – damals bereits einer der Kurfürsten – sei »ein Mann mit viel Geist«. Heinrich Treitschke, als Historiker einer der rückwärtsgewandten Propheten preußisch-deutscher Macht und Größe der Bismarck-Ära, schaudert nachträglich vor »dem letzten aus jener langen Reihe strotzender Tyrannengestalten« des Hauses Württemberg. Der Gothaer Buchhändler Friedrich Perthes urteilt in seinem Lebensbericht über seine Eindrücke am Hofe Friedrichs in Stuttgart: »Ein Herrschergeschlecht hat Württemberg, heidnisch, groß, bös und gewaltig.«

Historiker, die sich um ein gerechtes Urteil über den ersten württembergischen König bemüht haben, nennen Friedrich einen »Selbstherrscher«, einen Autokraten und einen Willensmenschen. Jähzornig, leidenschaftlich, ja gewalttätig sei er gewesen, man habe bei ihm »ein wildes Element« konstatieren müssen. Aber er habe sich dann doch seine oft im Zorn gemachten Fehler selbst eingestanden und manchen dieser Fehler wieder gut gemacht.

Eines haben auch seine Gegner dem ersten König von Württemberg nicht abgesprochen: einen hochstehenden Intellekt. Der König denke schnell und scharf. An Fleiß und Eifer gleiche er in manchem seinem Vorfahren, dem Herzog Christoph. Das Württemberg, das der Herzog Christoph einst geschaffen und durch die Große Kirchenordnung als evangelisch-lutherischen Staat befestigt hatte, dieses Württemberg galt dem bei Friedrich II. von Preußen und bei Katharina von Rußland geschulten Offizier und Verwaltungsexperten Friedrich als in seiner Verwaltungs- und Staatsorganisation hoffnungslos rückständig. Deshalb bekämpfte er die Macht der mitregierenden Stände und deren »altes, gutes Recht« samt dem Tübinger Vertrag und führte in das – vergrößerte – Württemberg eine Staatsverwaltung nach französischem Muster ein. Friedrich schuf eine Ministerialverfassung mit sechs Ressorts, den Ministerien für Auswärtiges, Justiz, Inneres, Krieg, Finanzen und geistliche Angelegenheiten (Kultus). Er richtete eine zentrale königliche Steuerkasse ein und trennte Verwaltung und Justiz. Außerdem vereinheitlichte er das Recht in allen Landesteilen; dem altwürttembergischen Teil, dem früher vorderösterreichischen, den ehemals reichsstädtischen und den bis dahin geistlichen oder reichsritterschaftlichen Herrschaften. Die christlichen Bekenntnisse erklärte Friedrich für gleichgestellt und gleichberechtigt; das große evangelische Kirchengut verschmolz er mit dem allgemeinen Kammergut. Der Staat übernahm damit auch die Verbindlichkeiten für Schule, Kirche und Armenpflege. Das mächtige Konsistorium der evangelischen Kirche wurde einer Staatsbehörde, dem Ministerium für geistliche Angelegenheiten, untergeordnet. Das bedeutete das Ende des altwürttembergischen Kirchenregiments. Als neue Einrichtungen gab es Oberämter, Kameralämter und Oberamtsärzte. Die Rechtsprechung lag in erster Instanz in den Händen von Juristen, den Amtsrichtern. Altgediente Soldaten wurden unter Friedrichs Herrschaft umgeschult und in den öffentlichen Dienst aufgenommen.

Diese knapp gehaltene Liste wichtiger Reformen unter dem Friedrichschen absolutistischen Regiment gibt bereits einen Hinweis auf die Gruppen und Mächte, mit denen dieser König in Streit

geraten mußte. Da waren einmal die Vertreter der alten, einflußreichen Stände, der Ehrbarkeit. Sie forderten mit Nachdruck, und
nicht ohne Emotionen zu wecken, daß die traditionellen Rechte
Altwürttembergs zumindest im alten Teil des Landes prinzipiell
weitergelten und wenn irgend möglich in passender Weise auf die
neuen Landesteile übertragen werden sollten. Auf der Seite der
Gegner Friedrichs standen auch die pietistischen Kreise Altwürttembergs, denen zum Beispiel die von Friedrich veranlaßte Einführung einer neuen Liturgie ganz und gar mißfiel. Dazu kamen
als Gegner alle *die* Vertreter der evangelischen Kirche, die das
Ende des alten Kirchenregiments beklagten. Eine besonders heftige Abneigung fand Friedrich wegen der rüden Art der Säkularisierung des Kloster- und Kirchenbesitzes beim katholischen Klerus Neuwürttembergs. Am entschiedensten jedoch leistete der
Adel Widerstand gegen den Monarchen. Die alten Vorrechte der
nun ihrer Souveränität beraubten adeligen Herren verachtete
Friedrich, ebenso die hochherrschaftlichen Lebensgewohnheiten
der Herren vom Stande. Seine Devise war, »Einheit im System«.
Da blieb bei ihm für Privilegien irgendwelcher Art kein Platz.
Friedrichs Argument gegenüber widerspenstigen Adeligen oder
kirchlichen Herren sei die Infanterie gewesen, hat ein Zeitgenosse
angemerkt. Friedrich war im übrigen vorsichtig genug, ein allgemeines Waffenverbot zu verfügen. Nur Jagdberechtigte waren
davon ausgenommen.
Der erste König von Württemberg begnügte sich nicht mit der
Außerkraftsetzung des Tübinger Vertrages, er beendete durch
einen besonderen Erlaß auch die Freiheit zur Auswanderung, ein
Recht, das in Altwürttemberg selbst den Leibeigenen nicht verwehrt gewesen war. Den Adeligen im vergrößerten Lande verordnete Friedrich eine spezielle Einschränkung ihrer Freiheiten. Sie
mußten sich längere Auslandsaufenthalte und vor allem einen
Wohnsitzwechsel in ein anderes Land genehmigen lassen, außerdem hatten sie eine Residenzpflicht für einen gewissen Zeitraum
im Jahr im Königreich Württemberg.

Kritik aus Bayern

Niemand wird sich wundern, daß ein Herrscher, der in kurzer Zeit mit solchen Neuerungen und Anordnungen ein ganz anderes, ein modernes Land schaffen und seinem Herrscherwillen unterordnen wollte, kaum Freunde, aber zahllose Gegner hatte. Die zeitgenössische und auch die spätere Kritik an Friedrich hat sich immer wieder auf das Verhalten des württembergischen Königs in der Bündnispolitik gestützt und ihm zuweilen gar eine Art antideutsche Schlüsselfunktion zuweisen wollen. Doch das wäre zu einfach gesehen und durch die historischen Fakten, zu denen sicherlich die Gesamtumstände des napoleonischen Zeitalters gehören, nicht zu belegen. Richtig ist nur, daß Friedrich mit dem Vertrag, den er am 3. Oktober 1805 in Ludwigsburg mit Napoleon Bonaparte schloß, das schon akut vom Einsturz bedrohte Gebäude des Heiligen Römischen Reiches beträchtlich ins Wanken oder, wie der bayerische Politiker Graf Montgelas in seinen Erinnerungen behauptet, vollends zum Einsturz gebracht hat. In diesem Ludwigsburger Vertrag, der, wie alle Verträge und diplomatischen Korrespondenzen jener Zeit, in französischer Sprache abgefaßt war, ließ sich Friedrich vom Kaiser der Franzosen, der damals de facto die Macht in diesen deutschen Gebieten innehatte, die »Souveränität« zusichern. Das bedeutete, in Friedrichs Verständnis, die von ihm erstrebte volle »Landeshoheit«. Aber den Begriff der »Landeshoheit« gab und gibt es im Französischen nicht. Die Sprache der Franzosen und damit die Sprache eines Napoleon oder eines Talleyrand, machte keinen Unterschied zwischen der allgemeinen staatlichen Souveränität und der Hoheitsgewalt eines Landes. »Souveränität« im französischen Verständnis ist unteilbar und bedarf keiner Erläuterung. »Souveränität« im Deutschen als Landeshoheit verstanden, konnte indes durchaus mit der Zugehörigkeit zu einem übergeordneten staatlichen Verband relativiert sein, mit der Zugehörigkeit zu jenem Reich zum Beispiel, das bald nach dem Abschluß des Ludwigsburger Vertrags vollends untergegangen ist und dessen Kaiserwürde der Habsburger Franz II. am 6. August 1806 niedergelegt hat.

Das Ziel Friedrichs, das erscheint sicher, war auf zwei Dinge gerichtet: er wollte sein Land vergrößern und er wollte zuerst und vor allem freie Hand – »Souveränität« – für seine Herrschaft im

Innern, für die Vereinheitlichung und Modernisierung seines Württemberg. Daß der in Bayern so einflußreiche Graf Montgelas den württembergischen König eher ablehnte als hochschätzte und ihn nachträglich als den eigentlichen Verursacher des Reichs-Endes darstellen wollte, hat einige plausible Gründe. In den Verhandlungen mit Napoleon und anderen Vertretern Frankreichs trat Friedrich selbstbewußter auf als die bayerischen oder die badischen Repräsentanten. Er hatte dabei Erfolg. Weder Baden noch Bayern erhielten von Napoleon so weitgehende, verbriefte Zusicherungen für eine volle Handlungsfreiheit im Innern wie der württembergische Herrscher. Von allen Rheinbund-Mitgliedern hat Friedrich gegenüber Napoleon am erfolgreichsten darauf gepocht, daß sich französische Militärs und Diplomaten nicht in die inneren Angelegenheiten des Bündnispartners einmischen sollten. Weder Bayern noch Baden bekamen – anders als Württemberg – von Napoleon die Zusicherung der vollen Souveränität. Friedrich verhinderte auch mit Erfolg, daß aus dem Rheinbund mehr als ein militärisches Bündnis geworden ist.

Den Franzosen hat diese Politik des württembergischen Königs mißfallen, aber sie mußten sie akzeptieren, zumal Friedrich die militärischen Bündnisverpflichtungen bis zu Napoleons Niedergang im Rußlandfeldzug strikt einhielt, so daß man ihm keine Vertrags- oder Bündnisverletzung vorwerfen konnte. Sein selbstbewußtes Auftreten, auch sein Realitätssinn in schwierigen Situationen, hat dem König von Württemberg außerhalb seines Landes, nicht zuletzt bei Napoleon, Respekt verschafft, nicht aber etwa Gefühle der Zuneigung oder gar der Freundschaft erzeugt, so wenig wie im Lande selbst. Auf eines war bei Friedrich stets Verlaß: er kannte nichts anderes als die Interessen seiner Herrschaft, seines Württemberg und er behielt sich vor, solange er am Leben war, dieses Landesinteresse selbst zu erkennen und selbst zu definieren und interpretieren. Im übrigen hielt er auf Distanz, auch zu den eigenen Kabinettsmitgliedern und Beratern, die oft unter der Arbeitswut und dem Interesse des Königs für Detail-Entscheidungen stöhnten. Die Distanz galt auch den eigenen Kindern, vor allem seinem Ältesten, dem Kronprinzen Wilhelm, der sich gegen den herrischen Vater auch politisch zur Wehr setzte und deshalb vor allem den Altwürttembergern als eine große Hoffnung galt.

Zu welchem Realismus und zu welch unerwarteten Wendungen Friedrich fähig war, bewies er in der Verfassungsfrage, dem Haupt- und Kernstück altwürttembergischer Kritik und altwürttembergischen Kampfes fürs alte, gute Recht. Als der Wiener Kongreß nach dem Sturz Napoleons die Einführung landständischer Verfassungen forderte, signalisierte dies ein Ende des Absolutismus in Europa. Betroffen war davon, wie kaum ein anderer, der König von Württemberg. Friedrich wollte auch in dieser Frage die Initiative behalten und berief deshalb ganz überraschend im Januar 1815 eine »allgemeine Ständeversammlung« nach Stuttgart ein. In *einer* Kammer, so Friedrichs Entscheidung, sollten künftig Adel, Kirchen, Universität, Oberämter und »gute Städte« repräsentiert sein.

Beim Zusammentritt dieser Versammlung, am 15. März 1815, war der Text einer neuen Verfassung schon fertig. Der König hatte ihn entwerfen lassen und gebilligt. Nun sollte die Ständeversammlung das Dokument bestätigen. Doch eben dies taten die Vertreter der Stände keineswegs. Sie wollten sich nicht zu Jasagern degradieren lassen, sondern verlangten eine aktive Mitwirkung, eine Beratung mit Einzelabstimmungen über die Bestimmungen. Es ging dabei mehr ums Prinzip als um den Inhalt. Nur ein halbes Dutzend Hofadeliger blieb in dieser Auseinandersetzung auf der Seite des Königs. Der Machtkampf nahm im Verlaufe des Sommers 1815 heftige Formen an, weil Friedrich zunächst versucht hatte, seinen Willen durch einen Befehl durchzusetzen. Volksabordnungen bedrängten einige Male sogar die Sommerresidenz des Königs in Ludwigsburg. Man schloß deshalb die Stadttore und ließ Kavallerie hoch zu Pferde ums Schloß patrouillieren. Das Interesse an diesen Vorgängen reichte weit über das Land hinaus, zumal vor allem Joseph Görres in seinem Rheinischen Merkur gegen den König Partei ergriff. In Preußen, in Österreich und in Hannover befürchteten die Regierungen, daß der Unruheherd in Württemberg sich ausbreiten und sie selbst in Mitleidenschaft ziehen könne. Deshalb rieten sie dem König zum Einlenken. Friedrich gab seinen Starrsinn auf und berief den Landtag auf den 15. Oktober 1815 wieder ein. Karl August von Wangenheim, einst Verwaltungs- und Finanzberater des Königs, nun Kurator der

Tübinger Landesuniversität, sollte auf Wunsch des Königs vermitteln. Wangenheim galt als ein vernünftiger, weitblickender Mann, der auch das Vertrauen der altwürttembergischen Opposition besaß und mit dem Kronprinzen Wilhelm ein gutes Verhältnis hatte. Der Auftrag an ihn – vom König selbst gegeben – war ein Signal.

Bei der Eröffnung der wieder einberufenen Versammlung, die nun die Verfassungsvorlage frei beraten sollte, gab Friedrich eine Erklärung in versöhnlichem Ton und Inhalt ab, nachdem die Landtagsmitglieder den Tag mit Gottesdiensten in der Stiftskirche und in der katholischen Kirche feierlich begonnen hatten. Die Bevölkerung in Stuttgart habe sich in der Zeit der Wiedereröffnung des Landtages in einer Hochstimmung befunden, berichteten die Chronisten. Man hatte etwas Wichtiges erreicht: die Verfassung sollte nun zwischen Fürst und Ständen ausgehandelt, nicht mehr von oben befohlen, oktroyiert werden. Friedrich hatte den Bogen bis zum Äußersten gespannt, aber er hatte ihn am Ende doch nicht überspannt und damit den Bruch vermieden. Als die Stuttgarter Bürgerschaft am 18. Oktober 1815 auf der Silberburg den Jahrestag der Völkerschlacht von Leipzig beging, erschien auch eine Delegation des Landtags, der an diesem Tag die Beratungen hatte ausfallen lassen. Man ehrte auf der Silberburg den Stuttgarter Repräsentanten Heinrich Immanuel Klüpfel, einen Vorkämpfer des alten, guten Rechts, der nun schon 15 Jahre lang gegenüber dem Herzog und dem König für den alten Vertrag von 1514 gestritten hatte. Ein Vers, der damals bei der Ehrung Klüpfels gesprochen wurde, machte bald die Runde im altwürttembergischen Land:

>»Der Deutsche ehrt in allen Zeiten
>der Fürsten heiligen Beruf,
>doch liebt er, frei einherzuschreiten
>und aufrecht, wie ihn Gott erschuf.«

Ludwig Uhland (Abb. 31) hieß der Verfasser dieses Vierzeilers. Es war das erste jener »Vaterländischen Gedichte«, die Uhlands Popularität mitbegründet und den fortdauernden Verfassungsstreit noch bis ins Jahr 1819 begleitet haben.

Bewährungsproben des jungen Königs

Mit Wilhelm I. (Abb. 32) hatte im Herbst 1816 ein eleganter junger Herr die Königswürde in Württemberg geerbt, dessen erste Bewährungsprobe die Verfassungsfrage werden sollte. Wer unter den Altwürttembergern gehofft oder gar erwartet hatte, daß der Sohn Friedrichs von der Linie seines Vaters sogleich Abstand halten werde, sah sich enttäuscht. Der Konflikt zwischen den Altrechtlern und der königlichen Regierung löste sich keineswegs in Wohlgefallen auf. Es gab noch manche Machtprobe zwischen den Ständevertretern und dem König, bis man sich schließlich im Jahre 1819 vollends geeinigt hatte. Die Altrechtler, allen voran ein Ludwig Uhland mit seinen Anhängern und Freunden, gaben sich mit dem nach zähem Ringen erreichten Ergebnis vor allem deshalb zufrieden, weil die Mächte im Deutschen Bund, die möglichst jede Art von bürgerlicher Freiheit wieder ausschalten wollten, bedrohlich an Einfluß gewannen. Metternich, der Rheinländer in österreichischen Diensten, war ein Name, der das Programm der Reaktion symbolisierte. Auch aus den beiden anderen östlichen Großmächten, aus Preußen und aus Rußland, wehte nach der Aufbruchstimmung der Freiheitskriege nun wieder ein kühler, ja ein eisiger Wind. Da schien es nicht empfehlenswert, das Königreich Württemberg durch allzu lange Grundsatzdebatten über bürgerliche Freiheiten und Demokratie in den Blickpunkt der deutschen und europäischen Öffentlichkeit zu rücken, zumal das Königreich nach dem Beitritt zum Deutschen Bund auch den Regeln dieses Bundes von Fürsten unterworfen war und zwischen sich und dem rückwärts fahrenden Geleitzug der beiden deutschen Großmächte nicht zuviel Distanz riskieren durfte.

Wegen der von außen drohenden Gefahren akzeptierte die Mehrheit der Landtagsmitglieder eine Verfassung für das Königreich, von der Uhland zugeben mußte, daß manche Wünsche offengeblieben waren, aber doch »die wichtigsten Rechte des Volkes und die wesentlichsten Bedingungen einer gesetzlichen Freiheit« darin enthalten seien. Daß es allein schon wegen der Vorschriften über das Wahlrecht und die Wählbarkeit – die an den Besitz gebunden war – eine Verfassung der Ungleichheit gewesen ist, wie die Radikalen unter den Demokraten gemeint haben, mag in gewissem Sinne zutreffen. Richtig ist aber auch, daß von allen Verfassungen, die nach dem Sieg über Napoleon und nach der Gründung eines Deutschen Bundes in den deutschen Fürstenstaaten erlassen worden sind, die Verfassung des Königreichs Württemberg den Idealen der Freiheit und der Volksmitwirkung an der Gesetzgebung am nächsten kam. Daß die starke Position des Landtags (der Zweiten Kammer, bestehend aus den gewählten Abgeordneten der Oberämter und der »guten Städte« und den kraft Amtes delegierten Vertretern der Kirchen, der Universität und der Ritterschaft) bei der Modernisierung des Landes, vor allem bei der Eisenbahnplanung nicht nur vorteilhaft gewesen ist, darf im übrigen nicht verschwiegen werden. Man verstand sich in den Landtagen weit mehr als eine Bremse für Regierungsprojekte denn als Motor für eine Modernisierung des Landes, das den Anschluß an das Industriezeitalter erst noch finden mußte.

Welche Sorgen sich ein König wie Wilhelm I. wegen der Mitwirkung des Landtags bei der Gesetzgebung von Anfang an gemacht hat, erkennt man am besten aus seiner schon gleich nach der Übernahme der Krone getroffenen Entscheidung für ein Zweikammersystem. So entstand eine Art Oberhaus, für die Standesherren und eine Quasi-Volksvertretung, jene Zweite Kammer, in der die Mehrheit bei den gewählten Repräsentanten der Oberämter und großen Städte liegen sollte. Wilhelm I. hat die Teilung in zwei Häuser in einer Weise begründet, die seine Zweifel an der Mündigkeit und an der Urteilsfähigkeit der gewählten Abgeordneten erkennen lassen. Man solle, so sagte der junge König seinen Beratern, »die adeligen Herren zusammensperren, sie könnten sonst Bürger und Bauern beschwatzen«. Da nach dem Wahlrecht nur vermögende Bürger und vermögende Bauern überhaupt wählbar waren, darf man vermuten, daß Wilhelm I. befürchtet hat, es könnten in einer von Adel und Bürgertum gemeinsam besetzten Vertretung des Landes unheilige Allianzen bei der Ablösung der alten Privilegien, der Lehen und der Abgabeverpflichtungen geschmiedet werden. Daß ein Zweikammersystem die erste Kammer zu einer Repräsentation des von seinem Vater entmachteten neuwürttembergischen Adels machen mußte, nahm Wilhelm dabei in Kauf.

Das im Jahre 1819 sanktionierte Verfassungs- und Kammersystem hat nicht nur die 48 Jahre dauernde Regentschaft Wilhelms I. überdauert, sondern das ganze 19. Jahrhundert. Erst im Jahre 1906

29 Der Marktplatz zu Rottenburg um 1825

30 Johann Baptist von Keller
der erste Bischof von Rottenburg (ab 1828)
1774–1845

fand sich endlich eine Zweidrittelmehrheit in der Zweiten Kammer, die Schluß machte mit den sogenannten Virilstimmen in dieser gesetzgebenden Körperschaft, also mit der Delegation von Abgeordneten, die von den Kirchen und anderen Körperschaften entsandt waren.

Hat der herrische Friedrich in einer großen Anstrengung das neue Land zusammengefügt und die alten Schranken zerstört, die den Aufbau eines modernen Staatswesens behinderten, so gebührt dem wägenden und planenden König Wilhelm I. der Ruhm, die entscheidenden Voraussetzungen für die Umwandlung eines Agrarlandes in ein künftiges Industrieland geschaffen zu haben. Die Rechtsreformen, die in seiner Regierungszeit verwirklicht worden sind, erwiesen sich als ebenso wichtig für die Modernisierung des Landes wie die Verkehrserschließung durch den Bau von Eisenbahnen. In den modernen Nachschlagewerken der Geschichte wird besonders betont, daß Wilhelm I. mit der Gründung der Lehranstalt in Hohenheim für sein Königreich und darüber hinaus für ganz Deutschland eine Pionierleistung vollbracht hat. Mit dem Institut in Hohenheim, der späteren Landwirtschaftlichen Hochschule und heutigen Universität, beginnt in der deutschen Landwirtschaft die Partnerschaft von Wissenschaft, Forschung und Praxis.

Widersprüchliches Verhalten

Als ein Mann der »inneren Reformen« ist Wilhelm I. bei Zeitgenossen und bei späteren Historikern ziemlich unumstritten. Über seinen politisch-weltanschaulichen Standort findet man indes recht unterschiedliche Wertungen. Im Grunde sei dieser König oft kleinlich und intolerant gewesen, haben vor allem die Freunde und Bewunderer eines Friedrich List konstatiert. Den Grund für diese Wertung lieferte der für Lists Leben und Schicksal folgenreiche Ausschluß des Reutlinger Abgeordneten aus dem Landtag. Die Publikationen einer ätzenden Kritik an den Zuständen in der Regierung und Verwaltung des Königreichs führte zu einer Anklage gegen den Kritiker.

Aus dem Verhältnis des Königs zu List läßt sich aber auch etwas ganz anderes, für Wilhelm I. Positives ablesen, war es doch der württembergische König, der gegen den Widerstand der Universität dem ideenreichen List eine Professur in Tübingen verschaffte. Daß List dieses Lehramt wegen einer Beanstandung seiner von der zuständigen Behörde nicht genehmigten Tätigkeit in der Geschäftsführung der Gewerbevereine selbst wieder aufgegeben hat, kann man dem König schwerlich ankreiden. Den Ruf tolerant und mutig zu sein, hat sich Wilhelm I. im wesentlichen dadurch gesichert, daß er im hannoverschen Verfassungskonflikt den evangelischen Theologen und Orientalisten Heinrich Ewald, einen der sieben Göttinger Professoren, die wegen Kritik an der Obrigkeit ihre Ämter verloren hatten, sogleich auf einen Lehrstuhl nach Tübingen berufen ließ. Ganz sicher hat sich Wilhelm I., den der Historiker Veit Valentin in seiner »Geschichte der Deutschen« einen »politisch wie militärisch hochbegabten König« nennt, mit dieser Parteinahme für die liberal gesinnten Göttinger Professoren bei einem Metternich ebenso unbeliebt, ja verdächtig gemacht wie bei manchem preußischen Politiker. Die Mehrheit im Deutschen Bund, die in den Fragen der inneren Freiheiten und Rechte dem restriktiven Kurs der Wiener und der Berliner Regierungen folgte, argwöhnte auf Grund derartiger Vorkommnisse, daß das Königreich Württemberg eine Sonderrolle spielen und eine Art »westlichen Kurs« steuern wolle, indem es sich den Vorstellungen und Forderungen der Französischen Revolution nähere.

Auch der mit dem Hause Württemberg durch Heirat versippte Zar von Rußland urteilte mißbilligend über die Politik seines nahen Verwandten. Was man im 20. Jahrhundert »ideologische Gleichschaltung« genannt hat, war schon im 19. Jahrhundert den Gründern und Verteidigern der sogenannten »Heiligen Allianz« nichts Unbekanntes. Dafür lieferten die von Metternich veranlaßten »Karlsbader Beschlüsse« einen frühen und klaren Beweis. Diese, von der Frankfurter Bundesversammlung am 20. September 1819 bestätigten Entscheidungen einer Konferenz im böhmischen Karlsbad, forderten zur Verfolgung der nationalen und liberalen Bewegung auf, auch zur sogenannten Demagogenverfolgung. Der Mord an dem Dichter August von Kotzebue diente als Vorwand für die Einschränkung der Freiheit in Presse und Lehre. Die damaligen »Ost-Mächte«, Rußland, Preußen und Österreich-Ungarn, die sich auf dem Wiener Kongreß über die Stabilisierung der Macht- und Herrschaftsverhältnisse in Europa verständigt hatten, sahen ihre Sicherheits- und Stabilitätsinteressen durch jede Art von Liberalität, die sich an Universitäten, in Literatur oder Presse manifestierte, grundsätzlich bedroht. Die Verfassung des Königreichs Württemberg hatte bei den Ost-Mächten sogleich Mißfallen erregt, ebenso die da und dort zur Liberalität neigende Regierungspraxis in Württemberg.

Die Idee vom rein deutschen Staat

Tatsächlich erlaubten sich einige der in Stuttgart erscheinenden Blätter immer wieder mehr oder weniger verdeckte Angriffe auf die »Karlsbader Beschlüsse« und auf die »Heilige Allianz«. Man sprach bald von der »Fruchtbarkeit der revolutionären Presse« in Württemberg. Der Stuttgarter Hof, so erzählte man sich bei den Abgesandten der deutschen Staaten in Frankfurt, wirke »tätig auf die demagogischen Publizisten«. Einige seiner Berater rieten dem König Wilhelm zum Eingreifen, damit das Land nicht in einen offenen Konflikt mit den Großmächten gerate. Einem dieser Ratgeber habe der König geantwortet, er lehne es ab, vor einem Menschen zu kuschen, den er »so gründlich verachte wie Metternich«. Der Versuch Wilhelms, bei seinem Schwager, dem russischen Zaren, Verständnis für die in Württemberg gewährten Freiheiten zu wecken, und sich dadurch gegenüber dem mißtrauischen Metternich und den Preußen Rückendeckung zu verschaffen, mißlang gründlich. Statt irgendwelcher Hilfe erhielt Wilhelm aus Petersburg eine Absage, ja eine Abfuhr. Der Zar, der König von Preußen und der österreichische Kaiser beriefen ihre Gesandten demonstrativ aus Stuttgart ab. Im Frankfurter Bundestag rügte man Württemberg durch Beschluß wegen der »teils gänzlich unterbliebenen, teils mit äußerster Nachlässigkeit und Launigkeit betriebenen Vollziehung der Karlsbader Beschlüsse«. Der »Deutsche Beobachter« in Stuttgart hatte nach Ansicht des obersten Organs des Deutschen Bundes sich der Beleidigung schuldig gemacht und sollte deshalb unter Kuratel gestellt werden. Doch die lasche Befolgung der Karlsbader Zensur-Beschlüsse war nicht der einzige, vielleicht nicht einmal der Hauptvorwurf, den die beiden Großmächte im Deutschen Bund, allen voran das von Metternich regierte Österreich gegen Württemberg und dessen

König offen oder insgeheim vorzubringen hatten. Die Württemberger versuchten nämlich schon bald nach Wilhelms Regierungsübernahme bei mancher Gelegenheit, sich zum Anwalt und Sprecher der kleinen oder mittleren Staaten im Deutschen Bund gegenüber den beiden Großmächten zu machen.

Besonders deutlich kam dieser Gedanke in einer unter Pseudonym publizierten, von einem Journalisten namens Lindner verfaßten Schrift zum Ausdruck, die unter dem harmlos klingenden Titel »Manuskript aus Süddeutschland« für Diskussionsstoff über die »deutsche Frage« sorgte. Propagiert wurde in diesem »Manuskript« bei näherer Betrachtung nicht mehr und nicht weniger als ein »drittes Deutschland«, ein rein deutscher Staatsverband. Der Name dafür: »Trias-Idee«. Die dem Deutschen Bund angehörenden Mittelstaaten – von skeptischen Beobachtern eher als Kleinstaaten betrachtet – sollten nach Ansicht des Autors künftig unter einem gemeinsamen staatlichen Dach vereinigt sein. Man hätte dafür eventuell auch den Begriff einer deutschen Bundesrepublik wählen können, von der Österreich und Preußen insofern ausgeschlossen sein sollten, als ihre Interessen – und ihre Staatsgebiete – über die Grenzen des Deutschen Bundes hinausreichten. Tatsächlich lagen große Teile des östlichen Preußen genauso außerhalb der Grenzen des alten Heiligen Römischen Reiches und des neu gebildeten Deutschen Bundes wie einige der Länder und Provinzen, die zum Habsburger Reich zählten.

Die Nationalitäts-Idee, die die Französische Revolution in die anderen europäischen Gebiete exportiert hatte, paßte weder zum preußischen Königreich noch zur Donaumonarchie. Das »Manuskript aus Süddeutschland« schlug deshalb einen wirklich deutschen Kernstaat als ausgleichende Kraft und als Gegengewicht zu Preußen und Österreich vor. Der Hinter- oder Grundgedanke war eindeutig: diese beiden Großmächte sollten im Frankfurter Bundestag, dem obersten Organ des Deutschen Bundes, nicht länger über die Interessen und Wünsche der kleineren deutschen Staaten hinweggehen können. Die Partnerschaft der Kleinen mit den Großen sollte also erzwungen werden. Da der Freiherr von Wangenheim, den Wilhelm I. als württembergischen Gesandten zum Frankfurter Bundestag delegiert hatte, immer wieder als Fürsprecher einer engen Kooperation der kleineren Staaten im Deutschen Bund hervorgetreten war, und man wußte, daß der Vertreter des

Königreichs Württemberg kaum ohne Billigung oder Auftrag des Königs Wilhelm handle, ließ sich der eigentliche Inspirator der »Trias-Idee« leicht dingfest machen. Preußen und Österreich fühlten sich durch diese Vorstellungen und durch das Verhalten des württembergischen Gesandten ebenso wie durch die Geringschätzung der »Karlsbader Beschlüsse« herausgefordert. Sie reagierten genau so, wie Hegemonialmächte zu allen Zeiten reagiert haben, wenn ein Kleinerer unter den Bundesgenossen die Neigung zu selbständigem Handeln oder auch nur zu selbständigen Überlegungen und zur vorrangigen Vertretung seiner eigenen Interessen erkennen ließ: sie versuchten es mit Drohungen und Einschüchterungen, nachdem sie sich dem Zaren gegenüber als dem anderen Mitbegründer ihrer »Heiligen Allianz« abgesichert hatten. Man isolierte in Frankfurt den Vertreter des Königs Wilhelm und beschränkte durch Abberufung der Gesandten aus Stuttgart die diplomatischen Beziehungen mit Württemberg auf ein Minimum. König Wilhelm mußte schließlich den Gesandten von Wangenheim im Juli 1823 aus Frankfurt abberufen. Metternich hat sich anläßlich dieses Vorganges der »Reinigung des Bundestages« gerühmt. Metternichs Opfer, der Gesandte von Wangenheim, quittierte den Dienst für den König von Württemberg und trat in den Ruhestand.

Der Landtagschronist Albert Eugen Adam hat über die »Trias-Idee« des Königs Wilhelm I. kurz nach dem Ersten Weltkrieg ein recht knappes Urteil gefällt. Er nennt sie eine »Wahn-Idee«. Nach dem Zweiten Weltkrieg und den Erfahrungen mit der Selbstzerstörung des Deutschen Reiches erschien die von Wilhelm I. nach den Freiheitskriegen aufgeworfene »deutsche Frage« manchem Historiker in einem anderen, milderen Licht. Veit Valentin, der seine Vorlesungen aus der Emigrationszeit später in einer »Geschichte der Deutschen« zusammengefaßt und sie für amerikanische Studierende 1946 in New York veröffentlicht hat, meinte unter dem frischen Eindruck des Zweiten Weltkrieges und seiner Folgen für die europäischen Machtverhältnisse, daß der Gedanke an das »reine« Deutschland im Grunde eine alte Antwort auf den Großmachtegoismus von Österreich und Preußen gewesen sei. Man dürfe diese Richtung nicht »ohne weiteres als antinational brandmarken«, vielmehr habe sie, auf ihre Art, »den besten unverfälschten deutschen Interessen« dienen wollen.

Wie kaum ein anderer deutscher Historiker hat sich Veit Valentin einst mit der Entwicklung der deutschen National-Idee im 19. Jahrhundert beschäftigt. Sein zweibändiges, in der Weimarer Republik erstmals publiziertes Werk über die »Geschichte der deutschen Revolution 1848–1849« war noch ganz aus der Sicht eines preußischen liberalen Demokraten verfaßt. Da wird denn auch der König von Württemberg, Wilhelm I., von Veit Valentin keineswegs so positiv gewürdigt wie im Jahre 1946. Preußen eine ehrliche Stütze zu sein, wäre dem württembergischen König schmachvoll erschienen, urteilte der Historiker Valentin. Mancherlei habe dieser König vom Deutschtum und vom Fortschritt gesprochen – »nur eines aber meinte er stets ehrlich dabei: Württembergs Vergrößerung«. Diese Bewertung aus dem Jahre 1929 hat Valentin nach dem Zweiten Weltkrieg nicht mehr wiederholt, statt dessen aber im Jahre 1946 den König Wilhelm von Württemberg einen »politisch hochbegabten« Monarchen genannt. Es scheint, als habe sich der Blick des Historikers im amerikanischen und britischen Exil verändert und zu der Erkenntnis beigetragen, daß im Grunde weder die Heilige Allianz noch die Reichsgründung von 1871 taugliche Mittel zur Friedenssicherung in Europa gewesen sind. Die Überlegungen zu einer anderen Form des Kräfte-Gleichgewichts in Mitteleuropa, die in dem »Manuskript aus Süddeutschland« erörtert worden waren, erscheinen nach dem Ende preußisch-deutscher Großmachtpolitik und der damit verbundenen Teilung Europas nicht mehr wahnhaft, sondern eher als eine der deutschen Möglichkeiten, die aus Mangel an politischem Realitätssinn ohne ernsthafte Diskussion verworfen worden sind.

Demokrat und Dichter

Kaum ein Schwabe hat seinen Landsleuten so viele Rätsel aufgegeben wie Ludwig Uhland. Ein Konservativer sei er gewesen, sagen die einen. Aber er habe doch in der Frankfurter Paulskirche zu den Linken gehört und stets mit ihnen gestimmt, erwidern die anderen. Auf jeden Fall müsse man Uhland als einen der ersten Demokraten im Lande Württemberg würdigen, werfen die Dritten ein, schließlich habe er wie kein anderer für die Rechte des Volkes gestritten. Am einfachsten hat es sich vor fünfzig Jahren der Landeshistoriker Adolf Rapp gemacht. In einem Vortrag, dem Andenken Ludwig Uhlands gewidmet, meinte er schlicht: »Ein Politiker war der Mann nicht.« Nun, er war kein Gschaftlhuber und kein Selbstdarsteller, er war auch nicht machtlüstern oder machtbesessen, sondern ein redlicher, pflichtbewußter Bürger seines Landes. Doch er war für seine Zeit politisch außerordentlich wirksam, weil er Einfluß genommen hat auf das Denken und auch auf das Verhalten der Zeitgenossen. Man muß ihn deshalb zu den Politikern zählen, zu den »Volksmännern« seiner Zeit. Freilich hat Uhland weniger im Landtag oder in der Paulskirchen-Versammlung eine Tribüne für das Einflußnehmen gesucht, sondern vor allem durch Verse, durch kurze Gedichte und durch gleichnishafte politisch-historische Werke eine öffentliche Wirkung erzielt, zum Beispiel durch das Schauspiel »Herzog Ernst von Schwaben«. Wenn man sagt, er sei »Dichter und Demokrat« gewesen, so kommt man Uhland wohl am nächsten. Für ihn zählte der Gedanke, daß im einzelnen, im »Volke«, große Kräfte verborgen seien, die freigesetzt werden müßten. Von Adel und Adelsprivilegien, von der Macht der Aristokraten hielt er nicht viel oder gar nichts. Deshalb stimmte er in der Paulskirchen-Versammlung bei der zweiten Lesung des Grundrechts-Katalogs auch für die Abschaffung des Adels und plädierte bei den Verfassungsberatungen für ein gewähltes Staatsoberhaupt, für eine Republik, die über den 34 deutschen Fürstentümern stehen sollte. Innerhalb dieser Fürstentümer, dieser kleinen und großen Monarchien, erhoffte sich Uhland unter dem großen republikanischen Dach eine demokratische, eine freiheitliche Entwicklung. Für machtstaatliche Erwägungen, das mag richtig sein, hatte Uhland keinen Sinn. Wer zum deutschen Volk gehörte, sollte auch der Republik der Deutschen angehören dürfen. Wegen dieser Haltung zählte man Uhland zu den »Großdeutschen«, die Deutsch-Österreich nicht aus dem gemeinsamen Staatsverband ausschließen und Preußen keine Vormachtstellung einräumen wollten.

Wie kaum ein anderer hat Ludwig Uhland als akademischer Lehrer den Wurzeln nachgespürt, die er, ganz im Sinne Herders, in der Sprache des Volkes, in der Muttersprache, im Volkslied in Märchen und Sagen sichtbar machen wollte. Ein Stück Romantik, verstanden als Gegensatz zum kühlen Rationalismus französischer Aufklärer, gehört zu Uhland. »Ich halt es mit dem schlichten Sinn,

/ der aus dem Volke spricht«, bekannte er – und errang sich damit große Sympathie bei seinen Landsleuten –, als der Kampf gegen die oktroyierte Verfassung des Königs Friedrich die Gemüter in Württemberg erregte.

Immer wieder pocht Uhland, der Jurist, auf das unteilbare Recht. Demokratie ist für ihn auch die Einrichtung einer volkstümlichen Rechtspflege. Deshalb Uhlands entschiedenes Eintreten für Schwurgerichte, für die Mitwirkung der Laien, der Leute aus dem Volk, an der Strafgerichtsbarkeit. Auch die Opposition gegen eine allzu mächtige Staatsgewalt, das Mißtrauen gegen die Verfechter jedweder Art obrigkeitsstaatlicher Ideen gehörte zu Uhlands politischer Überzeugung. »Er stimmte für Paragraphen, die der Staatsgewalt gegen Aufruhr und Unordnung die starken Mittel versagten«, stellte der stramm wilhelminisch-obrigkeitsstaatlich gesonnene Adolf Rapp noch im Jahre 1927 fest und fügte vorwurfsvoll hinzu: »Uhland war gegen die alten Gewalten starrsinnig, gegen die jungen, demokratischen mild.« Kein Wunder, daß ihn die Landsleute einen Mann des Volkes, einen »Volksmann« genannt haben. Ein Freund der Gewalt oder gar ein Revoluzzer war Uhland gewiß nicht. Der Aufstand in Baden und in der Pfalz veranlaßte ihn zu einem Appell an die Vernunft. Man solle sich darum bemühen, meinte Uhland in einem Antrag, »einen verfassungsmäßigen Rechts- und Friedenszustand auf versöhnlichem Wege« herzustellen. Das wurde ihm von den Anhängern der alten Gewalten prompt als eine Parteinahme für die Radikalen ausgelegt, obwohl Uhland nichts anderes im Sinne hatte als einen Kompromiß, der die Chance zur Fortentwicklung der Volksrechte, der Demokratie, geboten hätte. Volksheer und Volksbewaffnung gehörten zum Uhlandschen Rechts- und Demokratieverständnis. Im Kampf für das alte, gute Recht gab er zu bedenken:

> »Das Recht, das jedem freien Mann
> Die Waffen gibt zur Hand,
> Damit er stets verfechten kann
> Den Fürsten und das Land.«

Was die Freiheit betraf, die man im Jahre 1813 nach dem Sieg über Napoleon in der Völkerschlacht bei Leipzig erwartet hatte, da war man enttäuscht. Die Fürsten unter Metternichs Einfluß stellten sich taub gegenüber den Forderungen derer, die den Sieg über den französischen Imperialismus ermöglicht hatten. Uhland forderte um so entschiedener den Vertrag des Volkes mit dem König und rief seinen Landsleuten zu:

>>Freie seid ihr nicht geworden,
wenn ihr das Recht nicht festgestellt.<<

Die Württemberger, vor allem die Bewohner in den altwürttembergischen Ämtern, zitierten diese und andere Verse Uhlands wie selbstverständlich. Sie alle hatten in der Schule und in der Kirche, im Konfirmandenunterricht zum Beispiel, das Memorieren von Versen und Liedern geübt und gelernt. Da fiel es nicht schwer, sich die gereimten Kampfaufrufe und Mahnungen des Stuttgarter Abgeordneten und Dichters zu merken und weiterzuverbreiten. Die große Popularität, die Ludwig Uhland schon in jungen Jahren besaß, veranlaßte den >>politischen Dichter Württembergs<< zu ganz besonderer Gewissenhaftigkeit in der Wahrnehmung seines Mandats. Während der Zugehörigkeit zum Landtag, für die es damals keine Bezüge gab, verzichtete Uhland auf sein Professorengehalt; als man ihm für die Landtagsarbeit den Urlaub verweigerte, beendete er die Lehrtätigkeit; der Auftrag der Wähler hatte für ihn – der freilich kein unvermögender Mann war – den Vorrang. Selbst am Hochzeitstag zeigte Uhland Pflichtbewußtsein als Abgeordneter: vor und nach der Trauung nahm er an der Landtagssitzung teil. Die Braut erwartete das Ende der Beratungen auf der Zuhörerbank.

>>Brot ist Freiheit, Freiheit Brot<<

Zwei Zeilen von den zwölf Strophen eines Gedichtes haben das 19. Jahrhundert überdauert und sind ein Kampfruf geblieben:

>>Alle Räder stehen still
Wenn Dein starker Arm es will.<<

Das Zitat stammt aus dem >>Bundeslied<< des von Ferdinand Lassalle gegründeten >>Allgemeinen Deutschen Arbeitervereins<<. Georg Herwegh (Abb. 33) hat das Lied im Auftrag Lassalles im Jahre 1863 geschrieben.

»Mann der Arbeit, aufgewacht!
Und erkenne deine Macht!«

reimte Herwegh und schloß die zwölfte Strophe mit den Worten:

»Brot ist Freiheit, Freiheit Brot.«

In der Bundesrepublik und auch in seiner württembergischen Heimat ist Georg Herwegh, ein Sohn der Stadt Stuttgart, oft kaum noch dem Namen nach bekannt, für die Studenten in Leipzig oder Ostberlin ist die Beschäftigung mit diesem ehemaligen Tübinger Stiftler eine Pflichtübung, nicht anders als die Beschäftigung mit Heinrich Heine. Dabei wird gerne der Eindruck erweckt, als habe Herwegh einst seine Heimat aus politischer Opposition verlassen und in die Schweiz emigrieren müssen. Das ist eine Legende, die man aus dem späteren Leben und Verhalten Herweghs gefertigt hat. Die Anfänge des Dichters und politischen Agitators Herwegh waren eher alltäglich und bieten wenig Stoff für ein Märtyrertum. Der 1817 geborene Sohn eines aus Hessen-Darmstadt nach Stuttgart zugewanderten Kochs und Gastwirts und einer schwäbischen Mutter, einer geborenen Märklin, hielt es im Tübinger Stift beim Studium der Theologie nicht lange aus. In betrunkenem Zustand hat er einen Repetenten des Stifts angepöbelt und hat deshalb sein Stipendium verloren. Da die – geschiedenen – Eltern nicht besonders vermögend waren, gab es Schwierigkeiten bei der Fortsetzung des Studiums auf eigene Kosten. Zwar ließ sich der junge Herwegh nun bei den Juristen einschreiben, doch interessierte er sich besonders für Geschichte und Literatur. Als er – anscheinend wegen wirtschaftlicher Schwierigkeiten – schon nach wenigen Monaten das freie Studium abbrach und nach Stuttgart zurückkehrte, fand der schriftstellerisch begabte Zwanzigjährige eine Stelle in der Redaktion der Zeitschrift »Europa«. Dort erreichte ihn die Einberufung zum Militär, von dem er als Theologiestudent im Stift befreit gewesen wäre. Da er der Einberufung nicht nachkam, wurde er zwangsweise eingezogen. Schließlich bewilligte König Wilhelm I. ein Gesuch um Rückstellung.
Da Herwegh sich inzwischen einen längeren Arrest wegen unbotmäßigen Verhaltens gegen einen Offizier eingehandelt hatte, mußte er vor der Beurlaubung diese Strafe noch absitzen. Der

entscheidende Konflikt mit der Obrigkeit ließ nicht lange auf sich warten: bei einem Maskenball legte sich Herwegh mit einem Oberleutnant an. Das bedeutete das Ende der Beurlaubung. Statt, wie ihm befohlen, wieder Soldat des Königs zu werden, floh Georg Herwegh außer Landes und gelangte in die Schweiz. Das war im Sommer 1839. Als Deserteur wurde Herwegh in Abwesenheit verurteilt; sein – kaum vorhandenes – Vermögen verfiel dem Staat, auch künftiges Vermögen sollte dem Fahnenflüchtigen laut Gerichtsurteil vorenthalten sein. Mit dieser Affäre begann der tiefe Einschnitt im Leben Herweghs; nun schrieb der hochbegabte junge Stuttgarter, der nach seiner Rückkehr aus Tübingen mit der Übersetzung der Werke Lamartines begonnen hatte, eine größere Zahl politisch-aktueller Gedichte und wurde durch deren Publikation in zwei Bänden (1841–1843) unter dem Titel »Gedichte eines Lebendigen« schnell in allen deutschen Ländern bekannt, ja berühmt.

Zunächst setzte Herwegh seine Hoffnungen für ein freiheitliches Deutschland vor allem auf den preußischen König Friedrich Wilhelm IV., dessen Presse-Edikt vom Dezember 1841 der freien Diskussion politischer und sozialer Fragen Auftrieb gegeben und einem Karl Marx in der »Rheinischen Zeitung« die Chance zu kritischen Stellungnahmen verschafft hatte.

> »Du bist der Stern, auf den man schaut,
> Der letzte Fürst auf den man baut«

versicherte Herwegh dem preußischen König in einem Friedrich Wilhelm IV. gewidmeten Gedicht. Der inzwischen schon populäre fünfundzwanzigjährige Herwegh, der von der Schweiz aus eine Reise durch Deutschland, unter Umgehung der ihm nach wie vor versperrten württembergischen Heimat angetreten hatte, wurde in Berlin von König Friedrich Wilhelm IV. empfangen. Doch das Gespräch mit dem preußischen König muß enttäuschend für Herwegh gewesen sein. Ein offener Brief, den er nach diesem Besuch publizierte, erregte das Mißfallen Friedrich Wilhelms IV. Herwegh wurde ausgewiesen. Die Lockerung der Zensur in Preußen dauerte ohnedies nur kurze Zeit; im Jahre 1843 befand der König von Preußen, daß gewährte Freiheit von den Publizisten mißbraucht worden sei, um »verderbte Theorien« unter die Leute zu bringen. Der Stern, auf den Herwegh so hoffnungsvoll geschaut hatte, erwies sich als ein Irrlicht. Die Enttäuschung, aber auch der junge Ruhm beflügelten Herwegh. Nun schrieb er polemische, ja satirische Verse, die sich so schnell wie ein Gerücht in den deutschen Landen verbreiteten. Die Adeligen waren Ziel der dichterischen Inspiration.

> »Für die ganze Welt den Adel,
> für die Menschheit Brot und Wein«

heißt es in einem der Gedichte aus dem Jahre 1843. Goethes »Nachtgesang« diente Herwegh als Muster für ein Spottlied auf das deutsche Biedermeier:

> »Laß jede Freiheit dir rauben,
> Setze dich nicht zur Wehr,
> Du behältst ja den christlichen Glauben:
> Schlafe, was willst du mehr?«

Als diese Zeilen im Jahre 1845 gedruckt wurden, war der Konflikt mit der württembergischen Heimat schon beendet. König Wilhelm I. hatte die Angelegenheit, nicht zuletzt auf Grund einer Bittschrift von Herweghs Mutter und nach der Fürsprache einflußreicher Stuttgarter Bürger, für erledigt erklärt. Im Februar 1843 wurde Georg Herwegh begnadigt. Er sollte jedoch, wenn er ins Land zurückkommen wollte, einen Ersatzmann fürs Militär stellen, eine damals durchaus allgemeine Methode, die den Reichen entgegen kam. Doch Herwegh bemühte sich nicht darum; er kaufte sich statt dessen im März 1843 in die Gemeinde Augst im Kanton Baselland ein und erhielt dort das Bürgerrecht. Die deutschen Landsleute, speziell die Preußen, attackierte der Bürger von Augst unter anderem mit einem Spottgedicht auf die Unterwürfigkeit des Preußenkönigs gegenüber dem russischen Zaren.

> »Tanzt, ihr Deutschen, tanzt, ihr Polen,
> Wie der Zar es nur befohlen,
> Wie der König euch befiehlt.«

Die 48er Revolution in Frankreich sah Herwegh an der Spitze einer Deputation deutscher Emigranten, die sich an die französischen Revolutionäre mit einer Grußadresse wandten. Herwegh war der Hauptverfasser dieser Adresse. Er verlas sie auch in einer feierlichen Zeremonie. Sie endete mit den Worten:

»Es lebe die Demokratie!
Es lebe die europäische Republik.«

Aber Sympathie-Erklärungen waren nach Herweghs Meinung nicht genug. Nun mußte gehandelt, mußte gekämpft werden. Es entstand die »Deutsche Demokratische Legion«. Mit ihr wollte Herwegh vom Baseler Dreiländereck aus den badischen Revolutionären und Hecker zur Hilfe eilen. Emigranten wie Marx und Engels, auch Heine, distanzierten sich von dem Unternehmen, an dessen Spitze Georg Herwegh als »Präsident« stand. Als man schließlich mit 700 Mann über den Rhein nach Baden eindrang, waren Heckers Anhänger schon geschlagen. In Dossenbach im Schwarzwald stieß Herwegh auf gut bewaffnetes und ausgebildetes württembergisches Militär. Der ungleiche Kampf dauerte nicht lange. Fünfzig von Herweghs Legionären blieben tot auf dem Schlachtfeld, 400 gerieten in Gefangenschaft. Zusammen mit seiner Frau, die ihn begleitet hatte, floh Herwegh in die Schweiz. Nun mußte er von Mitemigranten in Paris noch Hohn und Spott über sich ergehen lassen. Heinrich Heine nannte Herwegh in einem Gedicht »Simplizissimus I.« Als Heine sah, in welche Gesellschaft er als Herwegh-Spötter geraten war, wurde ihm die Sache peinlich, er verhinderte den Druck des Spottgedichtes. Es ist erst nach Heines und Herweghs Tod der Öffentlichkeit zugänglich geworden.

Nach dem Krieg und der Amnestie von 1866 kehrte Herwegh aus Zürich zurück und lebte bis zu seinem Tode im Jahre 1875 in Baden-Baden. Neben Übersetzungen, unter anderem von Werken Shakespeares, und tagespublizistischen Arbeiten schrieb er unverdrossen weiterhin aktuelle, kritische Gedichte. Allerdings war nun der Zeitgeist nicht mehr im Bunde mit Herwegh wie zwei Jahrzehnte zuvor. Nur wenige wollten noch die Warnungen Herweghs vor preußischer Machtpolitik hören, wenn er nach der Niederlage der Österreicher bei Königgrätz meinte:

»Geht Preußen nicht in Deutschland auf?
Jawohl, so wie der Schwamm im Wasser.«

Als Bismarck die deutschen Fürsten im Spiegelsaal von Versailles versammelte, um die Gründung des Deutschen Reiches und den neuen deutschen Kaiser feiern zu lassen, fühlte sich Herwegh »nun ganz auf der Seite der Proletarier«. Das Bürgertum, zeitweilig Kampfgenosse der radikalen Demokraten für die Freiheitsrechte und, wie Herwegh wohl glaubte, für eine »europäische Republik«, sah er von seinem Beobachterposten in Baden-Baden aus nun »Arm in Arm mit der Reaktion«. An dieser Seite hätte er nicht stehen wollen, deshalb »bin ich's zufrieden« schrieb er einem Freund. Die Deutschen aber warnte er in seinem Hammer-Amboß-Gedicht:

> »Dem Rausche folgt ein Katzenjammer,
> Daß euch die Augen übergehen.«

An prophetischen Gaben, das darf man dem dichtenden radikalen Demokraten nachrühmen, hat es dem Verfasser des »Bundeslie-des« gewiß nicht gefehlt.

Emigrant und Ehrenbürger

Die einzige öffentliche Rede, die Ludwig Pfau (Abb. 35) in einem mehr als siebzig Jahre dauernden Leben gehalten hat, war eine Verteidigungsrede vor dem Frankfurter Stadtgericht. Sie über-zeugte die Zuhörer, nicht aber die Richter im preußisch geworde-nen Frankfurt. Deshalb mußte Ludwig Pfau wegen einer Beleidi-gung der preußischen Majestät eine Haftstrafe von drei Monaten in seiner Vaterstadt Heilbronn absitzen. Die »Frankfurter Zei-tung«, ein 1856 gegründetes freisinnig-demokratisches Blatt voller Oppositionsgeist, hatte im Kulturteil einen kritischen Beitrag des schwäbischen Demokraten Ludwig Pfau abgedruckt. Die Verur-teilung erhöhte die Popularität Pfaus weit über Frankfurt und über seine württembergische Heimat hinaus, eine Popularität, die sich der 48er »Volksmann«, ganz ähnlich einem Georg Herwegh, vor allem mit politischen Gedichten erworben hatte. Beide, Herwegh und Pfau, hatten in Ludwig Uhland ein großes Vorbild. Aber sie fanden gleichwohl den eigenen Ton; vor allem in seinen satiri-schen Gedichten war Pfau ein originaler Geist. Theodor Heuss hat einmal angemerkt, als politischer Lyriker sei Pfau neben Herwegh in der Mitte des vergangenen Jahrhunderts der markanteste gewe-sen: »Herwegh hat das größere Zeit-Pathos, den hallenden Schritt der Verse, Pfau ist intelligenter.«

Nach der Rückkehr aus einer 14 Jahre dauernden Emigration gehörte Pfau im Jahre 1864 zusammen mit seinem ebenfalls dichtenden Freund und Gesinnungsgenossen Karl Mayer und mit Julius Haußmann zu den Gründern der »Volkspartei«. Um so erstaunlicher, daß er, wie seine Biographen behaupten, nie auf einer Volksversammlung gesprochen haben soll. Doch der spätere Ehrenbürger von Heilbronn war, wie Heuss einmal angemerkt hat, der »selbständigste Kopf der alten schwäbischen Demokratie«. Seine schriftstellerische Überlegenheit habe ihm den großen Einfluß in der Bevölkerung gesichert. Die Programme der neugegründeten Partei, der ersten Partei, die sich in Württemberg nach dem Vereinsrecht organisierte, hat Ludwig Pfau verfaßt; er war auch der Autor von Wahlaufrufen und Wahlbroschüren. Zur Mobilisierung des Volkes in der 48er Revolution trug der damals siebenundzwanzigjährige Pfau in Stuttgart mit der Gründung der ersten politisch-karikaturistischen Zeitschrift bei, dem »Eulenspiegel«. Ein Gedichtband war kurz zuvor, im Jahre 1847, erschienen. Eines seiner politischen Kampfgedichte hat Ludwig Pfau zu frühem Ruhm verholfen:

> »Herr Biedermeier
>
> Das ist ein Bürger, hochgeachtet,
> Der geistlich spricht und weltlich trachtet;
> Er wohnt in jenem schönen Haus
> Und – leiht sein Geld auf Wucher aus.«

Ein Preußenfresser sei Pfau, haben ihm seine Gegner vorgehalten. Nun, ein Freund Bismarcks und dessen Reichsgründung war er gewiß nicht. Schon in der Zeit der Paulskirchenversammlung polemisierte der damals noch recht jugendliche Pfau gegen die Kleindeutschen und deren Parole »Einheit ist das Wichtigste«. Nach Pfaus Ansicht mußte die Parole heißen: »Trachtet am ersten nach der Freiheit, so wird euch das übrige alles zufallen.« Der spätere Redakteur des demokratischen »Beobachters« und Nachfolger auf dem Redaktionssessel von Hermann Kurz, war, wie es 1894 in einem Nachruf hieß, ein »Dichter aus politischer Begeisterung«. Man hätte es auch Leidenschaft nennen können, Leidenschaft für den Rechtsstaat, Leidenschaft für die Volksfreiheit.
Der Einfluß französisch-revolutionärer Tradition ist in vielen Zeitungsbeiträgen Pfaus unverkennbar. Das kann nicht überra-

schen, denn der als Sohn eines Gärtners in Heilbronn zunächst zum Gärtnergehilfen ausgebildete Pfau ging als Jüngling in das Paris des Louis Philipp und begann dort mit Studien, die er nachher an den Universitäten in Heidelberg und Tübingen fortsetzte. Philosophie und bildende Kunst waren seine Lieblingsfächer. Die Kenntnisse auf diesen Gebieten machten Pfau später, auch in der viele Jahre dauernden Emigrationszeit in Zürich, in England, in Frankreich und in Belgien zu einem geschätzten Mitarbeiter an Zeitungen und Zeitschriften. Von allen drei späteren Volksparteigründern traf Pfau in Abwesenheit die härteste Strafe: einundzwanzig Jahre Zuchthaus. Bei Karl Mayer lautete das Urteil zwanzig Jahre, bei Julius Haußmann, dem späteren Organisator der Volkspartei, zweieinhalb Jahre Festung. Pfau wies nach der Amnestie, die ihm 1863 die Heimkehr erlaubte, halb scherzhaft, halb stolz darauf hin, daß er der am höchsten Bestrafte, also der Gefährlichste unter den 48ern gewesen sei.

Wie er in den langen Jahren des Verbanntseins gelitten hat, deuten manche seiner Verse aus jener Zeit an. In einem der Gedichte aus der Emigrationszeit bittet Pfau um Verständnis für die Asylanten aus Deutschland:

> »Denkt, daß ihr Rock, zerstückt vom Leide,
> Mehr als ein Purpurmantel gilt:
> Sie gehen in der Freiheit Kleide –
> O, seid den deutschen Bettlern mild!«

Der Republikaner Pfau hat 1848, als man in Preußen das Militär auf das Volk schießen ließ, angeklagt:

> »Da liegen sie, Mann und Knabe
> Starr mit zerfetztem Leib.«
>
> . . .
>
> »Hergott! und das hat ein König
> ein deutscher König getan.«

Nach der Rückkehr aus dem Exil nahm Pfau, nun hauptsächlich in Tageskommentaren im »Beobachter«, den Kampf für einen Volks- und Rechtsstaat wieder auf. Im Februr 1865 warnte er vor Kompromissen in der Frage einer künftigen Verfassungsordnung: »Es gibt kein Recht in Deutschland, solange das Belieben eines

Ludwig Uhland.

31 Ludwig Uhland
1787–1862

GUILLAUME,

Roi de Wurtemberg,

Né le 27 Septembre 1781.

32 König Wilhelm I. von Württemberg
1781–1864
Regierungszeit: 1816–1864

Einzelnen und nicht der Wille der Nation das oberste Gesetz ist.« Ganz deutlich war er in der Ablehnung einer Führungsrolle Bismarcks und Preußens. »Wir wollen das föderative Leben Deutschlands nicht zugunsten eines unter der Fuchtel der Militärherrschaft und Polizeiwillkür stehenden Preußentums gefährdet wissen.« Angesichts des drohenden Konfliktes zwischen Preußen und Österreich kommt Pfau im Jahre 1865 im »Beobachter« auf die alte Trias-Idee zurück, ohne sie beim Namen zu nennen. Die Dynastien der Mittelstaaten, so meint der intellektuelle Führer der jungen Volkspartei, sollten »an der Spitze der Nation statt im Schweife der Großmächte marschieren«. Für ihn ist eine preußische Hegemonie gleichbedeutend mit einer Priorität der Militärmacht auf Kosten der Volkskraft.

Die Furcht vor dem Preußentum

Hier klingen bei Pfau, wenige Jahre vor der Bismarckschen Reichsgründung, in präziser Form wieder die Befürchtungen an, die in der Paulskirchenversammlung von 1848/49 das Verhalten einer Mehrheit der württembergischen Abgeordneten bestimmte. Die Abgeordneten befanden sich dabei durchaus im Einklang mit der königlichen Regierung und dem allgemeinen Staatsinteresse. Man wollte Württemberg nicht getrennt sehen von Österreich. Würde Österreich seinen eigenen Weg gehen und würde die Großmacht Preußen statt dessen für die süddeutschen Staaten zur eigentlichen Führungsmacht, so müsse man eine dauernde preußisch-österreichische Zwietracht befürchten, verbunden mit der Gefahr französischen Eingreifens. Süddeutschland könne dann rasch zum Spielball der Großmachtinteressen und zum Kriegsschauplatz werden. Das war die staatspolitische Argumentation der meisten württembergischen Vertreter.

Die Demokraten, die »Volksmänner«, zu denen ein Uhland, aber auch die jungen politischen Streiter wie ein Karl Mayer und ein Ludwig Pfau gehörten, hatten vor allem eine tiefe, oft mehr emotionale als rationale Abneigung gegen das Preußentum und wollten ihm keinesfalls ausgeliefert sein. Selbst ein Paul Pfizer, der mit seinem »Briefwechsel zweier Deutscher« die allgemeine Debatte über die Zukunft des »Deutschen Bundes« frühzeitig stimuliert hat, legte Wert darauf, daß er bei einem Plädoyer für die Großmachtrolle Preußens nicht mißverstanden werde. Als Pfizer in der ersten Auflage seines Buches im Jahre 1831 die staatliche Trennung von Österreich empfahl, forderte er zugleich eine tiefgreifende Veränderung Preußens. »Preußen selbst muß Deutschland werden«, schrieb Pfizer. Ein bürgerlich-freisinniges Preußen – ein »westliches« – gehöre an die Spitze Deutschlands. Später, als Pfizer wohl zu der Einsicht kam, daß die von ihm gewünschte innere Reform in Preußen doch nicht zu erwarten sei, hat er in der zweiten Auflage des »Briefwechsels« zum dritten Weg geraten, zu einem deutschen Bundesstaat *neben* Preußen und Österreich und hat diesen Rat nach dem Ende der Freiheitsbewegung im Jahre 1850 noch einmal wiederholt. Das Preußentum dürfe nicht über uns kommen. Was aber war in den Augen süddeutscher Demokraten und Liberaler dieses Preußentum? Man verstand es als eine hochmütige Herrschaft des Adels über das Volk, des Beamten über den Untertan. Kritisiert wurde am Preußentum der Vorrang des Militärs in Staat und Gesellschaft, der Geist des soldatischen Gehorsams. Der Bürger sei in einem derartigen Staatswesen geknechtet, der »Kulturstand zurückgeblieben«.

Die eigentliche Linke jener Zeit, die Demokraten in der Paulskirchenversammlung, verlangten – unabhängig von den Gefahren des Preußentums, die viele von ihnen so häufig beschworen haben – die »ganze Freiheit der Nation«, die politische Gestaltungsfreiheit. Mit »Naturgewalt« werde die Nation in der Freiheit zusammenstreben, das war ihre Überzeugung. Der Einfluß der französischen National-Idee und des französischen Nationen-Verständnisses war bei der süddeutschen Linken in der Paulskirche besonders ausgeprägt. Wenn Pfau sagte »Zuerst die Freiheit« – dann entsprach diese Parole ganz dieser Grundüberzeugung der Linken. Daß David Friedrich Strauß, ein anderer Württemberger mit großem politisch-publizistischem Einfluß in Deutschland, im National-Verein den Vorrang der Einheit betonte, hatte auch mit der tiefen Abneigung des protestantischen Theologen Strauß gegen den katholischen Staat Österreich zu tun. Strauß war Österreich gegenüber ebenso emotional ablehnend wie die württembergischen »Volksmänner« gegenüber Preußen. Friedrich Theodor Vischer (Abb. 34), Professor für Ästhetik und Landsmann von David Friedrich Strauß, stand als Mitglied der Paulskirchenversammlung in der Preußen-Österreich-Frage in einem Gegensatz zu seinem alten Freund. Vischer hatte prinzipiell Vorbehalte gegen eine »norddeutsche Führung«, er wollte die Süddeutschen nicht mit den Norddeutschen allein lassen in einem Staat ohne die Deutsch-Österreicher. Die Norddeutschen, so argumentierte Vischer, seien zu berechnend, ihnen fehle das natürliche Wesen, ihr Betragen wirke so gekünstelt. Der Katholizismus schreckte Vischer nicht ab. Das Volkswesen habe da ein freieres Spiel als im zu rationalen Protestantismus. Von der Teilnahme der österreichischen Länder an einem Staat der Deutschen erhoffte sich Vischer, daß »mehr Fülle der Natur in uns hineinkomme«. Selbst ein in der Paulskirche so zurückhaltender württembergischer Abgeordneter wie Gustav von Rümelin, der später wegen der gescheiterten Konvention mit dem Heiligen Stuhl sein Amt als Kultminister aufgeben mußte, bekannte bei der Diskussion über ein preußisches Erbkaisertum, dies sei für Süddeutsche »wie ein Sturzbach kalten Wassers«.

Die propreußische Wende

Das Ende des Deutschen Bundes, und damit die Wende in der württembergischen Politik zu einer auf Preußen orientierten Richtung, kam im Jahre 1866. Nicht die Volksmeinung oder eine Entscheidung König Karls bewirkten die Veränderung, sondern die Niederlage Württembergs als österreichischer Bundesgenosse im Krieg zwischen Preußen und Österreich. Der Schlacht von Königgrätz folgte das Gefecht von Tauberbischofsheim, in dem die württembergischen Truppen dem preußischen Heer unterlagen. Eine Hilfe bei Österreich fanden die Württemberger nicht, als die Preußen ins Kochertal vordrangen und bei Schwäbisch Hall Stellung bezogen. Die Regierung Varnbüler wollte retten, was zu retten war und bot Bismarck den Beitritt zum Norddeutschen Bund an. Da Bismarck eine Reaktion Frankreichs zu diesem Zeitpunkt vermeiden wollte, zögerte er mit der Annahme des württembergischen Angebotes. Nach dem Ausscheiden Österreichs aus dem Deutschen Bund und der Auflösung dieser Staatenvereinigung verpflichtete sich das Königreich Württemberg, sein Heer im Kriegsfalle dem Oberbefehl des Königs von Preußen zu unterstellen. Über die Frage, ob Württemberg den Bündnisfall selbst feststellen könne oder ob auch dies zur Kompetenz Preußens gehöre, hat es bald nach dem Bekanntwerden des – geheimen – Bündnisvertrags Kontroversen gegeben. Dabei setzte sich die preußische Lesart durch. Das war das Ende einer württembergischen Handlungsfreiheit, einer Souveränität in den Beziehungen zu anderen Staaten.

Eine weitere wichtige Etappe auf dem Weg zur Eingliederung in einen von Preußen geführten Gesamtstaat bildete im Jahre 1868 die Aufnahme süddeutscher Abgeordneter in das Zollparlament des Norddeutschen Bundes. Daß die Württemberger an der Seite des Norddeutschen Bundes im Jahre 1870 in den Krieg gegen das französische Kaiserreich und Napoleon III. zogen, fand bei aller weiterhin gegen Preußen bestehenden Abneigung keinen Widerstand mehr in der württembergischen Bevölkerung. Das war insofern bemerkenswert, als bei der früheren Landtagswahl die pro-preußische und pro-Bismarcksche, 1866 gegründete Deutsche Partei im Vergleich zu den anti-preußischen Demokraten der Volkspartei und dem sogenannten »Großdeutschen Club« einiger katholischer Volksvertreter schlecht abgeschnitten hatte. Noch am Beginn des Krieges von 1870/71 gehörten zahlreiche Mitglieder des Landtages, der Zweiten Kammer, zu den Befürwortern eines »Südbundes«, bestehend aus Baden, Württemberg und Bayern. Aber dieses, in der Öffentlichkeit nach dem Ende des Deutschen Bundes propagierte Vorhaben scheiterte einmal daran, daß es nicht genug Sicherheit gegenüber den Großmächten bieten konnte und außerdem eine Führung durch Bayern notwendig gewesen wäre, die man weder in Baden noch in Württemberg akzeptieren wollte. Unter Bismarcks Führung hatte das Königreich Preußen im Krieg gegen Österreich und dessen süddeutsche Bundesgenossen vollendete Tatsachen geschaffen.

Der Neinsager Hopf

Diese Tatsachen, die den Beitritt zum Norddeutschen Bund und schließlich am 1. Januar 1871 die Mitgliedschaft Württembergs im Bundesstaat Deutsches Reich, einem Fürstenbund, zur Folge hatten, bestätigten schließlich auch die Wähler in Württemberg. Am

5. Dezember 1870, mitten im Kriege, gab es 150000 Stimmen für den Beitritt zu einem Deutschen Reich und nur 60000 Stimmen dagegen. Nur noch siebzehn Vertreter der Linken, zu der die großdeutsch gesinnten Demokraten und Katholiken zählten, saßen in dem neuen Landtag, der mit 74 gegen 14 Stimmen der Reichsgründung zustimmte. Die Erste Kammer, die Vertretung der Standesherren, votierte mit 26 gegen drei Stimmen für die neue Reichsgründung. (Unter den drei Neinstimmen war auch die des Freiherrn von Neurath aus Kleinglattbach bei Vaihingen an der Enz.) Doch diese Landtagswahlen und die Abstimmungen in den beiden Kammern darf man als Nachhutgefechte ansehen. Schon am Beginn des Krieges gegen Frankreich hatte der Landtag den politischen und militärischen Anschluß an Preußen eindeutig vorgeschlagen. Gegen eine einzige Stimme votierten die Abgeordneten am 21. Juli 1870 für die Bewilligung von Kriegskrediten. Die Gegenstimme, die das Bild der Einheit ein wenig verunstaltete, kam von dem Abgeordneten des Oberamtes Vaihingen, dem Demokraten Franz Hopf. Einen »Eigenbrödler« nennt ihn der Landtagshistoriker Albert Eugen Adam im Rückblick. Die meisten Landeshistoriker nehmen von diesem Abgeordneten kaum Notiz. Das ist bedauerlich, denn immerhin muß man Hopf bescheinigen, daß er konsequent bei der alten anti-preußischen Linie der Volkspartei, der württembergischen Demokraten, geblieben war. Der Vorsitzende der Volkspartei, Karl Mayer, hatte noch am Tage vor der Kreditbewilligung im »Beobachter« den »Krieg der Cäsaren« verurteilt und eine bayerisch-württembergische Neutralität empfohlen. Bei der Debatte über die Kriegskredite sagte der Sprecher der Volkspartei nun: »Wir haben nichts *mehr* zu beachten als die Waffenbrüderschaft, wir haben nichts *mehr* zu wünschen als den Sieg für die deutschen Fahnen, welche in diesem Augenblick die preußischen sind.« Noch fünfzig Jahre später, im Jahre 1919, am Ende des verlorenen Ersten Weltkriegs, kommentiert Adam in seinem Rückblick auf hundert Jahre Landtag diese Erklärung Karl Mayers mit dem Satz: »Die nationale Gefahr hatte das deutsche Gefühl zur lodernden Flamme entfacht, die allen inneren Hader verzehrte.«

Wer aber war dieser Franz Hopf, der einsame Abgeordnete, den die lodernde Flamme nicht erreicht hatte? Er gehörte schon in der gescheiterten Revolution von 1848 zu den »Volksmännern«. Diese

Ehrenbezeichnung verdiente sich Hopf in seinem achtzig Jahre dauernden Leben in eindrucksvoller Weise. Der Pfarrerssohn, in Winterlingen bei Ebingen auf der Alb im Jahre 1807 geboren, kam nach dem frühen Tod seiner Eltern als Sechsjähriger zu Verwandten nach Beilstein ins Unterland, ins Amtmanns-Haus, und wurde wegen der hohen Begabung, die er als Schüler zeigte, mit dreizehn Jahren Seminarist in Schöntal, mit siebzehn Jahren Stiftler und Theologiestudent in Tübingen. Einer seiner Beilsteiner Lehrer, der Präzeptor Hoch, habe ihm schon als jungem Lateinschüler eine Abneigung gegen den herrischen König Friedrich vermittelt, erzählte Hopf später aus seinem Leben. In Tübingen hatte Hopf guten Kontakt mit einigen der älteren Studenten, darunter Eduard Mörike, David Friedrich Strauß und Friedrich Theodor Vischer. Die Restriktionen der Karlsbader Beschlüsse hinderten den Neunzehnjährigen nicht an Aktivitäten in der Burschenschaft. Er verlor deshalb das Stipendium und mußte das Stift verlassen. Verwandte halfen mit Darlehen, so daß Franz Hopf das Studium beenden konnte. Man schickte ihn als Vikar nach Hohenhaslach am Stromberg. In Murrhardt – als Helfer – fand er rasch Kontakt mit Demokraten, darunter dem späteren Abgeordneten Ferdinand Nägele, einem Schlossermeister (einem Vorfahren des Malers Reinhold Nägele). Doch der Freisinn des jungen Theologen mißfiel der Kirchenbehörde. Zur Strafe versetzte man ihn nach Wurmberg. Im Jahre 1844 wird Hopf auf eigenen Wunsch Pfarrer in Hohenhaslach, einer damals ziemlich verarmten und deshalb von den Pfarrern des Landes wenig begehrten Gemeinde. Da Hopf sich als allgemeiner Ratgeber in Hohenhaslach betätigt und schnell in der ganzen Gegend zu großem Ansehen kommt, wird er im Jahre 1849 im Vaihinger Bezirk in den Landtag gewählt, ein Mandat, das er bis zum altersbedingten Ausscheiden im Jahre 1877 behauptet.

In die Revolutionswirren wird der Pfarrer von Hohenhaslach dadurch verwickelt, daß er einen auf dem Asperg gefangengehaltenen Gesinnungsfreund, den Adolf Rösler von Oels – dessen Auslieferung Preußen verlangt – vor dem zu erwartenden Todesurteil errettet. Auf Briefen und Skizzen teilt Hopf dem Gefangenen einen genauen Fluchtplan mit – er schreibt mit der zu jener Zeit ganz neuen, dem Wachpersonal noch unbekannten unsichtbaren Tinte. Die Flucht gelingt; man kann Hopf trotz Hausdurchsu-

chung nichts nachweisen. Es folgt dennoch wieder eine Strafversetzung. Diesmal nach Endingen im Balinger Bezirk. Als der ebenfalls gefangene Bruder Röslers, der in Brackenheim zu Hause ist, unter Bewachung zu einem kurzen Hafturlaub nach Endingen kommt, gelingt es ihm durch die Mithilfe von Freunden auf der Rückfahrt den Bewacher zu täuschen und in die Schweiz zu fliehen. Nun ist der Pfarrer Hopf erst recht bei der Stuttgarter Obrigkeit in Ungnade. Ein Prälat stellt ihm bei einer Visitation eine Falle; er wird unter einem fadenscheinigen Vorwand aus dem Kirchendienst entlassen. Die Endinger demonstrierten ihre Verbundenheit mit einem großen Abschied. Vaihingen muß einen Schultheißen wählen und bietet Hopf das Amt an. Er wird gewählt, aber von der Regierung nicht bestätigt. Als er daraufhin in Bieselsberg bei Liebenzell einen kleinen Hof kauft und sich als Landwirt versucht, schicken ihm die Vaihinger Wähler als Gruß das notwendige Saatkorn. 1856 wählt ihn der Vaihinger Bezirk – der Obrigkeit zum Trotz – wieder in den Landtag. In Stuttgart, wo ihm nach der Endinger Affäre jeder Aufenthalt eine Zeitlang verboten war, arbeitet er mehrere Jahre als Redakteur des »Beobachter«. Im Jahre 1862 wagt er die Gründung eines eigenen Wochenblattes, »Gradaus« der Titel. Darin führt er den Kampf für das Volk, ficht gegen Privilegien aller Art und attackiert das Preußentum und die Politik des Ministerpräsidenten Otto von Bismarck. Doch die Ereignisse von 1866 machen den Kampf sinnlos. Die letzte, im Jahre 1867 erschienene Nummer des »Gradaus« schließt mit dem Wort: »Lieber brechen als biegen«.
Wie entschieden Hopf nicht nur als Journalist, sondern auch als Abgeordneter seinen Standpunkt vertreten hat, zeigen die Landtagsprotokolle. Im Jahre 1866, nach dem Sieg Preußens, ruft der Abgeordnete seinen Kollegen zu, sie sollten nicht vergessen: »der König von Preußen ist ein privilegierter Menschenmörder«. Der Protest des preußischen Gesandten führt anderntags dazu, daß der Präsident den Abgeordneten des Bezirks Vaihingen zur Ordnung ruft. Diese nachträgliche Rüge dürfte Hopf eher als eine Auszeichnung betrachtet haben. Wie konsequent der »Pfarrer Hopf«, wie er auch weiterhin von seinen Anhängern genannt worden ist, an seiner Auffassung festhielt, zeigte sich bei der zweiten Abstimmung über die Kriegskredite nach den großen Siegen über die französische Armee am 4. Januar 1871. Wiederum sagte Hopf

Nein zur Regierungsvorlage. Er begründete dies mit den Worten: »Auch jetzt noch wäre ein ehrenvoller, schöner Friede möglich, daß unsere Leute heimkehren vom Schlachtfeld, daß sie nicht mehr im Schnee erstarren, nicht mehr ihr Leben aufopfern müssen für eine Sache, die gegenwärtig in meinen Augen eine ist, die ich für verwerflich halte. Ja, meine Herren, unterstützet sie, wenn sie zurückkehren, unterstützet sie aufs reichhaltigste und nachhaltigste, wenn sie ihre gesunden Glieder und ihre Gesundheit einbüßen, denn von jenen, welche ausgezogen sind, wenn sie auch ihre geraden Glieder noch heimbringen, kommen viele siech und krank zurück.«

Der Appell des Kriegsgegners verhallte ungehört, aber Respekt hat sich Hopf mit seinen abweichenden Voten doch verschafft. Sein Hauptinteresse im Landtag galt freilich nicht der Reichspolitik, sondern den Reformen im Lande selbst. Ziel seiner Angriffe waren unter anderem die alten Dorftyrannen, die lebenslänglichen Schultheißen. Auch im Kampf für eine Trennung von Schule und Kirche hat sich der »Volksmann« Franz Hopf hervorgetan. In Calw, wo der früh Verwitwete seit 1867 bei einer dort verheirateten Tochter lebte, ist dieser schwäbische »Gradaus« zehn Jahre nach dem Abschied aus dem Landtag gestorben. An Pfingsten 1887 hat man ihn beerdigt.

Des Königs Vorbehalte

Es scheint, als habe ein Franz Hopf bei seiner tiefen Abneigung gegen die preußisch-bismarcksche Blut- und Eisenpolitik mehr heimliche Verbündete gehabt als er zu Lebzeiten ahnen konnte. Die später veröffentlichten Akten zeigen, daß schon der Ministerpräsident Karl von Varnbüler, der sich im Jahre 1866 der preußischen Regierung als Bündnispartner anbot, nicht aus Überzeugung gehandelt hat, sondern in der Erwartung, daß nach dem Friedensschluß, der Württemberg vor Gebietsverlusten verschonte, die Volksstimmung das Königreich ins preußische Lager treiben werde. Aber diese, von Varnbüler erwartete Volksstimmung stellte sich damals nicht ein. Varnbülers Nachfolger im Amt des Regierungschefs, Hermann Mittnacht, hat zwar den Bündnisvertrag zur Reichsgründung in Versailles Ende 1870 ausgehandelt und abgeschlossen, aber der Katholik Mittnacht, in Stuttgart als Sohn eines Beamten aufgewachsen und in Mergentheim, der Heimat seiner Vorfahren, in den Landtag gewählt, gehörte keineswegs zu den Preußenfreunden oder gar zur »Deutschen Partei«. Man rechnete ihn zur Landtagsmitte und zu den Sympathisanten eines großdeutschen Bundes. Die preußischen Machtansprüche und die Blut- und Eisenpolitik Bismarcks mißfielen Mittnacht. Noch auf der Fahrt zu den abschließenden Verhandlungen in Versailles sagte Mittnacht zum württembergischen Kriegsminister Suckow, Bismarck habe Blut an den Händen von Königgrätz her und könne deshalb nicht mehr lange bleiben. Königgrätz sei ein Verbrechen gewesen, auf das erst etwas Versöhnendes hätte kommen müssen.

Eine merkwürdig passive Rolle in diesen für die Zukunft Württemberg entscheidenden Jahren spielte der Nachfolger Wilhelms I., sein 1864 auf den Thron gelangter Sohn Karl. Ihm fehlte die Kraft zum eigenen Handeln, er schwankte zwischen der Zustimmung zu dem Unabänderlichen und einer tiefen Abneigung gegen jede Form der Minderung seiner königlichen Kompetenzen. Das Zaudern des Königs erleichterte die Verhandlungen der Kabinettsmitglieder mit Preußen nicht und stärkte auch nicht die württembergische Position im Kreis der alten Bundesstaaten. Am Ende blieben dem Königreich die eigene Post- und Telegraphen-Verwaltung, die Eisenbahn, und das Recht zur Besteuerung von Bier und Branntwein. Auch einige Befugnisse im Militärwesen waren weiterhin königlich-württembergisch, etwa die Ernennung von Offizieren. Bei der Ernennung des Korpskommandanten mußte allerdings die Zustimmung aus Berlin eingeholt werden. Noch mehr als diese Klausel störte den König Karl an dem Bündnis- und am Beitrittsvertrag, daß er nun über sich einen Kaiser habe, der *sein* Heer, das württembergische Heer, inspizieren durfte.

EINWANDERER AUS PIEMONT

Die Kartoffel, bei den Schwaben lange Zeit hauptsächlich in der Form des Kartoffelsalats geschätzt, ist im alten Württemberg durch einen Bauern fremdländischen Namens zunächst sporadisch verbreitet worden. Anton Seignoret hieß dieser Landwirt. Er wohnte in Wurmberg und gehörte zu den im Jahre 1699 ins Herzogtum aufgenommenen Waldensern. Pinache, Perouse, Villars, Serres, Le Bourset hießen die neuen Orte, in denen sich die Flüchtlinge aus Piemont an der Wende vom 17. zum 18. Jahrhundert niederließen. Aus »Le Bourset« ist dann wenige Jahre später (1711) Neuhengstett geworden; die Siedlungen in den früheren Oberämtern Maulbronn und Leonberg haben ihre Waldenser-Namen behalten. Auch in Cannstatt, in Dürrmenz und in Nordhausen sind Waldenser-Familien angesiedelt worden.

Die Einwanderer sprachen eine fremde Sprache, ein aus dem Französischen stammendes Patois und hießen Baral oder Soulier, Jourdan oder Talmon-Gros, Perrot, Rivoir oder Vinçon. Auch ein Gonzales war dabei, einer, dessen Vorfahren einst von der iberischen Halbinsel vertrieben worden waren und dann bei den Glaubensbrüdern im Chisonetal auf der östlichen Seite des heutigen französisch-italienischen Alpenkammes Aufnahme gefunden hatten.

Ganz fremd waren die französischen Namen den Württembergern nicht. Sie hatten in jener Zeit, nach der Aufhebung des Edikts von Nantes (1685), auch andere, aus dem französischen Königreich vertriebene protestantische Glaubensbrüder – Hugenotten – aufgenommen, und außerdem war man ja mit der Grafschaft Mömpelgard oder Montbéliard als Folge einer klugen Heiratspolitik seit 1397 verbunden. Damals erbten die württembergischen Grafen den Besitz an der burgundischen Pforte und seitdem fand man im alten Württemberg stets auch Hofleute und Beamte mit französischer Muttersprache und mit französischen Namen. Die Waldenser-Kolonien jedoch, die ein halbes Jahrhundert nach den verheerenden, dreißig Jahre dauernden Machtkämpfen und Religionskriegen entstanden sind, waren etwas Besonderes. Die neu gegründeten Dörfer hatten ihre eigenen Rechte; sie bildeten, wie ein Zeitgenosse gemeint hat, »kleine, freie Republiken« im Herzogtum Württemberg. Man hätte freilich hinzufügen müssen, daß es ganz arme Republiken gewesen und auch lange Zeit geblieben sind.

Der Name Waldenser stammt nicht, wie schon mancher schwäbische Schüler in der Heimatkunde behauptet hat, von »Wald«, obwohl zu den Waldensersiedlungen fast überall ein kleines Waldgebiet gehört. Namensgeber dieser Glaubensgemeinschaft war einst der reiche Kaufmann Petrus Waldes aus Lyon. Die Lektüre der Bibel oder, wie andere Quellen meinen, die Lektüre der Legende vom Heiligen Alexius, löste in diesem Petrus Waldes eine Bekehrung aus. Er ließ – etwa im Jahre 1170, also in einer Zeit, in der in seiner Heimat die Kreuzzugsidee einen Höhepunkt erreicht hatte – die Bibel in die Volkssprache übersetzen und bekannte sich fortan zu einem Leben in Armut. Er nahm sich dafür Jesus zum Vorbild. Da er zusammen mit seinen rasch an Zahl wachsenden Anhängern die Laienpredigt praktizierte, exkommunizierte ihn Papst Lucius III. auf Drängen des Bischofs von Lyon. Dieser Papst erreichte auch, daß niemand anders als der Stauferkaiser Friedrich Barbarossa mit seinen Kriegsleuten die Waldenser verfolgte und bekämpfte. Andere Feinde der Amtskirche jener Zeit waren die Katharer, die Albigenser, die Humiliaten. Die Verfolgung durch die Soldaten des Kaisers brachte sie mit den Waldensern in einen engeren Kontakt. Die Waldenser selbst wurden aus ihrer Heimat in der Landschaft um Lyon vertrieben. Bald kam es zu einer Trennung der Waldenser-Gruppen, die sich in weiten Teilen des heutigen Südostfrankreich und in Oberitalien ausgebreitet hatten, in einen französischen und einen lombardischen Zweig. Unter Papst Innozenz III. wurden die französischen Waldenser, die aus Glaubensgründen jede Arbeit für ihren Lebensunterhalt ablehnten, gewaltsam in die römisch-katholische Kirche zurückgeführt. Die lombardischen Waldenser überstanden die Verfolgung und erhoben ihrerseits den Anspruch, die »wahre Kirche« zu sein. Sie hatten bald Anhänger in fast allen Ländern Europas, auch in Spanien, in Ungarn und in Polen.

Noch heute gibt es die Glaubensgemeinschaft der Waldenser. Sie zählt auf der ganzen Welt etwa 50000 Mitglieder. Die sechs Distrikte dieser, seit dem letzten Jahrhundert stark von der Genfer Erweckungsbewegung beeinflußten Gemeinschaft, schicken einmal im Jahr ihre Vertreter zu einer Synode nach Torre Pellice, einem Ort in den italienischen Alpen in der Region Piemont. In diese Gegend hatten sich einst die Vorfahren aus den Ursprungsgebieten der Waldenser-Bewegung, aus Lyon und Umgebung, geflüchtet. Aus jenem Teil Piemonts, aus den Tälern der Chisone, der Germanasca und des Pellice, stammen auch die Waldenser-Gruppen, die in den Jahren 1699 und 1700 über die Schweiz nach Württemberg eingewandert sind, sich aber inzwischen längst von der alten Glaubensgemeinschaft getrennt haben. Als die Vorfahren dieser Waldenser des Chisone-Gebietes einst die ursprüngliche Heimat an der mittleren Rhone verließen, wanderten sie, wie man annimmt, über die Alpenpässe in die Täler der Region Piemont und bildeten alsbald in der neuen Heimat eine Mehrheit. Vermutlich haben sie auch einen Teil der alteingesessenen Bevölkerung zu ihrem Glauben bekehrt. Jedenfalls hat sich ihre, dem Französischen nahe verwandte Sprache als Kirchensprache behauptet und die dem Italienischen verwandte Sprache der Ureinwohner des Chisone-Tales allmählich verdrängt. Dadurch sind auch die Namen der ursprünglich in diesen Tälern beheimateten Bevölkerung französisiert worden.

Mancher schwäbische Waldenser-Name läßt einen italienisch-provençalischen Ursprung vermuten. Der Name Perrot zum Beispiel, einer der heute noch in Württemberg bekannten und verbreiteten Waldenser-Namen, dürfte aus einem bodenständigen provençalischen Peyrot entstanden sein. Namen wie Baral, Jourdan oder auch Soulier, ebenfalls in Württemberg seit langem verbreitet, findet man dagegen in ganz Frankreich, hauptsächlich im Süden. Das deutet, ähnlich wie beim Namen Gonzales, darauf hin, daß Angehörige der Waldenser-Gemeindschaft immer wieder, vor allem im 16. und 17. Jahrhundert, in den piemontesischen Tälern Zuflucht bei ihren Glaubensgenossen gefunden haben.

Der Schutz, den die Abgeschiedenheit des Siedlungsgebiets in den Alpen bot, schien zu Ende, als im Jahre 1698 Herzog Viktor Amadeus II. von Savoyen (ein Vertreter des Geschlechtes, dem Prinz Eugen und später die italienischen Könige angehörten), durch ein Edikt die Hugenotten des Landes verwies. Das war ein Zeichen dafür, daß nun auch die inzwischen der Lehre Calvins anhängenden Waldenser mit der Verfolgung zu rechnen hatten. Viele Waldenser verließen ihre Heimat und zogen hinüber zu den Glaubensgenossen nach Genf und in andere Gebiete der Schweiz.

Von dort aus fanden sie Kontakt zu Württemberg, dessen Herzöge zuvor schon Siedler aus benachbarten stark bevölkerten, vom Dreißigjährigen Krieg verschont gebliebenen Regionen aufgenommen hatten. Allerdings waren dies fast durchweg deutschsprechende Einwanderer, die sich einzeln in den menschenleer gewordenen Orten des Herzogtums niederließen. Die Aufnahme der Waldenser, die gewiß nicht zu den Freunden des mächtigen Königs von Frankreich zählten, war keine Selbstverständlichkeit. Herzog Eberhard Ludwig zeigte hier nicht nur Weitsicht und humanitäres Engagement, sondern auch – speziell in seiner Eigenschaft als Graf von Mömpelgard – Mut gegenüber dem großen Nachbarn. Der Umstand, daß Holland, die Schweiz und auch England dem Herzogtum Subsidiengelder für die Ansiedlung der Glaubensflüchtlinge anboten und zahlten, mag dem Herzog die nach langen Verhandlungen getroffene Entscheidung erleichtert haben. Platz für die Siedler, so befand man in Stuttgart, sei in den immer noch öden, vom Krieg verwüsteten Gebieten, vor allem im Klosteramt Maulbronn. Die Ansiedlung bei Calw, auf den zu den Markungen Hengstett und Simmozheim gehörenden Feldern, blieb eine Ausnahme; alle anderen Waldenser-Siedlungen entstanden in der Maulbronner Gegend.

Herzog Eberhard Ludwig sicherte den Waldensern zu, daß sie weiterhin den reformierten Gottesdienst in ihrer Sprache halten und den Pfarrer und den Schulmeister selbst bestimmen dürften. In Kirchenangelegenheiten hatten sie eine Selbstverwaltung. Fünfzehn Jahre waren die neuen Einwohner des Landes von Steuern befreit. Aber noch lange herrschte, trotz mancher Vergünstigung und trotz weiterer finanzieller Hilfe, vor allem aus Holland, eine große Armut in den Gemeinden. Die Felder, die man jeder Familie zuwies, waren im allgemeinen von geringer Qualität. In Neuhengstett hatten sie den Bauern von Althengstett zuletzt als Weiden gedient. Der Wald, der jeder Waldenserfamilie in Neuhengstett aus dem ehemaligen Besitz des Klosters Herrenalb überschrieben wurde, erwies sich auf längere Sicht als eine bessere Einnahmequelle, weniger durch den Holznutzen als durch den Fichtensamen, dessen Sammeln in guten Jahren den Bewohnern von »Welschdorf«, wie die Einheimischen die neue Siedlung lange Zeit nannten, zu einer einigermaßen einträglichen, zusätzlichen Erwerbsquelle verhalf.

Die Anfänge in Neuhengstett waren besonders hart. Man baute zunächst Bretterhütten – Baracken – und schlug Zelte auf. Zwei Straßen, im rechten Winkel angelegt, erinnerten später noch an diese Anfänge; die eine Straße hieß »la barakka« (Barackenstraße), die andere »la gabarats« (Zeltstraße). Die Bauplätze, ebenso wie die Felder und der Waldbesitz von der Regierung zugeteilt, wurden in Neuhengstett nur langsam genutzt. Fünfundzwanzig Jahre dauerte es, bis alle 200 Siedler in ihre eigenen, festen Häuser eingezogen waren. Das Schulhaus ist erst im Jahre 1791 fertig geworden. Bis dahin wurden die Kinder in Privathäusern oder in einer Baracke unterrichtet. Zu einem eigenen Lehrer reichte zuerst das Geld nicht. Ein Bauer oder Handwerker übernahm deshalb den Unterricht. Gelehrt wurde kaum etwas anderes als das Lesen in der französischen Bibel und im, ebenfalls französischen, Gesangbuch. Rechnen stand nicht auf dem improvisierten Lehrplan. Die Zukunftschancen blieben wenig aussichtsreich. Für einige wenige Waldenser gab es Arbeitsplätze bei den Calwer Zeugmachern, andere begannen mit der Strumpfwirkerei. Im übrigen mußte die karge Landwirtschaft für den Unterhalt sorgen; man fand für die Produkte unter anderem Abnehmer in Wildbad.

Aus den Waldenser-Gemeinden im Maulbronner Bezirk lauten die Berichte über die Anfänge kaum günstiger, vor allem nicht für die Zeiten, in denen die neuen Gemeinden noch ziemlich abgekapselt vom württembergischen Umland lebten. Nach einiger Zeit fielen die Schranken, auch die Sprachschranken. Das Verbot für Alteingesessene, in eine Waldenser-Gemeinde wie Neuhengstett zu ziehen, wurde aufgehoben. Die Heiraten zwischen »Welschen« und Einheimischen nahmen zu. Zwei große Einschnitte kennzeichnen die weitere Entwicklung: im Jahre 1806 hob König Friedrich alle Sondervorschriften und Sonderrechte der Waldenser und ihrer Gemeinden auf. Im Jahre 1823, unter Wilhelm I. wurde die Eingliederung der religiösen Gemeinden in die evangelisch-lutherische Landeskirche verfügt. Im Jahre 1825 hörte in Perouse die französische Predigt auf. Die Schule war schon zuvor den allgemeinen Vorschriften des Landes angeglichen worden. Die Lehrer unterrichteten in deutscher Sprache. Dennoch dauerte es noch mehr als eine Generation, bis Deutsch – genauer gesagt Schwäbisch – die allgemeine Umgangssprache in den Waldenser-Dörfern wurde. In der amtlichen Beschreibung des Oberamts

Calw, 1860 erschienen, liest man von Neuhengstett: »Beinahe in sämtlichen Waldenser-Familien wird ein französisches Patois gesprochen.« Den Einwohnern des Orts stellt der kritische amtliche Beobachter ein recht gutes Zeugnis aus. Sie seien im allgemeinen »fleißig, ruhig und sparsam«.

Die Wahl, anders als fleißig und sparsam zu sein, dürften die meisten Einwanderer aus Piemont auch in der Mitte des letzten Jahrhunderts noch kaum gehabt haben. Im übrigen ist dem Verfasser der Oberamtsbeschreibung der Hinweis zu verdanken, daß das »aufgeweckte Wesen viel Italienisches« verrate. Auch der Autor der im Jahre 1852 publizierten Oberamtsbeschreibung von Leonberg beschäftigt sich weisungsgemäß mit Art und Charakter der Bewohner von Städten und Dörfern. Er findet für Perouse ebenfalls nach »dem Äußeren und nach dem Charakter manche Spuren der italienischen Abstammung«. Gewandt im Umgang seien die Einwohner von Perouse, »ruhig, spekulativ und sehr fleißig«. Einen Tadel muß der anonyme Verfasser der Oberamtsbeschreibung jedoch anbringen. Er behauptet, daß es in Perouse »viele Holzexzesse« gebe, welche in den nahegelegenen Waldungen begangen würden. Das unbefugte Aufladen von Brennholz – im allgemeinen Holzdiebstahl genannt –, das Sammeln von Reisig ohne Erlaubnis-Schein, solche und andere »Holzexzesse« waren einst auch in den ur-schwäbischen Dörfern nicht gerade die ganz seltene Ausnahme. So könnte man die entsprechende Mitteilung aus dem Jahre 1852 über die Waldenser von Perouse auch als Zeichen für die starke Integrationsfähigkeit einheimischer Sitten und Gebräuche deuten und nicht allein als Ausdruck dessen, was sich die verdienstvollen Autoren unserer Oberamtsbeschreibungen im vorigen Jahrhundert offenbar unter einer typisch italienischen Lebensart und Aufgewecktheit vorgestellt haben.

DIE GROSSE UMSCHICHTUNG

Mitten im Ersten Weltkrieg, als der württembergische König Wilhelm II. sein silbernes, 25jähriges Regierungsjubiläum feierte, zog die damalige königlich-württembergische Regierung eine umfassende Bilanz, rückblickend auf die Amtszeit des volkstümlichen Königs, aber auch rückblickend auf nahezu hundert Jahre einer konstitutionellen Erbmonarchie in Württemberg.

Mit besonderem Stolz vermerkte man, daß die Zahl der Einwohner im Königreich Württemberg in einem Jahrhundert um nicht weniger als 1 150 000 Personen gestiegen sei, das Königreich nunmehr 2 550 000 Einwohner zähle. Das Besondere an der Regentschaft Wilhelm II. sei die Veränderung eines lange Zeit Besorgnis erregenden Trends in der Bevölkerungsentwicklung. Die Zeit der großen Abwanderung aus Württemberg sei vorbei, das Land selbst biete nun viele attraktive Arbeitsmöglichkeiten. Man habe schon einige Zeit vor der Jahrhundertwende beobachtet und statistisch untermauert, daß die Zuwanderung nach Württemberg, hauptsächlich aus Bayern, aber auch aus Österreich, der Schweiz und aus Italien, die Abwanderung von Württembergern ins übrige Reichsgebiet oder ins europäische und überseeische Ausland ausgleiche.

Was in dieser Erfolgsmeldung der königlich-württembergischen Regierung aber am Rande abgehandelt wurde, das war das Auf und Ab in der Bevölkerungs-Entwicklung des Königreichs seit dessen Gründung, einschließlich der teilweise durchaus negativen Rekorde in der mehr als hundertjährigen Geschichte dieses Staates. Nicht weniger als 498 000 Angehörige des Königreichs Württemberg sind zwischen dem Jahr 1816 und dem Ausbruch des Ersten Weltkrieges nach Übersee ausgewandert. Sie haben ihre württembergische Staatsangehörigkeit aufgegeben und haben sich – zu nahezu 95 Prozent – in den Vereinigten Staaten von Amerika niedergelassen (Abb. 36). Kein Wunder, daß Württemberg der deutsche Staat oder das deutsche Land war, das im 19. Jahrhundert die relativ geringste Bevölkerungszunahme unter den Staaten des Deutschen Reichs aufweist. Freilich ist der Grund dafür nicht nur in der überdurchschnittlich hohen württembergischen Auswanderungsquote zu suchen. Das Königreich hatte zunächst bis zur

33 Georg Herwegh
1817–1875

34 Friedrich Theodor Vischer
1807–1887

Mitte der achtziger Jahre des vergangenen Jahrhunderts noch einen anderen, höchst bemerkenswerten Rekord inne: es registrierte zwar lange Zeit zusammen mit dem Königreich Sachsen eine besonders hohe Geburtenzahl – die »nahezu höchste Fruchtbarkeit«, wie Gustav v. Rümelin, der Mitbegründer des kaiserlich-statistischen Amts, im Jahre 1884 in einer Untersuchung anmerkte –, aber es lag auch in der Ziffer der Kindersterblichkeit an der Spitze im Deutschen Reich, ja in ganz Mittel- und Westeuropa. »Von der Masse der Geborenen starben in Württemberg 40 Prozent in den ersten Kinderjahren wieder weg«, stellte v. Rümelin damals fest. Der Statistiker hatte auch herausgefunden, daß der dennoch erzielte Zuwachs an Bevölkerung in den ersten 75 Jahren des Königreichs nur zu etwas mehr als der Hälfte im Lande verblieb. Vierzig Prozent »des erzielten Zuwachses müssen ihren Erwerb in der Fremde suchen«, hieß es in dieser kritischen Betrachtung. Auffallend auch, daß besonders viele der neugeborenen Knaben in Württemberg kurz nach der Geburt starben, wodurch in der Bevölkerungsstatistik des Königreichs ein Frauenüberschuß entstand, der sich im ganzen 19. Jahrhundert in den mittleren Jahrgängen, bedingt durch die Auswanderung von Tausenden von jungen Männern, noch deutlicher als beim Vergleich der schulpflichtigen Knaben und Mädchen gezeigt hat.

Die eigentliche Überraschung, die der kritische Blick in die alten Bevölkerungsregister zutage fördert, ist jedoch der Umstand, daß, ganz im Gegensatz zu unserer Zeit, die Lebenserwartung der Frauen, die im letzten Jahrhundert in Württemberg das 60. Lebensjahr erreicht hatten, wesentlich geringer war als die Lebenserwartung der 60jährigen Männer. Bei den Achtzigjährigen verschwand Mitte des letzten Jahrhunderts der Frauenüberschuß ganz. Alt wurden hauptsächlich die Männer. Gustav v. Rümelin merkte dazu an: »Der Grund ist wohl darin zu suchen, daß die zahlreichen Geburten in Verbindung mit der schweren Feldarbeit, die bei vorherrschender Kleinwirtschaft den Frauen auferlegt und in dem berg- und hügelreichen Land besonders anstrengend ist, die weiblichen Kräfte früher aufzehren und den anderwärts regelmäßigen Vorzug einer größeren Lebensfestigkeit in unserem Lande nicht zur Verwirklichung kommen lassen.« Die alte schwäbische Kurzform dieses Befundes lautet: »Zsammegschafft«.

Da es für statistische Ergebnisse nur selten eine eindeutige, zwingende Erklärung gibt, müßte man auch bei der Rümelinschen Version der hohen Frauensterblichkeit bei den über Sechzigjährigen zur Vorsicht raten, wenn man nicht aus den regelmäßigen, damaligen Volkszählungen einen nicht minder überraschenden Befund gewinnen könnte. Der ehemalige Donaukreis im Königreich Württemberg (im wesentlichen die neuen württembergischen Gebiete südlich der Donau mit einer auf Anerbenrecht, statt auf Realteilung eingerichteten Landwirtschaft) wich von der Landesstatistik gründlich ab. Bei 1000 siebzigjährigen Männern zählte man kurz nach der Gründung des Deutschen Reiches im württembergischen Donaukreis 1141 Frauen. Im Schwarzwaldkreis, mit seinen vorwiegend altwürttembergischen Oberämtern und vielfach zersplitterten Besitzverhältnissen in der Landwirtschaft, gab es bei 1000 siebzigjährigen Männern nur 943 siebzigjährige Frauen. Die Ziffern aus dem Donaukreis seien auch im Vergleich mit dem Ausland normale Ziffern, merkte v. Rümelin an; das alte württembergische Gebiet weiche dagegen in der Alterspyramide eindeutig von statistischen Erhebungen in vergleichbaren mitteleuropäischen Ländern und Regionen ab.

Die Zäsur im Jahr 1634

Ulrich von Hutten ist im Jahre 1519 bei einem Blick vom Hohenasperg über das württembergische Land ins Schwärmen geraten. Man finde, so schrieb er, nicht leicht ein schöneres Land, kaum anderswo in Deutschland finde man überdies ein so fruchtbares Land. Damals, in der Reformationszeit, zählte das Herzogtum Württemberg rund 250000 Einwohner. Nicht alle lebten in den fruchtbaren Gegenden am mittleren Neckar. Die Dörfer im nördlichen Schwarzwald und auf der Alb waren meist alles andere als reich. Nicht allzu viele Menschen konnten in jenen abgelegenen Ämtern des Herzogtums vom Ertrag der Äcker und Felder leben oder vom Holz, das man im nördlichen Schwarzwald über Nagold, Enz und Neckar auf dem Rhein bis in die holländischen Hafenstädte hinabflößte. In der Zeit des Herzogs Ulrich und vor allem unter der Regentschaft seines Sohnes, des Herzogs Christoph, entwickelte sich das Württemberger Land zusehends, es gewann an Einfluß und nahm auch rasch zu an Einwohnern.

Eine allgemeine Volkszählung oder gar eine exakte Ermittlung der Einkommens- und Vermögensverhältnisse hat es im 16. Jahrhundert noch nicht gegeben, wohl aber schickten die Pfarrer einmal im Jahr aus ihren Gemeinden sogenannte Seelen-Tabellen an ihre vorgesetzte Behörde in der Hauptstadt, zusammen mit einem allgemeinen Jahresbericht über die Zustände und Verhältnisse im Ort. In diesen Seelen-Tabellen findet man Angaben über Zahl, Geschlecht und Altersstufen der »Gemeindegenossen«. Es scheint, als habe man nach der Reformation in großen Teilen Altwürttembergs eine Tradition fortgesetzt, die dem Bistum Konstanz im Vatikan einst den Ruf der »bestverwalteten Diözese nördlich der Alpen« verschaffte. Die zu Konstanz gehörenden Pfarrer haben im Mittelalter und im späten Mittelalter in ihren nach Rom weitergeleiteten Berichten eine recht genaue Auskunft über das Leben und die Bevölkerung in ihren Gemeinden gegeben. Im Vatikanischen Archiv warten diese Schätze – die lange Zeit nicht zur Einsicht freigegeben waren – noch auf eine Bearbeitung und Auswertung durch die Forschung.

Die Seelen-Tabellen beim Stuttgarter Konsistorium sind stets leichter zugänglich gewesen als die alten Akten des Vatikans. Im letzten Jahrhundert hat man sich im Statistischen Landesamt, an Hand dieser Kirchenakten intensiv um eine Rekonstruktion der Bevölkerungs-Entwicklung im alten Württemberg bemüht und festgehalten, daß sich die Einwohnerzahl im Herzogtum zwischen der Reformation und dem Ausbruch des Dreißigjährigen Krieges fast verdoppelt habe. So ist für das Jahr 1622 eine Einwohnerzahl von 445 000 errechnet worden. Die große Zäsur – auch für die Entwicklung Württembergs insgesamt – verzeichnet man nach der Schlacht bei Nördlingen (1634), als die Kaiserlichen unter dem General Tilly siegten, daraufhin in das lutherische Württemberg einfielen und zahlreiche Städte und Dörfer brandschatzten. Sechzehn Jahre nach dem Beginn der offenen Religions- und Machtkämpfe im Heiligen Römischen Reich zählte Württemberg immerhin noch 414 000 Einwohner. Fünf Jahre später meldeten die Berichte der evangelischen Geistlichen insgesamt nur noch 97 000 Gemeindemitglieder in ihren Seelen-Tabellen. Ein fast unglaublicher Verlust von mehr als drei Vierteln der Einwohnerzahl, bedingt durch die Kriegshandlungen, aber auch durch Hungertod, Seuchen und Vertreibung aus der Heimat. Gegen Ende des

Krieges, im Jahr 1645 sind es dann wieder über 100 000 gemeldete Einwohner: genau 121 385. (Allein für das Jahr 1635 verzeichnen die kirchlichen Akten den Tod von 300 Pfarrern in Württemberg.) Diese statistischen Notizen lassen sich leicht an Hand von Beispielen aus einzelnen Städten und Dörfern erhärten. In Calw lebten vor der Plünderung und vor dem großen Brand Anfang des Jahres 1634 insgesamt 3 822 in den Kirchenakten verzeichnete Einwohner. Als die kaiserlichen, vorwiegend kroatischen Truppen abgezogen waren, zählte man noch 1 528 Einwohner. Die Not hatte damit freilich noch lange kein Ende; Hunger und Seuchen waren für viele Jahre die Begleiter der Menschen in Stadt und Land. Ein zu jener Zeit kleiner Ort wie Asperg meldete allein in den Jahren 1634 und 1635 nicht weniger als 754 Todesfälle. Daß nicht nur der Krieg selbst viele Schrecken brachte, sondern auch die seit dem Ende des 16. Jahrhunderts immer wieder aufflammende Pest, muß bei dieser Ziffer aus Asperg sicherlich bedacht werden. Der Ort meldete schon im Jahre 1597 die Zahl von 46 Pesttoten – bei rund 600 Einwohnern –, zehn Jahre später, 1607, brach wiederum die Pest aus und raffte 127 Einwohner hinweg. Es ist fast ein Wunder, daß Asperg fünf Jahre nach dem Friedensschluß von Münster und Osnabrück für das Jahr 1653 wieder 321 Einwohner nach Stuttgart melden konnte. Viele kleinere Dörfer, die während des Dreißigjährigen Krieges verschwanden, sind nie wieder aufgebaut worden. Manches heute blühende Städtchen oder Dorf ist viele Jahre lang kaum mehr als eine Ruine, eine Geistersiedlung gewesen, vergleichbar den verlassenen Siedlungen der Pioniere im amerikanischen Westen, mit denen uns die Film-Produzenten von Hollywood seit Jahren immer wieder bekannt machen. Dornhan im Freudenstädter Bezirk muß noch im Jahre 1640 ein derartiges Geisterdorf gewesen sein. Verzeichnet ist an Vieh in Dornhan für 1640 nichts anderes als *eine* Kuh. Im ganzen Amt Güglingen, vordem eines der reichsten im Herzogtum, zählte man 1638 drei Pferde und zwei Kühe.

Noch hundert Jahre nach dem Beginn des Dreißigjährigen Krieges, im Jahre 1717, zählte ein Ort wie Wildberg nur 1260 Personen, das waren gegenüber 1626 ein Minus von sechzig Einwohnern. Im Jahre 1679, 31 Jahre nach dem Friedensschluß – mit Vorbehalt vergleichbar der europäischen Situation des Jahres 1976, wenn man den Zweiten Weltkrieg als Zäsur und Katastrophe wertet – lebten im Herzogtum Württemberg 218 500 Menschen, nicht einmal die Hälfte der Einwohnerzahl von 1622. Erst nach hundert Jahren, 1750, registrierte man mit 467 000 Einwohnern mehr Württemberger als am Beginn des Dreißigjährigen Krieges. Es ist erwiesen, daß in der zweiten Hälfte des 17. Jahrhunderts und noch am Anfang des 18. Jahrhunderts die Zuwanderung aus Regionen, die weit weniger vom Krieg und von Seuchen heimgesucht waren als das Herzogtum Württemberg, zur Wiederbesiedlung des verwüsteten, verödeten Landes erheblich beigetragen hat. Es war freilich die Zuwanderung einzelner Familien, das Seßhaftwerden von Handwerksgesellen, die sich in jener Zeit in Württemberg verheiratet haben und in die Zunft aufgenommen worden sind. Eine Gruppen-Einwanderung wie die der etwa 2500 Waldenser blieb die Ausnahme. Aus den alten Gerichtsakten läßt sich außerdem ableiten, daß es als Folge des großen Krieges und in der Konsequenz der zahlreichen Feldzüge und Kriege, die die damaligen europäischen Großmächte an der Wende vom 17. zum 18. Jahrhundert geführt haben, zahlreiche versprengte Landsknechte und viele »Nicht-Seßhafte«, vagabundierende Männer und Frauen, gegeben hat, die in den Seelen-Tabellen der Ortsgeschichten nicht verzeichnet sind. So muß man bei den Seelen-Tabellen der Pfarrer stets eine Dunkelziffer mit einkalkulieren. Mit wachsendem Abstand von der Zeit der großen Not sind die Einwohnerzahlen jedoch immer zuverlässiger geworden, vor allem auch, seit Herzog Karl Eugen im Jahre 1757 eine amtliche, in der Verantwortung der Verwaltung liegende regelmäßige Erhebung der im Herzogtum Württemberg lebenden Personen veranlaßt hat. Man findet in den Tabellen des 18. Jahrhunderts nun ein stetiges Wachstum. Bei der Umwandlung des Herzogtums in ein Königreich – 1806 – hatte Altwürttemberg 670 000 Einwohner, die neuwürttembergischen Gebiete zählten 131 000 Personen, zusammen ergab das 801 000 Landeskinder des Königs Friedrich.

Zuwachs – mit Unterbrechungen

Nicht alle 801 000 Angehörigen des neuen Königreichs Württemberg lebten im Jahre 1806 im Lande. 42 000, mehr als fünf Prozent, waren »landesabwesend«; 31 500 davon befanden sich, wie es in der amtlichen Erläuterung heißt, »auf Wanderschaft«, 8 700 Württemberger standen zu jener Zeit »in Serenissimi Kriegsdienst«, 2 500 »in fremder Potentaten Kriegsdiensten«. Als es Friedrich gelungen war, das vergrößerte Württemberg der Rheinbundzeit um weitere Ländereien zu ergänzen und dem Land die bis 1945 andauernde Ausdehnung zu verschaffen, registrierte man schließlich im Jahre 1812 die Zahl von 1 380 000 württembergischen Staatsangehörigen. Der stetige, schon im alten Herzogtum Württemberg beobachtete Zuwachs hielt zunächst an. Man hat später für die Zeit zwischen 1813 und 1880 eine jährliche Wachstumsrate von etwa einem halben Prozent errechnet. Tatsächlich gab es jedoch in der Jahrhundertmitte, zwischen 1850 und 1855 eine deutliche Stagnation, ja einen jährlichen Rückgang der Einwohnerzahl von 0,7 Prozent. Die 48er Revolution verursachte aus politischen Gründen eine starke Auswanderung, vor allem in die Vereinigten Staaten. Dazu kam aber ein nicht weniger gewichtiger Grund für die Suche Tausender von Württembergern nach einer neuen Heimat und einer freien, gesicherten Existenz: die schwierige wirtschaftliche Situation im Lande, bedingt vor allem durch schwere, nacheinander folgende Mißernten. Zwischen den Jahren 1849 und 1855 verzichteten in jedem Jahr zwischen 22 000 und 25 000 Württemberger auf ihre Staatsangehörigkeit und wanderten aus. Das bedeutete das Fünffache der für die Zeit zwischen 1834 und 1880 pro Jahr registrierten Auswanderung.

Es fehlte an Existenzmöglichkeiten in einem Land, das bis in die achtziger Jahre des letzten Jahrhunderts doch überwiegend ein Agrarland gewesen ist. Im Jahre 1880 lebten im Königreich Württemberg 101 Einwohner auf einem Quadratkilometer, im benachbarten Bayern waren es nur siebzig, im Reichsdurchschnitt einundachtzig. Das schon damals stark industrialisierte Sachsen zählte freilich im Jahre 1880 schon fast 200 Einwohner pro Quadratkilometer. Als nach 1880 im Neckarraum und auf der Alb die Industrialisierung des Landes fortschritt und aus kleinen Handwerksbetrieben die neuen Fabriken sich entwickelten, kamen Einwanderung und Auswanderung allmählich in ein Gleichgewicht. Die Klage, die ein aufmerksamer und zugleich kritischer Beobachter wie Gustav von Rümelin im Jahre 1884 publiziert hat, ist freilich immer bedenkenswert geblieben. Rümelin entdeckte damals etwas, was seit Jahren in den Organisationen der Staatengemein-

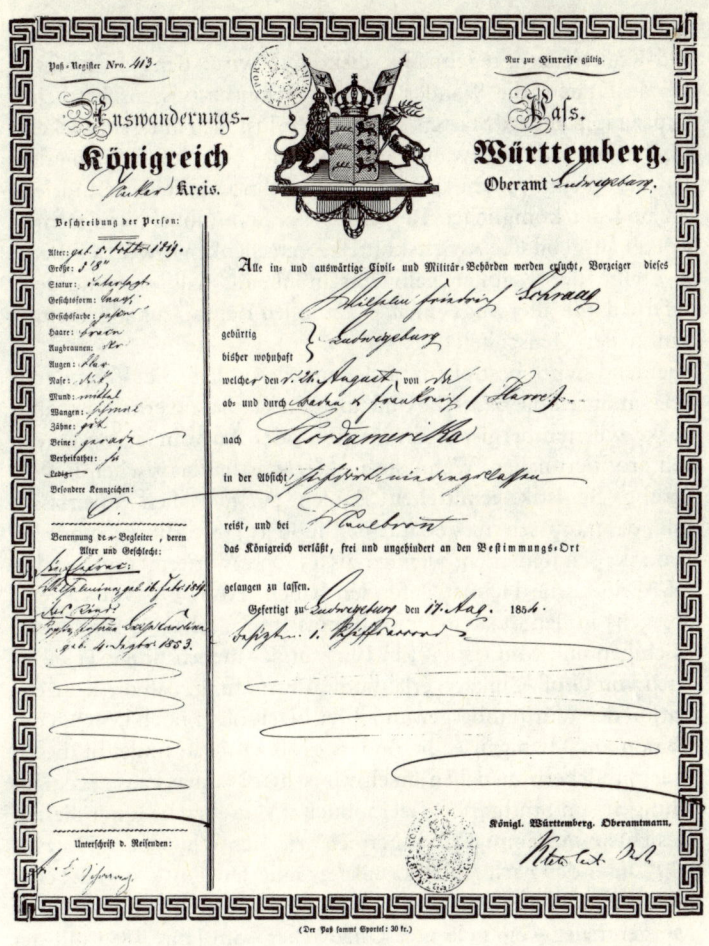

36 Auswandererpaß
aus dem Jahre 1854

215

schaft, bei den Vereinten Nationen ebenso wie in zahllosen Nord-Süd-Konferenzen regelmäßig diskutiert wird: den sogenannten »Brain-Drain«, die Wanderung von technisch-wissenschaftlicher Kapazität in andere Staaten, also den Verlust, den unterentwickelte Länder durch die Auswanderung von gut geschulten Leuten erleiden. Es sei ein Problem, schrieb v. Rümelin 1884 seinen Landsleuten und der königlichen Regierung ins Stammbuch, »an fremde Völker ausgebildete Arbeitskräfte zu verschenken«. Württemberg, so stellte der Kritiker halb einschränkend, halb tröstend fest, lieferte damit allerdings einen »wertvollen Beitrag zur allgemeinen Kultur der Menschheit«.

Niemand wird bestreiten, daß ganz besonders die Vereinigten Staaten durch die deutsche und auch durch die unverhältnismäßig starke württembergische Emigration oder Auswanderung erheblich profitiert haben. Wenn die aus der württembergischen Bevölkerungs-Statistik ermittelten Zahlen einigermaßen zuverlässig sind, dann müssen im Verlaufe der hundert Jahre, die das moderne Amerika schufen, nicht weniger als 450000 Württemberger in den USA eine neue Heimat gefunden haben (Abb. 37), vorwiegend übrigens in den Staaten Ohio, Illinois (mit Chikago), Wisconsin, Michigan und Minnesota. Ein Blick in das mehrbändige Telefonbuch von Groß-Chikago erlaubt die Vermutung, daß die Konzentration der Württemberger und ihrer Nachfolger noch heute in der Region am Michigansee besonders groß ist. Man findet in diesen Telefonbüchern manchen urschwäbischen Namen kaum weniger häufig als im Stuttgarter Telefonbuch. (Man forsche unter diesem Gesichtspunkt einmal nach Namen wie Rentschler oder Holzäpfel.) Unter den nach Amerika ausgewanderten Tüftlern und Technikern hat der aus Hachtel bei Mergentheim stammende Othmar Mergenthaler – ein gelernter Uhrmacher – im Jahre 1884 mit der Erfindung einer Setzmaschine wohl mehr und schneller als jeder andere Auswanderer auf die Produktions-Technik seiner alten Heimat zurückgewirkt. Das Vorbild der »New York Tribune«, die als erste Zeitung in der Welt die Setzmaschine eingeführt hat, wurde rasch auf beiden Seiten des Atlantiks nachgeahmt. Mergenthaler selbst zog keinen Gewinn aus seiner »Linotype«. Er starb in Baltimore, erst fünfundvierzig Jahre alt, in relativer Armut.

Entlastung der Armenpflege

Besondere Gedanken über den Verlust technisch-handwerklicher Intelligenz zugunsten anderer Staaten hat man sich Anfang und Mitte des 19. Jahrhunderts kaum irgendwo in Deutschland gemacht, auch nicht in Württemberg. Man erörterte eher die allgemeinen politischen Aspekte der Auswanderung und diskutierte in den Notzeiten der vierziger und fünfziger Jahre des 19. Jahrhunderts vor allem die erhoffte Entlastung bei der künftigen Armenpflege. Entschiedene Gegner einer Auswanderung waren höchst selten. Man redete bei den Regierungsstellen und in den Gemeindegremien immer häufiger von der drohenden Übervölkerung. Friedrich Hegel indes machte sich seine eigenen Gedanken. Schon im Jahre 1821 schrieb er in einem Zusatz zum Paragraphen 248 seiner Rechtsphilosophie: »Die Kolonisten ziehen nach Amerika, Rußland, bleiben ohne Zusammenhang mit ihrem Vaterlande, und gewähren so diesem keinen Nutzen.«
Unbeirrt von Überlegungen, wie sie Hegel angestellt hatte, regte im Jahre 1841 der Finanzkammerdirektor von Werner in der Zweiten württembergischen Kammer an, man solle eine Kolonisationsgesellschaft gründen. Diese Gesellschaft müsse für eine Konzentration der Auswanderung aus dem Königreich Württemberg sorgen; sie solle sich insbesondere um eine geschlossene Übersiedlung der Armen aus Württemberg bemühen. Die Gründung von Schwabenkolonien in anderen Staaten, vor allem in der »Neuen Welt«, werde, so hoffte man, den eigenen Staat und seine Armenpflege entlasten. Der Vorschlag des Finanzkammerdirektors enthielt indes auch politische Überlegungen. In jenen Jahren, die den von England und auch von Frankreich ausgehenden großen technisch-industriellen Wandel einleiteten, wuchs in den staatlichen Kanzleien die Furcht vor einem Proletariat, das die bestehende Ordnung von Grund auf gefährden könnte. Auch deshalb wollte man sich durch eine geplante Auswanderung entlasten und vor Überraschungen schützen. Doch der arme Mann, der »Pauper«, war selbst für eine Auswanderung zu arm. Ohne staatliche oder kommunale Hilfe konnten nur diejenigen eine Überfahrt nach Amerika finanzieren, die wenigstens einige kleinere Grundstücke oder ein Haus zu verkaufen hatten.
Der Plan des Herrn von Werner ist in der Stuttgarter Zweiten

Kammer recht freundlich diskutiert worden – konkrete Folgen hat er nicht gehabt. Anscheinend befürchtete die königliche Regierung, daß die Gründung einer vom Staat initiierten Organisation am Ende den Staat auch viel Geld kosten werde, weil sich dann viele Mittellose für eine Emigration meldeten. Vielleicht war bei einflußreichen Vertretern der Regierung auch eine generelle, jedoch nicht offen geäußerte Abneigung gegen eine forcierte Auswanderung vorhanden. Jedenfalls ergibt sich aus den Akten der damaligen, für die Entlassung aus der Staatsbürgerschaft zuständigen Kreise – etwa des Schwarzwaldkreises mit Sitz in Reutlingen –, daß man Auswanderungsgesuche wiederholt ablehnte, obwohl sich das Königreich Württemberg, wie andere Mitglieder des Deutschen Bundes, im Jahre 1815 ausdrücklich zur Auswanderungsfreiheit bekannt hatte.

Die Gemeinde Deckenpfronn, damals zum Oberamt Calw gehörend, fand bei der Reutlinger Kreisregierung erst beim zweiten Versuch Zustimmung, als sie im Jahre 1852 Anträge auf Auswanderung für acht Familien – darunter fünf Handwerker – vorlegte. Die Ausreisewilligen mußten ihre Vermögensverhältnisse offen darstellen. Wer Schulden hatte, durfte das Land nicht verlassen. Bei den acht Deckenpfronner Familien zeigte sich, daß ihnen nach dem Verkauf ihrer gesamten Habe jeweils nur noch wenige Gulden übrig blieben, sicherlich zu wenig für das teure Reisegeld oder gar für einen Neuanfang in den Staaten. Das veranlaßte die Gemeinde Deckenpfronn, die Auswanderung der vierundsechzig Mitbürger durch die Aufnahme eines Darlehens zu ermöglichen. Der Tübinger Bäckermeister Schlayer lieh den Deckenpfronnern 5000 Gulden zu einem Zins von fünf Prozent. Die Gemeinde vereinbarte mit den Auswanderungswilligen, daß deren gesamtes Vermögen an die Gemeinde falle; die Gemeinde verpflichtete sich, für die Schulden der Auswanderer aufzukommen. Außerdem garantierte die Gemeinde den auswandernden Familien, daß man alle Kosten für die Überfahrt bezahle. Rund 4000 Gulden mußte Deckenpfronn für die Reise der vierundsechzig Personen nach Amerika aufbringen, 1440 Gulden wurden dazu noch für die Ausrüstung der Auswanderer benötigt. Aus Antwerpen teilte Friederike Luise Mayer bald nach der Abreise der Gruppe dem Schultheißen und dem Gemeinderat mit, daß sie alle gesund und guten Mutes seien und alle Tage genug zu essen hätten. Nach dieser guten Nachricht folgte später aus Amerika eine schlechte. Ein Vater, der mit dreien seiner Kinder zu der Gruppe gehört hatte, starb zehn Tage nach der Ankunft an der Ruhr »aus Mangel zweckdienlicher Nahrungsmittel«, wie der Briefschreiber mitteilt. Die drei Kinder seien zwar gut untergebracht und warteten nun auf ihre Mutter und die zwei Geschwister, die noch in Deutschland zurückgeblieben seien. Einen Rat wolle er, der Briefschreiber – ein Pfarrer – der Gemeinde Deckenpfronn doch geben: sie solle ihre Ortsarmen besser mit Proviant ausstatten, wenn sie sie nach Amerika schicke.

Daß eine Gemeinde wie Deckenpfronn in einem einzigen Jahr etwa ein Zehntel ihrer Einwohnerschaft in die Vereinigten Staaten geschickt hat, dürfte keine Ausnahme gewesen sein. In zahlreichen Ortschroniken des Württemberger Landes findet man ähnliche Vorgänge mit ähnlich hohen Ziffern. Die Stadt Ebingen – sie zählte Mitte des vergangenen Jahrhunderts knapp über 4000 Einwohner – verlor zwischen 1845 und 1860 insgesamt 420 Einwohner durch Auswanderung, davon 357, die nach Amerika gegangen sind. Asperg, das im Jahre 1848 kaum 1750 Einwohner hatte, registrierte im vergangenen Jahrhundert immerhin 300 Auswanderer. Auch hiervon verließ ein beträchtlicher Teil die Heimat zwischen 1849 und 1855. Die Schultheißen und Gemeinderäte hatten in jenen Jahren – in der Mitte des letzten Jahrhunderts – viele Sorgen wegen den stetig wachsenden Armenlasten. Vor allem in Gegenden, die stark auf den Kartoffelanbau gesetzt hatten, herrschte seit dem Aufleben der Kartoffelkrankheit im Jahre 1845 oftmals große Not. Kalte, nasse Sommer Anfang der fünfziger Jahre führten auch zu großen Ernteausfällen beim Getreide. Manche Gemeinde konnte die Armenlasten kaum mehr aufbringen. Man verschuldete sich deshalb in erheblichem Maße, wie das Beispiel Deckenpfronn zeigt, wenn man glaubte, sich dadurch auf längere Sicht entlasten zu können. Denn eines war sicher: für die Auswanderer, die ihre Staatsbürgerschaft und damit auch alle Rechte in der Gemeinde und alle Ansprüche gegen die Gemeinde aufgegeben hatten, gab es in der alten Heimat keine Hilfe mehr, wenn sie zurückkehrten. Die Auswanderung bedeutete eine unwiderrufliche Entscheidung. Mit der Suche nach einer neuen Heimat verlor man die alte Heimat endgültig. Wer in Amerika angekommen war, der durfte nicht mehr zurückblicken. Der Auswanderer kämpfte von da an nur noch ums Überleben. Das große Amerika war voller Chancen, so schien es, aber es war vor allem auch grausam zu denen, die krank wurden oder irgendeine Schwäche zeigten. So suchten denn die Auswanderer zuerst Kontakt zu Landsleuten, schlossen sich da und dort in kleinen Gruppen zusammen und lernten in einer fremden Welt, sich gegenseitig zu helfen. Die Schwaben, so wird behauptet, hätten dabei mehr als die meisten anderen Auswanderergruppen einen Zusammenhalt in bestimmten Regionen bewahrt und sich bald in eigenen Vereinen organisiert. Diese Behauptung ist oft durch spätere Beobachtungen gestützt worden. Sicher ist, daß viele ausgewanderte Württemberger noch über Generationen hinweg den Kontakt mit Verwandten in der Heimat bewahrt haben und daß man in den USA, vor allem im Bereich des nördlichen Mittelwestens, ungewöhnlich viele Bäckerein und Brotfabriken, Metzgereien und Fleischwarenfabriken findet, deren Gründer ausgewanderte Schwaben gewesen sind.

Schwaben-Kolonien im Osten

Schwaben-Kolonien im strengen Sinne des Wortes sind in den Vereinigten Staaten nicht entstanden, wenn man von den Gründungen des Iptinger Webers und Predigers Georg Rapp und seiner »Rappisten«, den großen und vorbildlich bewirtschafteten Kommunen »Harmony« und »Economy« absieht. Die in der Zweiten Stuttgarter Kammer im Jahre 1841 diskutierte »geplante« Auswanderung und die Gründung von Schwaben-Kolonien war indes längst vor jener Kammerdebatte praktiziert worden, allerdings nicht mit Hilfe des Herzogtums oder des Königreichs, sondern durch die Werbung des Königs von Preußen und der russischen Zaren, beginnend mit Katharina der Großen. Westpolen und Südrußland, Ukraine und Kaukasus, hießen die Ziele zahlreicher württembergischer Auswanderer im 18. und im 19. Jahrhundert.

> »Tretet eure Reise an
> in das polnisch Canaan!«

heißt es 1781 in einem »polnisch Lied«, das an die Württemberger gerichtet ist, die damals nach Preußisch-Polen aufgebrochen waren. Mit der polnischen Teilung von 1772 hatte der König von Preußen die westpreußischen Provinzen, das Ermland und den Netzedistrikt unter seine Herrschaft gebracht. Vor allem der Netzedistrikt sei damals ziemlich öde und entvölkert gewesen, wird in zeitgenössischen Berichten behauptet. Friedrich II. schickte Agenten zur Anwerbung von Siedlern nach Süddeutschland. Der Zug, auf den sich »das polnisch Lied« bezieht, begann im August 1781. Etwa hundert Familien aus Dornhan, aus Brackenheim und anderen Orten des Zabergäus, aus Rosenfeld und aus Neuenbürg hatten die herzogliche Genehmigung zur Auswanderung erhalten. Die königlich-preußischen Agenten haben den Siedlern allem Anschein nach herrliche Zeiten in Aussicht gestellt, vor allem »viel und große Güter«, wie der unbekannte Liedverfasser meint. Deswegen auch der Vergleich mit Kanaan, dem biblischen Land, in dem Milch und Honig fließt.

Die Gründe, die manchen württembergischen Landwirt oder Handwerker zum Wagnis einer Auswanderung in das neue preußische Herrschaftsgebiet bewogen haben dürfte, findet man ebenfalls in dem Lied. Das ist einmal die Klage über Bürokratie: »Je mehr sich der Arme bückt, desto mehr wird er gedrückt«; dazu ein uraltes Thema, das die Landwirte seit Jahrhunderten in Harnisch bringt: der Wildschaden. Der Liedautor meint, es seien im Herzogtum »viele Leut und Güter / und wo man könnt ernten ein / kommen Hirsch und wilde Schwein«. Schließlich der dritte Grund: die viel zu hohen Abgaben und Steuerlasten, denen der »arme Mann« hilflos ausgesetzt ist: »Viel thut man von ihm verlangen, / daß er mit sein'm sauren Schweiß / fast nichts aufzutreiben weiß.« Dieses Lied mit insgesamt dreizehn Strophen charakterisiert sicherlich die Stimmung, die in der zweiten Hälfte des 18. Jahrhunderts in manchem württembergischen Dorf oder Städtchen vorgeherrscht hat. Gesungen wurde das Lied übrigens nach der Melodie »Jesus meine Zuversicht«.

Nicht alle Süddeutschen, die den Werbern Friedrichs II. gefolgt sind, blieben im Königreich Preußen. Einige von ihnen zogen später weiter nach Südrußland. Schon 1762 und 1763 hatte Katharina II. für die Ansiedlung zwischen Dnjepr und Pruth geworben und in rosigen Farben die herrlichsten Zukunftschancen in den Regionen am Schwarzen Meer schildern lassen. »Die menschenleeren Provinzen« ihres Reiches sollten bevölkert werden, hieß es in dem Manifest der Zarin. Vor allem aber wolle sie mit Hilfe der deutschen Kolonisten »die landwirtschaftlichen Kenntnisse unter ihren Untertanen« verbreiten. Wer dem Ruf der Zarin Katharina folgte, der brauchte mindestens zehn Jahre lang keine Abgaben zu entrichten und er war »auf ewige Zeiten« vom Kriegs- und Zivildienst befreit. Freie Religionsausübung, ein für viele Württemberger wichtiger Punkt, wurde ebenfalls zugesichert. Die Kolonisten durften ihre Gemeinden selbst verwalten und besaßen auch die Polizeihoheit, allerdings unter der Aufsicht einer besonderen Behörde. Das Ackerland, das die zaristische Regierung jeder Familie zuteilte, war ein »ewiges und frei vererbliches Eigentum«. Außerdem gewährte die zaristische Regierung zinsfreie Darlehen für die Einrichtung der Höfe, die erstmals nach zehn Jahren in Raten zurückzuzahlen waren. Schließlich gab es noch Nahrungsgelder bis zur ersten Ernte. Das klang verlockend und es war verlockend. Die meisten württembergischen Auswanderer, die in der Zeit Katharinas und später unter Zar Alexander I. den Werbungen der russischen Regierung gefolgt sind, gründeten landwirtschaftliche Betriebe, deren wirtschaftliche Lage Mitte des 19. Jahrhunderts in dem Bericht eines Landsmannes als durchweg »recht günstig« bezeichnet wird. Einige Gewerbetreibende und Handelsleute ließen sich in den Schwarzmeerhäfen nieder, vor allem in Odessa, eine größere Gruppe von Kolonisten findet man in Bessarabien. Dort haben die Auswanderer aus Württemberg, wie es in einem Bericht heißt, »zum großen Vorteil der ganzen Gegend den Weinbau eingeführt«.

Insgesamt sind zwischen 1762 und 1882 von deutschen Auswanderern 239 Kolonien in Rußland gegründet worden; zum nicht geringen Teil kamen die Kolonisten aus Württemberg. Doch die Zahl der nach Rußland ausgewanderten Untertanen der Herzöge und Könige von Württemberg beschränkte sich auf wenige Zehntausend und blieb damit weit unter den Ziffern der Auswanderung nach Übersee. So verlockend die Möglichkeiten gerade für Landwirte in Südrußland auch waren, die Anziehungskraft der »neuen Welt« mit ihren großen Freiheiten scheint doch erheblich größer gewesen zu sein als die Attraktivität des zaristischen Rußland.

Zum Berge Ararat

Unter den württembergischen Rußland-Auswanderern findet man indes auch Gruppen, die nicht von der zaristischen Regierung geworben worden sind, sondern aus eigenem Antrieb nach Osten strebten. Sie wurden von der Not ebenso geleitet wie von ihrer Glaubensüberzeugung. Das Ziel war in erster Linie der Kaukasus. Etwa 9000 Württemberger entschieden sich 1816, einem der Hunger- und Notjahre, für den Aufbruch in das ferne Land am Schwarzen Meer. Dort im Kaukasus, wo einst die Arche des Noah nach der Sintflut gelandet war, wollten sie sich zur Wiederkunft des Herrn rüsten. Im Jahre 1836, so hatte ja Bengel errechnet und geweissagt, werde das Tausendjährige Reich anbrechen. Wer der Antichrist sei, das war inzwischen jedermann klar. Er hatte den Namen Napoleon, einst Kaiser der Franzosen. Revolution, Kriege, Notzeit – all das hatte man nun viele Jahre lang erlebt, genau wie in der Offenbarung Johannis vorausgesagt. Ein Stück der Endzeit war also schon erfüllt. Hatte Bengel denn nicht auch geschrieben, daß das alte deutsche Kaisertum untergehen und daß ein französisches Kaisertum die Herrschaft antreten werde? Und hatte er nicht die Säkularisierung der deutschen Bistümer angekündigt? Alle diese Bengelschen Voraussagen waren inzwischen eingetroffen. Nun mußte man sich ernstlich auch für den Anbruch des Tausendjährigen Reiches, für das Jahr 1836, wappnen. Die allgemeine Richtung der Auswanderung müsse Palästina sein, meinten einige der Prediger in den Bibelstunden. Schon im Jahre 1811 hatte einer dieser Prediger und Deuter der Heiligen Schrift in Erkenbrechtsweiler auf das Kommende hingewiesen und den Weg nach Osten als notwendig bezeichnet. Manche dieser Schriftdeuter sahen auf dem Berge Ararat, dort wo Noah gestrandet war, »das himmlische Jerusalem im Golde prangen«. Nicht anders als bei den Gründern von Korntal hatte auch bei den Kaukasus-Auswanderern die im Jahre 1809 eingeführte Liturgie den Eindruck vermittelt, daß man sich von dieser Obrigkeit und von diesem Württemberg distanzieren müsse. Da fanden deshalb die Werber des Zaren bei manchem Pietisten offene Ohren. Man schloß sich zur Vorbereitung der Auswanderung in sogenannten »Harmonien« zusammen, die jeweils von einem »Vorsteher« geleitet wurden.
Zehn solcher »Harmonien« sind registriert worden, zum Beispiel

eine im Tübinger Bezirk, die »Pliezhäuser Harmonie«. Man verfaßte »Sendschreiben«, in denen die religiösen Motive für die Auswanderung erläutert werden. In einem Lied im »Sendschreiben« der Esslinger Gruppe heißt es:

> »Verlaßt die Weltgesinnten gern
> samt ihrem eitlen Tand
> und zieht dahin, wo Jesus ruft,
> sei es zum Leben, sei's zum Tod,
> wir sind in seiner Hand.«

Auch der Kaukasus selbst ist in dem Lied erwähnt:

> »Wenn über Wasserberge hoch
> sich der Kaukasus hebt,
> so singen wir: Hallelujah,
> nun sind wir ja dem Lande nah,
> daß unser Schiff erbebt.«

Man holte sich bei der russischen Gesandtschaft die Genehmigung zur Einwanderung in Rußland. Im Mai 1817 brachen vierzehn Kolonnen auf. Sie führten Fahnen mit sich und sangen zum Abschied Loblieder auf das Tausendjährige Reich, als sie in Ulm die sogenannten »Zillen« bestiegen, um die Donau hinabzufahren, dem Schwarzen Meer und der neuen Heimat entgegen. Doch nicht alle diese württembergischen Auswanderer, vorwiegend aus der Tübinger, der Reutlinger und der Esslinger Region, kamen an ihr Ziel. Die Ruhr und eine Fieberseuche überfielen die Auswanderer schon während der Donaufahrt. In der Donauniederung mußten sie in Quarantäne. Ehe Odessa schließlich erreicht war, hatte man dreitausend Leichname bestatten müssen. Die Not zwang zu einer Umdisposition. Einige Familien siedelten statt im Kaukasus in Bessarabien. Auch in den neuen Siedlungsorten kam es wieder zu schweren Erkrankungen und zahlreichen Todesfällen. Eine Gruppe aus Tübingen mit siebenundzwanzig Familien, die zur sogenannten »Pliezhäuser Harmonie« gehörten, gründete nördlich von Odessa die Kolonie Johannestal. Die anderen, die in Odessa verblieben waren, verließen die Stadt am Schwarzen Meer im Frühjahr 1818. Sie sind im September 1818 in Tiflis, der Hauptstadt von Georgien eingetroffen. »Hier kommt die Herde der Gläubigen« stand auf der Fahne, die einer der Vorsteher

35 Ludwig Pfau
1821–1894

37 Am Morgen vor der Abreise.
Auswanderer versorgen sich auf dem
Zwischendeck mit Lebensmitteln für die
Überfahrt nach Amerika.
Um 1820

triumphierend in Tiflis hin- und herschwenkte. Bald entstanden als schwäbische Kolonien mitten im Kaukasus die Orte »Katharinenfeld« – zu Ehren der württembergischen Königin Katharina (einer russischen Prinzessin aus dem Hause der Romanows) – »Marienfeld«, »Elisabethtal«, »Alexanderdorf«, »Helenendorf« und »Auenfeld«. Das zuerst öde Land, so liest man in den alten Aufzeichnungen, sei rasch erblüht. Die Kolonisten legten auch Weinberge an, die in dem günstigen Klima einen hervorragenden Wein brachten. An kahlen Hängen entstanden Gärten und Obstkulturen. Man baute Kirchen und holte Prediger und Lehrer aus der Heimat. Vom Jahre 1836 und vom Ausbruch des Tausendjährigen Reiches findet man in den späteren Berichten nichts mehr. Überliefert ist jedoch, daß man das alte württembergische Gesangbuch beibehalten hat.

Im Sturm der russischen Oktoberrevolution sind diese Siedlungen, hundert Jahre nach ihrer Gründung, untergegangen. Einige der Nachfahren von Rußland-Auswanderern kehrten, soweit sie überlebt hatten, nach dem Zweiten Weltkrieg in die Heimat ihrer Väter zurück. Andere leben heute vor allem in Kasachstan und in Usbekistan, wohin der größte Teil der einst in der wolgadeutschen Republik lebenden Deutschen schon vor Jahrzehnten umgesiedelt worden war. Daß unter den zwei Millionen Deutschstämmigen in der Sowjetunion das Schwäbisch der Väter gerade in Kasachstan noch gepflegt wird und sich die alten Namen erhalten haben, findet man beim Zusammentreffen mit Rußlanddeutschen immer wieder bestätigt.

DAS SCHREIBEN, SINGEN, LESEN

In den Selbstcharakterisierungen der Schwaben, speziell beim altwürttembergischen Teil des schwäbischen Volksstammes, wird zuweilen der Eindruck erweckt, als habe man sich im alten Württemberg durch eine zurückhaltende Art gegenüber Fremden, durch Bescheidenheit ausgezeichnet. Dieser Ansicht widerspricht zumindest der Umstand, daß in den älteren Beschreibungen des Herzogtums Württemberg und des späteren Königreichs überall dort nicht mit Selbstlob gespart wird, wo von der Schule und der Geschichte des Schulwesens die Rede ist. »Im Ganzen dürfte Württemberg etwa mit den schwäbischen und thüringischen Staaten zu denjenigen gehören, in welchen die Allgemeinheit der elementaren Schulbildung am vollständigsten verwirklicht ist, und es wird hierin schwerlich hinter irgendeinem Lande der civilisierten Welt noch zurückstehen.« So liest man in einer amtlichen Beschreibung des Königreichs Württemberg, erschienen im Jahre 1884.

Auch nach dem Ende des Königreichs hat die hohe Selbsteinschätzung zahlreicher Württemberger, was die Bildungseinrichtungen betrifft, kaum gelitten. Da pocht man bis in die Gegenwart auf Tradition. Wie aber verhielt es sich mit der Realität vor hundert Jahren oder gar in der Zeit der Reformation? Das Autorenkollektiv, das im vergangenen Jahrhundert der elementaren Schulbildung in Württemberg voller Stolz einen Spitzenplatz in der »civilisierten Welt« eingeräumt hat, liefert selbst einige Befunde, die nicht so recht zu diesem Stolz passen wollen. Zufrieden sind die Autoren der Landesbeschreibung eigentlich nur mit dem Lesen. »Die Masse des Volkes kann nicht nur lesen, sie liest auch wirklich.« Nur in ganz wenigen Häusern auf dem Lande finde man keine Bücher. Die Lektüre bestehe meist aus religiösen Schriften. »Der Kultus, zumal der evangelische, erhält die Gewöhnung von Auge und Ohr an die Schriftsprache.« Außerdem lese nicht nur der Gewerbsmann, sondern auch der württembergische Landwirt öffentliche Anzeigen und Lokalblätter. Beim Schreiben jedoch, da zeigen sich auch für die Lobredner des Königreichs Württemberg einige Mängel. »Die Fähigkeit, einige zusammenhängende Sätze frei zu bilden und sprachrichtig niederzuschreiben, wird in den

Volksschulen nur bei guten Lehrern von den besseren Schülern erreicht und verliert sich bei mangelnder Übung.« Dem Handwerker gebe das Gewerbe Anlaß zu solcher Übung, die Hand jedoch »die den Pflug führt, wird leicht zu schwer für die feineren Furchen der Schrift«. Briefe zu schreiben gehöre nicht zur bäuerlichen Sitte. Allerdings jetzt, wo so viele Familien Angehörige jenseits des Ozeans hätten, mache sich das Bedürfnis nach einem Briefkontakt lebhafter geltend.

Solch feine Art, einen gravierenden Mangel im elementaren Bildungswesen des Landes zu charakterisieren, ist bemerkenswert. Schließlich trösten die Landesbeschreiber des Jahres 1884 sich und ihre Leser mit dem Hinweis: »Wo aber erheblich mehr als der Name zu schreiben ist, bedient sich der Landmann gern der jüngeren, besonders der weiblichen Hand.« Der Hinweis auf die weibliche Hand verdient besondere Beachtung. Er wird an anderer Stelle noch untermauert, wenn es heißt, von den Lehrern werde übereinstimmend bemerkt, daß in den Volksschulen mit den Mädchen ein höheres Lernziel erreicht werde als mit den Knaben. Auf zwei Gründe führte man die Überlegenheit der Mädchen in den Volksschulen zurück: sie seien in den letzten Schuljahren bereits der Pubertät näher, geistig reifer und »receptiver besonders für die Gesamtwirkung des Lehrers«. Abgesehen von diesen Gründen würden die »talentvolleren unter den Knaben weit häufiger als unter den Mädchen der Volksschule entzogen«. Irgendwelche Folgerungen für die Verbesserung der Bildungschancen der Töchter des Landes sind weder in den achtziger Jahren des letzten Jahrhunderts noch bei späteren Gelegenheiten in Württemberg gezogen worden.

»Sprüche und Lieder sind alles in der Schule«, die Volksschulen im Herzogtum Württemberg seien herzlich schlecht, hatte Friedrich Nicolai auf Grund seiner Beobachtungen bei seinen »Reisen in Schwaben« einst von den Zuständen unter Herzog Karl Eugen behauptet. Nur die Einrichtung der Karlsakademie fand damals den Beifall des kritischen Aufklärers Nicolai, zumal die Uniformen der herzoglichen Karlsschüler immer noch den Mönchskutten der Tübinger Stiftler vorzuziehen seien. Nicolais Kritik zielte auf den Inhalt und auf die Methode des Unterrichts, eine Kritik, die auch später noch an den Volksschulen im Königreich Württemberg berechtigt gewesen wäre, wie man aus der Selbstdarstellung des Jahres 1884 leicht herauslesen kann. Hätte ein Beobachter wie Nicolai indes nach den Ursachen des Schulstolzes der württembergischen Obrigkeit geforscht, dann hätte er zur Kenntnis nehmen müssen, daß kaum ein anderes Land in Deutschland, ja in der »civilisierten Welt« eine so hohe Schul-Dichte und eine so niedrige Quote leseunkundiger Einwohner habe wie Württemberg. Auf dieses Erbe der Reformation und des Weitblicks eines Herzogs Christoph pochte man, darauf war man stolz. Die Frage nach der Qualität der Volksbildung, auch nach der Qualität der Lehrer an den Volksschulen oder gar die Frage nach einer Chancengleichheit der Geschlechter hat man lange Zeit am liebsten verdrängt, zumal sich die Führungsschichten im Lande ohnedies auf ihren besonderen Bildungsweg – über Landexamen und Klosterschulen an die Universität Tübingen – verlassen durften.

Verdienst und Versäumnis liegen in der württembergischen Schulgeschichte für eine lange Zeit nahe beieinander, wobei das eigentliche Versäumnis in der Zeit der Aufklärung beginnt, als man sich gegen neue Erkenntnisse und neue Möglichkeiten abkapselte, beharrend auf einer längst erstarrten Tradition und kaum fähig zu den notwendigen Reformen. Es sei eine Schande, daß ein Land wie Württemberg noch nicht einmal ein Lehrerseminar habe, schrieb Friedrich Nicolai im Jahre 1781 den württembergischen Honoratioren ins Stammbuch. Sie lasen es, aber es rührte die einflußreichen Männer im Konsistorium und in den anderen Stuttgarter Amtsstuben nicht. Es war ja die Kritik eines nicht kompetenten Fremden, eines Berliners gar, der die württembergischen Errungenschaften nicht verstehen wollte. Der eigene Stolz auf die Vergangenheit gerade bei den auch am Ende des 18. Jahrhunderts noch für die Schulen zuständigen Kirchenmännern trübte bei den Verantwortlichen den Blick auf die Mängel der Gegenwart.

Herzog Christophs große Tat

Am Ruhm des alten Württemberg als Land der Schulpioniere gibt es nichts zu deuteln. Was die Gründung deutscher Schulen – im Gegensatz zu den Lateinschulen – betrifft, so ist Württemberg mit seiner deutschen Schulordnung des Herzogs Christoph für manches andere Land in Mitteleuropa zum Anreger, ja zum Vorbild geworden. Das habe die Reformation bewirkt, sagen die einen. Andere Schulhistoriker möchten eine solche apodiktische Behauptung nicht gelten lassen. Sie sind der Meinung, daß das Ende des Mittelalters, der Humanismus, die großen Entdeckungen in der Übergangszeit vom 15. zum 16. Jahrhundert – nicht zuletzt die Erfindung der Buchdruckkunst – ohnedies eine allgemeine Aufgeschlossenheit für Schule und Bildung geschaffen und Bedürfnisse geweckt hätten. Immer mehr Menschen hätten damals die Kunst des Lesens und des Schreibens erlernen wollen. Die Reformation habe dieses schon vorhandene, wachsende Bedürfnis nach Schulbildung nicht eigentlich verursacht, sondern aktualisiert und verstärkt.

So könnte es gewesen sein. Tatsächlich hatte man in Württemberg im 15. Jahrhundert in einigen Städten neue Schulen gegründet – in Calw zum Beispiel im Jahre 1453, in Bietigheim 1457, in Großbottwar 1486. Die damals schon bestehenden Stadtschulen waren zum Teil noch gegen Ende der Stauferzeit entstanden, so die Schule in Kirchheim unter Teck (1249), die Waiblinger Stadtschule (1267) oder die Schule in Bulach (1281). Die Tübinger Schulgründung wird auf das Jahr 1312 datiert, die Stuttgarter ist mit 1321 angegeben. Auch eine ganze Reihe anderer württembergischer Städte hatten am Beginn der Reformation schon ihren Schulmeister, oft einen Geistlichen, der in der städtischen Schule – einer Lateinschule – unterrichtete.

An manchen Orten mußte der Schulmeister im 15. Jahrhundert auf Begehren der Schüler und Eltern auch in Deutsch unterrichten. Eine entsprechende Verpflichtung ist unter anderem ein Schulmeister in Ellwangen eingegangen, das freilich damals nicht zu Württemberg gehört hat. Man weiß ähnliches von Tübingen. Dort sollte ein – deutscher – Schulmeister »Knäblein und Döchterlein« lehren, »wie es von Alters Herkommen ist«. An der Wende vom 15. zum 16. Jahrhundert findet man auch schon in einigen der reicheren und größeren Dörfer Lateinschulen, die wohl zugleich allgemeine Schulen mit deutschem Unterricht gewesen sind. Da und dort haben sich die Eltern der Schüler am Unterrichten beteiligt. Das Angebot gedruckter Bücher, vor allem von Büchern religiösen Inhalts, hat den Wunsch nach dem Lesenlernen ganz entscheidend stimuliert.

Das alles betrifft den Beginn der Reformationszeit. Anzumerken ist im übrigen, daß die ersten Nachrichten über Schulen im Lande aus den Klöstern stammen, etwa von den Benediktinern in Hirsau oder vom Frauenstift in Oberstenfeld. Unklar ist, wie weit in diesen Klosterschulen externe Schüler oder Schülerinnen unterrichtet worden sind. Vom Frauenstift in Oberstenfeld wird zum Beispiel vermerkt, daß nach den Chroniken von 1262 einige Mädchen von den wahrscheinlich zwölf Chorfrauen Unterricht erhielten; vielleicht waren es Töchter von Verwandten, die zur »Erziehung in den Sitten und zum Unterricht im Psalter« ins Kloster kamen. Neben diesen frühen Möglichkeiten eines Schulunterrichts mit ganz bestimmter Zweckorientierung gab es für die Reichen im Lande, vor allem die adeligen Familien, auch die Möglichkeit, sich einen Hauslehrer anzustellen. Als mit der Reformation der Predigtgottesdienst eingeführt wurde und Luther durch seine Bibelübersetzung die deutsche Schriftsprache als Grundlage des Studiums der christlichen Lehre schuf, entstand in jener diskutierfreudigen Epoche eine große Nachfrage nach dem, was man heute Alphabetisierung nennt. Martin Luther selbst verfaßte im Jahre 1524 seinen Aufruf an die »Ratsherren aller Städte deutschen Landes«, in dem er bat »christliche Schulen aufzurichten«. Viele Städte reagierten positiv auf Luthers Wunsch. Ein besonders kräftiges Echo kam aus Schwäbisch Hall. Dort wirkte schon Johannes Brenz. Er machte praktische Vorschläge für eine deutsche Schule und eine Haller Schulordnung. Bisher, so meinte Brenz, habe man die Kinder in die Schule geschickt, um ihnen eine geistliche Pfründe, eine gute Zukunft zu sichern. Jetzt solle man den Kindern »der Zucht und der Kunst halben« eine Schulbildung geben. Es sei Sache der Obrigkeit, eine Schule für alle zu schaffen, nicht nur eine Schule für die Reichen.

Die Finanzierungsvorschläge des Haller Reformators Brenz klingen auch heute noch recht aktuell: man solle den Militär-Etat zugunsten des Schul-Etats kürzen. Schulgeld solle keines erhoben werden, schlug Brenz vor, man könne das Klostervermögen der Haller Minoriten als Gehaltskasse für die Lehrer benutzen. Zwei Stunden Unterricht pro Tag hielt Brenz für ausreichend. Er hatte dabei die zahlreiche ländliche Bevölkerung im Haller Gebiet im Auge, wo die Kinder, ebenso wie bei den ärmeren Stadtleuten, mitarbeiten mußten. Ganz allgemein gab Brenz die Anregung, die Klöster in den reformierten Gebieten in Klosterschulen umzuwandeln. Dabei dachte er an die Ausbildung qualifizierter Kräfte für den Unterricht an den Schulen und für die Verwaltung in Städten und Ämtern.

Einige Jahre nach dem Erlaß der Haller Schulordnung begann nach Ulrichs Rückkehr auch im Herzogtum Württemberg die Reformation und die Zeit der Gründung deutscher Schulen. Nur drei Dorfschulen hatte man zuvor im Lande registriert. Als Herzog Christoph 1559 als Teil seiner Großen Kirchenordnung auch eine Schulordnung für Württemberg erließ (Abb. 38), deren Hauptverfasser Johannes Brenz und der Maulbronner Abt Vannius gewesen sein dürften, stellte man durch eine Umfrage bei den Vögten und den geistlichen Verwaltern fest, daß inzwischen schon in einhundertfünfzig Dörfern ein Schulunterricht erteilt werde, in einem Drittel davon durch den Pfarrer nebenher und vorwiegend in der Winterzeit, wenn die Ernte unter Dach war. Reichere Gemeinden wie Waiblingen, Korb, Neustadt meldeten damals, sie hätten einen eigenen Schulmeister angestellt. Wo der Pfarrer unterrichtete, tat er es, wie es in einer Antwort an die Räte in Stuttgart hieß, »um Catechismi« willen. Die jungen Mitglieder der Gemeinde sollten selbst die Heilige Schrift lesen und dadurch dem evangelischen Predigtgottesdienst besser folgen können. Nach Luthers Ansicht war es nützlich, die Knaben täglich eine bis anderthalb Stunden in der Schule zu unterweisen. Bei den Mädchen genügte nach Ansicht des Reformators eine Stunde am Tage. Daran hielt man sich.

Anders als Johannes Brenz den Haller Räten empfohlen hatte, war in Württemberg der Schulunterricht nicht kostenlos und von Anfang an ein wenig teurer als die Unterrichtung in den städtischen Lateinschulen. Die Ilsfelder Lateinschüler mußten im Jahre 1547 kein Schulgeld mitbringen; wer am deutschen Unterricht teilnahm, der bezahlte vier Schilling im Quartal, ob Bub oder Mädchen. Ähnlich verhielt es sich auch an anderen Orten des Herzogtums. Stuttgart leistete sich neben der lateinischen Schule im Jahre 1551 zwei deutsche Schulmeister. Außerdem hielt in der Residenzstadt ein Mann namens Stürmle »privatim deutsche Schule«, wie in einem Bericht vermerkt ist. Das störte die Obrigkeit, denn dieser Stürmle lehre keinen Katechismus und gehe mit den Kindern nicht in die Kirche. Das ziehe die Kinder von Eltern an, »die nicht Lust zu Gottes Wort haben«. Andere Gemeinden wie Feuerbach und Ditzingen fragen beim Vogtgericht an, ob man ihnen nicht einen Schulmeister schicken könne. Kein Zweifel, zahlreiche Gemeinden interessierten sich für die Einrichtung einer eigenen, deutschen Schule, aber es war nicht einfach, die Lehrer zu finden. Doch, wo es an der Initiative in den Dörfern fehlte, kümmerte sich der Stuttgarter Kirchenrat um die Schulprojekte, gab Rat und bemühte sich um Lehrkräfte.

Schule und Mesnerei

Da die Dorfschule trotz des von den Eltern verlangten Schulgelds den Gemeinden eine erhebliche Last brachte, entschied man sich in vielen Fällen für eine Koppelung von Schulmeisterstelle und Mesnerei, zumal die Einkünfte des Mesners meist aus vorhandenen Gütern und Rechten bestritten wurden. In Horrheim und in einigen anderen Orten verband man auch den Schreiberdienst mit dem Schulhalten und der Mesnerei. Ein Pfründhaus wurde in Horrheim zum Schulhaus umgewandelt. Auch Geistliche, die als Diakone in einem Ort tätig waren, hielten dort, wo man keinen Schulmeister gefunden hatte oder bezahlen konnte, Schulunterricht, bevor sie irgendwo anders eine Pfarrei erhielten. Nur von der Alb und aus den Ämtern im Schwarzwald lauteten die Berichte über die Gründung von Schulen im Jahre 1559 insgesamt noch recht ungünstig. Viele der kleinen, oft sehr armen Gemeinden konnten sich keinen haupt- oder nebenamtlichen Schulmeister leisten, es sei denn, es hätte sich wie in Nellingen ein Kuhhirt gefunden, der, wie der Visitationsbericht im Stuttgarter Amt als Kuriosum festhält, den Knaben den Katechismus lehrt, ihnen das Singen von Kirchenliedern beibringt und sie auch noch im Lesen und Schreiben zu unterrichten weiß.

Die sogenannten Pfarrschulen dürften den Gemeinden besonders angenehm gewesen sein, weil der Pfarrer ja schon eine Besoldung hatte. Ihm mußten die Eltern der Schüler deshalb zusätzlich nur einige Naturalien schicken, etwa eine große Wurst, »wenn einer metzget«, wie ein Vogt mitteilt. Aber diese Pfarrschulen verschwanden bald. Beide Aufgaben konnte ein Pfarrer in den Gemeinden nicht für längere Zeit in befriedigender Weise erfüllen. Allerdings war in der Zeit der Schulgründungen die Zahl der

Schüler oft noch ziemlich niedrig gewesen. In einem Ort wie Altdorf im Gäu, wo der Pfarrer zuerst Schule hielt, sind nur dreizehn oder vierzehn Schüler im Unterricht. In Pfalzgrafenweiler kommen im Sommer nur vier Kinder zur Schule, winters sind es zwölf und mehr. Selbst im Winter dürfte in den meisten Orten kaum mehr als ein Viertel der nach heutigen Begriffen schulpflichtigen Kinder an einem Unterricht teilgenommen haben, trotz des bestehenden, allerdings nicht kostenlosen Angebots. Für die Verbindung von Schule und Mesnerei, die sich an vielen Orten sehr lange, nämlich bis zum Ende des vergangenen Jahrhunderts gehalten hat, fand man rasch eine Begründung: Jetzt, wo man evangelisch sei, habe der Mesner in der Kirche bei weitem nicht mehr so viel Arbeit wie beim Papsttum. Nicht allzu lange hat in manchen Dörfern die Koppelung von Mesnerdienst, Schuldienst und Funktion des Büttels gedauert, aber auch diese Kombination ist anfangs praktiziert worden. Die Große Kirchenordnung von 1559 sanktionierte für die größeren Ortschaften die Verbindung von Mesneramt und Schulamt. So wird denn diese Koppelung für lange Zeit zu einem Charakteristikum Württembergs.

In den Teilen der Großen Kirchenordnung, die von der Schule handeln, findet man bemerkenswerte Überlegungen und Erziehungsprinzipien, die ebenso wie die organisatorischen Entscheidungen für Jahrhunderte fortgewirkt haben und noch heute manche Diskussion im Lande bestimmen, auch wenn nur wenige Politiker, Pädagogen oder Elternvertreter ihre Argumente auf diese erste deutsche Schulordnung zurückführen. Der Schulhistoriker Eugen Schmid meinte, die vom Herzog Christoph erlassene und entscheidend von Brenz beeinflußte Schulordnung beruhe sichtlich auf der »Wertschätzung der aus der Einschränkung der mittelalterlichen Kirche befreiten Einzelpersönlichkeit«. Jeder einzelne sei im Verständnis dieser Ordnung berufen, »ein Glied des Gottesreiches« zu werden. Das solle sich vor allem auch im alltäglichen Tun, im Berufsleben erweisen. Unterricht und Erziehung bildeten dazu eine Voraussetzung. »Es dürfen also auch« – so interpretiert Schmid diese Prinzipien einer *allgemeinen* Schulordnung – »die arbeitenden Kinder der gemeinlich hartschaffenden Untertanen in ihrer Jugend nicht versäumt werden.« Dies die bemerkenswerte Begründung der deutschen Volksschule im evangelischen Herzogtum Württemberg. In der Schulordnung wird die Pflicht der Eltern zur Unterweisung und Erziehung der Kinder betont. Die Erziehung der Kinder »zu christlichen Charaktheren« liege zugleich im wohlverstandenen Staatsinteresse. Die Schulordnung von 1559 drückt das so aus: die Kinder sollen ihrer selbst und des allgemeinen Nutzens willen besser gebildet und christlich auferzogen werden. Das Erziehungsideal ist eine Dreiheit: Furcht Gottes, rechte Lehre und gute Zucht. Man will also eine religiöse, eine intellektuelle und eine sittliche Bildung erreichen.

Die Döchterlein – getrennt von Knaben

Der erste Abschnitt der Schulordnung behandelt eine Frage, die sich in der Zeit der Lateinschulen und der Klosterschulen nicht gestellt hatte, nämlich die Unterrichtung von Knaben und Mädchen, oder »»Döchterlein«, wie es im Text von 1559 heißt. Der Gedanke, daß auch die kleinen Mädchen zur Schule gehen und die gleiche Schule wie die Knaben besuchen, hat anscheinend weithin als befremdliche Neuerung und als gefährliches Experiment gegolten. Insofern teilen die Verfasser der Schulordnung den Skeptikern Beruhigendes mit. Sie bestimmen, »daß die Kinder abgesondert, die Knaben allein und die Mädchen auch besonders gesetzt und gelehrt werden«. Vorgeschrieben wird auch, daß »der Schulmeister ihnen keineswegs gestatte, untereinander zu laufen oder miteinander unordentlich Gemeinschaft zu haben und zusammenzuschlüpfen«. Beim Lehrstoff gibt es prinzipiell keine Trennung nach Geschlechtern.

Vier Fächer gehören zur Volksschule: Das Lesen, das Schreiben, das Memorieren und das Singen. Zuerst und vor allem kommt das Lesen. Nicht das Alter der Kinder ist wichtig für die Einteilung der Schüler in Unterrichtsgruppen – in »Häuflein«, wie es in der Vorschrift heißt –, sondern die erreichte Fertigkeit im Lesen, angefangen mit dem Buchstabieren, gefolgt vom »Silbenzusammenschlagen« und als Drittes dem Lesen und dem Schreiben. Die Schulmeister sollen im Unterricht langsam voranschreiten, damit sich eine Sache gründlich einpräge. Es sei nicht »fruchtbarlich«, hieß es schon in der Haller Schulordnung, »die Kinder mit Lehren zu überschütten, sonst wäre es, wie wenn man ein Trichterlein in die Flasche stecke und es überschütte«. Johannes Brenz, der diese

Von Gottes

gnaden vnſer Chriſtoffs Hertzogen zů Würtemberg vnd zů Teckh/ Grauen
zů Mümpelgart/ ꝛc. Summariſcher vnd einfäl-
tiger Begriff / wie es mit der Lehre vnd Ceremonien in den
Kirchen vnſers Fürſtenthumbs/ auch derſelben Kirchen
anhangenden Sachen vnd Verrichtungen/ biß=
her geübt vnnd gebraucht / auch fürohin
mit verleihung Göttlicher gnaden
gehalten vnd volzogen wer=

Getruckt zů Tüwingen/ Im jar
1 5 5 9.

38 Die große Kirchen- und Schulordnung
aus dem Jahre 1559

235

Erkenntnis vermittelt und niedergeschrieben hat, gebührt ganz gewiß der Ruhm, der erste Warner vor einer Stoffhuberei in der Schule gewesen zu sein. Er wußte auch, daß es Kindern im Schwäbischen nicht leichtfallen werde, die für sie ungewohnte Schriftsprache, das aus Sachsen importierte Lutherdeutsch, zu gebrauchen. Er empfiehlt deshalb in der Schulordnung, daß die Lehrer auf eine deutliche Aussprache achten. Namentlich die letzten Silben eines Wortes sollen nicht verschluckt werden. Damals wie heute mußte sich wohl mancher Schulmeister in Württemberg fragen lassen, ob ein Schreibfehler seiner Schüler im Diktat, die eine oder andere sogenannte orthographische Schwäche, sich nicht daraus erkläre, daß die schwäbischen Lehrer seit eh und je selbst Schwierigkeiten haben, die von Brenz geforderte deutliche Aussprache von Wörtern und Silben zu praktizieren.

Wie lernte man Lesen? Hauptsächlich mit Hilfe einer Tafel, auf der der Katechismus gedruckt stand. Vermutlich war auch ein Alphabet auf dieser Tafel, aufgegliedert nach Vokalen und Konsonanten. Dazu benutzte man im Lese-Unterricht das Psalmbüchlein, das Spruchbüchlein und das Neue Testament. Die Kunst des Schreibens wurde in einem Heft geübt. Der Lehrer trug in einem Musterheft die Buchstaben ein, die Schüler mußten diese Beispiele ins Übungsheft übertragen. Das Auswendiglernen, das Memorieren übte man am Katechismus, wie er der Großen Kirchenordnung beigegeben war. Eine Wochenstunde hat man für das Aufsagen vorgesehen. Der Lehrer stellte die Kinder paarweise auf. Knaben gegen Knaben und Mädchen gegen Mädchen und ließ sie gegenseitig fragen und antworten. Beim Schulfach Singen ging es um nichts anderes als um das Einüben von Kirchenliedern. An bestimmten Wochentagen und zu vorgeschriebenen Stunden sollte dies geschehen. Es fällt auf, daß nur die Knaben als Singschüler genannt sind. Von einem Unterricht im Rechnen ist in der ersten deutschen Schulordnung nichts angemerkt, obwohl von den Lehrern verlangt wird, daß sie »das Rechnen genügsam und nützlich zu lehren verstehen«.

Wie eng Schule und Kirche verbunden sein sollten, ergibt sich aus den Vorschriften über die Zucht. Der Lehrer, so wird verlangt, solle die Kinder zu den sonntäglichen Unterweisungen im Katechismus in die Kirche führen. Zuvor müssen sich die Kinder in der Schule versammeln. Es gehört zu den Pflichten des Lehrers, darauf zu achten, daß seine Schüler in der Kirche aufmerksam zuhören. Nach der Predigt soll er sie über das Gehörte fragen.

Ausdrücklich schreibt die Schulordnung den Schülern die Pflicht zum pünktlichen Kommen und zum Stillsitzen bis zum Schulschluß vor. »Geschwätz und Geschrei« sei Schülern nicht erlaubt. Das Recht zur Züchtigung wird dem Lehrer in der Schulordnung ausdrücklich zugestanden. Einschränkend heißt es jedoch, der Schulmeister solle die Rute »gebührlich« gebrauchen. Man hat offensichtlich aus Vorfällen in den alten Lateinschulen gelernt und empfiehlt deshalb, daß der Schulmeister die Kinder »nit poltere«, nicht anschreie, auch soll er sie nicht an den Haaren ziehen oder an die Köpfe schlagen. Ganz allgemein empfiehlt die Schulordnung bei den Züchtigungsmitteln das Maßhalten, damit die Kinder sich bessern, aber nicht von der Schule abgeschreckt werden. Die Stuttgarter Räte, die Verfasser der Großen Kirchenordnung und der deutschen Schulordnung, wollten mit ihren Vorschriften, ihren Ratschlägen und Empfehlungen für eine attraktive Schule sorgen, schließlich war der Besuch der Schule freiwillig, Kinder und Eltern mußten vom Sinn und vom Nutzen der Schule überzeugt sein.

Der Wunsch des Stuttgarter Konsistoriums nach neuen Schulen erfüllte sich in der zweiten Hälfte des 16. Jahrhunderts in erstaunlicher Weise. Zählte man beim Erlaß der Schulordnung im Jahre 1559 insgesamt 180 Schulorte, davon 150 mit deutschen Schulen, so waren es im Jahre 1600 mehr als doppelt soviel, nämlich 400 Schulorte. In zwanzig dieser 400 Orte war die lateinische Schule mit der deutschen kombiniert. Das Zabergäu wies damals die größte Schuldichte im Herzogtum Württemberg auf. Jeder Pfarrort im Zabergäu besaß eine eigene Schule. Auf der Alb dagegen mußten sich zu jener Zeit oftmals mehrere Flecken zum Unterhalt einer Schule zusammenfinden.

Neubeginn und Schulzwang

Der Dreißigjährige Krieg hat diese günstige Entwicklung des Volksschulwesens in Württemberg jäh unterbrochen. Noch viele Jahre nach der Schlacht bei Nördlingen fand man in weiten Teilen des Landes kaum Menschen; an die Wiederaufnahme eines geordneten Schulbetriebes wagte man kaum zu denken. Aber fünf Jahre nach Friedensschluß – im Jahre 1653 – ergibt sich aus den Protokollen der Stuttgarter Kirchenleitung bereits eine beachtliche, positive Veränderung. Im Zabergäu sind alle Dörfer wieder bewohnt und alle, mit Ausnahme von Haberschlacht, haben wieder einen Pfarrer und auch einen Lehrer. An 478 Orten im Lande wird 1653 wieder Schule gehalten, nur an 68 Orten ist das noch nicht möglich. Manches ist noch improvisiert. Wo man nach Kriegsende nicht gleich einen erfahrenen und gelernten Schulmeister fand, behilft man sich mit der vorläufigen Anstellung schreibkundiger Handwerker oder Landwirte. Auch mancher arbeitslos gewordene Landsknecht mag so, war er nur einigermaßen im Lesen und Schreiben bewandert, in den dörflichen Schuldienst gelangt sein.

In Stuttgart hatte man sich schon lange vor dem offiziellen Kriegsende Gedanken über einen Neuanfang gemacht. Die Berufung des Calwer Dekans Johann Valentin Andreä, der sich in seinen zahlreichen Schriften intensiv mit Erziehungsfragen befaßt hatte, zum Hofprediger und Konsistorialrat in Stuttgart war im Jahre 1639 ein Signal, auch für das württembergische Schulwesen. Von Andreä war bekannt, daß er seit langem schon die allgemeine Schulpflicht gefordert hatte. Sie sollte mit dem siebenten Lebensjahr beginnen und für alle gelten, für Knaben und für Mädchen, auch für die Kinder aller Stände. Hervorgetan hatte sich der Calwer Dekan und ehemalige Vaihinger Pfarrer auch als Kritiker einiger der üblichen Unterrichtsmethoden an allen Schularten, einschließlich der Latein- und Klosterschulen. Andreä bekämpft den Formalismus der Lehrveranstaltungen. Er warnt vor einem Überwuchern der Logik und des Disputierens. Andreäs großes Interesse für die Naturwissenschaften, die Mathematik und auch die Technik führt dazu, daß er den Wert der realen Wissenschaften betont, der Naturwissenschaften und der Mathematik. Für den Mathematik-Unterricht hat Andreä selbst ein beachtliches Lehrbuch verfaßt. Der Lehrstoff, so verlangt er, müsse anschaulich behandelt werden. Die Schule solle das Denken wecken und entwickeln, der Schüler solle verstehen, was er lernt, er dürfe nicht nur mehr oder weniger mechanisch ein bestimmtes Pensum auswendig lernen. Seine didaktischen Hauptregeln faßt Andreä wie folgt zusammen: der Jugend dürfe nichts von dem, was sie tun soll, in einer fremden

Sprache beigebracht werden; nichts solle der Jugend gelehrt werden, was sie nicht fassen und worüber sie nicht selbst ein bestimmtes Urteil haben könne; der Lehrstoff solle dem jeweiligen Alter angepaßt sein und solle einem Verlangen des Schülers entsprechen. Zuviel Abwechslung und zuviel Vielfalt beim Lernen fördere das Zerstreutsein. Man solle das Studium auf bestimmte Gegenstände konzentrieren, allerdings nicht so, daß daraus ein Überdruß entstehe. Schließlich solle der Lernstoff nicht nur das Buchwissen vermehren, sondern auch praktisch anwendbar sein. Ob Johann Valentin Andreä der Initiator der allgemeinen Schulpflicht in Württemberg gewesen ist, läßt sich nicht exakt nachweisen. Die Vermutung jedoch, daß Andreä an dieser, im Jahre 1649 verfügten Order der herzoglichen Regierung als Mitglied des Konsistoriums und als herzoglicher Ratgeber maßgeblich beteiligt war, ist sicherlich berechtigt; man findet jedenfalls in den Schul-Anordnungen von 1649 vieles von dem, was der Buchautor Andreä gefordert hatte.

Die Hinwendung zum praktischen Stoff, wie sie Andreä gewünscht hatte, bildete auch beim Erlaß einer württembergischen Schulordnung im Jahre 1729 eine wichtige Leitlinie. Diese erneuerte Schulordnung orientierte sich in den wesentlichen Teilen an August Hermann Francke, der in seinen vom Pietismus geprägten Schriften am Anfang des 18. Jahrhunderts allgemeine Erziehungsgrundsätze aufgestellt und diese Grundsätze in den von ihm gegründeten Anstalten, unter anderem dem Halleschen Waisenhaus, verwirklicht hatte. (Franckes Anstalten zählten beim Tode ihres Gründers im Jahre 1727 insgesamt 2200 Schüler. Der Unterricht in den lateinischen und den deutschen Abteilungen oblag 167 Lehrern und Lehrerinnen.) Man dürfe an die Schüler keine asketischen Zumutungen stellen, warnte Francke und solle sie keinen übertriebenen Belastungen mit religiösem Stoff aussetzen, auch wenn das Ziel der Erziehung ein »rechtschaffenes Christentum« sein müsse. Zum Lerninhalt gehörte bei Francke neben dem Lesen und dem »zierlichen Schreiben« auch das Rechnen, beginnend mit täglichen Übungen im Einmaleins. Im Musikunterricht unterschied Francke zwischen der Anforderung an Mädchen und an Knaben. Bei ihm, und entsprechend in den 1729 erlassenen herzoglich-württembergischen Vorschriften, ist vorgesehen, daß die Mädchen nur die Kirchengesänge lernen, die Knaben dagegen auch »die Prinzipia der Figuralmusik«, also Noten, Zeichen, Pausen usw., damit sie »aus den über dem Lied gesetzten Noten dasselbe singen können«.

Ein Jahrhundert nach dieser an Francke orientierten Schulordnung, die auch detaillierte Vorschläge für die Aufteilung des Stoffes in Vor- und Nachmittagsstunden enthielt und eine Gruppeneinteilung der Schüler nach Kenntnisstand vorsah – anders als der von Francke abgelehnte Comenius mit seiner Altersgruppierung –, trat im Königreich Württemberg im Jahre 1836 das Volksschulgesetz in Kraft. Einer der Zwecke dieses Gesetzes war die Vereinheitlichung des Schulwesens in den neuwürttembergischen und den altwürttembergischen Gebieten. Noch 1836 werden als wesentliche Unterrichtsgegenstände in den Volksschulen Württembergs die Religions- und Sittenlehre, das Lesen, das Schreiben, die deutsche Sprache, das Rechnen und das Singen genannt. In den nächsten fünf Jahrzehnten ergänzte man diesen Katalog um die sogenannten Realien; darunter verstand man Geschichte, Geographie, Naturlehre und Naturgeschichte. Das Zeichnen wurde lediglich fakultativ angeboten. Da und dort, vor allem in den Städten begann man auch mit dem Turnen für Knaben und mit der Handarbeit für Mädchen.

Ein Erlaß aus dem Jahre 1870 sah vor, daß im Durchschnitt an sechsundzwanzig Wochenstunden Unterricht erteilt werde. Ein Drittel dieser Zeit diente dem Unterricht in Religion, einschließlich dem in Württemberg immer noch sehr geschätzten Memorieren. Die übrige Zeit sollte zu drei Sieblern der Sprache vorbehalten sein, zu zwei Siebteln dem Rechnen und der Raumlehre, die restlichen beiden Siebtel den Realien und dem Singen. Das Lehrer-Schüler-Verhältnis betrug zu jener Zeit – im letzten Viertel des vergangenen Jahrhunderts! – 1:90, das heißt, auf 90 Schüler wurde ein Lehrer gerechnet, der wiederum zu dreißig Wochenstunden Unterricht verpflichtet war. Als zumutbar galt aber auch eine Höchstzahl von 120 Schülern, ehe Anspruch auf einen zweiten Lehrer an einer Dorfschule bestand. In Teilgemeinden sollte eine eigene Schule eingerichtet werden, wenn dort dreißig Familien wohnten. Falls der Schulweg lang und schwierig war, zum Beispiel mehr als eine Stunde in Anspruch nahm, hatten auch Teilgemeinden mit nur fünfzehn Familien die Möglichkeit, eine eigene Schule zu beantragen.

Eine entscheidende Zäsur im württembergischen Schulwesen brachte das Jahr 1909. Von da an lag die Orts-Schulaufsicht nicht mehr beim Pfarrer der Gemeinde, sondern bei einem Ortsschulrat, dem von Amts wegen der Schultheiß (Bürgermeister), der Pfarrer, ein oder mehrere Vertreter der Lehrerschaft und dazu noch Männer oder Frauen angehörten, die der Gemeinderat wählen mußte. Die allgemeine Schulpflicht erhöhte sich im Jahre 1909 auf acht Jahre, sie dauerte vom siebten bis zum vierzehnten Lebensjahr. Auf dem Land blieb es jedoch in vielen Fällen noch Jahre lang bei einer siebenjährigen Schulzeit. Das Lehrer-Schüler-Verhältnis reduzierte der Gesetzgeber im Jahre 1909 von 1:90 auf 1:60. Aus finanziellen Gründen sei ein noch günstigeres Verhältnis nicht möglich, erklärte ein Vertreter der königlich-württembergischen Regierung.

Das arme Dorfschulmeisterlein

Das Spottlied vom armen Dorfschulmeister stammt in seiner Urfassung von Samuel Friedrich Sauter, dem Schulmeister des Kraichgaudorfes Flehingen, der mit seinem Biedermeier-Poem einst einer ganzen Epoche den Namen gab. Sauters Schulmeisterlied ist alsbald abgewandelt und mit neuen Versen ergänzt auch im benachbarten Württemberg viel zitiert worden, noch in der Zeit zwischen den beiden Weltkriegen mußte sich im Freundeskreis mancher Junglehrer auf einem schwäbischen Dorf anhören: »Was er nicht ißt, das steckt er ein, das arme Dorfschulmeisterlein.« Lange Zeit lebten die Lehrer in den Dörfern und kleinen Städten zu einem guten Teil von den Naturalien, die sie von der Gemeinde und von den Eltern ihrer Schüler erhielten. Das Holz zum Wärmen der Stube brachten die Schüler an zahlreichen Orten scheiterweise, Tag für Tag mit in die Schule, wenn die Gemeinde ihren Schulmeister nicht von sich aus mit einer ausreichenden Menge Brennholz aus dem Gemeindewald versorgte. Es fehlt in den alten Aufzeichnungen nicht an Klagen darüber, daß die Schüler kein Holz mehr in die Schule mitbrächten, weil der Holzpreis plötzlich angestiegen war. Das Schulgeld, das dem Lehrer zustand, erhielt er mancherorts nur mit großer Verspätung. In einem Bericht aus Echterdingen vom Jahr 1600 wird angemerkt, daß einige Väter mit der Begleichung des Schulgeldes zwei bis drei Jahre im Verzug seien. Die Gemeinden bezahlten am Anfang des 17. Jahrhunderts ihren Schulmeistern nur einige Gulden in bar, sie versorgten sie dazu mit einem bestimmten Quantum an Dinkel fürs Brot. Zwei Scheffel, ein Simri Dinkel gibt Hohenacker um 1600 dem Lehrer, dazu neun Gulden Schulgeld. Die Mesnerei, die in Frauenzimmern vier Gulden einbrachte, wurde mit den sechs Gulden Schulgeld addiert. Ohne einen Nebenerwerb in der Landwirtschaft oder durch die »Schreiberei«, die manche Lehrer ausübten, hätte mancher Dorfschulmeister kaum existieren können. Aber nicht jeder Nebenerwerb war geduldet. Als nicht standesgemäß beurteilte man bei der Obrigkeit zum Beispiel, wenn ein Schulmeister, wie 1584 aus Unterhausen berichtet, das »Weinschenken« anfing. Auch das »Säue metzgen«, das ein anderer Dorfschulmeister betrieben hatte, wurde ihm untersagt.

Recht neidisch müssen in jener Zeit die Lehrer an den Dorfschulen auf ihre städtischen Kollegen gewesen sein. Ein Schulmeister in Urach bekam zwanzig Gulden von der geistlichen Verwaltung, zehn Gulden vom Spital, vierzig Gulden an Schulgeld und hatte dazu freie Wohnung (»Behausung und ein angemessenes Holzgeld«). In Waiblingen waren allein für den Ertrag des Schulgartens fünfzig Gulden angesetzt. Außerdem standen dem Schulmeister, der auch als Organist fungierte, »von der Orgel« zwanzig Gulden zu. Da der Weinbau zu jener Zeit viel weiter im Lande verbreitet war als in unserem Jahrhundert, gehörte zur Lehrerbesoldung oft auch ein bestimmtes Quantum Wein. Da und dort versorgte man einen Schulmeister mit »Suppe«, »einigen Wecken«, »einem Stück Fleisch«. Zur Steuer und zu Abgaben zog man die Schulmeister im allgemeinen nicht heran.

Die erste allgemeine und im ganzen Land verbindliche Vorschrift über die Besoldung der Volksschullehrer stammt aus dem Jahre 1810. Laut evangelischer Schulordnung betrug das Mindestgehalt 150 Gulden, das allgemein geltende Gehalt sollten 300 Gulden sein. Die Besoldung richtete sich nach der Einwohnerzahl und nach der Schülerzahl. Die Gemeinde mußte für eine ausreichende Wohnung sorgen oder den Mietzins für die Wohnung des Lehrers übernehmen. Im Jahre 1845 stockte der württembergische Staat das Mindestgehalt des Volksschullehrers auf 300 Gulden auf. Dazu kamen, je nach Dienstalter, genau festgelegte Zulagen.

Da die Gemeinden auch weiterhin in Naturalien zahlen wollten, legte man 1858 fest, daß für jede Schulmeisterstelle ein Teil des Gehaltes im Wert von etwa 50 Gulden in »Brotfrüchten oder Gütergenuß verabreicht« werden könne. Allmählich besserte sich die materielle Situation der Lehrer. Im Jahre 1874 werden die Gehälter von 480 Gulden auf 550 Gulden erhöht. Das entsprach in neuer Währung einer Grundbesoldung von 960 Mark pro Jahr. Bei den Städten über 6000 Einwohner erhielt der Lehrer noch erhebliche Zuschläge, mindestens jedoch 925 Gulden oder 1585 Mark (im Jahre 1880). Der Unterlehrer oder Lehrgehilfe auf dem Dorfe blieb indes noch für lange Zeit »das arme Dorfschulmeisterlein«. Ihm standen je nach Einwohnerzahl zwischen 500 und 540 Mark zu. Ums Brotgetreide mußte er sich freilich nicht sorgen, denn er hatte Anspruch auf 7,5 Zentner Dinkel. Zwei Raummeter Buchenholz in Scheitern und ein heizbares, angemessen möbliertes Zimmer gehörten ebenfalls zu den Leistungen, die eine Gemeinde für den Junglehrer erbringen mußte.

Die jugendgefährdende Landeshauptstadt

Wie lästig eine Tradition sein kann, wie hemmend, das erfuhren die Anwälte einer Erneuerung und Verbesserung des württembergischen Schulwesens im Jahre 1787 auf einprägsame Weise. Ein Referent im Konsistorium namens Ruoff, zuständig für die Schulen im Lande, hatte sich mit Anträgen auf eine verbesserte systematische Lehrerbildung zu befassen; vorgeschlagen war unter anderem die Gründung eines Lehrerseminares. Die Antragsteller begründeten dies mit Erfahrungen, die man anderswo mit einer neuen Art von Lehrerbildung gemacht habe und mit dem Hinweis, daß es den Erfordernissen der Zeit entspreche, den Unterricht auch an den Volksschulen um wichtige, neue Fächer zu ergänzen, wozu man besonders vorgebildete Schulmeister benötige. Der Gutachter vom Stuttgarter Konsistorium aber meinte, er könne sich »einmal nicht überzeugen, daß Historie, Geographie, Physik, Zeichnen, gesetzliche Wissenschaft und dergleichen dem gemeinen Bauersmann notwendig oder auch nur nützlich sei oder daß ein Mensch bis ins 14. Jahr von all diesen Wissenschaften auch nur die ersten Begriffe zu fassen und zu verstehen fähig und vermögend sein soll«. Die Argumente des Stuttgarter Gutachters erinnern prinzipiell an manches, was in späteren Bildungsdiskussionen gegen Reformen im Schulwesen vorgebracht worden ist. »Solche«, meinte der zuständige Mann für die Schulen in seiner Stellungnahme, »die in ihrem Beruf mit Hebel, Winde, Keil und dergleichen umzugehen haben«, könnten dies ohne es je in der Schule gelernt zu haben. »Viele kennen die Erdart dieses oder jenes Ackers ohne Schulunterricht ganz genau.« Mit anderen Worten: nur kein Überschuß an Bildung in der Schule, man hat bisher ohne diese Neuerungen gelebt und wird auch künftig ohne sie auskommen.

Argumente dieser einfältigen Art haben vor allem die Verbesserungen in der Landwirtschaft immer wieder erschwert, weil die ganze Art der Erziehung nicht für Neuerungen aufgeschlossen machte. Das Unverständnis, das man bei der älteren Generation am Ende des 18. Jahrhunderts zum Beispiel den Ideen des weitblickenden Pfarrers von Grabenstetten für den Anbau von neuen Nutzpflanzen entgegengebracht hat, wird man zu einem guten Teil der Art von Schule ankreiden müssen, die nach der Ansicht eines kritischen Beobachters zu jener Zeit »nach einer radikalen Verbesserung« schrie. Aber der Vorschlag, die Verbesserung durch eine gründliche Ausbildung der Ausbilder zu beginnen, scheiterte im Jahre 1787 kläglich. Die Obrigkeit war mit sich selbst zufrieden, die Kritiker galten als Unruhestifter. An dieser Art von Kontinuität und Tradition herrschte im »Staate Beutelsbach« selten ein Mangel. Außer der Verbesserung der Schulbesoldungen – die damals noch den Gemeinden oblagen – war nach Ansicht des schulkompetenten Mannes im Konsistorium »nur eins nötig, die genaue Befolgung der bisherigen Vorschriften«.

Was man bei der Stuttgarter Obrigkeit indes nicht entkräften konnte, das war die Kritik an den Schulverhältnissen in den ärmeren Landesteilen und den abgelegenen Dörfern, wie sie im Jahre 1785 in einem Band des »Schwäbischen Museum« von Johann Michael Armbruster erschienen war. Zunächst wird in dem Aufsatz über die deutschen Schulen im Herzogtum Württemberg gefragt, ob man nicht von Grund auf auch den religiösen Inhalt des Erziehungswesens prüfen und erneuern müsse. Aus bester Meinung traktiere man ein Kind mit der Religion wie mit Arzneien. Aber es werde zu wenig oder gar nicht gefragt, ob Dosis und Zeitpunkt dieser Verabreichung richtig seien und ob man nicht das Übel ärger mache, das man austreiben wolle. Es müsse überlegt werden, »ob – mit einem Wort – die liebe Erbsünde nicht das Resultat unserer häuslichen und öffentlichen Erziehung sei?« Wenn man ein getreues Gemälde von der Art der Erziehung in Württemberg zeichne, dann würden sich solche Fragen allerdings nicht zum Vorteil Württembergs beantworten. Damit sich niemand eine Illusion über die tatsächlichen Bedingungen des Schulunterrichts auf dem Lande mache, schildert der Verfasser dieses Beitrags im »Schwäbischen Museum«, die Zustände, die er kennt. »In vielen Schulhäusern ist nur ein einziges Zimmer, wo besonders winters, Schulmeister und Schulkinder, Weib und Säugling, Hund und Katze in einem Tutti zusammenpeitschen und gepeitscht werden, zanken, heulen, singen, beten, wimmern, lallen, mauen.« Über des Schulmeisters Bibliothek klagt der Kritiker, daß er wohl, wenn er kein gemeiner Kopf sei, »Bengels geoffenbarte Offenbarung und Oetingers Mystik zuverlässig studiere«, nicht aber Bücher, die »den finsteren Kopf aufhellen« könnten. Am meisten vermißt werden Bücher, deren Lektüre brauchbare Kenntnisse für einen Unterricht über Ackerbau, Vieh-, Baum-, Seidenraupen- und Bienenzucht vermittle. Beim Religionsunterricht schließlich gelte die Devise: »Auswendiglernen ist Christentum.« Solche Art von Schule schaffe Überdruß, ja Ekel, auch am Christentum.

Die Quintessenz der ätzenden Kritik im »Schwäbischen Museum« ist die Ankündigung, daß »einige Menschenfreunde den großen Wunsch nach einem Schullehrer-Seminar verwirklichen« möchten. Aber zur Erfüllung dieses Wunsches brauchte man die Zustimmung und die aktive Mitwirkung der Kirchen- und Schulbehörden des Landes. Als dieses Thema zwei Jahre nach der Ankündigung in Armbrusters Sammelband vom Konsistorium behandelt und der Wunsch nach einer Ausbildung der Lehrer in einem Seminar – anstelle der bisherigen Ausbildung des Gehilfen oder Provisors bei einem Schulmeister – abgelehnt wurde, legte der Stiftsprediger C. H. Rieger ein Gutachten vor, in dem er seine Argumente für ein Nein nannte. Aus manchen Gründen käme für ein Schullehrer-Seminar in erster Linie Stuttgart in Betracht. Aber gerade dieser Standort wäre höchst bedenklich, weil »daselbst ungeheure Ärgernisse, das Geschmais der liederlichen Weibsbilder, aber auch andere scheinbare Reizungen zur Liebe der Welt und ihres Sinnes vorhanden sind, welche insgesamt für diejenigen noch gefährlicher sind, die erst in den fürwitzigsten Lebensjahren in dasselbe eintreten als für diejenigen, die darunter von ihren ersten Kindesjahren aufgewachsen«.

Der Stiftsprediger hatte neben seinen Vorbehalten, die Sittlichkeit in der Hauptstadt betreffend, auch besondere Bedenken, daß die Absolventen einer derartigen Bildungsanstalt »von mancher eingebildeten Kunst und Weisheit aufgeblasen« würden und damit Samen der Zwietracht und der Trennung in die Schule brächten. »Wie schlimm würde es gehen, wenn ein an die bewährten Gründe unserer Schulordnung gewöhnter Schulmeister mit einem Provisor, der seinen Witz geltend machen würde, in einer Schule zusammenkäme.« Die immerwährende schwäbische, ja deutsche Bildungsdiskussion: hier entdeckt man sie wieder einmal in den Unterlagen aus dem Jahre 1787. Die Französische Revolution, die Erhebung des Herzogtums Württemberg zum Königreich, das autokratische Agieren eines Königs Friedrich: all das hat dann vierundzwanzig Jahre nach der Erstattung des Gutachtens über die Lehrerbildung durch den Stiftsprediger Rieger doch dazu geführt, daß – zuerst im Jahre 1811 in Esslingen – Lehrerseminare in Württemberg eingerichtet worden sind. Das Verlangen nach gründlich ausgebildeten Schulmeistern setzte sich mit einiger Verspätung durch, zumal nun auch die Kirchenbehörde ihre früher geäußerten Einwände und Bedenken nicht mehr aufrechterhalten wollte.

Frauen – nur bedingt zugelassen

Mädchen und Frauen, Schülerinnen und Lehrerinnen werden in den schulhistorischen Darstellungen, die Württemberg betreffen, meist nur am Rande erwähnt, obwohl Reformatoren wie Brenz die Mädchen ausdrücklich in ihre Schul- und Bildungspläne einbezogen haben. Immerhin machte man sich in der zweiten Hälfte des vergangenen Jahrhunderts zunehmend Gedanken über ein spezifisches Bildungsangebot für ein junges Mädchen, dem Lateinschule und Studium verschlossen war. Halb entschuldigend meinte bei der Beschreibung von Land und Volk ein amtlicher Autor im

Jahre 1884, daß sich im Königreich Württemberg »mehr und mehr jetzt auch die Fürsorge für das weibliche Geschlecht geltend« mache. Als Beispiel dieser obrigkeitlichen Fürsorge wird auf die Gründung von Frauenarbeitsschulen im Lande hingewiesen; auch die Einrichtung landwirtschaftlicher Haushaltungsschulen als einer Art Gegenstück zu den Winterschulen für Bauernsöhne und junge Landwirte ist in diesem Zusammenhang erwähnt. Aber noch zwanzig Jahre nach solchen Ankündigungen in einer regierungsamtlichen Publikation sind die Gesetzesvorschriften, Frauen im Schuldienst betreffend, alles andere als frauenfreundlich. Ganz im Gegenteil: wenig ist von einer »Fürsorge« für Frauen zu merken, um so mehr jedoch von einer fortdauernden Benachteiligung. Lehrerinnen, denen man nun im Seminar Markgröningen eine Ausbildungschance gab, waren auch im Jahre 1908 nur an den untersten Knabenklassen und an den Mädchenschulen zugelassen; der Anteil von Frauen am gesamten Lehrpersonal der Schulen im Lande durfte – 1908! – einen Anteil von acht Prozent nicht übersteigen.

Der Vorstand des württembergischen Verwaltungsgerichtshofes, Karl Göz, merkte in einem Kommentar zum Schulrecht an: »Auch kommt den Lehrerinnen der Eintritt in die Ortsschulbehörde nicht zu«. Nichts weiter, keine Begründung. Im übrigen unterstellten die Gesetzgeber in der württembergischen Volksvertretung noch im 20. Jahrhundert, daß Lehrerinnen nicht heiraten würden. Falls sich eine Lehrerin aber – ganz gegen die Erwartung von Regierung und Volksvertretung – verehelichte, bedeutete das von Gesetzes wegen den Verlust ihrer Stelle und aller anderen bis dahin erworbenen Rechte, einschließlich des Anspruchs auf ein Ruhegehalt, wie es in der Versorgungsregelung für den öffentlichen Dienst vorgesehen war. Ausnahmen sah das Gesetz nur insofern vor, als es den Gemeinderäten und den Ortsschulbehörden erlaubte, durch einen Beschluß die stets widerrufliche Weiterbeschäftigung einer verheirateten Lehrerin zu verfügen. Da nimmt es auch nicht Wunder, daß die Gehälter der Lehrerinnen ein Viertel bis ein Drittel unter den Bezügen ihrer gleichaltrigen und gleichqualifizierten männlichen Kollegen lagen. Das Markgröninger Institut war in den Augen des ersten Landesjuristen, Karl Göz, »ein Seminar zur Heranbildung von Jungfrauen für den Dienst an den jüngeren Klassen der Volksschulen«. Diese Bezeichnung sagt schon, daß man sich im Grunde gar nicht vorstellen konnte, Frauen würden auch in den nur ein- oder zweiklassigen ländlichen Schulen unterrichten. Wenn man schon Lehrerinnen einsetzte, dann nur in größeren Orten, vor allem in den Städten mit ihren vollausgebauten Anstalten und mit ihren Mädchenschulen.

Es hat Jahrzehnte gedauert, bis die Stuttgarter Schulbehörden sich im vergangenen Jahrhundert überhaupt eingehender mit der Frage einer Schulerziehung auch durch Frauen befaßten, obwohl es in der Reformationszeit schon manches Beispiel für einen Schulunterricht durch Frauen gegeben hatte. Allerdings findet man diese Beispiele – auch aus Stuttgart selbst – vorwiegend in den sogenannten Nebenschulen, also bei Schulen privater Art. Dort sind die »Döchterlein« zuweilen von der Frau oder von der Tochter des Schulmeisters unterrichtet worden, mit gutem Erfolg, wie man den alten Chroniken entnehmen kann.

Eine recht frühe Initiative zur Heranziehung von »Schulfrauen« ist aus dem 18. Jahrhundert verzeichnet. Johann Friedrich Schiller, ein Vetter von Schillers Vater, der als ewiger Studiosus, als Weltenbummler und Projektemacher der schwäbischen Verwandtschaft nicht ganz geheuer war, fand mit einem seiner Projekte beim Herzog Karl Eugen Gehör. Die Universität Tübingen, so meinte dieser Johann Friedrich Schiller aus Steinheim an der Murr, solle ein »corpus academicum« werden. Unter anderem wünschte Johann Friedrich Schiller eine Akademie der Schönen Künste und empfahl die Gründung einer besonderen »Unterrichtsanstalt für Frauenzimmer« um »Schulfrauen« heranzubilden. Auf diese Weise könne man »der Weiblichkeit der höheren Stände eine den Männern ebenbürtige Bildung des Herzens und des Geistes verschaffen«. – Der Herzog habe geantwortet, er wolle sich »Reflexionen« über den Vorschlag machen. Dabei ist es dann auch geblieben.

Den Anstoß für eine planvolle Ausbildung von Mädchen zur Lehrerin gab ein Mann, der in der Mitte des letzten Jahrhunderts der »erste Mädchenschulmeister in Ludwigsburg« genannt worden ist: Johannes Buhl. Der 1810 geborene Bäckerssohn aus Großheppach scheint ein geborener Pädagoge gewesen zu sein. Der Sproß einer Handwerkerfamilie setzte im Elternhaus seinen Willen durch und ging als »Schullehrling« nach Schorndorf. Als er in jungen Jahren eine Stelle in Weil im Schönbuch erhalten hatte, besuchte er immer wieder das nicht allzu weit entfernte Hohenheim und bildete sich an diesem neugegründeten landwirtschaftlichen Lehrinstitut durch die Teilnahme an mathematischen und naturwissenschaftlichen Vorlesungen weiter. Mit 33 Jahren erhielt Buhl die Stelle in Ludwigsburg. Die pädagogische Literatur der Zeit war ihm wohl vertraut, auch die Berichte über Schulschwestern in katholischen Ländern kannte er. Das brachte Buhl im Jahre 1853 auf den Gedanken, eine Neuerung für das Königreich Württemberg vorzuschlagen. Man solle, so schrieb er, »versuchsweise Lehrgehilfinnen an den Volksschulen anstellen«. Damit könne man dem »weiblichen Geschlecht einen Anteil an der öffentlichen Erziehung und Unterweisung sichern«. Buhls Argumente für diesen Vorschlag zielten auch ins Allgemeine. Man solle und könne »der Erzieherwelt zeigen, welche Fülle bisher nicht gehörig erschlossener erzieherischer Kräfte beim weiblichen Geschlecht verborgen« lägen. Vom Gedanken zur Tat war nur ein kleiner Schritt. Buhl bat um die Genehmigung für die Gründung eines »privaten Lehrerinnen-Seminars«. Zwei Jahre sollte ein Kurs zur Ausbildung von Lehrerinnen dauern. Die Schulbehörde erlaubte das Experiment, das dem Staat weder größere Lasten brachte noch irgendeine Verpflichtung bedeutete. Buhl erhielt eine einmalige, ziemlich geringe Unterstützung vom Staat und von der Stadt Ludwigsburg. Der erste Kurs begann im Jahre 1855. Drei ehemalige Schülerinnen Buhls nahmen daran teil. In der Übungsschule, dem zentralen Teil der von Buhl geplanten Ausbildung, verfuhr man nach den Erziehungsmaximen, die Pestalozzi gelehrt hatte. Das Klavierspiel gehörte zur Ausbildung, ebenso das Erlernen der französischen Sprache. Den Französisch-Unterricht erteilte Buhls Tochter.

Im Ludwigsburger Dekan Christlieb, der die Visitationsberichte an die Stuttgarter Behörde zu erstellen hatte, fand Buhl einen wichtigen Förderer seines Projektes. Christlieb vermittelte dem Schulreferenten des Konsistoriums, dem Prälaten Stirm, die Ideen des Ludwigsburger Pädagogen. Der Erfolg zeigte sich alsbald in einer 1858 erlassenen Novelle zum Schulgesetz von 1836. Nun war es den Gemeinden von Amts wegen gestattet, »unständige« Lehrerinnen anzustellen. Buhl erhielt von da an einen festen staatlichen Zuschuß für sein Seminar.

Die Lektüre der Debattenbeiträge in der württembergischen Kammer zu jener »Lex Buhl« ist ebenso erheiternd wie deprimierend.

Einer der Redner vertrat die These, daß selbstverständlich ein Mann, was Umfang, Klarheit und Sicherheit des Wissens, der Logik und Mathematik betreffe, dem Weib überlegen sei. Gewiß sei allerdings auch, daß »*das* Maß von Kenntnissen und Fertigkeiten, welches in der Volksschule erstrebt wird, vollständig innerhalb der Grenzen der weiblichen Befähigung« liege. Nach Meinung des Debattenredners spreche für die Anstellung von Lehrerinnen an Mädchenschulen der Umstand, »daß weibliche Sitte und Tugend, daß Sinn für Anstand, Ordnung, Reinheit des Inneren und Äußeren nur unter weiblicher Leitung die volle Pflege finden kann«. Ein Gegner der »Lex Buhl« behauptete indes, die Lehrerin verwirre die Kinder, sie »bringe ihnen allerlei Zeug in den Kopf«, aber sie zum Denken anzuhalten, dazu eigne sie sich nicht. Der Volks- oder Standesvertreter war im übrigen, wenn man seinen Ausführungen glauben durfte, davon überzeugt, daß »ein Frauenzimmer nicht imstande« sei, auch nur eine kleine Kinderzahl mehrere Stunden und Tag für Tag »in der nötigen Ordnung und Ruhe« zu halten. Sobald eine Unruhe oder ein Geplauder entstehe, überkomme das weibliche Geschlecht »nach seiner Natur« von selbst unwillkürlich die Lust auch mitzutun. Die Mehrheit versagte sich solchen Einwänden. Die pro-weiblichen Argumente obsiegten schließlich. Eine unter strenger Disziplin herangebildete Lehrerin werde viel konsequenter und fester auf dem bestehen, was Zucht und Ordnung fordern, als mancher Mann, prophezeite ein Anhänger des Johannes Buhl.

Das positive Votum für die Gesetzesnovelle schlug eine Bresche in den bis dahin dichten Wall der Vorurteile. Aber leicht war es nicht, die Gemeinden zu überzeugen, daß sie den in dem Buhlschen Seminar zur Lehrerin ausgebildeten tüchtigen jungen Mädchen eine Chance geben sollten. Wenn es doch in manchen Fällen gelungen ist, die Seminaristinnen an Mädchenschulen zu vermitteln, so war dies vor allem auch das Verdienst des Stuttgarter Prälaten und Schulreferenten Stirm. Den Hauptwiderstand leisteten die Lehrergehilfen, die Provisoren. Sie fühlten sich von der neuen Konkurrenz bedroht. »Die Provisoren im ganzen Land sind über Buhl sehr erbost, weil er glaubt, daß Mädchen so gescheit sein könnten wie Provisoren«, heißt es in einem behördlichen Erfahrungsbericht aus jener Zeit. Der Pfarrer Riecke von Loffenau meinte, man müsse die Neuerung mit Hilfe einer Aufklärungsschrift durchsetzen. Zu den Ratschlägen des Loffenauer Pfarrers gehörte unter anderem der Hinweis, daß man die sittlichen Bedenken zerstreuen könne, indem man Lehrerinnen nur an Orten anstelle, wo keine unverheirateten Lehrer tätig seien.

Im hundertsten Todesjahr von Johannes Buhl – 1968 – hat Eberhard Lenk in einem Beitrag für die »Ludwigsburger Geschichtsblätter« dessen Leben und Wirken nachgezeichnet und damit an einen Mann erinnert, der zu seinen Lebzeiten vergebens bemüht war, aus seiner privaten Gründung (in der er alsbald auch Handarbeitslehrerinnen ausbildete), eine staatliche Einrichtung zu machen. Im Jahre 1873, fünf Jahre nach Buhls Tod, gelang es endlich, das Ludwigsburger Seminar in einem königlichen Lehrerinnen-Seminar aufgehen zu lassen. In Verbindung mit einem evangelischen Mädchenwaisenhaus wurde es im Schloß in Markgröningen untergebracht. In Gmünd gründete man später noch ein katholisches Lehrerinnen-Seminar für das Königreich Württemberg. Die Konkurrenz, die die Herrn Provisoren im Jahre 1858 befürchtet haben, ist ihnen auch aus diesen beiden staatlichen Seminaren nicht erwachsen. Die Zahl der Lehrerinnen blieb in Württemberg stets begrenzt. Daran hat auch die kurze, auf Gleichberechtigung zielende Epoche des Volksstaates Württemberg in der Weimarer Republik kaum etwas ändern können.

SCHWÄBISCHE GESCHLECHTER-TRENNUNG

In den Lebensberichten und Chroniken aus dem alten Württemberg sind Frauen oft nur am Rande erwähnt, wenn es sich nicht gerade um Herzoginnen oder um berühmte Mätressen wie die Graevenitz handelt. Dem Historiker Otto Borst ist bei der Beschäftigung mit dem Leben und Wirken des Johann Valentin Andreä aufgefallen, daß in dessen ausführlichen autobiographischen Schriften die Ehefrau des Gottesmannes nur ein einziges Mal genannt wird: bei der Hochzeit. Nicht ganz abgeschirmt gegen das Interesse der Nachkommenden bleibt die Ehefrau des Johann Friedich Flattich. Die frühen Biographen des Predigers und Volkserziehers gedenken ihrer jedoch stets in Form einer Anekdote, die im vergangenen Jahrhundert in den Kreisen des pietistischen Württemberg als recht amüsant und deshalb erzählenswert gegolten haben muß. Diese Ehefrau, Tochter des verstorbenen Pfarrers Johann Melchior Groß von Murr an der Murr, sei unvermögend gewesen. Gerade dies habe Flattich gefallen, denn dadurch sei die Gefahr geringer gewesen, daß sie »in Eitelkeit und Weltsinn« verflochten werde. Als demütig und geduldig wird Flattichs Braut geschildert. Der Flattich-Biograph Karl Friedrich Ledderhose weiß zu berichten: »Weil Flattich aber ein rasches, auffahrendes Temperament hatte, so wollte er sie eines Tages prüfen, ob sie auch für ihn passe. Und das Mittel, das er wählte? Eine Ohrfeige, die er der jungen Braut nicht lange vor der Verheiratung gab.« Folge man der Familienchronik, merkt der Biograph zu dem Vorfall an, so habe »die Jungfer Braut« die Ohrfeige ruhig eingesteckt und »kein Wörtlein gesprochen«. Nach Meinung des pietistischen Biographen hatte sie »die Feuerprobe bestanden«. Es sei ihre erste und letzte Ohrfeige gewesen, »denn es mag wohl keine friedlichere Ehe gegeben haben, als der Pfarrer Flattich eine führte.« Von dieser friedlichen Pfarrersehe ist im alten Württemberg vor allem *ein* Ausspruch Flattichs oft kolportiert und vielfach variiert worden, das angebliche Trostwort für die Ehefrau: »Wenn ich Dich denn schon haben muß, dann will ich Dich auch gern haben.«

Wie gut oder, richtiger gesagt, wie schlecht es die Frauen in Württemberg gehabt haben, kann man heute noch an manchem

Lebenslauf ablesen. Die Pfarrersfrau, die nach der vierzehnten Geburt in vierzehn Jahren im Kindbett gestorben ist, darf keineswegs als die große Ausnahme betrachtet werden. Wegen der großen, allgemein als selbstverständlich angesehenen Belastung der Frauen in Familie und landwirtschaftlichem Betrieb hielt das alte Württemberg in den Sterbeziffern der jungen wie der älteren Frauen manchen Rekord. Erwähnt werden solche Fakten in den älteren Publikationen indes selten oder gar nicht. Man wußte es nicht anders. Über die Rolle oder gar die Würde der Frauen nachzudenken, schien nicht geboten zu sein. Um so mehr fällt auf, daß Gustav von Rümelin in der großen Beschreibung von Volk und Land vor hundert Jahren wenigstens in einigen Sätzen auf das Verhältnis von Mann und Frau im Leben der Schwaben eingeht, allerdings nicht in einer Beschreibung des Arbeitslebens, sondern in einer Betrachtung der Geselligkeit. Ein wichtiger Grundzug der Geselligkeit, so meint Rümelin, »der zwar im Allgemeinen als süddeutsch bezeichnet werden kann, aber doch wohl nirgends so ausgebildet und festgewurzelt sein mag«, sei »die Trennung der Geschlechter«. Wir lesen in diesem landeskundlichen Exkurs über das Württemberg des 19. Jahrhunderts: »Der Mann sucht seine Erholung außer dem Hause, an öffentlichen Orten in der Gesellschaft von Männern; die Frau bleibt mehr auf den häuslichen Kreis und den weiblichen Umgang beschränkt.« Wenig Anklang finde der »norddeutsche Theetisch«. Er erscheine den Männern lästig. Die Trennung der Geschlechter mache die »Unterhaltung der Männer freier, vielseitiger, gehaltvoller, sie verzichtet aber auch mehr auf die gebildeten Formen und die feinere Gesellschaft«. Und was weiß der Autor in diesem Zusammenhang von den Frauen zu sagen? Nun, er meint: »Beim weiblichen Teile hängen hiemit die vielgepriesenen Tugenden der schwäbischen Hausfrau zusammen, zugleich aber auch, daß höhere Geistesbildung der Frauen vielleicht seltener als in Norddeutschland ist, weil sie von den Männern weniger gesucht und gewürdigt wird.«

Als dieser Beitrag zum schwäbischen Charakterbild im Jahre 1884 erschien, hatten sich freilich auch in Württemberg schon mancherlei Zweifel am traditionellen Rollenspiel von Mann und Frau öffentlich artikuliert. Es gab zu jener Zeit bereits den »Schwäbischen Frauenverein« als die württembergische Sektion des »Allgemeinen deutschen Frauenvereins«. Die Selbsthilfe der

Frauen wollte dieser in Stuttgart im Jahre 1873 gegründete Verein nach Kräften fördern. Die Vereinsmitglieder pochten auf ihre Rechte und Pflichten in Staat und Gemeinde. Im Programm postulierten die Mitglieder vor allem das Recht der Frauen auf Arbeit, auf eine gewisse Selbständigkeit im Berufsleben. Das sei nicht nur das Recht, sondern auch »die Pflicht und die Ehre der deutschen Frau«. Die hier schon hervortretende vaterländische Terminologie erklärt sich wohl aus der zeitlichen Nähe zur Gründung des neuen Kaiserreiches im Jahre 1871. Daß es indes in erster Linie um die staatsbürgerlichen Rechte der Frauen als dem Kernpunkt der Frauenbewegung ging, daran ist nicht zu zweifeln, denn im Aufgaben- und Förderungskatalog stand »die Schulung für die Arbeit« und die »Befreiung von allen ihrer Entfaltung entgegenstehenden Hindernisse«. Folgerichtig nahm man sich die Gründung von Schulen und Anstalten vor, die der gewerblichen, der wissenschaftlichen und der künstlerischen Berufsbildung dienen sollten. Die Ergebnisse solchen Strebens zeigten sich – neben der vom Frauenverein nachdrücklich unterstützten Gründung des staatlichen Lehrerinnen-Seminars, wie es Johannes Buhl gewünscht hatte – in den Einrichtungen einer Töchterhandelsschule, der ersten Frauenarbeitsschule und eines Fröbelschen Kindergartens. Für diese Gründung zahlte der Staat dem Frauenverein einiges an Unterstützung.

Am Beginn des Weltkriegs existierten dann schon eine ganze Reihe anderer Einrichtungen für Frauenarbeit, so zum Beispiel zwei Kochschulen, eine Haushaltungsschule, die ein Diplom zu vergeben hatte, und zwei Schülerinnen-Pensionate. Dank der Initiative des Frauenvereins verbesserte sich in den Jahrzehnten vor dem Ersten Weltkrieg auch die Kochkunst auf dem Lande ganz erheblich. Man richtete nämlich sogenannte Wanderkochkurse für die Landwirtschaft ein. Die Stellenvermittlung für Frauen und die Berufsberatung für Frauen gehörten ebenfalls zur Vereinsarbeit. Die Voraussetzung für eine selbständige Lebensgestaltung von Frauen sei nun einmal die berufliche Fähigkeit, nur sie führe zu einer wirtschaftlichen Unabhängigkeit, befanden die Mitglieder des Frauenvereins. Nach dieser Erkenntnis richteten sich ihre Aktivitäten.

Die Resonanz des Vereins beschränkte sich allerdings im wesentlichen auf die Landeshauptstadt und auf einige der größeren Städte.

Das galt auch für den vor der Jahrhundertwende gegründeten Verein für »Frauenbildung und Frauenstudium« durch die Baronin von Üxküll, eine mit dem württembergischen Hof eng verbundene Dame. Der Verein, ebenfalls der württembergische Zweig einer im ganzen Reich existierenden Organisation, verlangte die Förderung der wissenschaftlichen Bildung und die Erschließung weiterer Berufe für Frauen. Aus der von diesem Verein im Jahre 1899 gegründeten Fortbildungsanstalt für Töchter mit höherer Schulbildung, die sich, »unterstützt von namhaften Schulmännern«, auch Gymnasialklassen angeschlossen hatte, ist drei Jahre später das erste Mädchengymnasium in Württemberg hervorgegangen. Gefördert auch von der Königin Charlotte, erhielt es 1912 einen neuen eigenen Schulbau und den Namen der Königin. Die Stadt Stuttgart und das Land leisteten einen Beitrag zur Finanzierung.

Das Jahr 1904 ist in den Annalen der Geschichte der Frauenbewegung in Württemberg ein herausragendes Jahr. Damals bestanden die ersten vier Schülerinnen des Mädchengymnasiums das Abitur und in eben diesem Jahr 1904 wurde auch, wie es in einer Chronik heißt, »die Zulassung weiblicher Studierender an der Landesuniversität in Tübingen gewährt«.

Vorsichtige Suffragetten

Die betont politischen Aktivitäten einer Gruppe württembergischer Frauen begannen erstmals im Jahre 1906. »Frauen aller Stände« waren aufgerufen, dem neugegründeten »Württembergischen Verein für Frauenstimmrecht« beizutreten. Das Üben der freien Rede, das Diskutieren standen an erster Stelle unter den Programmpunkten, obwohl der Name des Vereins eindeutig auf die gedankliche Verbindung mit den Suffragetten, den Vorkämpferinnen des allgemeinen Frauenstimmrechtes, hinwies, die zu jener Zeit in England unter der militanten Führung der Emmeline Pankhurst mit ihren durchaus gewaltsamen Aktionen, mit Brandstiftungen und Bombenanschlägen die politische Gleichberechtigung der Frauen ertrotzen wollten. Die württembergische Version der Suffragetten blieb vergleichsweise harmlos; man war selbstverständlich jeder Gewalt abhold. Auch spektakuläre Aktionen sind von den drei Ortsgruppen des Stimmrechtsvereins in Stuttgart, Ulm und Tübingen nicht ausgeführt worden. In der Zeit der württembergischen Verfassungsreformen und der gleichzeitig verabschiedeten neuen Gemeindeordnung für das Königreich entschied sich der württembergische Ableger der internationalen Suffragettenbewegung für ein naheliegendes und alsbald erreichbar scheinendes Ziel: die Ausübung des Gemeindewahlrechtes durch Frauen. Landtagswahlrecht oder gar Reichstagswahlrecht standen zunächst nicht auf der Dringlichkeitsliste der Forderungen. Man wollte die politische und staatsbürgerliche Gleichberechtigung Schritt für Schritt erreichen.

Von solcher Bescheidenheit war man bei den sozialistischen Frauengruppen weit entfernt. Deren Sprecherin, Clara Zetkin, setzte im Jahre 1907 beim Stuttgarter Kongreß der 2. Internationale ihre ganze Beredsamkeit für das allgemeine Frauenstimmrecht und für die soziale Gleichberechtigung der Frauen ein. (Als Mitglied der Kommunistischen Partei hat Clara Zetkin zwischen 1920 und 1933 dem Reichstag angehört.) Bürgerliche Betulichkeit und vornehme Zurückhaltung gehörten nicht zum Tugendkatalog der sozialistischen Frauenrechtlerinnen. Sie hatten, einige Jahre vor ihrem großen Kongreß in der württembergischen Hauptstadt, einen damals Aufsehen erregenden Kampf für die Heiratsfreiheit von Männern und Frauen ausgefochten und gewonnen. Ihr Angriffsziel war ein Versicherungsunternehmen, der »Allgemeine Deutsche Versicherungsverein auf Gegenseitigkeit« (die Firma ist im Jahre 1927 in der Allianz-Gruppe aufgegangen).

Der tatkräftige, christlich und patriarchalisch gesonnene Gründer einer Haftpflichtversicherung, der aus Ludwigsburg stammende Karl Gottlob Molt (Abb. 39), verlangte in seiner seit 1874 bestehenden Firma, daß Angestellte bis zu einem Jahresgehalt von 1300 Mark im Falle einer Verehelichung bei der Firmenleitung genauso um einen Heiratskonsens nachsuchen müßten, wie das zu jener Zeit noch Beamten oder Offizieren vorgeschrieben war. Für die sozialdemokratische Presse eignete sich der Konflikt beim »Versicherungsverein« – er hatte seinen Sitz in dem Quadrat zwischen der Uhlandstraße, Olgastraße, Archiv- und Urbanstraße – vorzüglich als Beweismittel für eine am Ziel der Gleichberechtigung und der allgemeinen demokratischen Freiheiten orientierte Politik. Molt, der andererseits mutig gegen die allgemeinen Vorurteile ankämpfte, indem er in seiner Versicherung bevorzugt Körperbehinderte beschäftigte und straffällig Gewordenen eine Chance zur Resozialisierung gab, mußte unter dem Druck dieser Kampagne für Ehe-Freiheit auf die Forderung nach dem Heiratskonsens verzichten.

Aufsehen erregte Molt freilich nicht nur wegen des Heiratskonsensus. Er verwirktlichte seine, dem schwäbischen Pietismus keineswegs fremden Vorstellungen von der Ordnung zwischen den Geschlechtern in dem rasch wachsenden Versicherungsunternehmen auf eine höchst eigenwillige Weise. Er, der als einer der ersten Unternehmer im Lande weibliche Hilfskräfte in großer Zahl beschäftigte, hielt im Betrieb auf eine strenge Trennung zwischen Frauen und Männern. Es gab eigene Arbeitsräume für die »Fräulein«, ganz getrennt von den Arbeitsplätzen der männlichen Angestellten, den »Versicherungsbeamten«. An der Verbindungsstelle zwischen den Arbeitsräumen der Frauen und den Arbeitsräumen der Männer waren einige Damen plaziert, die, wie ein Chronist vermerkt hat, »durch Charakter, Alter und Aussehen volle Gewähr« dafür boten, daß es nicht zu unziemlichen Kontakten zwischen den Geschlechtern kommen konnte. Die Vorsicht und Fürsorge des Firmengründers ging noch weiter: die Gebäude hatten jeweils besondere Zugänge zu den Büroräumen der Frauen und der Männer. Um möglichst jede Begegnung vor oder nach der Arbeit zu vermeiden, begann die Arbeitszeit der Frauen eine Viertelstunde vor der Arbeitszeit der Männer und endete dementsprechend eine Viertelstunde früher. Der Einfallsreichtum des Karl Gottlob Molt, das muß hier angemerkt werden, beschränkte sich keineswegs auf das urschwäbische Feld der Sittlichkeit. Molt bleibt, trotz mancher Absonderlichkeiten, die er in dem Unternehmen angeordnet hat, der Ruhm, einer der großen Pioniere des Versicherungsgedankens gewesen zu sein.

Nach Verfassung und Gesetz hatten die württembergischen Frauen im Jahre 1919 – mit dem Ende des Königreiches – die politische Gleichberechtigung erreicht. Vierzehn Jahre später, nach der Übernahme der Herrschaft durch einen Reichsstatthalter Murr und einen Ministerpräsidenten und Kultminister Mergenthaler, mußte manche Frau ihren Arbeitsplatz an einen Mann abtreten. Über diese Art einer Bereinigung der Arbeitslosenstatistik auf Kosten der berufstätigen Frauen (die in manchen Unternehmen mit der Wirtschaftskrise begonnen hatte) ist wenig bekannt geworden. Man sprach ganz allgemein von dem Ende des Doppelverdienertums und meinte niemand anderes als die Frauen. Auch an den Schulen machte sich der angeblich neue Geist rasch bemerkbar. Schon bald nach Hitlers Machtübernahme sank die Zahl der Schülerinnen an höheren Schulen und vor allem die Zahl der Abiturientinnen in Württemberg beträchtlich. Damit die Schulleiter den Geist der Zeit ja richtig interpretierten, schrieb ihnen der Kultminister Mergenthaler, von Beruf Gymnasialprofessor, im Jahre 1936 in einem Erlaß vor, daß an Orten mit Mädchenrealschulen nur noch besonders begabte Mädchen in gymnasiale oder realgymnasiale höhere Knabenschulen aufzunehmen seien. Eine weitere Hürde gegen studierende Frauen baute der württembergische Kultminister im Sommer 1939 auf: die wissenschaftliche Reifeprüfung durfte nur noch von *den* Schülerinnen abgelegt werden, die »grundlegende hauswirtschaftliche Kenntnisse und Fertigkeiten« nachweisen konnten. Von den alten drei K's für Frauen, ihrer Bestimmung für »Kinder, Küche und Kirche«, hat der Kultminister Mergenthaler zwar das dritte, die »Kirche« gestrichen, die beiden anderen aber um so nachhaltiger betont.

ZUFLUCHT IN REUTLINGEN

Vor hundert Jahren, in der Zeit der beginnenden großen Sozial- und Rechtsreformen im Reichstag des neuen deutschen Kaiserreiches, veröffentlichte das »Königlich statistisch-topographische Büro« in Stuttgart eine umfassende, amtliche Beschreibung von »Land, Volk und Staat« im Königreich Württemberg. Eher beiläufig, aber mit unverhohlenem Stolz weist der Verfasser dieser Publikation auf die große Rechtstradition des alten Württemberg hin. Der Tübinger Vertrag vom 8. Juli 1514, so lesen wir, habe zusammen mit den 1551 von Herzog Christoph gegebenen verbindlichen Erläuterungen den Bewohnern des Herzogtums Württemberg jahrhundertelang ein hohes Maß von Rechtssicherheit garantiert und damit einen Schutz vor obrigkeitlicher Willkür gewährt. Zitiert wird in der offiziellen Landesbeschreibung von 1884 jener Passus aus dem Tübinger Vertrag, indem es heißt, daß »in peinlichen Sachen, da es Ehre, Leib und Leben betrifft, niemand ohne Urteil und Recht dürfe gestraft und getötet werden«. Diese Vorschrift gilt dem Autor der Landesbeschreibung als eine württembergische Habeas-Corpus-Akte. Die Anspielung auf die englische Rechtstradition hat verfassungshistorische Gründe und geschieht nicht zufällig. Man wollte im Königreich Württemberg – gerade in der Bismarck-Ära mit dem starken Einfluß Preußens – bei passender Gelegenheit wieder einmal an die westliche Staatstradition der Altwürttemberger erinnern. Allerdings betonte man auch, daß es schon *vor* dem Tübinger Vertrag unwiderrufbare Privilegien gegeben habe, die dem Altwürttemberger seinen Gerichtsstand vor den Landesgerichten sicherten.

Von einer Besonderheit in der Rechtstradition des Südwestens ist in dieser Beschreibung indes nicht die Rede: von der Möglichkeit des Asyls für Totschläger. Daß es diese Möglichkeit gegeben hat und daß sie genützt wurde, erfährt man aus mancher Ortschronik. Zwei Formen der Zuflucht für Missetäter sind dabei zu unterscheiden: die allgemein übliche Zuflucht in Kirchen, auf Friedhöfen oder in Klöstern und die Asyl-Gewährung in der freien Reichsstadt Reutlingen. Als besondere Variante sei schließlich noch die in Pfullingen praktizierte Aufnahme von flüchtigen Totschlägern, meist aus dem Reutlinger Bereich, erwähnt.

Über das normale Asyl gibt uns die Geschichte der Stadt Ebingen eine knappe Auskunft, wenn es in der Chronik heißt, 1531 sei ein Bürger, der schwere Strafe zu erwarten hatte »in die Freiheit Unserer Frauen Kapellen« geflüchtet. Der Obervogt habe ihn daraufhin »außer Sorge und der Freiheit kommen« lassen. Der Beschuldigte mußte lediglich eine geringe Buße zahlen und Wohlverhalten für die Zukunft versprechen. Den ganz anderen Fall von Asyl, das Reutlinger Exempel (eine Ausnahme, wie es scheint, in der gesamten Rechtsgeschichte), findet man unter anderem in der »Geschichte der Ortschaften Groß- und Kleiningersheim«. Der Pfarrer Richard Stein hat um die Jahrhundertwende fleißig in den Akten der beiden Orte geforscht. Dabei fand er, daß »ein junger Mensch, Jägersbursche, der im Gemeindewald von Kleiningersheim sich auf dem Anstand gegen Wildschweine« befand, aus Versehen seines Vaters Bruder tötlich getroffen habe und später freigesprochen worden sei. Er hatte sich, heißt es in dem Bericht, »in das Asyl der freien Reichsstadt Reutlingen geflüchtet«.

In der Zeit zwischen 1500 und 1800 sind in den Unterlagen der Stadt Reutlingen nicht weniger als 2500 Asylanten namentlich registriert, darunter auch der Jägersbursche aus Ingersheim. Sie alle haben einmal in Reutlingen Schutz gesucht und diesen Schutz auch erhalten. Allerdings unter bestimmten Bedingungen und Auflagen. Im Heimat- und Geschichtsbuch »Pfullingen« berichtet Paul Schwarz, der Reutlinger Archivdirektor, über eine Reihe bemerkenswerter Asyl-Fälle und über das Prinzip, das dem Gedanken an eine Zufluchtsstätte zugrunde lag. In Reutlingen erstreckte sich der Schutz und die Nicht-Auslieferung an das Gericht oder die Behörden des Tat- oder Heimatorts eines Totschlägers – oder einer Totschlägerin, auch das hat es gegeben – auf die gesamte Gemarkung der Stadt, nicht nur auf einzelne Gebäude wie Kirchen oder Klöster. Kaiser Maximilian hat den Reutlingern im Jahre 1495 dieses besondere Recht verbrieft. Das Reutlinger Privileg knüpft an uralte biblische und auch an germanische Rechtstraditionen an. Moses hat nach der Eroberung Kanaans Freistätten, Asyle einrichten lassen, in Hebron und Golan zum Beispiel. Der Sinn war der gleiche wie bei den germanischen Freistätten: man wollte die unaufhörliche Blutrache der Sippen vermeiden und wollte zugleich für eine Zeit der Abkühlung bei erregten Gemütern sorgen. Zwischen einer im Zorn, im Streit begangenen

Bluttat, auch einer Notwehr mit tödlichem Ausgang, und dem Gerichtsverfahren sollte einige Zeit vergehen. Die Betroffenen konnten sich in dieser Zeit, in der ein Täter nicht zu greifen war, in größerer Ruhe über den Fall klar werden und sich eventuell auch zum Verzeihen und zu einer Art »Friedensschluß« mit der Sippe des Missetäters bereitfinden. Wohlgemerkt – für Mörder, die ihre Tat heimtückisch oder aus Gewinnsucht begangen hatten, gab es keine Freistatt, keine Zuflucht. Man wollte nicht die Mörder schützen, sondern diejenigen, die in der Erregung oder, wie einige der Reutlinger Asylanten-Fälle ausweisen, im Rausch zum Messer oder Gewehr gegriffen hatten.

Pfullinger Konkurrenz

Zu den Freistätten gehörten in der Zeit der Frankenkönige neben den kirchlichen Gebäuden auch Herrenhöfe. Es scheint, als gehe das Pfullinger Asyl, das ebenfalls für den ganzen Ort galt, aber nicht schriftlich belegt werden konnte, auf diese Rechtstradition zurück. Freilich war das Pfullinger Privileg in seiner Bedeutung mit der Zufluchtstätte Reutlingen kaum zu vergleichen. Zwischen 1532 und 1789 hielten sich in Pfullingen insgesamt zweiundvierzig Asylanten auf, davon waren dreiundzwanzig Reutlinger oder Angehörige von Orten wie Gomaringen, Betzingen und Wannweil, die zur freien Reichsstadt gehörten. Das württembergische Pfullingen, so wird man folgern dürfen, hat mit seinem Asyl den Jähzornigen unter den Reutlinger Nachbarn eine Chance gegeben. In Reutlingen praktizierte man ein genau festgesetztes Asylverfahren. Wer in die Reichsstadt geflüchtet war, mußte auf dem Rathaus seinen Fall schildern. Darüber wurde ein Protokoll angefertigt. Der Bürgermeister entschied über die Anerkennung als Asylant. Wer von der Stadt Reutlingen akzeptiert war, der genoß lebenslangen Schutz innerhalb der Markung. Das königliche Privileg mit der Unterschrift Maximilians bestimmte auch, daß der Verfolgte auf sein heimatliches Vermögen Anspruch habe, es müsse ihm von seinem Heimatort nach Reutlingen übertragen werden. Man muß den Reutlingern bescheinigen, daß sie vorsichtig und auch ein wenig geschäftstüchtig gewesen sind, als sie diese Klausel in das königliche Dokument hineinschreiben ließen. Zum

Ärger der württembergischen Herzöge, in deren Herrschaftsgebiet die freie Reichsstadt Reutlingen wie eine Insel lag, war in dem königlichen Dokument auch bestimmt, daß gegen einen Asylanten nur in Reutlingen prozessiert werden konnte. Die Angehörigen eines Getöteten mußten in Reutlingen Anklage einreichen. Die Prozeßkosten, so verfügte die Reichsstadt, waren im Voraus zu bezahlen. Eben diese Kosten-Klausel verhinderte manche Klage, weil es den Betroffenen am Geld für die Vorauszahlung fehlte. Die württembergischen Herzöge sahen in solchen Bestimmungen ein Hindernis für Gerechtigkeit und protestierten dagegen. Aber sie stießen bei den Reutlingern auf taube Ohren. Wie der aus Ingersheim überlieferte Fall zeigt, konnte es durchaus geschehen, daß ein Asylant nach relativ kurzer Zeit in seiner Heimat zurückgekehrt und dort unbehelligt geblieben ist, sei es, daß man ihm eine fahrlässige Tötung geglaubt oder daß die Hinterbliebenen eines Getöteten wegen des Prozeß- und Kostenrisikos in Reutlingen generell auf eine Anklage verzichtet haben.

Die Akten der Pfullinger Asylfälle sind vor allem wegen der Prinzipien bemerkenswert, die man in dem benachbarten Reutlingen anwandte. Aufgenommen werde in das Asyl nur ein »aufrechter und redlicher« Totschläger. Er dürfe die Tat nur im Zorn, nicht aus Hinterlist oder »nach Anreizen anderer« begangen haben. Wer den Schutz, den die Pfullinger Markung bot, verletzte, der mußte eine Strafe von »62 Mark lötigen Goldes« bezahlen. Bei den Reutlingern kam man billiger davon, da betrug die Strafe laut Privileg nur 40 Mark. Auf Distanz zu den Asylanten hielt man indes auch in Pfullingen. Sie durften in keiner offenen Gaststätte zechen oder zehren. Das Tragen von Waffen war ihnen verboten. Ein Brotmesser sollte nur »vom und zum Tisch« in der Hand des Asylanten sein. Alle anderthalb Jahre, so wollte es die Pfullinger Asyl-Tradition, müsse ein Asylant erneut um die Freiheit nachsuchen, solange er sich nicht mit seinen Feinden versöhnt habe.

Die württembergische Obrigkeit hat kurz vor der Französischen Revolution, im Jahre 1788, das ungeschriebene Asyl-Privileg der Pfullinger aufgehoben und für erledigt erklärt. Vergebens kämpfte der Pfullinger Oberamtmann Rümelin gegen diesen Beschluß an. Das Asyl in Pfullingen, so behauptete er, stamme aus der Grafschaft Achalm. Mit ihr sei es einst an Württemberg gekommen. Man müsse dieses alte württembergische Recht beibehalten. Gerade der Reutlinger wegen. Diese hätten nämlich noch nie einen Totschläger ausgeliefert. Das Argument »hie Reutlingen – hie Pfullingen« hat sich fünfzehn Jahre nach dieser Stellungnahme des Oberamtmanns Rümelin von selbst erledigt: Im Jahre 1803 ist Reutlingen württembergisch geworden.

Geld und Blut

König Friedrich von Württemberg hatte den Ehrgeiz, ein Neuerer zu sein. Auch in der Justiz wollte er, dem Napoleon ein Königreich verschafft hatte, für Modernität sorgen. Deshalb verfügte der Herrscher des erweiterten Württemberg eine Trennung von Verwaltung und Justiz und sorgte für die Einrichtung von Amtsgerichten anstelle der alten Gerichtsbarkeit, mit ihren Orts- und Dorfgerichten und den Stadtgerichten, denen Vögte und Amtmänner vorstanden. Vor allem aber wünschte Friedrich ein neues Strafgesetzbuch. Eine Kommission, die im Jahre 1808 eine Vorlage erarbeiten sollte, kam nicht ans Ziel. Daraufhin ließ der König im Jahre 1810 mehrere Juristen mit dem Verfassen von Einzelentwürfen beauftragen. Diese Ratgeber sollten »nicht durch alte pedantische Formen abgestumpft« sein. Hier spielte Friedrich in seiner Order auf die immer noch geltende »peinliche Halsgerichtsordnung« an, die unter Kaiser Karl V. erlassen worden war. Die Reform der Strafgesetzgebung hat Friedrich nicht mehr erlebt. Es dauerte lange, bis die »alten pedantischen Formen« des Herzogtums Württemberg und der neuwürttembergischen Gebiete überwunden waren, zumal mancher im Lande, der die Notwendigkeit einer zeitgemäßen, mehr an den Ideen der Aufklärung orientierten Gesetzgebung und Gerichtspraxis durchaus einsah, mit der absolutistischen Attitüde des Königs nicht einverstanden war und sich deshalb gegen die Neuerungen sperrte.

Der Groll über das abrupte Ende der landständischen Mitwirkung war bei den Angehörigen der alten »Ehrbarkeit« unüberhörbar. Die Stände, die Friedrich ausgeschaltet hatte, sollten mitberaten und mitbestimmen, wie es das »gute, alte Recht« – der Tübinger Vertrag – vorschrieb. Man pochte auf eine Rechtsnachfolge, die Herzogtum und Königreich verband. Im übrigen hatte man sich jahrhundertelang an die alten Vorschriften und Formen gewöhnt, an die eher grausamen Strafen ebenso wie an die mehr gemütlichen Teile der Gerichtspraxis. Auch die hat es nämlich gegeben. Etwa in der Form von dörflichen Feldgerichten, auch »Birengericht« (Birnen-Gericht) genannt. Das »Birengericht« zu Stammheim bei Calw ist in den Protokollen der Kirchenvisitation verewigt, allerdings nicht als nachahmenswertes Beispiel. Ihm oblag die Behandlung von Feldschäden und Diebstählen. Der Visitator gibt der Stuttgarter Obrigkeit kund und zu wissen: »Es straft um Geld, welches die Richter hernach nur versaufen, und wird von den Richtern folgends in der Trunkenheit selbst Ärgernis gegeben. Die gestraften Bürger fluchen und toben über die angesetzten Geldbußen, die weder gnädiger Herrschaft noch dem Fleck zugute kommen.« Die »gnädige Herrschaft« – das war die Amtskasse oder der Staat, der »Fleck«, das ist die Gemeinde, das Dorf. Die Stammheimer Feld- oder Birenrichter hatten feste Taxen: wer nach Georgii – nach dem 23. April – eine Wiese überschritt, der zahlte an das durstige Gericht dreißig Kreuzer, wer in einem frisch aufgeforsteten Waldstück, einem »jungen Hau«, graste oder Streu holte, der mußte dreiundvierzig Kreuzer Strafe berappen.

Die Dorf- oder Ortsgerichte, unter der Kontrolle des Vogtherrn stehend, und die Vogtgerichte selbst waren, anders als das Stammheimer Feldgericht, von der Allgemeinheit respektiert und akzeptiert. Sie sprachen ihre Urteile im allgemeinen auf Grund einer einsichtigen Strafordnung. In der Ingersheimer Strafordnung des Jahres 1484 sind Höhe und Aufteilung der Bußen so geregelt: Wer eine »bintbare Wunde schlägt«, einen anderen also im Streit schwer verletzt, muß vor das Vogtgericht und zahlt einen »großen Frevel«. Das sind 13 Pfund und fünf Schilling – eine hohe, harte Strafe. Zwölf Pfund gehen in die Kasse der Herrschaft, ein Pfund erhält das Gericht, die fünf Schilling stehen dem Schultheißen zu. Im 16. Jahrhundert begann die Herrschaft, die ganze Strafe zu kassieren. Eine einfache Prügelei kommt vor das Dorfgericht und ist wesentlich billiger. Für »allgemeines Schlagen« zahlt der Verurteilte den »kleinen Frevel« – das sind drei Pfund und fünf Schilling. Wiederum erhält der Schultheiß seine fünf Schilling, das Gericht ein Pfund, zwei Pfund stehen der Herrschaft zu. Unter württembergischer Herrschaft behält das Gericht vom »kleinen Frevel« ein Pfund, der Rest muß an die Amtskasse zugunsten der Herrschaft abgeliefert werden. Diese Regelung galt bis zum

18. Jahrhundert. »Ein groß Unrecht«, eine der milderen Strafen, betrug ein Pfund fünf Schilling, das Pfund für die Herrschaft, die Schilling für den Schultheißen. Ein »kleines Unrecht«, eine Art Mindeststrafe in Höhe von fünf Schilling, gehörte ganz der Herrschaft.

Dörfliche Richterwahl

Die Gerichte in den kleinen Städten oder in den Dörfern wurden vom Schultheißen und von den Gerichtsverwandten gebildet. In den mittleren Dörfern waren dies sechs bis sieben. Mit der Zeit vererbte sich die Würde eines Gerichtsverwandten in der Familie, auch wenn nach dem Tode eines Mitgliedes des Dorfgerichts neu gewählt wurde. Ursprünglich hatte man jedes Jahr die Gerichtsverwandten neu gewählt. Aus den Akten der Stadt Neubulach geht hervor, daß man das Stadtgericht anfangs jeweils am St. Hilaritag gewählt hat. Der Amtmann versammelte die Richter und entband sie ihres Gerichtseides. Dann wählten sie durch Stimmenmehrheit einen von ihnen zum neuen Richter. Dieser wurde sogleich vereidigt. Zusammen mit dem Amtmann wählte er nun einen zweiten Richter, der Amtmann und er als neuer Richter mußten sich dabei auf einen der alten Richter einigen, sie konnten aber auch einen anderen Mann aus der Gemeinde bestimmen. Nun wählten der erste und der zweite Richter einen Dritten und so fort. Stets gab der jeweils Neugewählte die erste Stimme ab. Die neuen Richter schuldeten dem Vogt und dem Gericht ein Mahl. Die Pünktlichkeit der Richter an den Gerichtstagen erreichte man in Neubulach durch eine recht einfache und im Volkssinne »einleuchtende« Methode. Zur festgesetzten Stunde wurde eine kleine Kerze angezündet. Wer sich erst nach dem Erlöschen der Kerze einfand, bezahlte zur Strafe dem Gericht ein Maß Wein. Dieselbe Regel galt auch für Kläger, die zum Gerichtstermin nicht erschienen.

Die Zuständigkeit der Ortsgerichte beschränkte sich auf »gemeine Schmach- und Klagesachen«, auf gewöhnliche Übertretungen und leichtere Vergehen. Dazu kam die freiwillige Gerichtsbarkeit mit Käufen und Verkäufen, Teilungen und ähnliches mehr. Für derartige Geschäfte brauchte man in vielen Fällen Sachverständige. Das war beim Ortsgericht Ingersheim zum Beispiel der Stadtschreiber von Bietigheim oder einer seiner Schreiber. Neben der Bestrafung mit dem »kleinen Frevel«, dem »großen« oder »kleinen Unrecht« und den »Einungen« konnte das Ortsgericht auch auf Gefängnisstrafen erkennen. Es hatte zudem die Befugnis, eine lange Zeit anscheinend sehr verbreitete Stafart zu verfügen, das Anlegen der »Schandgeige«. Das war ein Brett in Geigenform, das wie ein ausladender Kragen um den Hals des Sünders gelegt wurde. Bis zum Jahre 1814 war dies eine übliche, im wesentlichen gegenüber Frauen verhängte Strafe. Betrüger oder Felddiebe wurden mit Hilfe eines speziellen Gerätes, dem »Schneller« ins Wasser getaucht. Am Forellensee in Liebenzell ist diese Strafe praktiziert worden. Der Calwer Marktbrunnen dürfte ebenfalls zum »Schnellen« gedient haben. Mit einem Strick zog man die Spitzbuben dann wieder aus dem Brunnen. Der »Duller«, ein hölzerner Käfig, in dem der Delinquent solange im Kreise gedreht wurde, bis er die Besinnung verlor, gehörte ebenfalls zu den Strafarten, die zwar der Sühne oder der Vergeltung dienen sollten, aber oft nichts anderes als eine kostenlose Volksbelustigung gewesen sind.

Bei den Stadt- oder Vogtgerichten, auch »Malefizgerichte« genannt, weil sie in »peinlichen Rechtsfällen« entschieden, war der Vogt in den Fällen der schweren Kriminalität Ankläger im Namen des Herzogs. Als Vorsitzender – »Stabhalter« – amtierte in diesem Falle der Amtsbürgermeister. Er hielt den Stab, der über dem Angeklagten bei einem Schuldspruch gebrochen wurde. Das geschah relativ häufig. Hinrichtungen durch Erhängen am Galgen oder durch Enthaupten mit dem Schwert auf dem Schafott waren bis ins beginnende 19. Jahrhundert keine Seltenheit. Im Jahre 1762, so berichtet die Chronik, sind innerhalb eines Vierteljahres allein in Liebenzell drei Personen hingerichtet worden. Eine Frau aus Ingersheim, im Jahre 1558 angeklagt vor dem Bietigheimer Vogtgericht wegen wiederholten Diebstahls, ist weder erhängt noch auf dem Schafott enthauptet worden. Man »richtete sie mit dem Wasser vom Leben zum Tode«. Das Wasser, in dem die Frau ertränkt worden ist, dürfte die Enz gewesen sein.

Wesentlich milder als rückfällige Diebe bestrafte man zur gleichen Zeit einen Totschläger aus Ingersheim, der sich nicht nach Reutlingen ins Asyl geflüchtet hatte. Bei dem im Jahre 1588 registrierten Fall war zugunsten des Angeklagten angenommen worden, daß er in Notwehr gehandelt habe, als er einen Mann auf der Straße erschlug. Der Täter kam mit einem »großen Frevel« davon, weil der Erschlagene »als händel- und zänkesüchtiger Mensch« bekannt gewesen sei. Das Foltern und Geständnisse-Erpressen gehörte zur üblichen und erlaubten Verhörpraxis. Wer solchen Torturen standhielt, konnte sogar mit einem Freispruch aus Mangel an Beweisen rechnen, selbst wenn er im Verdacht des Giftmords stand. Wiederum vom Bietigheimer Gericht ist ein derartiger Fall aus dem Jahre 1698 aktenkundig. Eine Frau war angeklagt, weil zwei ihrer nahen Verwandten plötzlich verstorben waren und die Leichenöffnung Hinweise auf »Gift« – im allgemeinen Rattengift – ergeben hatten. Man habe dieser Angeklagten die »Muzen« abgezogen, heißt es in dem Protokoll, aber sie habe dennoch immer die gleiche Aussage gemacht und jede Schuld bestritten. Das Motiv für den vermuteten Mord dürfte jedermann geläufig gewesen sein: Aussicht auf eine Erbschaft, also Habsucht. Komplizierte, unklare Rechtsfälle reichte man zur Begutachtung und Entscheidung an die oberste Gerichtsinstanz im Herzogtum weiter, an das Hofgericht in Tübingen.

Mit dem Ende des Herzogtums Württemberg gingen auch diese alten Formen der Rechtsfindung zu Ende. Friedrich hat als König des neuen, größeren Württemberg auf dieses Ende gedrängt und hat auf einer modernen, am Prinzip der Gewaltenteilung orientierten Gerichtsbarkeit mit Berufsrichtern anstelle von Verwaltungsbeamten bestanden. Das werden im Ernst auch diejenigen unter den alten Württembergern nicht sehr bedauert haben, die ihren König Friedrich wegen seiner Geringschätzung des »alten Rechts« und der Landstände nicht leiden mochten.

SCHREIBER UND SCHULTHEISSEN

Nach seiner Flucht aus der Heimat und aus der ihn bedrückenden herzoglichen Obhut hat Friedrich Schiller im kurpfälzischen Mannheim nach seinen »Räubern« ein Stück mit Charakteren des herzoglich-württembergischen Hofes auf die Bühne des National-theaters gebracht: »Luise Millerin« oder »Kabale und Liebe«. Im Sekretarius Wurm zeigt uns der junge, revolutionäre Schiller den Typus des intriganten, vom Aktenstaub ein wenig angetrockneten Hofbeamten und Landsmannes. Es scheint, als habe sich Schiller mit diesem Wurm beiläufig an der Kaste reiben wollen, die so lange Zeit schon den Zorn der Württemberger erregt hat: an den Schreibern. Sie galten allgemein als eine allzu mächtige Institution im Herzogtum. Wenn schon Revolution und neue Zeit, dann auch Schluß mit den Schreibern, mag der Theaterdichter Schiller gedacht haben. Kein anderer als der autokratische König Friedrich hat sich bald nach der Erlangung der Königswürde dieser Sache angenommen, weil, wie er fand, das Schreibertum die »altwürt-tembergische Engigkeit und Beschränktheit« verkörpere. Jeden-falls war der König Friedrich davon überzeugt, daß man die Verwaltung im Lande gründlich ändern müsse, wenn man bei einer Modernisierung Erfolg haben wolle. Neidisch blickte der württembergische König auf die Staaten in der Nachbarschaft, in denen eine zentrale Administration wie eine gut geölte Maschine funktionierte und dem Willen des Herrschers jederzeit dienstbar war. Das Königreich Preußen vor allem beneidete er um seine Finanz-Verwaltung. Sie wollte er kopieren. Deshalb holte der König den Freiherrn von Wangenheim, einen thüringischen Edel-mann, als Ratgeber und leitenden Finanzbeamten an den Stuttgar-ter Hof. Friedrich bat ihn, »den alten Plunder zu säubern« und im neuen Königreich das preußische Rechnungswesen einzuführen. Ein derart straff organisiertes, nach einheitlichen Vorschriften arbeitendes Rechnungswesen sollte unter anderem die rechtliche Vielfalt zwischen den altwürttembergischen und den neuwürt-tembergischen Regionen rascher überwinden und dazu auch eine höhere Effizienz bei den Steuereinnahmen bringen.

Im Altwürttembergischen hatte man sich im Verlaufe von mehr als 200 Jahren, trotz mancherlei Aufbegehrens, an die Herrschaft der Schreiber in Städten und Ämtern gewöhnt; aus den neuwürttembergischen Gebieten aber (wohin die Stuttgarter Verwaltung soeben ihre traditionellen Praktiken exportiert und zum Vollzug der Anordnungen und Anpassungen eine Reihe von Schreibern entsandt hatte), kamen alsbald heftige Klagen. Es waren – man mußte vorsichtig sein bei der strengen Obrigkeit – anonyme Eingaben an den König, aber sie glichen sich im Inhalt ziemlich genau. Die Kritik galt unisono »den Drangsalen durch das Schreibertum«. Kritik dieser Art hatte Tradition. Schon unter der Regentschaft des Herzogs Christoph findet man im Jahre 1565 unter den Hauptbeschwerden, den Landes-Gravamina, die Klage über den »Schreiberunfug«. Als das Herzogtum Württemberg endete und Friedrich von Napoleon die Königswürde erhielt, war diese Hauptbeschwerde des Jahres 1565 noch so aktuell wie 240 Jahre zuvor.

Das Herzogtum kannte eine Art Dreiheit der Beamtenhierarchie. Da gab es den Adel am Hofe, dazu die Doctores des römischen Rechts und die eigentlichen Finanz-, Verwaltungs- und Gerichtsbeamten, die Schreiber. Diese Schreiber, im allgemeinen Autodidakten, waren die Routiniers. Sie beherrschten das Rechnungswesen, verfügten die Einnahme von Steuern und Abgaben, besorgten das, was man später die innere Verwaltung genannt hat und gelangten so auch in die Positionen der einflußreichen Stadt- und Amtsschreiber. Oft stiegen die Finanz- und Verwaltungsschreiber in hohe Stellen auf. Einige dieser Praktiker und Autodidakten leiteten als Minister das Finanzressort des Herzogtums. Als Stadtschreiber oder als Amtsschreiber gehörten sie zu den lokalen Größen ersten Ranges. Der Berufsweg begann normalerweise mit dem 15. Lebensjahr. Als Inspizient trat der künftige Schreiber in die Schreibstube einer Stadt oder eines Amtes ein. Die Arbeit war am Anfang alles andere als anregend. Der Inspizient muß hauptsächlich Akten und Rechnungen abschreiben. Finden Amtshandlungen statt, dann nimmt der Schreibereleve als Zuschauer und Zuhörer teil. Dabei lernt er, wie die Geschäfte abgewickelt werden und sammelt Erfahrung. So erwirbt er sich im Laufe der Jahre eine bürokratische Routine. Ein theoretischer Unterricht durch den Vorgesetzten ist die Ausnahme. »Augen auf und Ohren auf« heißt die einfache didaktische Regel. Wichtig ist das Lesen von Gesetzen und Verordnungen. Die muß der Schreiberlehrling kennen. Er muß wissen, wo man nachschlägt, wo sich ein »Vorgang« finden läßt. Die wichtigsten Vorschriften sind bald in seinem Kopf gespeichert wie die vielen Bibelsprüche, die er in der Schule memoriert hat. Eventuell kann er sich gelegentlich mit Hilfe eines Fachbuchs weiterbilden. Aber Fachbücher, die zur Vertiefung der Kenntnisse beigetragen hätten, waren rar. Der Weg nach oben führt nach einigen Jahren fleißiger Abschreibetätigkeit, aufmerksamen Zuschauens und Lesens zum Scribenten. Die nächste Stufe auf der Erfolgsleiter ist der Mittelscribent; schließlich gelangt der junge Mann nach dem Bestehen einer Prüfung in die wichtige Position des Substituten. Nun kann er quasi selbständig arbeiten; als Gehilfe des Prinzipals darf er alle Schreibergeschäfte tätigen. Zu diesen Geschäften gehören die Akte der freiwilligen Gerichtsbarkeit, also Verträge, Heiratspakte, Testamente, Inventuren, Erbschaftsteilungen. Sache der Schreiber ist überdies die Steuerfestsetzung und die Verwaltung der Steuern und Abgaben sowie die Erstellung der Gemeinderechnungen und der Stiftungsrechnungen. Die ganze kameralistische Buchführung – sie obliegt dem Schreibertum.

Das feste Gehalt des Schreibers einer Stadt oder eines Amts war von Anfang an ziemlich klein. Wichtig blieben stets die Einnahmen durch die Gebühren, die er erhob. Über diese »Sporteln« stöhnten die Betroffenen, die bei der freiwilligen Gerichtsbarkeit auf den zuständigen Schreiber angewiesen waren. Die Kostenrechnung des Schreibers berücksichtigte einerseits die Zeit, die ein »Geschäft« in Anspruch nahm, andererseits kam es auf die Zahl der beschriebenen Blätter an. Die Konsequenz lag auf der Hand: Die Schreiber hatten keine Eile bei der Abwicklung ihrer Geschäfte und keinerlei Interesse an kurzen, knappen Dokumenten. Es seien im Laufe der Zeit immer wieder neue, umständliche Prozeduren erfunden worden, heißt es in Berichten über das Schreiberunwesen. Die Bürger waren diesen Prozeduren ausgeliefert; die Schreiber besaßen ein Monopol. »Die von der Regierung festgestellten Taxen« – auch die hat es als Richtlinie gegeben – »blieben unbeachtet«, liest man in einem Prüfungsbericht. Dem Land insgesamt entstanden aus solcher Praxis hohe Kosten, zumal sich die Schreiber oft eine stattliche Zahl von Lehrlingen und Gehilfen leisteten und ihren eigenen Vorteil zu nutzen wußten. Je nach Bedarf seien oft zehn oder gar zwanzig »Schreibsubjekte«, wie sie Hegel genannt hat, in einer Schreibstube beschäftigt worden, für deren Bezahlung der Amts- oder Stadtschreiber zu sorgen hatte.

»Es gehet seltsam zu«

Der Schreiberstand ist vor allem in der Zeit der Aufklärung im 18. Jahrhundert zunehmend als eine überholte, nicht mehr zeitgemäße Einrichtung kritisiert worden. Man warf dem Schreibertum Unwissenheit, Roheit, Plumpheit, ja Arroganz vor. Franz Kurz, einer der Schreiber, die im Herzogtum in höchste Ämter gelangt sind, scheint indes ein Mann von Humor gewesen zu sein. Als herzoglicher Kammerschreiber findet man ihn in dem im Jahre 1628 angelegten fürstlich württembergischen Dienerbuch unter dem Vermerk »mit dem Symbolum: es gehet seltsam zu«. Wer nach Beweisen für das vom Kammerschreiber Franz Kurz gewählte Motto sucht, der findet sie in mancherlei Amtsakten, besonders in den Vermerken der Oberprüfer aus der Stuttgarter Kanzlei, die als »Alte Kanzlei« (Abb. 40), dem Alten Schloß benachbart, erhalten geblieben ist.

Die höchste Prüfungsinstanz, die herzogliche Vormundskanzlei, hatte sich im Jahre 1630 auf Befehl von Herzog Ludwig Friedrich mit den Wildberger Stadtrechnungen aus den Jahren 1618 bis 1626 zu befassen. Die Akten wurden dem Wildberger Amt nach der Prüfung zurückgegeben, versehen mit kritischen Anmerkungen. »Mehr vertan als gewonnen«, stellt der Oberprüfer zu einer Abrechnung fest, die die Amtskasse ziemlich belastet hat. Der »Keller« – der Steuer- und Abgabenverwalter des Amts – hatte mit dem »Bürgermeister und dem Gericht«, einen ganzen Tag lang über den »verrufenen silberlosen Hohenlohischen« und über die Frage beratschlagt, wie »dem armen, Not leidenden Mann« bei dem gegenwärtigen Mangel an Getreide zu helfen sei. Ein Ergebnis dieser Beratungen findet sich nicht in den Akten – vermutlich, weil man auch in Wildberg dazu keinen Rat gewußt hat –, wohl aber der Aufschrieb für den Wein, der die Beratung einen Tag lang in Gang halten mußte. Die Wildberger Schreiber-Runde muß sich vom herzoglichen Prüfer sagen lassen, daß man gerade in Notzeiten mit jedem Heller sorgsam umgehen müsse.

Beanstandet wird bei der Prüfung der gleichen Wildberger Jahres-
rechnung auch der Umstand, daß »Keller« und Bürgermeister ein
andermal ihre Diskussion über das silberlose Geld mit einem
Nachtessen auf Kosten der Amtskasse abgeschlossen haben, an
dem auch der »Spezialis«, der Dekan, teilnahm. »Was hat der
Spezialis mit dieser Verrichtung zu tun?« lautet die Randnotiz des
Stuttgarter Oberprüfers. Als wirklich gravierend und Ärgernis
erregend erscheint es dem Kanzleibeamten des Herzogs, daß die
beiden Bürgermeister eine Inspektion beim Bau eines Weges
vornehmen, an dem 44 Mann in Fronarbeit beschäftigt sind, wobei einige von ihnen stundenlang im Wasser stehen mußten. Die
Bürgermeister haben sich beim Zuschauen jeder ein Maß Wein
reichen lassen und die Kosten dafür in Höhe von 20 Kreuzern als
Spesen abgerechnet. Von Wein für die Fronarbeiter ist nicht die
Rede. Am schlimmsten hat man es in Wildberg nach Ansicht der
Vormundskanzlei jedoch bei der Amtseinsetzung des neuen Stadt-
schreibers Simon Peter Lang getrieben. Bei seinem Einstand auf
dem Rathaus sei ihm ein übergoldeter Kelch im Werte von 19
Gulden überreicht worden. Derartiges könne nicht erlaubt wer-
den. Man befindet in Stuttgart: »Die Ausgabe wird gestrichen.«
So ist es in den Akten vermerkt. Wer die 19 Gulden an die
Amtskasse erstattet hat, wer gar die Rückerstattung kontrolliert
hat, das weiß man nicht. Im übrigen scheint man sich mit der
Rechnungs- und Kassenprüfung im Herzogtum nicht allzu viel
Mühe gemacht zu haben. In den alten Jahresrechnungen finden
sich viele Fehler. Joachim Mantel, der Verfasser einer Studie über
das Amt Wildberg, hat sie beim Nachrechnen entdeckt. Er hat
dabei auch entdeckt, daß die örtliche Prüfung der Amtsrechnun-
gen keine ganz billige Sache gewesen ist. Es war nämlich alter
Brauch im Herzogtum, daß die Prüfer sich während ihres schwierigen Geschäfts auf Kosten der Amtskasse mit Vesper und Getränken gestärkt haben. In den Vorschriften findet man darüber nichts,
es war Gewohnheitsrecht. Da die Getränke im allgemeinen nichts
anderes waren als Wein, serviert in nicht ganz kleinen Krügen,
mag sich auch erklären lassen, daß die Prüfer beim Entdecken von
Rechenfehlern allem Anschein nach wenig erfolgreich gewesen
sind.

Da darf es denn auch nicht verwundern, daß der strenge König
Friedrich ein für allemal Schluß machen wollte mit einer Verwal-

39 Karl Gottlob Molt
1842–1910

40 Alte Kanzlei
in Stuttgart

tungspraxis, die weder effizient noch populär gewesen ist. Doch die Reform, die der König gegen die Kräfte des Beharrens schließlich verfügte, traf das Übel nicht an der Wurzel. Man entzog den Städten und Ämtern das Ernennungsrecht für die Schreiber und übertrug es der zentralen Behörde; eine ausreichende, feste Besoldung für die Schreiber wurde jedoch nicht verfügt. So blieb der Ärger wegen der übermäßigen Gebühren oder »Sporteln«. Etwas beschränkt waren nur die Gerichtsschreiber in ihren Befugnissen. Den Vorteil davon hatten die Stadt- und Amtsschreiber. Diese Amtsschreiber fungierten als Aktuare der Stadtmagistrate. Sie hatten weiterhin einen starken Einfluß wegen ihrer Befugnisse bei der Steuerumlegung. Die große Neuerung, die der Freiherr von Wangenheim auf Wunsch König Friedrichs hätte einführen sollen, hat es nicht gegeben. Wangenheims Versuche, die württembergische Verwaltung dem preußischen Vorbild anzunähern, sind gescheitert.

Der Nachfolger Friedrichs, König Wilhelm I., nahm sich der Sache erneut an. Schon kurz nach seinem Amtsantritt führte man in Württemberg die Institution der Gerichts- und Amtsnotare ein und schuf das Amt des Verwaltungsaktuars. Die Universität Tübingen erweiterte Wilhelm I. im Jahre 1817 um eine »Staatswirtschaftliche Fakultät«. Die Absicht war klar: Der König wollte dem höheren Verwaltungsdienst im Lande ein gründliches wissenschaftlich-theoretisches Fundament sichern. Schließlich wurden dann im Jahre 1837 auch präzise Prüfungsvorschriften für Kandidaten des Finanz- und Verwaltungsdienstes erlassen. Diese Vorschriften waren allerdings ziemlich einseitig auf jene Verwaltungsroutine ausgerichtet, die für das alte Schreibertum so kennzeichnend gewesen ist. Deshalb wird in der Landesbeschreibung von 1884 auch kritisch angemerkt, daß »jetzt beim niederen Dienst« (bei den Nicht-Akademikern in der Verwaltung und Justiz) »ganz auf Fachkenntnisse und Geschäftsgewandtheit geprüft« werde. Nach dem Grade der allgemeinen Bildung werde nicht gefragt. Der Kritiker empfiehlt, künftig gewisse Anforderungen an eine humanistische Bildung zu stellen, weil dies auch den Aufstieg erleichtere. Neben dem theoretischen Wissen müsse dem Staatsdiener ein offener Blick fürs Leben erhalten bleiben, wünscht sich der Autor der Landesbeschreibung.

Man kann sich denken, welcher Geist in manchen königlich-württembergischen Amtsstuben geherrscht haben muß, wenn in einer regierungsamtlichen Publikation gesagt wird, man dürfe bei allen Entscheidungen einer Verwaltung nicht den betroffenen Menschen neben dem positiven Recht vergessen. Die Rückbetrachtung auf die Neuordnung des Verwaltungs- und Justizdienstes im Königreich Württemberg schließt 1884 mit der besorgten Frage, ob man mit all den Reformen, mit den neuen Laufbahn- und Prüfungsvorschriften, wohl auch »den Schreibergeist mit seinem beschränkten Gesichtskreis aus unserem Staats- und Gemeindeleben« habe bannen können.

Das Beispiel Hegelmaier

Die politische Brisanz, die der Begriff »Schreibergeist« in Württemberg am Ende des neunzehnten und am Anfang des zwanzigsten Jahrhunderts enthalten hat, dürfte heute kaum noch zu verstehen sein. Vollends unverständlich bleibt den Zeitgenossen in einer Rückbetrachtung, daß Wahlen zum Landtag mit württembergischen Themen bestritten und allein von solchen Themen entschieden worden sind. Eben dies geschah im Jahre 1895. »Fort mit den Lebenslänglichen, fort mit den Privilegierten aus der Zweiten Kammer, her mit einer progressiven Einkommens- und Vermögenssteuer«, lautete die Wahlparole der »Volksparteiler«, der württembergischen Demokraten, geführt von Friedrich Payer und den Brüdern Conrad und Friedrich Haußmann. Zentralpunkt der Wahlagitation war der Kampf gegen die »Lebenslänglichen«, die unabsetzbaren Ortsvorsteher, die in einigen Städten und in zahlreichen kleinen Gemeinden ein arges Schultheißenregiment eingerichtet hatten. In diesen Schultheißen habe sich der altwürttembergische Schreibergeist am meisten konserviert, klagten einige Volksparteiler, die damals als Anwälte der Demokratie und des Fortschrittsgedankens zur Linken zählten und auch zur Linken gezählt werden wollten. Im »Beobachter« ritten sie scharfe Attakken gegen die obrigkeitsstaatliche Verwaltung.

Friedrich Haußmann, Abgeordneter von Gerabronn, hatte schon im Jahre 1891 die Machtkonzentration bei den Ortsvorstehern und deren unbegrenztes Mandat heftig angeprangert. Die »Lebenslänglichen«, so meinte er, würden im Lande ganz und gar unterschiedlich beurteilt. Für die einen seien sie die »Grundsäulen der Gemeindeverfassung«, für die anderen die »Schweife des Ministeriums«. Friedrichs Zwillingsbruder Conrad, im Balinger Oberamt gewählt, warnte die Regierung und deren Innenminister Schmid, den früheren Schultheißen von Munderkingen, vor immer neuen Befugnissen für die Schultheißen. Das führe zwangsläufig zur Abnahme der Bauernschultheißen und zu einer unerwünschten Zunahme der »Schreiberschultheißen«, die jetzt schon in 352 Städten und Gemeinden auf Lebenszeit das Regiment ausübten. Auch die von Conrad Haußmann mehr geschätzten nebenamtlichen »Bauernschultheißen« – zu jener Zeit amtierten 1544 in den kleinen Gemeinden des Königreichs – waren freilich nach langen Amtsjahren oft starrköpfig geworden und verschlossen sich Neuerungen in ihrer Gemeinde. Allerdings fehlte ihnen der pseudointellektuelle Hochmut, den das Volk der Württemberger bei den »Schreiberseelen« so oft beklagte.

Trotz oder wegen des Festhaltens der konservativen königlichen Regierung an der alten Ordnung erzielten die »Haußmänner« mit ihrer Parole gegen die »Lebenslänglichen« bei der Landtagswahl im Jahre 1895 einen beachtlichen Erfolg. Sie errangen für die Zweite Kammer 31 der 66 durch Volkswahl zu vergebenden Sitze. Einer der Volksparteiler, Friedrich Payer, wurde Präsident der Zweiten Kammer. Es dauerte jedoch noch einmal sieben Jahre, bis die Regierung sich zu einer gründlichen Änderung der Gemeinde-Ordnung bereitfand und ihre alten Argumente fallenließ, wonach die Stabilität der Verwaltung und die Unabhängigkeit der Gemeinden von der lebenslänglichen Berufung der Schultheißen abhänge.

Die grundlegende Meinungsänderung in der königlich-württembergischen Regierung ist durch zwei Umstände begünstigt worden: durch die Wahlerfolge der Volkspartei und durch Erfahrungen, die der Innenminister zu jener Zeit mit einigen besonders selbstherrlichen, auch gegen Anordnungen aus Stuttgart widerspenstigen Ortsvorstehern machen mußte. Ein Name vor allem beschäftigte damals die oppositionelle Presse im Lande, der des Heilbronner Schultheißen Paul Hegelmaier (Abb. 41). Zwanzig Jahre lang hat er die alte Reichsstadt mit starker, ja mit harter Hand regiert, von 1884 bis 1904. Nach Hegelmaiers überraschendem, freiwilligem Rücktritt tauchte der Name des Schultheißen bei der Hauptberatung der neuen Gemeinde-Ordnung in der Zweiten Kammer des Landtages im November 1904 noch einmal als abschreckendes Beispiel für Ortsgewaltige auf. Als einer der Schultheißen, die dem Landtag auch damals schon in großer Zahl angehörten, die nun vorgesehene zehnjährige Wahlperiode für das Schultheißenamt mit einem wehmütigen Blick auf das Ende der Lebenslänglichkeit pries und zu bedenken gab, daß seine »Kollegen im großen und ganzen doch nicht so schlimm« seien, wie sie vielfach geschildert würden, fühlte sich der Abgeordnete Hildenbrand zu einer Entgegnung verpflichtet. Er zitierte »das Beispiel der Stadt Heilbronn mit ihrem Hegelmaier, mit dem die Regierung jahrelang nicht fertigwerden konnte«. Dieser Schultheiß habe, im Bewußtsein seiner Unabsetzbarkeit, nicht nur die Bürger schikaniert und malträtiert »wo und wie er Lust hatte«. Im übrigen sei es leicht, Dutzende von Fällen ähnlicher Art zu nennen. Ein für allemal müsse klar sein, daß der Ortsvorsteher nicht der Beherrscher der Gemeinde, ihr Tyrann, ihr Pascha sein solle, sondern ihr Diener.

Hegelmaier, der sich während jener Debatte schon zehn Monate im Ruhestand befand, dürfte dieser Nachruf eines Abgeordneten kaum noch beeindruckt haben. Er teilte reichlich Prügel aus während seiner Amtszeit und er wußte, daß man unter solchen Umständen auch einstecken muß. Vom Gemeinderat vor allem hatte der Heilbronner Schultheiß eine so geringe Meinung, daß er den Räten gegenüber auch die Polizeigewalt ausspielte, wenn es ihm aus disziplinarischen Gründen notwendig erschien. Von Debatten hielt er gar nichts. Als ein Heilbronner Ratsherr einmal laut und unsachlich protestierte, weil ihm der Schultheiß das Wort abgeschnitten hatte, belegte Hegelmaier den Protestierenden mit einer Geldstrafe und drohte ihm zugleich noch Ausschluß von der Sitzung und polizeiliche Abführung an. Das Aufmucken des gesamten Gemeinderates gegen diese Art von Sitzungsleitung beantwortete Hegelmaier damit, daß er alle Gemeinderäte für den nächsten Morgen »per Vorladung« aufs Rathaus kommen ließ. Dreiundzwanzigmal ist Hegelmaier wegen seiner Amtsführung angezeigt worden. Er selbst reagierte auf Kritik, die manchmal durchaus auch die Form der Beleidigung annahm, während der zwanzigjährigen Amtszeit mit nicht weniger als dreiundfünfzig Strafanzeigen. Sein Aufmucken gegen die Stuttgarter Obrigkeit belegen achtzig Dienstbeschwerden gegen Regierungserlasse. Schließlich findet man in der Akte Hegelmaier auch noch Hinweise auf mehrere Beleidigungsklagen, die der Schultheiß gegen Regierungsbeamte angestrengt hatte. Es schien, als suche er stets den Streit.

Dieses trotzige Umsichschlagen hat dem Juristen und ehemaligen Staatsanwalt Hegelmaier nicht nur Feinde gemacht. Die Bürgerschaft in Heilbronn wußte die Tatkraft ihres Schultheißen durchaus zu schätzen. In seiner Amtszeit wurde der Karlshafen angelegt; Hegelmaier war es, der Heilbronns Wandel von der Handels- zur Industriestadt gefördert hat. Das moderne Heilbronn, das im Königreich Württemberg zum Wirtschaftszentrum geworden ist, wäre ohne Hegelmaiers oft einsame Entscheidungen kaum denkbar gewesen. So erklärt es sich auch, daß der Wahlkreis Heilbronn den Schultheißen der Stadt im Jahre 1898 in den Reichstag wählte. Hegelmaier besiegte als Kandidat der Rechten in der Stichwahl den Sozialdemokraten Kittler. Noch am Wahlabend wahrte Hegelmaier seinen Ruf als intoleranter Schultheiß. Er ließ gegen die Sozialisten, die sich auf dem Marktplatz versammelten, die Feuerwehr ausrücken und forderte sogar Militär an. Als Hegelmaier im Jahre 1904 sein Amt als 57jähriger aufgab, hinterließ er den Heilbronnern eine handschriftliche Abschiedsbotschaft in Gedichtform. Paul Meyle, der Heilbronner Oberbürgermeister in der Zeit nach dem Zweiten Weltkrieg, hat behauptet, dieser Hegelmaiersche »Abschied« sei auf dem Schreibtisch des Stadtschultheißen entdeckt worden. In Heilbronn ist man inzwischen nicht mehr sicher, ob diese Version zutrifft, ja man bezweifelt sogar, ob Paul Hegelmaier der Verfasser gewesen sei oder ob er das Opus von David Friedrich Strauß übernommen habe. Sicher ist, daß eine Kopie des handschriftlichen Originals existiert. Der »Abschied« lautet:

> »Leckt mich im Arsch.
> Ich blas aus Dir,
> du Stadt der Krämerseelen,
> heut meinen Abschiedsmarsch.
> An Narrenstreichen
> wird es nie euch fehlen,
> doch mehr an Licht.
> Leckt mich im Arsch.

Mein Willkomm einst
war fast zu überschwenglich,
der Abschied scheint
vielleicht etwas zu barsch.
Das kommt daher:
wir kannten uns zu wenig,
jetzt aber nur zu gut.
Leckt mich im Arsch!«

Zwölf Jahre vor diesem »Abschied« mußte Hegelmaier die schwierigste Phase seiner Amtszeit bestehen. Im Jahre 1892 hatte man ihn auf das halbe Gehalt gesetzt und vom Amt suspendiert. Es fanden sich Mediziner, die den Schultheißen für geistig nicht voll zurechnungsfähig, für krank erklärten. Das Gerichtsverfahren, das Hegelmaier zu seiner Rehabilitation betrieb, endete im Frühjahr 1894 mit einem Sieg Hegelmaiers über seine Widersacher und über das Ärztekollegium. Er kehrte am 23. Mai 1894 ins Heilbronner Rathaus zurück. Die Erbitterung gerade wegen dieses Versuches einer Amtsenthebung hat Hegelmaier anscheinend nie überwunden. Nach seinem Rücktritt verließ er die Stadt Heilbronn und gab den Heilbronnern kurz darauf sein Bürgerrecht zurück. Bevor er im Jahre 1912 starb – er ist auf dem Stuttgarter Pragfriedhof beerdigt –, bat er seinen Neffen, er solle dafür sorgen, daß kein Vertreter der Stadt Heilbronn an seiner Beerdigung teilnehme. Hätte ein Vertreter Heilbronns an Hegelmaiers Grab einen Nachruf sprechen dürfen, dann hätte er wohl bekennen müssen, daß dieser Paul Hegelmaier genau *die* Erwartungen erfüllte, die die Heilbronner bei der Wahl zum Schultheißen in ihn gesetzt hatten: Mit der »Vetterles-Wirtschaft«, so der Wunsch beim Amtsantritt, solle in Heilbronn ein Ende gemacht werden.

IN ETAPPEN ZUR BAUERNFREIHEIT

Einige württembergische Bauern haben im Jahre 1874, vor etwas
mehr als hundert Jahren also, die letzten Zinsgelder bei ihren
ehemaligen Leib- und Lehensherren abgeliefert. Sie sind dadurch
vollends von Lasten frei geworden, die ihre Vorfahren viele
hundert Jahre lang tragen mußten. Aufklärung und Französische Revolution hatten am Ende des 18. Jahrhunderts den entscheidenden Anstoß für eine allgemeine Bauernbefreiung geliefert.
Weil es jedoch in Württemberg, wie auch sonst in Deutschland,
nie eine wirkliche, eine gelungene Revolution gegeben hat – sieht
man einmal von der Reformation ab – ist die große Reform
der landwirtschaftlichen Eigentums- und Besitzverhältnisse nur
Schritt für Schritt vorangekommen. Eigentumsansprüche und
überlieferte Rechte, deren Ursprung oft im Dunkeln lag, haben die
Freiheit der Bauern noch bis weit ins 19. Jahrhundert eingeschränkt, trotz des Drängens der württembergischen Obrigkeit,
repräsentiert vor allem durch Wilhelm I.. Schon kurz nach seinem
Regierungsantritt hatte der Nachfolger Friedrichs durch das Edikt
vom 18. November 1817 die persönliche Leibeigenschaft im
Königreich Württemberg aufgehoben. »Die Landeskultur« – so
König Wilhelm I. – »kann nur in dem Grade blühen, in dem ein
freier Bauer auf freiem Eigentum ungehindert die Früchte seiner
Arbeit erntet.« Das war gut gesagt und gewiß auch gut gemeint;
manche Landeshistoriker haben denn auch mit fast emphatischen
Worten diese Bauernbefreiung in Württemberg verzeichnet. Aber
man findet auch vereinzelte Kommentare aus dem vergangenen
Jahrhundert, die ganz nüchtern registrieren, daß die Bauernbefreiung im Königreich Württemberg im wesentlichen oder in vielen
Fällen nichts anderes gewesen sei, als der Übergang von einer
altertümlichen Form der Besteuerung zu einer modernen Form.
Die Bauern seien selbst dort, wo noch bis ins 19. Jahrhundert
hinein eine Leibeigenschaft rechtlich bestanden habe, durchaus
keine Sklaven gewesen.

Was ist da richtig? Hat König Wilhelm I., fußend übrigens auf
einigen Entscheidungen seines Vaters aus den Jahren 1808 und
1810, aus versklavten Bauern freie Bauern gemacht? Hat er sie aus
der »Untertänigkeit« herausgeführt und ihnen den Rang gleichge-

ordneter und gleichberechtigter Bürger verschafft? Oder war seine Reform im Grunde nur eine Reform der Staats- und Gemeindefinanzierung? Die Antwort auf diese Fragen ergibt sich aus der Geschichte und aus den Verhältnissen, die in den alten und in den neuen württembergischen Gebieten bei der Gründung des Königreichs vorgeherrscht haben. Die aus dem Mittelalter überkommenen Verhältnisse, deren Beseitigung Regierung und Gesetzgeber vor hundertfünfzig Jahren so intensiv beschäftigt haben, machten den Bauern im allgemeinen abhängig von drei verschiedenen Formen der Herrschaft: der Gerichtsherrschaft, der Leibherrschaft und der Grundherrschaft. Der Gerichtsherr, im alten Württemberg oft identisch mit den Landesfürsten, hatte Anspruch auf allerlei Dienstleistungen und Abgaben, auf Hand- und Spanndienste, auf Fronarbeiten; im Grunde entsprachen diese Leistungen einer allgemeinen Besteuerung. Der Leibherr war nicht unbedingt identisch mit dem Gerichtsherrn. Er besaß eine privatrechtliche Verfügungsgewalt über die Leibeigenen. Das gründete sich auf Herkommen, auf Vertrag. Im alten Württemberg war oftmals der Graf oder Herzog als Landesherr auch der Leibherr. Dabei mußte man drei Formen der Leibherrschaft unterscheiden. Die lokale Leibeigenschaft war begründet durch den Wohnsitz. Wer sich in einem bestimmten Ort niederließ, gelangte damit auch in die für diesen Ort geltende Leibeigenschaft mit ihren Abgabepflichten. Eine andere Form war die Real-Leibeigenschaft. Sie hing ab von dem Besitz bestimmter Güter und hatte ebenfalls zur Folge, daß man dem Leibherrn bestimmte Leistungen oder Abgaben erbringen mußte.

Die Art von Leibeigenschaft, die die Würde der Betroffenen am meisten tangierte, war die Personal-Leibeigenschaft. Sie beruhte auf der Abstammung von einer unfreien Mutter. Hier galt also – wie in der alten mittelmeerischen Tradition und wie heute noch bei einigen südamerikanischen Indianervölkern – ein Mutterrecht. »Pater semper incertus est«, hatten die römischen Rechtsgelehrten einst statuiert: »der Vater ist immer ungewiß« und daraus abgeleitet, daß allein die Mutter für die Bestimmung der Rechtsverhältnisse von Kindern maßgeblich sei. Das machte manchen Fall in der Praxis ziemlich schwierig, so etwa, als der Schultheiß von Gültlingen im Wildberger Amt als Nicht-Leibeigener eine Leibeigene zur Frau nahm und der gemeinsame Sohn, später Nachfolger seines

Vaters als Schultheiß, durch die Mutter zum Leibeigenen geworden war. Die persönliche Unfreiheit von Leibeigenen dieser Art bestand unter anderem im Heiratskonsens; der Leibherr sah eine Verbindung mit fremden Eigenleuten nicht gerne. Der Leibherr hatte im übrigen bei der Verheiratung ein Anrecht auf bestimmte materielle Leistungen, auch bei der Geburt eines Kindes oder beim Tod eines Leibeigenen. So stand ihm beim Tod zum Beispiel das »Hauptrecht« oder das »Besthaupt« zu, das beste Stück Vieh im Stall des verstorbenen Bauern, eine Art Miterbschaft oder Erbschaftssteuer, die man beim Tod der Frau durch die Abgabe des besten Kleides, des Festgewandes, zu entrichten hatte, wenn die Erben nicht beim Schultheiß oder Notar eine Abgeltung dieser Pflicht in Geld statt in Sachwerten vereinbarten. Konflikte drohten bei der personalen Leibeigenschaft vor allem bei der Auswanderung, wenngleich man in Alt-Württemberg durchaus mit Erfolg auf die Rechte und Regelungen des Tübinger Vertrags von 1514 pochen konnte.

Leibhennen und Zehnte

Die dritte Form einer Herrschaft, die Grundherrschaft, war wiederum privatrechtlicher Natur. Die Bewirtschaftung von Land, das dem Grundherrn gehörte, verpflichtete zu allerlei Diensten und Abgaben, auch zur Pflege der Äcker und Wiesen. Der Leibeigene zahlte eine Mannsteuer oder eine Leibsteuer. Diese Form der Besteuerung einer erwachsenen Person hat es auch in unserem Jahrhundert für einige Zeit in den Gemeinden gegeben: die »Bürgersteuer«, als »Kopfsteuer« häufig kritisiert. Die Frau mußte jährlich eine »Leibhenne« an den Leibherrn oder dessen Beauftragten liefern. Lag die Frau im Wochenbett, was ja kein Ausnahmefall war, dann blieb sie von der Abgabe der Leibhenne befreit. »Man solle ihr eine gute Suppe kochen davon«, heißt es in einer alten Anordnung der Obrigkeit. Meist mußte man die Jahresabgabe an Martini leisten. Ursprünglich versammelten sich dazu die Leibeigenen als »Genossame« zur »Weisung« beim Leibherrn oder dessen Repräsentanten. Sie erhielten von ihm das »Weismahl«, oft auch noch eine kräftige Wegzehrung für den Rückweg.
Namen und Arten der Abgaben und Leistungen an die verschie-

denen Formen der Herrschaft und der Grundherrschaft sind uns längst fremd oder nur noch wenig vertraut. Die Kompliziertheit der Rechts-, Vertrags- und Herrschaftsverhältnisse macht es unmöglich, für das Herzogtum Württemberg allgemeine, feste Regeln zu nennen. In einigen der alten Oberamtsbeschreibungen aus der Mitte des letzten Jahrhunderts findet man Aufschlüsselungen über die Empfänger der wichtigsten Abgaben, auch Hinweise auf die wenigen Orte, die von den allgemeinen Abgaben befreit waren; Zavelstein und Teinach seien hierfür als Beispiele genannt. Die wichtigste aller Abgaben war der Große Zehnte. Seine Ablösung ist in Württemberg endgültig in einem Gesetz am 17. Juni 1849 geregelt worden. Man mußte damals – unter Mithilfe des Staates – den 16fachen Jahresbetrag des Zehnten zur Ablösung dieser Verpflichtung gegenüber den Anspruchsberechtigten aufbringen. Noch König Friedrich, sonst reformfreudig und auf Modernisierung des Staates bedacht, hatte im Jahre 1808 in einer Kabinettssitzung die Meinung vertreten, es handle sich beim Zehnten um »eine von unabsehbaren Zeiten sich herschreibende, nicht drückende Abgabe«, man solle sie deshalb belassen. Da diese starre Form der Naturalabgaben jedoch als leistungshemmend galt und den Verbesserungen in der Landwirtschaft hinderlich war, schloß sich Wilhelm I. dem Urteil seines Vaters in der Frage des Zehnten nicht an, sondern betrieb, neben der Aufhebung der Leibeigenschaft, auch die Beendigung jeder Art von Lehensverhältnissen mit dem daran gebundenen System der Naturalabgaben und der Dienstleistungen. Für das Ende des Großen Zehnten sprachen im übrigen ganz einfache, praktische Erwägungen, etwa die mit dem Zehnten verbundene Gefährdung der Ernte durch plötzlich auftretende Unwetter. Dem Zehntpflichtigen war es streng untersagt, das Getreide vom Feld wegzuführen, ehe der Zehnte erhoben worden war. Der Bauer mußte warten, bis der herrschaftliche Zehntknecht mit einer Stange auf den Acker kam, die Garben abzählte und jede zehnte Garbe umstieß. Ließ der Zehntknecht allzu lange auf sich warten, so hatte der Bauer das Recht, laut nach ihm zu rufen und dann einen vertrauenswürdigen Nachbarn, der den Ruf gehört hatte, um das Abzählen und Umstoßen der Zehnt-Garben zu bitten.

Der Versuch, sich dem Großen Zehnten durch die Umwandlung von Ackerland in Wiesen zu entziehen, brachte im allgemeinen keinen Vorteil. Der Zehntherr errechnete in solchem Falle einen »Geldkanon« oder ein »Zehntsurrogat« als Ersatz, der Zehntpflichtige mußte nun eine entsprechende Barzahlung leisten. Es gab Zeiten – im 18. Jahrhundert – in denen der Herzog gerade an diesen Geldleistungen interessiert war und die Umwandlung von Äckern in Wiesen befehlen ließ.

Der Kleine Zehnte betraf hauptsächlich die Ernte an Erbsen, Bohnen, Linsen, Rüben, Kraut, Flachs, Hanf und Zwiebeln, dazu das Obst. Die Grundbirnen, die Kartoffeln, gehörten ebenfalls zum Kleinen Zehnten. Meist hatte der Pfarrer ein Recht auf diese Abgabe, die er auf eigene Kosten einziehen mußte, wenn er den Kleinen Zehnten nicht verlieh.

Verbreitete sich eine neue Feldfrucht oder eine neue Obstart im Lande, dann entschied der Herzog über die Ergänzung jener Erzeugnisse, die dem Kleinen Zehnten unterworfen waren. So geschah es, daß Eberhard Ludwig den sogenannten Zwetschgen-Zehnten zugunsten der Pfarrer und anderer Berechtigter im Jahre 1715 durch einen Erlaß einführte. Württembergische Soldaten, die zu Prinz Eugens Zeiten in Serbien gegen die Türken gekämpft hatten, fanden Gefallen an den Zwetschgen. Sie brachten junge Bäume in die Heimat mit. Nach der Einführung des Zwetschgen-Zehnten halfen sich die Betroffenen in den Dörfern des Landes auf ihre Weise. Man pflanzte Zwetschgenbäume im dörflichen Niemandsland: auf alten Mauern, in Gräben, Hecken und auf Steinhaufen.

Zu den ältesten, allgemeinen Abgaben gehörte die Bede oder Beede, eine »gewöhnliche Steuer«, die schon im 12. Jahrhundert bekannt war. Man nannte sie in manchen Gegenden die Martinssteuer, weil sie gegen Ende des Jahres – an Martini – an den Vogt bezahlt werden mußte. Die Bede betraf das ganze Dorf; man erhob sie als Umlage bei den Dorfgenossen. Ebenfalls auf Martini mußte man in vielen württembergischen Dörfern die »Rauchhühner« abliefern. Jedes Haus mit einer Herdstelle war zu dieser Abgabe verpflichtet. In einem Ort wie Deckenpfronn, das zum Calwer Amt gehörte, hatte die Obrigkeit, wie aus einer Aufzeichnung aus dem Jahre 1523 hervorgeht, Anspruch auf vier Hühner pro Herdstelle. Der »Blutzehnte«, auch eine alte Form der Besteuerung oder der Naturalabgabe, bezog sich auf die Haustiere, auf Hühner, Gänse und Schweine im wesentlichen. Schließlich existierte noch der Heu- und Öhmdzehnte, von dem in vielen Orten der Pfarrer ebenso profitierte wie vom Kleinen Zehnten. Allerdings fungierte der Pfarrer bei diesen Formen der Naturalleistung oft mehr als Verwalter denn als Begünstigter.

Wohl hatte sich manche alte Art der Abgabepflicht von Naturalien bei der Gründung des Königreichs schon durch irgendeine Form der Ablösung erledigt, aber das ganze System erschien immer noch verwirrend, zumal in den neuwürttembergischen Gebieten, vor allem in Oberschwaben, wo die Rolle des Adels – auch als Leibherr – immer noch ziemlich ausgeprägt war. Anders als in Altwürttemberg, wo die Erblehen vorherrschten, die sich vom Vater auf den Sohn vererbten, existierten in Oberschwaben zahlreiche Fall-Lehen, die beim Tode an den Lehensherrn zurückfielen und neu vergeben werden konnten. In Oberschwaben wurden die Bauern im allgemeinen von den Lasten mehr bedrückt als in Altwürttemberg, wo zudem der Staat selbst, nicht aber ein Adelsgeschlecht, der Empfänger der Abgaben war.

König Friedrich begann die große Bereinigung, indem er 2100 Lehen in privates Eigentum umwandelte. Die Vergütung dafür betrug 780 000 Gulden. Das betraf indes nur die – staatlichen – Lehen, über die der König verfügen konnte. Die privaten Lehen blieben zunächst bestehen, wenn sich die Lehensherren der Aktion des Königs nicht anschließen wollten. Die Regierung des Königreichs verbot allerdings die Neubildung von Lehen, zugleich erklärte man alle noch bestehenden Lehen für erblich. Im Kabinett König Friedrichs regte sich schon gegen diese relativ behutsamen Neuerungen und Rechtsangleichungen zwischen alt- und neuwürttembergischen Gebieten einiger Widerstand bei den adeligen Ministern. Ein wichtiger Schritt bei der Vereinheitlichung des Rechts war die von Friedrich erstrebte Abschaffung der Patrimonial-Gerichtsbarkeit. Das betraf wiederum im wesentlichen die neuwürttembergischen Gebiete und bedeutete, daß die adeligen Grundherren nicht mehr die Gerichtsherren waren. Von der allgemeinen Gerichtsbarkeit gab es nun – abgesehen von einigen Resten der alten Rechte in Hohenlohe – keine Ausnahmen mehr. Eine andere, von den betroffenen Bauern zunächst begrüßte Errungenschaft betraf die erstmals durch Gesetz dekretierte Pflicht der jagdberechtigten Standesherren zum Ersatz von Wildschäden. Als Nachteil erwies sich, daß die Regierung zugleich die Jagdrechte ausdehnte und dazu noch die Verpflichtungen zum Fronen erweiterte.

Die weiteren Schritte zur endgültigen Gleichberechtigung und Freiheit der Bauern, die König Wilhelm I. im Jahre 1817 einleitete und die mit der Gesetzgebung in den Jahren 1848 und 1849 endeten, kosteten die Staatskasse viel Geld. Der Staat Württemberg beteiligte sich an der Ablösung der verschiedenartigen privaten Lehensrechte. (Zuletzt im Jahre 1848 mit 3,5 Millionen Gulden.) Die Bauern durften, da sie im allgemeinen kaum über Geldkapital verfügten, die ihnen verbleibenden Verpflichtungen gegenüber dem früheren Lehensherren mit Schuldscheinen bezahlen, die mit vier Prozent zu verzinsen waren. Fünfundzwanzig Jahre nach der endgültigen Zehntregelung im Jahre 1849 waren die Schulden schließlich getilgt, die Zinszahlungen an die Adeligen hörten auf.

Diese Art von großer Eigentums- und Landreform im Königreich Württemberg hat die betroffenen Bauern trotz des relativ günstigen Modus oft in Schwierigkeiten gebracht. Es fehlte ihnen zur Modernisierung ihrer Betriebe, auch zur Mechanisierung, das Betriebskapital. Amortisation und Verzinsung der Schulden verhinderten manche Investition. Aber auch die alten Lehensherren waren keineswegs zufrieden. Sie hatten sich lange Zeit gegen diese Form der Bauernbefreiung heftig gewehrt und die Entscheidungen des Gesetzgebers immer wieder verzögert. Schließlich mußten sie sich aber unter dem Eindruck der 48er Revolution mit einem Verfahren abfinden, das ihnen erheblich weniger brachte, als sie verlangt und erwartet hatten. Das allzu beharrliche Pochen auf alte Rechte – deren Anfänge im Dunkel des Mittelalters lagen und die sich im wesentlichen auf einstige Macht- und Herrschaftsverhältnisse gründeten – hat sich am Ende für die Lehensherren nicht ausgezahlt.

Geteilt in kleine Stücklein

Wer bei offenem Himmel in einem Flugzeug über das Württemberger Land fliegt, dem mag auffallen, daß im Neckarland, anders als im Hohenlohischen, im Oberland oder im Schwarzwald, die Äcker und Fluren ziemlich klein und vielfach zerstückelt sind.

Daran hat auch die Flurbereinigung bis jetzt nicht allzuviel geändert. Das altwürttembergische Kernland wirkt auf einen Luftbeobachter wie ein verwirrender Flickenteppich. »Die Folge der Realteilung« lautet die Auskunft der Fachleute. Wo, wann und warum hat diese Realteilung des Grundbesitzes begonnen?

Die Hinweise auf den Anfang sind nicht eindeutig. In den alten Geschichtsbüchern wird im allgemeinen nur gesagt, die Erbteilung, die zur Zerstückelung des landwirtschaftlichen Besitzes geführt habe, sei in Altwürttemberg, in einigen Reichsstädten und in einzelnen Herrschaften unbeschränkt gewesen. Begonnen hat diese Realteilung allem Anschein nach in der Reformationszeit, als die Herrschaft im Lande relativ schwach war. In Gebieten mit einer starken und ohne längere Schwächeperioden funktionierenden Herrschaft hat sich die Realteilung nicht durchgesetzt. Daß nicht die Herrschaft mit der Erbteilung der Güter begonnen oder sie begünstigt hat, sieht man in den Lagerbüchern der altwürttembergischen Dörfer. Darin sind die Grundbesitzverhältnisse verzeichnet. Manches Bauerngut, vielfach ein Erblehen, ist im Lagerbuch noch als Einheit aufgeführt, obwohl es längst unter mehrere Erben aufgeteilt war. Die Herrschaft blieb daran interessiert, daß ihr bei den tatsächlichen Teilungen, den »Real-Teilungen«, kein Nachteil entstand. Sie beharrte auf ihren im Lagerbuch verzeichneten Rechten, auf bestimmten Abgaben und Leistungen. Deshalb widersetzten sich die Repräsentanten der Herrschaft den Veränderungen in den alten, im Lagerbuch niedergelegten Urkunden. Weil der Besitz weiterhin als Einheit eingetragen war, sollte auch *einer* die Gewähr für die Abgaben übernehmen. Diese Funktion nannte man die »Trägerei«. Wer ein bestimmtes Grundstück besaß, der mußte die »Gült«, die Abgabe, für das gesamte Gut einziehen und abliefern. Oft war die »Trägerei« in den Händen dessen, der den größten Anteil behalten hatte. Gab es Streit wegen dieser Pflicht, so konnte der Vogt denjenigen bestimmen, der abzuliefern hatte. Ohne die nun seit Jahrhunderten praktizierte Teilung von Bauerngütern, bei der jeder Erbe in der Zeit der Dreifelderwirtschaft in jedem Feld (»Zelg«) wenn möglich ein Grundstück erhielt, wäre die heutigen Besiedlungsdichte im altwürttembergischen Kernland kaum entstanden. Die starke Industrialisierung im Neckargebiet ist durch diese Art der Erbteilung bei landwirtschaftlichen Gütern sicherlich außerordentlich begünstigt worden. Hätte die

Realteilung einen Zusammenhang mit der Konfessionsstruktur, wie bei einer oberflächlichen Betrachtung der Karte des Königreichs Württemberg vermutet werden könnte, dann verliefe die Grenze der Realteilung anders. Sie erstreckt sich nämlich im Westen des Landes, etwa in den alten Oberämtern Calw, Nagold und Freudenstadt, mitten durch Regionen mit einer evangelischen Bevölkerung. Dort, wo am Rande des Schwarzwalds die Sandböden anfangen und die ertragreicheren Muschelkalkböden aufhören, dort endet auch das Realteilungsgebiet im Altwürttembergischen. Die Grundstückskarten zeigen es noch heute: in Wildberg hat man seit langem die Realteilung praktiziert, im nahen Bulach dagegen überwog, wie im Freudenstädter Amt und im Calwer Wald, das Anerbenrecht. In den Dörfern mit Lößlehm-, Lettenkohle- und Muschelkalkböden, im Gäu und im Heckengäu, konnte der Bauer einst auch noch auf einem relativ kleinen Gut existieren, nicht aber in den Regionen mit den ertragsschwachen Sandböden und dem rauhen Höhenklima. In den Waldhufendörfern des nördlichen Schwarzwalds, den Weilern, den Einzelhöfen hätte die Realteilung niemand etwas genützt. Deshalb blieben die alten Bauerngüter im allgemeinen ungeteilt.

An der Grenze zwischen Schwarzwald und Gäu findet man in einigen Dörfern Zwischenformen etwa der Art, daß der älteste Sohn bei Lebzeiten der Eltern die Hälfte der Grundstücke übernahm. Nach dem Tod der Eltern erwarb er von den Geschwistern die den Eltern verbliebene Hälfte zurück. In Zeiten der Geldentwertung bestanden freilich die erbberechtigten Geschwister oftmals auf dem Überlassen von Grund und Boden, auch von Waldanteilen. Später ist mancher Acker von Ortsansässigen wieder zurückgekauft worden, wenn die Erben nach auswärts, meist in eine der württembergischen Industriestädte gezogen waren.

Wie unterschiedlich groß die Grundstücke in den einzelnen württembergischen Ämtern und Regionen gewesen sind, hat die Landesstatistik vor hundert Jahren ausgewiesen. In den alten Oberämtern Besigheim, Cannstatt, Ludwigsburg und Waiblingen hatte die Parzelle im Durchschnitt 16 bis 19 Ar. Im Oberamt Freudenstadt registrierte man eine durchschnittliche Parzellenfläche von 114 Ar. Die oberschwäbischen Gebiete um Ravensburg, Waldsee, Wangen mit den zahlreichen Einzelhöfen hatten Ende des 18. Jahrhunderts eine Parzellenausdehnung von 125 bis 200 Ar.

Nicht zu unrecht stand das Königreich Württemberg in dem Ruf, das typische Land des bäuerlichen Kleinbesitzes zu sein. Nach der Gründung des deutschen Kaiserreiches ergab eine erste Bestandsaufnahme im Jahre 1873, daß von den 313 000 württembergischen Grundbesitzern nur 26 000 einen landwirtschaftlichen Betrieb mit mehr als zehn Hektar (oder dreißig württembergischen Morgen) bewirtschafteten. Im Königreich gab es damals ganze 213 Grundbesitzer, deren Äcker, Felder und Wälder mehr als hundert Hektar umfaßten. Im Neckarland, im Gäu, im Unterland, wo die Realteilung Tradition hat, lagen kaum ein paar Dutzend dieser 213 großen Güter.

41 Paul Hegelmaier
Bürgermeister von Heilbronn
1847–1912
Amtszeit: 1884–1904

42 Johann Caspar Schiller
1723–1796

ULM ALS WEINMETROPOLE

Wein und Holz waren einst die wichtigsten Ausfuhrgüter Alt-württembergs. Wenn im Mittelalter und noch in der Reformationszeit von einem »Handel über die Grenze« die Rede ist, dann betrifft dies entweder den Wein, den die Württemberger vorzugsweise nach Bayern verkauft haben – wo die Klöster die Hauptabnehmer waren – oder das Holz, das über Neckar und Rhein bis in die Niederlande geflößt und verkauft worden ist.

Die Reichsstadt Ulm diente in Süddeutschland als der Hauptstapelplatz für Wein. Die Stadt verfügte über einen eigenen Weinhof. Dort bot man den Wein aus dem Württembergischen täglich feil. In einem großen Weinstadel wurden die nicht verkauften Bestände gelagert. Aus den alten Marktberichten erfährt man, daß in Ulm an einem einzigen Tag oft 300 Eimer Wein mit Fuhrwerken herangefahren und sogleich verkauft worden sind. Das waren – ein Eimer hat 300 Liter – 90 000 Liter Wein, ein ganz beträchtlicher Umsatz. Aber Ulm *handelte* nicht nur mit Wein, im Ulmer Gebiet *erzeugte* man lange Zeit auch Wein. In Söflingen, vor den Toren der Reichsstadt, hat es einst Weinberge gegeben; im oberen Donautal reichte der Weinbau bis nach Scheer hinauf; sogar an der Riß, in Biberach, sind im Mittelalter Trauben gewachsen.

Wie reif diese Trauben in manchen Jahren geworden oder wie unreif sie geblieben sind, kann man nur vermuten. Aus der Gaildorfer Gegend, auch einem ehemaligen Weinbaugebiet, ist die Klage eines Chronisten überliefert, der angemerkt hat: »Hier wächst ein saurer, saurer Wein, Kocherwein genannt.« Seit langem schon liegt die Höhengrenze bei unseren Weinbergen bei etwa 400 Metern. Noch im späten Mittelalter und am Anfang der Neuzeit betrieb man den Weinbau noch in 600 Meter Höhe. So weit hinauf reichten die Weinberge bei Balingen, bei Rosenfeld, auf dem Kleinen Heuberg und in der Reutlinger Gegend.

Die alten Römer, so weiß man, haben den Rebstock aus der Mittelmeer-Region in unsere Breiten gebracht. Aus alten Urkunden geht hervor, daß im späteren Württemberg der Weinbau schon im 8. und 9. Jahrhundert wichtig gewesen ist. Hinweise darauf gibt es aus der Gegend von Heilbronn, dem Zabergäu und von der Bodensee-Region. Aufzeichnungen über Weinjahre existieren bereits seit der Zeit der Sachsen- und der Salierkönige. Ein Weinhistoriker hat Mitte des vergangenen Jahrhunderts an Hand der alten Aufzeichnungen die Schwankungen bei den Weinernten ermittelt. In der uns bekannten tausendjährigen Geschichte des einheimischen Weinbaus konnte man damit rechnen, daß im Verlaufe von zehn Jahren *ein* Weinherbst als vorzüglich gelten konnte, drei Jahrgänge gut waren, drei zu den mittleren gezählt werden mußten und drei Weinherbste nur eine schlechte Qualität brachten. Das Quantum der Ernten ergab im Zehnjahresdurchschnitt drei große Ernten, drei mittlere und vier geringe, zuweilen auch regelrechte Ernteausfälle. Der reichste Herbst in spätmittelalterlicher Zeit ist vermutlich im Jahre 1426 eingebracht worden. Jedenfalls hat dieser Jahrgang bei den Chronisten einen legendären Ruf. Ein Eimer Wein habe im Unterland ganze 13 Kreuzer gegolten, für einen Heller habe man zweimal ins Wirtshaus gehen können, heißt es.

Mindestens dreimal so groß wie in unserer Zeit dürfte die Rebanbaufläche am Ende des Mittelalters gewesen sein. Allerdings lassen sich die Hektarerträge nicht mit den jetzigen Erträgen vergleichen. Sie machten nur einen Bruchteil aus, vielleicht ein Achtel oder nur ein Zehntel der heutigen Erträge. Diese geringen Erträge muß man jedoch in Beziehung setzen zu einer relativ dünnen Besiedlung in der Grafschaft und im späteren Herzogtum Württemberg. Weite Teile des altwürttembergischen Landes waren mit Rebstökken bepflanzt. Im Neckartal selbst reichte der Weinbau bis Horb und Sulz, in den Seitentälern des Neckars gab es Rebhänge in Mössingen, in Urach, in Honau, in Herrenberg. Selbst Kuppingen, Nufringen oder Oberjettingen im Gäu kelterten Wein. Im Aichtal dehnte sich der Anbau aus bis Waldenbuch, in den Seitentälern der Fils bis nach Donzdorf. Auf den Fildern zählten Nellingen, Plieningen, Echterdingen und Rohr zu den Weinbaugemeinden. Im Remstal fand man Wengerter, wie die schwäbischen Weingärtner von altersher genannt werden, in Lorch und Gmünd, an der Murr gehörten Sulzbach und Murrhardt zu den Weinbaugemeinden. Böblingen, Magstadt, Weil der Stadt hatten Rebanlagen, ebenso – im Nagoldtal – Calw und Wildberg. Rund um Leonberg, in Rutesheim, Gebersheim, Hemmingen, Hirschlanden, Schöckingen war der Weinbau lange Zeit heimisch. Wie groß die Rebfläche im Mittelalter gewesen sein muß, ergibt sich aus einigen Vergleichen in der Anbaufläche, die in den landwirtschaftlichen Statistiken des vergangenen Jahrhunderts rekonstruiert worden sind. Waiblingen meldete 1880 eine Rebfläche von 20 Hektar, in der Reformationszeit waren es 346 Hektar. Bei Schorndorf ist die Differenz ebenfalls beträchtlich: Von ursprünglich 356 Hektar Anbaufläche waren 1880 noch 94 Hektar übrig geblieben. War im Mittelalter das Klima günstiger für den Weinbau als heute, war es milder? Das könnte in einigen längeren Perioden der Fall gewesen sein. Ganz sicher waren die Weintrinker damals nicht verwöhnt, sondern durchaus gewillt, einen »sauren, sauren Wein« zu trinken, jedenfalls den Wein so zu verzehren, wie ihn der Herrgott hatte wachsen lassen. Und es scheint auch, daß man den Wein aus den guten württembergischen Lagen außerhalb Württembergs durchaus geschätzt hat. An den Höfen in München und in Wien sei der rote Burgunder und der Clevner aus dem Neckarland »recht berühmt gewesen«, behaupten die Chronisten. Neben frühreifen Sorten wie Clevner und Burgunder hatte man zahlreiche andere, heute bei uns eher seltene Rebsorten angebaut: Fütterer, Muskateller, Traminer, Veltliner zum Beispiel.

Die Württemberger selbst bezogen ihren Wein hauptsächlich aus den Weinbaugebieten des Landes oder der Umgebung. Ebingen, im südlichen Zipfel Altwürttembergs, kaufte im 15. Jahrhundert den Wein in Rottenburg, dazu noch ein gewisses Quantum Seewein aus Sipplingen. Als die Ebinger im 17. Jahrhundert, nach dem Dreißigjährigen Krieg, ihren Weinbedarf auch in der Pfalz und im Elsaß deckten, wurde vom Herzog verfügt, daß der Elsäßer nur aus den Orten Reichenweiher, Kaisersberg und Rappoltsweiler eingeführt werden dürfe. Die Ebinger Wirte waren mit dem württembergischen Weinmonopol gar nicht einverstanden. Ihre Klagen hatten insofern Erfolg, als die herzogliche Regierung Ebingen schließlich mit Rücksicht auf seine Lage als »Grenzort« erlaubte, ausnahmsweise zwei Drittel des benötigten Weins »vom Ausland« zu beziehen. Im 18. Jahrhundert kam es darüber nicht mehr zum Streit; auch die Ebinger kauften ihren Wein nun im württembergischen Unterland.

Wie wichtig und auch wie selbstverständlich das Weintrinken im Mittelalter und nach dem Beginn der Neuzeit gewesen sein muß, erfährt man aus mancherlei Vorgängen. So war es am württembergischen Hof am Ende des 16. Jahrhunderts unter Herzog

Friedrich üblich, daß jeder Lakai zum Essen ein Quantum von zwei bis drei Schoppen Wein erhielt. Trinkfestigkeit galt in jener Zeit als wichtige Eigenschaft für Hofleute. Aber nicht immer hielt man dem guten Tropfen stand. Beim Stuttgarter Kelterbrand im Jahre 1599 seien alle Zecher so betrunken gewesen, daß niemand habe löschen können. Rettung für die Umgebung der Kelter, und wohl auch für die Stadt, brachte ein kräftiger Regenguß. An Weinvorräten war im Stuttgarter Schloß seit Ulrichs dritter Regentschaft – nach dem Interim mit der spanischen Besetzung – kein Mangel. Bald nach seiner Rückkehr hatte Ulrich im Jahre 1547 den Bau eines riesigen Fasses für den Schloßkeller angeordnet. Ein »Binder« (Küfer) aus Bönnigheim, der Meister Simon, führte den Auftrag aus und schuf ein Faß für 286 Eimer oder rund 85000 Liter Wein. Der Herzog bezahlte dem Meister Simon dafür 150 Gulden und schenkte ihm außerdem ein Hofkleid.

Verbesserung durch königliche Hilfe

Das Ende der großen Zeit des Weins und des Weinbaus in Württemberg kam mit dem Dreißigjährigen Krieg. Ein großer Teil der Weingärten ist damals zerstört und später nicht wieder angelegt worden. Eine andere Folge des Krieges machte sich ebenfalls negativ bemerkbar: Die immer neuen Anforderungen der Soldaten und wohl auch der auf größere Mengen erpichten Zehntherren führten dazu, daß man weniger auf Qualität als auf Quantität bei den Erzeugern zu achten begann, es kam ja auf die Menge der auferlegten Abgaben an, nicht auf die Trinkbarkeit des verlangten Weins. Da die Einfälle fremder Truppen auch im späten 17. Jahrhundert und am Anfang des 18. Jahrhunderts anhielten, blieb das, was man später Wein-Kultur genannt hat, noch lange Zeit auf einem bescheidenen Niveau. Versuche des Landesherrn, durch Musteranlagen mit neuen Rebsorten, unter anderem auf der Prag in Stuttgart, in der Mitte des 18. Jahrhunderts dem Weinbau im Herzogtum neue Impulse zu geben, waren nicht erfolgreich. Anscheinend hat man damals zu viele Sorten angeboten und dazu manche Rebe zur Zucht importiert, die für Boden und Klima nicht passend war. Die wichtige und nachhaltige Reform des Weinbaus begann erst im Königreich, unter

Wilhelm I., der – sogleich nach seinem Regierungsantritt – die systematische Verbesserung der einheimischen Landwirtschaft zu einer Hauptaufgabe seiner Regentschaft gemacht hat. Die Hofkammer pflanzte auf ihren Besitzungen, unter anderem in Cannstatt, Mundelsheim, Untertürkheim, Hohenhaslach, Stetten und Kleinheppach edle Rebsorten als Musteranlagen. Der Staat kaufte im Ausland Rebgut, das für Württemberg geeignet war. Zahlreiche Reben wurden unentgeltlich an die Weingärtner abgegeben. Wer den Weinbau als Nebenerwerb betrieb, zahlte für die angebotenen Reben nur einen geringen Preis.

Acht Jahre nach dem Regierungsantritt Wilhelms I. zählte man im Land 18 Millionen Reben, darunter als Hauptsorten blauer Clevner, Burgunder, Weißriesling, roter Traminer, Weißburgunder, Lemberger und blauer Silvaner. Die Sortenwahl änderte sich im Verlaufe des vergangenen Jahrhunderts. In der Weinbaustatistik des Deutschen Reiches dominieren im Königreich Württemberg im Jahre 1883 Elbling, weißer Silvaner oder Österreicher und der Trollinger, auch »Welscher« genannt. Der Weißriesling steht nach dem Gutedel an sechster Stelle. Weißer und blauer Burgunder werden noch registriert, sind aber nicht mehr an einem vorderen Platz.

Wie konsequent die Regierung Wilhelms I. sich um eine Qualitätsverbesserung beim Weinbau bemüht hat, spiegelt sich in den Akten der Weinbaugemeinden. In Asperg beschäftigt sich der Gemeinderat im Jahre 1829 auf Anordnung der Regierung mit der Weinqualität. Er macht der Bürgerschaft auf höhere Weisung bekannt, »daß nach unserer Erfahrung das Raspeln und Beeren der Trauben und die Veredelung der Traubengattungen eine bessere Bereitung des Weines sei, welche die Preise beträchtlich erhöhe«. Man will entsprechend dem Rat der Regierung in künftigen Herbsten die Einkäufer einladen und ihnen mitteilen, welche schlechten Sorten ausgerottet und welche edleren Reben in den Weingärten bestellt seien. Verkauft hat man den Asperger Wein in jener Zeit hauptsächlich an Wirte in Stuttgart, Ludwigsburg und Leonberg. Im Jahre 1812 erlöste man für einen Eimer Wein etwa 50 Gulden. Aber es scheint, daß die Preisschwankungen und die Erlöse noch im ganzen 19. Jahrhundert außerordentlich groß gewesen sind. In einer Rückschau auf das hundertjährige Bestehen des Königreichs findet man Vergleichszahlen, nach denen der

Erlös im Weinbau pro Jahr durchschnittlich bei 9,15 Millionen Goldmark gelegen hat, und zwar zwischen der mit 1827 beginnenden Verkaufsstatistik und dem Jahr 1912.

Zwei extreme Jahre am Beginn unseres Jahrhunderts beleuchten die Situation: im Jahre 1904, einem Rekordjahr, errechnete sich der Verkaufswert beim Wein in Württemberg auf rund 20 Millionen Goldmark, zwei Jahre später, im Katastrophenjahr 1906, erlösten die Weingärtner im Königreich ganze 1,8 Millionen Goldmark. Die Rebfläche war zwischen 1827 und 1907 im übrigen um rund 20 Prozent auf knapp 20 000 Hektar geschrumpft. Die Weinpreise seien nichts anderes als ein Glücksspiel, heißt es sicherlich zutreffend in einem Bericht aus dem Jahre 1831, den uns die Asperger Chronik überliefert hat. Der Chronist sieht in den starken Erlösschwankungen auch ein sittliches Unheil. Nach Jahren des Darbens, von denen die Weinbauern oft heimgesucht werden, führe ein gutes Jahr zu einem schnellen, ungeregelten Verbrauch. Das plötzliche Geld übe auf seine Besitzer einen »großen Reiz« aus, so daß »Gelüste und vermeintliche Bedürfnisse befriedigt« werden. Der Asperger Moralist verschweigt, was er unter den »vermeintlichen Bedürfnissen« versteht. Am wenigsten wohl einen verstärkten Konsum des eigenen Weines. Im übrigen brachte ein gutes Weinjahr nicht nur den Erzeugern Geld ins Haus, auch die Obrigkeit profitierte noch zu Anfang des 19. Jahrhunderts von reichen Ernten. Die meisten Wengerter waren nach wie vor zu Naturalabgaben verpflichtet. Solche Abgaben an die Amtsverwaltungen kamen auch den Geistlichen zugute. So erhielt im Jahre 1812 der Garnisonsprediger Rüdiger auf dem Hohenasperg drei Eimer Wein, der Ludwigsburger Dekan Rieger gar sechs Eimer, also 1800 Liter. Die alten Rechte aus dem ehemaligen Kirchengut hatten sich bis in die nachnapoleonische Zeit in großen Teilen des Landes fortgeerbt.

Nicht immer waren die Empfänger von Weindeputaten mit der Qualität einverstanden, die ihnen der zuständige Beamte eines Amts zuteilte. Im Jahre 1602, einem ziemlich schlechten Weinjahr, erbaten einige Pfarrer in einer Eingabe an den Herzog die Zuteilung eines besseren Tropfens. Als Seelsorger hätten sie »einen besseren Magenwein vonnöten«, lautete die Begründung. Der Herzog Friedrich ließ das Argument nicht gelten. Seine Randnotiz: »Mit gesündigt, mit gebüßt.«

Bier – nicht nur für »ehrbare Leute«

Im vergangenen Jahrhundert hat in Württemberg der Wein seine dominierende Position unter den landesüblichen Getränken an das Bier und an den Most verloren. Vor hundert Jahren betrug der Weinverbrauch im Königreich Württemberg pro Kopf und Jahr nur noch 21 Liter (in Frankreich waren es 150 Liter, in Elsaß-Lothringen immerhin 90 Liter, ebensoviel wie in Österreich-Ungarn). Der württembergische Bierkonsum dagegen erreichte im Jahre 1883 pro Kopf über 150 Liter. Nach Meinung des statistischen Amts in Stuttgart kelterte man in Württemberg im Herbst 1882 rund eine Million Zentner Obst und gewann daraus 330 000 Hektoliter Most. Das hätte einen pro Kopf-Konsum von etwa 17 Litern Most ergeben. Aber diese Statistik kann nur ein annäherndes Bild vom tatsächlichen Konsum bieten, weil es ziemlich schwierig gewesen sein dürfte, den Umfang der Mostbereitung, einschließlich der Menge des zugesetzten Wassers, auch nur einigermaßen richtig zu schätzen.

Einfacher war die Erfassung der Bierproduktion. Hier wachten die Steuereinnehmer recht aufmerksam über Produktion und Verkauf, was sie freilich manche Mühe gekostet haben wird, denn im Königreich Württemberg gab es gegen Ende des vorigen Jahrhunderts nicht weniger als 7800 Braustätten. Neben den 2500 gewerbsmäßigen Brauereien im Lande verstanden sich auch noch etwa 5300 Privathaushalte auf die Kunst des Bierbrauens. Besonders alt war diese Tradition keineswegs. Noch in der zweiten Hälfte des 18. Jahrhunderts hat ein Chronist vermerkt, daß eigentlich nur Soldaten und Handwerksgesellen »einen Gusto auf Bier« hätten, »ehrbare Bürger« fänden dieses Getränk jedoch verächtlich. In England galt Bier lange Zeit als das Getränk der Lastträger, der »Porter«, davon hatte es dort auch einen seiner Namen.

Es scheint, als sei in Stuttgart im Jahre 1630, mitten im Dreißigjährigen Krieg, erstmals Bier gebraut worden. Möglicherweise hatten Mönche aus dem Fränkischen die Braurezepte ins Württembergische mitgebracht. Sicher ist, daß die Stuttgarter Wengerter kurz vor dem Einfall der Kaiserlichen im Jahre 1633 ein Verbot des Brauens und des Bierausschenkens erreicht haben. Sie befürchteten eine Gefährdung ihrer Existenz, wenn dieses neue Getränk dem Wein Konkurrenz mache. Die Schreiber in der Kanzlei beim Schloß beurteilten die Lage ein wenig anders. Sie gründeten alsbald in Stuttgart zwei herrschaftliche Brauereien, denen sie ein Braumonopol übertrugen. Doch sie hatten damit wenig Glück. Eine der Brauereien mußte bald wieder stillgelegt werden, die andere wurde an einen privaten Unternehmer verpachtet, ohne daß das Monopol beibehalten worden wäre.

Früher als in Stuttgart ist in anderen Orten des Herzogtums Bier gebraut worden. Schon 1592 wird zum Beispiel in einer Chronik in Deckenpfronn angemerkt, daß »von Wein, Bier und anderen Getränken« die Herrschaft Württemberg eine Abgabe von einem Elftel des Umsatzes beanspruche. Von Ebingen an der Südgrenze des Herzogtums weiß man, daß im Jahre 1602 ein Mann Gerste von der Stadt gekauft hat, der Bier herstellen wollte. Im Jahre 1610 vergab der Ebinger Rat eine Braukonzession an einen Wirt. Ein Brauer, der in den Niederlanden gelernt hatte, war zurückgekehrt und der Wirt hatte ihn engagiert, um von diesen Kenntnissen zu profitieren. Bald war das Bier in Ebingen nicht nur begehrt, sondern auch knapp. Man hat im Jahre 1642 mehrere Brauer in Ebingen bestraft, weil sie Bier »ins Ausland« verkauft hatten, obwohl es in der Stadt an Bier gemangelt habe. Das Ausland begann freilich schon an der südlichen Stadtgrenze in Richtung Sigmaringen.

Zusammen mit Heidenheim, Blaubeuren, Calw und Urach gehörte Ebingen nach dem Dreißigjährigen Krieg zu den Städten im Herzogtum, in denen das Bierbrauen erlaubt war. Um 1660 galt Heidenheim als die Stadt, in der am meisten Bier in Württemberg gebraut wurde, gefolgt von Blaubeuren und Ebingen. Eineinhalb Jahrhunderte später, beim Regierungsantritt König Wilhelms I., zählte man in Ebingen elf gewerbliche Brauereien, sechzig Jahre darauf waren es gar 51 Brauereien. Im Jahre 1960 existierte nur noch eine einzige Brauerei in Ebingen. Auch sie ist inzwischen aufgegeben worden. Ganz ähnlich verlief die Entwicklung des Braugewerbes in vielen, ja in den meisten württembergischen Städten und Ämtern. Die im Zeichen der allgemeinen Industrialisierung und der Gewerbefreiheit entstandenen zahlreichen örtlichen Brauereien sind mit der zunehmenden Verkehrserschließung des Landes von zentral gelegenen, größeren Betrieben verdrängt worden. Der steigende Bierkonsum in der Zeit nach dem Zweiten

Weltkrieg hat diese Entwicklung nicht vermindert, sondern die Konzentration des Braugewerbes noch gefördert.

Beim eigentlichen schwäbischen Volksgetränk des vergangenen Jahrhunderts und der ersten Hälfte des 20. Jahrhunderts, dem Most, liegen die Anfänge noch später als beim Bier. Erst gegen Ende des 18. Jahrhunderts wurde es jedermann im Herzogtum erlaubt, sein Wirtschaftsobst zu Most zu verarbeiten, nachdem der Herzog im Jahre 1650 ein prinzipielles Verbot der Herstellung von Most erlassen hatte. Das Verbot mitten in der Zeit der großen Not, kurz nach dem Dreißigjährigen Krieg, sollte das begehrte Obst für die allgemeine Ernährung sichern. Auch als Viehfutter war Obst wichtig. Im Jahre 1672 gestattete die Obrigkeit die Verarbeitung eines gewissen Quantums von Obst zu Gesälz. Sieben Jahrzehnte später, als man 1747 die Herstellung von Most als Haustrunk und das Vermischen mit Wein erlaubte, blieb der öffentliche Ausschank von Most immer noch verboten. Das Ausschank-Verbot wurde im Jahre 1761 ein wenig gelockert, es sollte nur noch für die Wirtschaften gelten, die dem Gast Wein anboten. Die eigentliche Freiheit des Mostens und des Mostverkaufens beginnt in Württemberg mit dem Jahr 1777. Aber populär war der Most in jener Zeit noch lange nicht. Die amtlichen Statistiker des Königreichs meinten im Jahre 1850, daß eine Familie in Württemberg höchstens 100 Liter Most im Keller habe. Man trinke ihn, so der Bericht aus der Mitte des letzten Jahrhunderts, auf dem Land hauptsächlich im Heuet und in der Ernte. Im übrigen bevorzuge man in Württemberg als Getränk beim Vespern gestandene Milch.

Das hat sich bis zum Jahre 1880 gründlich geändert. Nun sind die amtlichen Baumzähler und Wirtschaftsstatistiker überrascht, daß plötzlich das einheimische Obst für die Mostbereitung gar nicht mehr ausreicht. Württemberg, so wird beklagt, müsse neuerdings viele tausend Zentner Obst per Bahn aus anderen Regionen einführen. Hauptsächlich aus der Schweiz – speziell aus dem ostschweizerischen Thurgau – und aus der Maingegend, ja »sogar aus Bayern« beziehe man jetzt Obst. Allerdings, so läßt uns die damalige Landesbeschreibung wissen, hätten sich die Württemberger den Sinn für die bessere Qualität des landeseigenen Obstes doch bewahrt. Man zahle auf den Bahnhöfen für das importierte Obst im Durchschnitt zwei bis drei Mark pro Zentner weniger als für das einheimische Obst. Die große Nachfrage nach Most erklärt man sich vor allem durch die Nachfrage nach diesem Haustrunk bei den landwirtschaftlichen Arbeitern. Sie bevorzugten nun den Most anstelle von Bier. Vom Wein, dem einstigen alkoholischen Hauptgetränk, ist in der zweiten Hälfte des vergangenen Jahrhunderts nirgends mehr die Rede, jedenfalls nicht dort, wo man keine eigenen Weinberge besitzt.

Heidelbeergeist als Hausgetränk

Nur ganz wenige Hinweise findet man in alten Chroniken und Ortsbeschreibungen auf ein anderes beliebtes Getränk, den Branntwein. Dessen Herstellung dürfte mit dem Dreißigjährigen Krieg in Württemberg begonnen haben. Überall im Lande, heißt es in der Landesbeschreibung von 1884, werde jetzt Schnaps gebrannt. Insgesamt seien 13 700, meist kleinere Privatbrennereien bei den Steuerbehörden erfaßt. Man verarbeite als Rohstoff unter anderem Weizen, Roggen, Gerste, Runkelrüben und zuckerhaltige Säfte, dazu im Schwarzwald und in der Bodenseegegend auch Obst, vor allem Kirschen und Zwetschgen. Vom Schwarzwald wird in der Beschreibung des Oberamts Calw, die im Jahre 1860 erschienen ist, als übliches Genußmittel neben Wein und Most der Heidelbeergeist ausdrücklich erwähnt. Später ist der Heidelbeergeist auch in den Waldorten eine Rarität geworden. Man benötigt zur Destillation von vier Litern 50prozentigem Heidelbeergeist im Durchschnitt rund 100 Liter Beeren, eine gewaltige Menge. Seitdem mit dem Bau der Eisenbahn die reifen Heidelbeeren relativ rasch auf die Märkte der großen Städte verschickt werden konnten, war das Brennen der Heidelbeeren nicht mehr so attraktiv. Anders verhielt es sich mit dem Brennen der kleinen, aber sehr zuckerhaltigen Waldkirschen. Diese Waldkirschen eigneten sich auf den Märkten nicht zur Konkurrenz mit den Edelkirschen. Deshalb wurde in den Regionen, in denen die Waldkirschen gedeihen, zunehmend in den kleinen Hausbrennereien Kirschengeist gebrannt, ebenso wie Zwetschgenwasser oder Birnenschnaps. Den Bedarf an Schnaps freilich deckten die zahlreichen, kleinen Brennereien im Königreich Württemberg keineswegs. In den Jahren zwischen 1852 und 1865 stellten die Brennereien in

Württemberg pro Jahr im Durchschnitt etwa 45 000 Hektoliter Branntwein her. Später sank die Produktion. Sie erreichte im Jahre 1881 nur noch ca. 30 000 Hektoliter. Diese Menge jedenfalls haben die Steuerbehörden damals registriert. Der Gesamtverbrauch an hochprozentigen alkoholischen Getränken lag jedoch im Königreich Württemberg in den achtziger Jahren des vergangenen Jahrhunderts bei ca. 100 000 Hektoliter pro Jahr. Man bezog also mehr als die Hälfte des Bedarfes aus anderen deutschen Staaten oder aus dem benachbarten Ausland; Kartoffel- und Getreideschnäpse kaufte man in Nord- und Ostdeutschland, Weinbrände und Obstbranntweine bezog man aus Frankreich und aus Österreich-Ungarn. So jedenfalls melden es die Statistiken.

Von einer möglichen Dunkelziffer in der einheimischen Produktion ist in den alten amtlichen Aufzeichnungen nirgends die Rede. Das verwundert ein wenig; schließlich war es nicht ganz leicht, die zehntausend kleinen Brennanlagen, die im allgemeinen von den Landwirten während der Wintermonate – vor allem im Januar und Februar – genutzt worden sind, so genau zu überwachen, wie es nach den statistischen Ziffern den Anschein haben mag.

Land der Obstbäume

Im Württembergischen, so notierte ein Reisender, der im 18. Jahrhundert per Kutsche von Ulm nach Stuttgart unterwegs war, seien die Straßen von zahlreichen Obstbäumen flankiert. In keinem anderen deutschen Gebiet habe er dies bisher beobachten können. Was dem Fremden in der Regierungszeit Karl Eugens zuerst im Filstal aufgefallen ist – der Reichtum an Äpfel- und Birnbäumen –, hätte auch noch hundert Jahre später notiert werden können. Bei einer ersten allgemeinen Bestandsaufnahme im neugegründeten Deutschen Reich zählte man im Königreich Württemberg nahezu acht Millionen Obstbäume, im ganzen Kaiserreich 58 Millionen. Württemberg mit rund vier Prozent der Gesamtfläche und einem Bevölkerungsanteil von wenig mehr als vier Prozent besaß demnach fast ein Siebentel aller Obstkulturen im Deutschen Reich und war damit nach Meinung der Wirtschaftsstatistiker das obstreichste Land in ganz Europa.

Bis zum ersten Weltkrieg hat sich diese Tendenz noch verstärkt.

Man registriert im Jahre 1912 im Königreich Württemberg mehr als neun Millionen Obstbäume, darunter fünf Millionen Apfelbäume und zwei Millionen Birnbäume. Dennoch reichte am Anfang unseres Jahrhunderts das Angebot an Wirtschaftsobst bei schwachen Ernten im eigenen Lande nicht aus. Wiederholt führte man die Hälfte des Bedarfs an Mostobst ein. Mit Stolz vermerkte in jener Zeit einer der führenden Landwirtschaftsexperten des Königreichs zum Stand der Obstanlagen in Württemberg, daß sich jetzt die »wohltätigen Folgen eines gewissen Zwangs« zeigten, mit »welchem frühere Fürsten den Obstbau« eingeführt hatten. Zu denken ist dabei vor allem an eine Anordnung kurz nach dem Dreißigjahren Krieg. Das Pflanzen von Obstbäumen an den Straßen und auf den Allmenden – diese bestanden zu einem nicht geringen Teil aus Feldern, die den Gemeinden durch den Tod der Besitzer zugefallen waren – wurde von der herzoglichen Regierung zur Pflicht erklärt.

Schon im frühen Mittelalter scheint der Obstbau im deutschen Südwesten geblüht zu haben. In Gräbern aus der Zeit des 8. Jahrhunderts fand man als Beigaben Kerne von Pflaumen, Pfirsichen, Kirschen und Birnen sowie Reste von Walnüssen. Urkunden aus dem 9. Jahrhundert deuten darauf hin, daß der Obstbau besonders von den Klöstern gepflegt und dadurch ausgebreitet worden ist. Unter Friedrich Barbarossa wurde die Zehntfreiheit für den Obstbau verfügt, sicherlich ein wesentlicher Anreiz zum Pflanzen von Obstbäumen. Die veredelten Bäume genossen einen besonderen Rechtsschutz. Im Schwabenspiegel wird das Umhauen von »tragbaren, gepfropften Bäumen« mit strenger Strafe bedroht.

Am württembergischen Hofe ist man schon früh am Obstbau interessiert gewesen. Das ergibt sich aus dem Umstand, daß Eberhard im Bart einen »Obstmeister« als Ratgeber beschäftigt hat. Vom Herzog Christoph weiß man, daß er auswärts Bäume erwerben und eine Baumschule anlegen ließ. Ein Hofgärtner erteilte Unterricht im Pfropfen der Bäume. Im sechzehnten und siebzehnten Jahrhundert muß die Zahl der Obstsorten verwirrend groß gewesen sein. Der Leibarzt des Herzogs Friedrich, Johann Bauhin, beschreibt in seiner Darstellung von Boll achtundfünfzig Apfelsorten und achtunddreißig verschiedene Arten von Birnen. Man findet in den alten Ortschroniken auch mancherlei Hinweise auf Hindernisse, die dem Obstbau entgegenstanden. Im Jahre 1484 pocht man in einem Ort wie Deckenpfronn auf das Verbot, im freien Feld Edelobst zu ziehen. Erlaubt waren Obstbäume im Spätmittelalter nur in den Gärten »innerhalb Etters«, innerhalb des Zaunes, der das Dorf umgab. Diese ziemlich strengen Begrenzungen fielen endgültig im Jahre 1650 mit der herzoglichen Anordnung zum Pflanzen von Obstbäumen. Man bevorzugte im übrigen diejenigen Fluren für die neuen Obstkulturen, auf denen keine besondere Dienstbarkeit lastete. Schwierigkeiten machte der Obstbau immer wieder bei Erbteilungen. Das Obst, das geerntet wird, gilt als Allgemeingut der Verwandtschaft, unabhängig vom Eigentum oder Besitz der jeweiligen Flur. In Streitverfahren beharren die Besitzer oder Erben darauf, daß der gemeinschaftliche Besitz von Obstbäumen nur für die alten Anlagen gelte, die »neuen Bäume gehen die Verwandten nichts an«. Man kann sich denken, daß mancher, noch recht ordentlich im Ertrag stehende Baum, rasch in Nutzholz oder in Brennholz umgewandelt worden ist. Die liebe Verwandtschaft hatte in diesem Falle das Nachsehen. Damit regelmäßig neue Bäume gepflanzt wurden, dachte sich die Stuttgarter Obrigkeit manche besondere Vorschrift aus. In der Mitte des 18. Jahrhunderts ordnete man an, daß ein Bürger, der in eine Gemeinde aufgenommen wurde, zwei Apfel- oder Birnbäume auf der Allmende gepflanzt haben müsse. Für einen Bürgersohn, der heiraten wollte, galt die gleiche Vorschrift.

Was wir Schillers Vater verdanken

Einen entscheidenden Impuls erhielt der Obstbau im alten Württemberg von niemand anderem als vom Vater Friedrich Schillers (Abb. 42). Der Offizier in Diensten des Herzogs Karl Eugen hatte in seinen jungen Jahren als Soldat und Wundarzt (Feldscher) mancherlei Herren gedient und dabei halb Europa kennengelernt. Da der Vater Kaspar Schillers – ein Bäcker, Landwirt und Schultheiß in Bittenfeld bei Waiblingen – früh gestorben war, ließ sich der heiße Wunsch des Sohnes, eine Universität zu besuchen, nicht erfüllen. Kaspar Schiller hat sich schon während seiner Lehre beim Wundarzt Fröschlin in Denkendorf für alles interessiert, was zu jener Zeit als Wissenschaft gegolten hat, speziell auch für landwirtschaftliche und naturwissenschaftliche Fragen. Zwischen den Jahren 1763 und 1769 arbeitete er an einer vierteiligen, anonym bei Cotta erschienenen Schrift mit dem Titel: »Betrachtungen über landwirtschaftliche Dinge in dem Herzogtum Württemberg, aufgesetzt von einem herzoglichen Offizier«. Darin wird mitgeteilt, was Schiller auf den Kriegszügen über den Weinbau, den Ackerbau, den Obstbau und die Viehzucht beobachtet und erfahren hat. Gedacht war diese Publikation als eine Art Denkschrift für den Herzog und die württembergische Regierung. Kaspar Schiller hatte beim Vergleich der württembergischen Situation mit den Zuständen in anderen deutschen und europäischen Ländern die Überzeugung gewonnen, daß man »dem Vorurteil und dem Eigensinn des gemeinen Mannes ex officio« entgegenwirken müsse.

Der herzogliche Offizier Kaspar Schiller wollte nicht mehr und nicht weniger als eine gründliche Reform der württembergischen Landwirtschaft. Doch mit seiner Publikation bei Cotta fand er kein Echo, auch nicht mit dem Vorschlag, man möge von Amtswegen für die Gründung ökonomischer Gesellschaften sorgen, die den Bildungsstand in der Landwirtschaft heben könnten. »Schickliche Verbesserungen« seien anzustreben, meinte Kaspar Schiller. Vielleicht hat das Schweigen der Obrigkeit den in Ludwigsburg stationierten Hauptmann zu einer Art Trotzreaktion veranlaßt. Jedenfalls begann er hinter dem Cottaschen Haus in Ludwigsburg in einem großen Garten mit der Anlage einer Baumschule. Das sei die einzige Form der landwirtschaftlichen Betätigung für einen Offizier, »ohne in den Augen des vornehmen Pöbels meinen Offizierscharakter zu beleidigen«. In diesem Garten okulierte Kaspar Schiller nun Stämme mit den besten Äpfel- und Birnensorten, die er finden konnte. Zu seinen Lieblingssorten bei den Äpfeln gehörten unter anderem die Luiken, die Fleiner und die Schafnasen. Bei den Birnen schätzte er besonders die Geißhirtle. Die Ludwigsburger Anlage blieb nicht unbemerkt. Möglicherweise war sie der Anstoß für eine neue Aufgabe, die der Herzog seinem Hauptmann zuwies. Karl Eugen ernannte Kaspar Schiller im Jahre 1775 zum Leiter der herzoglichen Hofgärtnerei auf der Solitude. Zwei Jahre zuvor war Schillers Sohn Friedrich in die herzogliche Karlsschule aufgenommen worden, die sich anfänglich auf der Solitude befand. Vier Wochen vor Kaspar Schillers Umzug auf die Solitude hatte der Herzog seine Hohe Schule nach Stuttgart verlegen lassen. Auf der Solitude gab es ausgedehnte Gartenanlagen und eine Forstschule, in der man bis dahin hauptsächlich *die* Bäume und Sträucher gezogen hatte, die für die ausgedehnten Anlagen und Parks rund um das Schloß Solitude benötigt wurden. Nun brachte Kaspar Schiller aus Ludwigsburg nicht weniger als viertausend junge Apfel- und Birnbäume mit. Der Herzog erlaubte seinem neuen Hofgärtnerei-Direktor die »freie Behandlung« der Forstschule und stellte für die aus Ludwigsburg mitgebrachten Obstbäume die Grasfläche am Schloß zur Verfügung.

Bei seiner Arbeit ging Kaspar Schiller ganz systematisch vor. »Pflanzen«, so meinte er, »lassen sich nicht in die Mode« zwingen. Das war eine Anspielung auf die mißglückten Versuche, am württembergischen Hofe Nutzpflanzen und Ziersträucher aus südlichen Ländern heimisch zu machen. Schillers Empfehlung: »Man sehe bei einer jeden Gegend sorgfältig nach, welche Gattungen Obst daselbst am liebsten, sichersten, schönsten und besten wachsen. Dieselben wähle man zum Adoptieren.« Im Alter von 52 Jahren übernahm Kaspar Schiller die Aufgabe, auf der Solitude mit seiner Baumschule einen Beitrag zur Verbesserung des Obstbaus im Herzogtum Württemberg zu leisten. Als Kaspar Schiller dreiundsiebzigjährig starb, hatte er in den 21 Jahren seines Wirkens auf der Solitude diese Aufgabe glanzvoll bewältigt. Er hinterließ in der ausgedehnten herzoglichen Baumschule einen Bestand von rund 100 000 Bäumen. In den zwei Jahrzehnten seiner Arbeit als Baumzüchter hatte Kaspar Schiller das ganze Württemberger Land mit Jungbäumen versorgt. Im Laufe der Jahre erhielt allein das Schloß Hohenheim mit seinem ausgedehnten Hofgut aus Schillers Baumschule mehr als 30 000 Bäume. Der in Württemberg so florierende Obstbau mit seinen begehrten Edelobst-Sorten hat dem tatkräftigen und zielstrebigen Kaspar Schiller viel zu verdanken.

Der Ehrgeiz von Schillers Vater begnügte sich indes nicht mit der praktischen Arbeit. Er wollte auch einen Beitrag zur Theorie einer modernen Landwirtschaft und eines modernen Obstbaus leisten. Deshalb publizierte Kaspar Schiller im Jahre 1793 eine Broschüre bei Göschen in Leipzig unter dem Titel: »Gedanken über die Baumzucht im Großen.« Der Sohn Friedrich hat das Manuskript auf Bitten des Vaters kritisch durchgesehen und in Druck gegeben. Wiederum durch die Vermittlung des schon berühmten Sohnes erschien 1795 Kaspar Schillers großer Bericht: »Die Baumzucht im Großen, aus zwanzigjähriger Erfahrung im Kleinen.« Verlegt hat dieses Werk Michaelis in Neustrelitz. In Kaspar Schillers Vorrede hieß es: »Dem niederen Landmann sind eure Lusthäuser, eure Gärten verschlossen; entschädigt ihn mit dem Anschauen und Genuß von tausend Baum-Alleen und seine Enkel werden euch dafür segnen.«

Der König der Landwirtschaft

In der letzten Phase seiner Regentschaft hat Herzog Karl Eugen nicht nur die Arbeit seines Gärtnerei- und Baumschuldirektors Kaspar Schiller gefördert, sondern auch wichtige Grundlagen für eine allgemeine Modernisierung der Landwirtschaft in Württemberg vorbereitet. Für die Umwandlung der gemeindlichen Allmenden in Äcker und Fruchtfelder setzte der Herzog Preise aus. An seiner Karlsschule veranstaltete der Herzog Vorlesungen über landwirtschaftliche Probleme. In den Amtsstuben gewann die Überzeugung an Boden, daß auch Württemberg von den Erkenntnissen der Wissenschaft profitieren solle und daß es notwendig sei, Musterbetriebe für die Landwirtschaft einzurichten. So gründete man im Jahre 1786 in Justingen auf der Alb eine Landes-Stammschäferei und importierte dazu eine Schafherde aus Spanien. Die verheerende Rinderpest in den Jahren 1796 und 1797 veranlaßte Überlegungen zur Seuchenbekämpfung und zur qualitativen Verbesserung der Viehbestände. Herzog Friedrich, der spätere König, richtete seinen Ludwigsburger Besitz am Monrepos als Mustergut ein. Hier wollte er neue Ackerbaugeräte und neue Grundsätze der Feldbestellung und der Viehzucht erproben. In jenen Jahren – nach der großen Teuerung der Jahre 1771/1772 – begann sich die Kartoffel als wichtiges Grundnahrungs- und Futtermittel vollends durchzusetzen. Auch der Anbau von Klee, von Raps und Runkelrüben nahm an der Wende vom 18. zum 19. Jahrhundert in Württemberg erheblich zu.
Die Kriegswirren in der napoleonischen Zeit und die große Veränderung in Württemberg, die mit dem Erwerb der neuwürttembergischen Gebiete verbunden war, unterbrachen die landwirt-

schaftliche Entwicklung für eine gewisse Zeit. Die Dringlichkeit einer Verbesserung der Agrarproduktion wurde jedermann auf schmerzliche Weise bewußt, als die schlimmen Unwetter und sommerlichen Kälteperioden in den Jahren 1816/1817 eine große Teuerung und eine große Not auslösten. König Wilhelm I. sah sogleich nach seinem Regierungsantritt seine Hauptaufgabe in der Sorge um die Nahrungsmittelproduktion und im Aufbau einer leistungsfähigen Landwirtschaft. Tüchtige Landwirte sollte das Königreich künftig haben, Landwirte, die frei wirtschaften und über ihren Boden verfügen konnten. Diesen Zielen widmete sich Wilhelm I. so tatkräftig, daß ihn die Zeitgenossen später einen »König der Landwirtschaft« genannt haben. (Man bezeichnete ihn auch als den »Landwirt unter den Königen und den König unter den Landwirten«.) Schon im Jahre 1817 entstand unter dem Protektorat des Königs von Württemberg und der Königin ein landwirtschaftlicher Verein mit einer Versuchs- und Lehranstalt. Ein Jahr später versammelte man sich erstmals auf dem Cannstatter Wasen zum landwirtschaftlichen Hauptfest des Königreichs. Durch Preise und öffentliche Belobigungen wollte König Wilhelm I. einen Ansporn für nachahmenswerte Leistungen schaffen. Deshalb gab es auf dem Wasen Prämien für das schönste Vieh, die besten Rennpferde, die beste Maschine, die ein Württemberger erfunden und gebaut hatte. Man prämierte außerdem herausragende Leistungen in der Landwirtschaft allgemein, in der Hauswirtschaft oder in der Technik. Die Einführung und Verbreitung nützlicher Pflanzenkulturen war ebenfalls Gegenstand öffentlicher Auszeichnung.

Vor allem die landwirtschaftliche Lehranstalt in Hohenheim, die im Jahre 1847 zur Akademie erhoben worden ist, entwickelte sich rasch zu einem Zentrum der Forschung und Entwicklung. In Reutlingen entstand im Jahre 1860 eine »Höhere Lehranstalt für Pomologie und Gartenbau«. Das Wort »Pomologie« erinnerte ein wenig an die verdienstvolle Arbeit Kaspar Schillers, der sich ja wie kein anderer der »Apfelkunde«, der Pomologie, verschrieben hatte. Unter der Regierung des Nachfolgers von Wilhelm I. von Württemberg, unter König Karl, ist schließlich im Jahre 1866 die Weinbauschule in Weinsberg mit ihren Versuchsanlagen gegründet worden. Es gab in Württemberg damals schon regelmäßige Fortbildungskurse für Schäfer, für Obstbauern und für Lehrer, die mit den Problemen der Landwirtschaft vertraut gemacht werden sollten.

Immer wieder schufen Mißernten und Notjahre neue Probleme. Hatte man angenommen, daß die Kartoffel, was die Qualität und den regelmäßigen Ertrag betreffe, die »sicherste Frucht« sei, so erwies sich diese Annahme im Jahre 1845 als schlimmer Irrtum. Eine Krankheit machte die Kartoffel plötzlich zur »unsichersten Frucht«. Die Runkelrübe gewann als Futtermittel an Bedeutung. Die Kartoffel sollte nun vorwiegend der menschlichen Ernährung dienen; allerdings nützte man sie auch für die Schweinefütterung. Mitte des vergangenen Jahrhunderts war rund ein Zwölftel der landwirtschaftlichen Anbaufläche in Württemberg mit Kartoffeln bebaut. Als eigentliches Hauptnahrungsmittel diente in großen Teilen des Landes der Dinkel, eine zweizeilige Weizenart, die heute fast unbekannt ist, aber noch im ersten Drittel unseres Jahrhunderts in einigen Gebieten dominiert hat. Er dient vor allem noch der Herstellung von Grünkern.

Wie wichtig der Dinkel noch vor hundert Jahren als Brotgetreide – und auch zum Spätzlemachen – gewesen ist, zeigt die Anbau- und Ertragsstatistik der Jahre 1878–1880. Damals erntete man in Württemberg an Winterfrucht 6 150 000 Zentner Dinkel pro Jahr und nur 372 000 Zentner Winterweizen. Der Roggen – das »Korn« und die Hauptfrucht der Schwarzwaldregion – brachte in der gleichen Periode 740 000 Zentner. Die Sommerfrucht Gerste ist mit 2 420 000 Zentnern registriert, der Hafer mit 3 260 000 Zentnern. Dazu erntete man noch 240 000 Zentner Sommerweizen und 320 000 Zentner gemischte Sommerfrucht. Dinkel, so haben die Forschungen Robert Gradmanns ergeben, ist von jeher die Hauptfrucht in den schwäbisch-alemannischen Siedlungsgebieten gewesen. Deshalb hieß Dinkel auch in großen Gebieten Württembergs »Korn« – genauso wie der Roggen im Schwarzwald, der auf den Sandböden gedieh, wo der Dinkelanbau wenig erbracht hätte. Unsere Vorfahren schätzten das schmackhafte, fast weiße Dinkelbrot, das man in vielen Orten im Dorfbackhaus selbst buk. Dank bedeutender Züchtungserfolge hat inzwischen der ergiebigere Weizen den Dinkel fast überall verdrängt. Allerdings hat man auch in der NS-Zeit zwingend vorgeschrieben, daß der Dinkelanbau durch Weizenanbau zu ersetzen sei. Die Hektarerträge von einst sind beim Getreide ebensowenig mit den heutigen Erträgen zu vergleichen wie die Erträge der Weinberge. Die Ernährungskatastrophe, im letzten Jahrhundert wegen der wachsenden Bevölkerungszahl und angesichts der zahlreichen Mißernten und Hungerjahre immer wieder heiß diskutiert, ist ausgeblieben.

DAS LOB DES REISENDEN GOETHE

»Wo man aus dem Württembergischen kommt, hören die guten Wege auf.« Diese Notiz Goethes aus dem Jahre 1797 hat im vergangenen Jahrhundert nicht wenig zum Stolz der württembergischen Verwaltung beigetragen und ist deshalb in mancher amtlichen Schrift zitiert worden. Goethe sammelte seine Erfahrungen mit den württembergischen Verkehrswegen auf seiner Reise nach Tübingen und von dort weiter über Balingen nach Schaffhausen in der Schweiz. Fünfzig Jahre früher hätte Goethe weniger Gutes über die Straßen im Herzogtum berichten können. Beim Amtsantritt Herzog Karl Eugens befanden sich die »Post- und Kommerzialstraßen« des Herzogtums, die Württemberg mit den Nachbarländern verbanden, in einem ziemlich desolaten Zustand. Die erste Wegeordnung des Herzogtums, erlassen am 1. Juni 1752 von Karl Eugen, verpflichtete die Städte und Ämter noch zum Unterhalt der neuen, schon in der Regierungszeit Eberhard Ludwigs nach französischem Vorbild mit einer festen Unterlage ausgebauten Verbindungsstraßen und verbot ihnen zugleich das Erheben von Wegegeld gegenüber den Untertanen des Herzogs.

Zwei Jahre zuvor, im Jahre 1750 hatten die Landstände erstmals einen Beitrag zum Ausbau der Straßen bewilligt: 22000 Gulden, knapp 40000 Goldmark. In relativ kurzer Zeit baute man von diesem Geld, mit Fronarbeitern der Ämter, die Straße von Stuttgart nach Ludwigsburg »chausseemäßig« aus, wie es in den alten Berichten heißt. Zugleich begannen die Arbeiten am Ausbau der Landstraße von Stuttgart über Schwieberdingen, Knittlingen nach Bruchsal sowie der »Schweizer Straße« bis Tübingen und der »Ulmer Straße« bis Göppingen. Das Interesse des jungen Herzogs Karl-Eugen an modernen Verkehrswegen scheint groß gewesen zu sein. Der Herzog habe die Arbeiten oft selbst überwacht und die Arbeiter zur Eile angetrieben, ist von Zeitgenossen vermerkt worden. Seit 1772 gehörten der Bau und die Unterhaltung der Chausseen zu den Staatsaufgaben, Städte und Ämter waren dadurch entlastet. Gegen Ende des 18. Jahrhunderts, als Goethe durchs Herzogtum reiste, gab es 290 Kilometer Chausseen – die großen »Post- und Kommerzialstraßen«, später Staatsstraßen genannt –, die mit Wegweisern versehen waren. Die Landesgrenze hatte man mit Steinsäulen markiert, die den Namenszug des Herzogs trugen. Darüber prangte als Hoheitssymbol ein Herzogshut aus vergoldetem Eisen.

Unter der Herrschaft des Kurfürsten und späteren Königs Friedrich intensivierte man den Straßenbau so stark, daß im Jahre 1810 bereits 1892 Kilometer Staatsstraßen zur Verfügung standen. Die rege Bautätigkeit wurde unter Wilhelm I. fortgesetzt, vor allem auch durch den Bau von 89 Brücken. Das in der Übergangszeit von Altwürttemberg zum Königreich Württemberg relativ günstig erscheinende Bild überdeckt und überstrahlt die oft beklagenswert schlechten Verkehrsverhältnisse in den vorhergegangenen Zeiten.

Straßenkreuz Cannstatt

Angefangen mit dem Straßenbau im Lande haben die Römer. Ihre gut befestigten, nach strategischen Gesichtspunkten zum Limes führenden Verbindungswege haben manches Jahrhundert überdauert. Im Mittelalter entstanden im Südwesten einige Haupt-Handelsstraßen, die Städte wie Augsburg und Frankfurt miteinander verbanden und weiter nach Italien über die Alpen und am Rhein entlang in die Niederlande führten. Ein Zentralort des mittelalterlichen Straßennetzes war Ulm. Von Ulm aus reisten die Kaufleute über Ravensburg, Lindau nach Mailand und Genua. Sie kamen oft aus den Niederlanden und aus Frankfurt. Hinter Heilbronn erreichten sie württembergisches Gebiet. Die Straße führte über Lauffen, Cannstatt, Esslingen ins ulmische Geislingen und von dort über die Alb in die schwäbische Reichsstadt an der Donau. Am lebhaftesten war der Handelsverkehr über diese große Verbindungsstraße am Anfang des 14. Jahrhunderts. Niederländische und rheinische Kaufleute zogen von Ulm weiter über Augsburg nach Venedig, die Venetianer wählten den Weg über die schwäbische Alb, um in die niederländischen und rheinischen Hafen- und Handelsstädte zu gelangen. Auch die Handelsgesellschaften von Heilbronn, Esslingen, Biberach und Ravensburg waren zusammen mit den Ulmer Kaufleuten an diesem Nord-Süd und Süd-Nord-Austausch beteiligt. Andere »Straßen« – nach heu-

tigen Begriffen eher Fahrwege – dienten dem regionalen Güter-
austausch, so die sogenannte »Weinstraße« von Pforzheim über
Weil der Stadt, durch den Schönbuch nach Urach und Ulm.

Cannstatt hatte eine besondere Bedeutung als Straßenkreuz. Von
hier aus fuhr man mit Pferdegespannen oder ritt über Schorndorf,
Gmünd und Aalen nach Nürnberg oder Nördlingen, zwei wichtigen Städten und Messeplätzen. Nach Westen führte die Straße von
Cannstatt über Enzweihingen und Bruchsal nach Speyer oder
Straßburg. Schließlich gab es noch von Cannstatt aus den Han-
delsweg über Herrenberg, Balingen, Tuttlingen nach Schaffhausen und weiter über die Innerschweiz und den Gotthard nach
Mailand und Genua. Ähnlich wie Ulm hatte die Reichsstadt Esslingen eine wichtige Funktion als Stapelplatz des Weinhandels.
Man pflegte bei den Esslinger Kaufleuten intensive Beziehungen
zu Nürnberg und Nördlingen und – im Westen – zu lothringi-
schen und französischen Handelsmetropolen.

Nur die großen Straßen, die Hauptverbindungswege zwischen
Süd und Nord und Ost und West ließen sich mit den größeren
Frachtwagen befahren. Die regionalen Wege waren ziemlich
schmal; ein Weg mit einer Breite von mehr als acht Fuß – das
entspricht 2,3 Metern – galt bereits als Fahrweg. Daß die Verbesserung der Fahrwege dem Land nützen werde, wollte Eberhard
im Bart im Jahre 1495 seinen Amtleuten nahebringen. Sie sollten,
so meinte er, auf Amtskosten für die Instandsetzung sorgen. An
billigen Arbeitskräften war – wegen der Pflicht zur Fronarbeit –
kaum ein Mangel. Freilich konnte auch diese Mahnung wenig an
dem Hauptmangel des Straßensystems ändern: dem Mangel an
Brücken, der immer wieder zu einer Straßenführung über Berg-
rücken veranlaßte. Dabei nahm man auch starke, bis zu zwanzig-
prozentige Steigungen in Kauf, die ohne Vorspanndienste nicht zu
bewältigen waren.

Dort, wo Brücken unbedingt notwendig und deshalb von Ämtern
oder Städten zu errichten waren, mußte meist ein Brückenzoll
bezahlt werden. Der Übergang über die Enz in Bietigheim kostete
im 15. Jahrhundert für einen beladenen Wagen zwei Schilling, für
einen Karren einen Schilling Brückenzoll. Graf Ludwig hatte den
Bietigheimern diese Tarife genehmigt. Auch der allgemeine Tran-
sitverkehr war nicht kostenfrei. Jeder Landesherr konnte seinen
Anspruch auf Geleitgebühren geltend machen. Graf Eberhard, so

ist überliefert, habe die Warentransporte zu den großen Messen, die das Gebiet der Grafschaft Württemberg passierten, oft selbst begleitet und geschützt. Ihn habe das Wohlbefinden der Fuhrknechte interessiert und er sei besonders streng mit Straßenräubern verfahren. Üblicherweise seien diese Banditen mit dem Tode bestraft und aufgeknüpft worden.

Als Rudolf II. im Jahre 1590 die allgemeine Post einrichtete und Leonhard von Taxis zum Generalpostmeister des Reiches bestellte, verlangte der Kaiser von den Landesherren eine regelmäßige, verläßliche Pflege der Poststraßen. Doch bald schon verfielen diese Straßen wieder im Dreißigjährigen Krieg. Noch viele Jahre nach Friedensschluß gab es Klagen über die schlechten Verbindungswege im Herzogtum Württemberg. Damit die wenigen, einigermaßen befahrbaren Wege und Brücken nicht allzu sehr überlastet würden, erneuerte man in der zweiten Hälfte des 17. Jahrhunderts einige Vorschriften über Wegbreite und Höchstlasten. Fünfzig bis sechzig Zentner maximal sollte ein Güterwagen transportieren. Nicht mehr als sieben Eimer Wein – 2100 Liter – durften pro Wagen geladen werden. Im Jahre 1695 befahl Herzog Eberhard Ludwig das Anlegen von »weiten Geleisen« mit mindestens acht Fuß (2,3 Meter) Breite. Später – im Jahre 1732 – berief der Herzog einen Straßeninspektor. Zweimal jährlich solle dieser die Straßen des Landes untersuchen und ausbessern lassen. Die Beamten in den Ämtern sollten, so befahl es der Herzog, künftig selbst für Versäumnisse bei der Unterhaltung und Instandsetzung der Straßen haften. Dieser herzogliche Erlaß deutet auf erhebliche Mißstände hin, die die wirtschaftliche Entwicklung des Herzogtums Württemberg lange Zeit behinderten. Allerdings dürften die Straßen- und Verkehrsverhältnisse zu jener Zeit auch außerhalb des Herzogtums kaum besser gewesen sein. Als das Haus Habsburg im Jahre 1770 die Prinzessin Marie Antoinette an den französischen Thronfolger verheiratete, sollten die Kutschen des Brautzuges über Ulm, Riedlingen, Mengen nach Freiburg und von dort weiter nach Paris fahren. Das war Anlaß für die österreichische Regierung, zuvor dringend eine Verbesserung der Straße zu verlangen, die von Ulm donauaufwärts in den Schwarzwald und nach Freiburg führte.

Kanalwettstreit mit Bayern

Endstation Plochingen? Das war ursprünglich nicht vorgesehen, als man in Württemberg kurz nach der Gründung des Königreichs über moderne Transportwege nachdachte und dabei vor allem den Neckar als Schiffahrtsstraße im Auge hatte. Kein anderer als der berühmte Verleger Schillers und Goethes, der Freiherr Johann Friedrich von Cotta, regte in der neuen, Zweiten Kammer im Jahre 1822 namens der Finanzkommission eine Verbesserung der freien Schiffahrt auf Rhein und Neckar an. Es ging dabei nicht nur um den Kanalbau in und bei Heilbronn, sondern um ein viel größeres Projekt: die Verbindung von Rhein und Donau, von Nordsee und Schwarzem Meer über Neckar und Filstal. Plochingen wäre demnach nicht der Endpunkt eines ausgebauten Neckars geworden, sondern der Ausgangshafen für die Albüberquerung zu Schiff. Und Ulm, ohnedies ein alter Zentralort im Nord-Süd- und im Ost-West-Verkehr, hätte als Hafenstadt zusätzliche Bedeutung erlangt.

Neben einem Ausbau der Donau bis Regensburg gehörte auch der Gedanke an einen Kanalbau über Riß und Schussen bis zum Bodensee zu den Zukunftsüberlegungen von Verkehrsplanern, die das französisch-belgisch-niederländische Kanalnetz kannten. Die Eisenbahn war dem ersten Landtag des neuen Königreichs Württemberg ja noch nicht bekannt, sie war, als der Freiherr von Cotta seine Überlegungen über die Rhein-Donau-Schiffahrtsstraße skizzierte, noch gar nicht erfunden. Das Echo, das die von Cotta repräsentierte Finanzkommission der württembergischen Kammer mit ihren Verkehrsprojekten fand, blieb indes äußerst schwach. Man ging über die überraschende und die Phantasie der Abgeordneten offensichtlich übersteigende Anregung zur Tagesordnung über, zumal der königliche Finanzminister Weckherlin sogleich das Gegenargument brachte, dieser Kanal sei, wenn nicht »unausführbar«, so doch »allzu kostbar«. Der König selbst, Wilhelm I., interessierte sich jedoch für jede Art von Verkehrsprojekten, auch für den Kanalbau. Er setzte im Jahre 1830 eine Kommission von Technikern und Finanzexperten ein, die untersuchen sollten, ob »die Verbindung des Rheins und der Donau mittels des Kochers und der Brenz« möglich sei. Allerdings gehörte zu diesem Untersuchungsauftrag auch schon die Frage nach den Möglichkeiten der in Deutschland noch nicht erprobten Eisenbahn. Bald stand die Eisenbahnfrage im Vordergrund der Debatte und der Entscheidungen. Es dauerte viele Jahrzehnte bis die Cottasche Idee einer Rhein-Donau-Kanalverbindung die württembergische Politik wieder beschäftigte. Den Anstoß für eine erneute und nun in großer Offenheit geführte Diskussion gab jene Planung, die in der Gegenwart die Politik und Publizistik so heftig beschäftigt: der bayerische Rhein-Main-Donau-Kanal. Der Neckar-Endhafen Plochingen symbolisiert heute genau genommen nichts anderes als eine württembergisch-badische Niederlage in der Konkurrenz mit Bayern und bayerischen Interessen. Davon ist nach dem Zweiten Weltkrieg kaum mehr geredet worden. Um so heftiger verlief die Diskussion und auch der Streit in den Anfangsjahren der Weimarer Republik, nach dem Ersten Weltkrieg.

Mitten im Ersten Weltkrieg wurde der Südwestdeutsche Kanalverein gegründet. Schon vor hundert Jahren, im Jahre 1883, hatte die damalige Handels- und Gewerbekammer in Stuttgart, die Vorgängerin der Industrie- und Handelskammer, die Kanalisierung des Neckars von der Mündung bis nach Cannstatt verlangt. Im Jahre 1905 trat der damals dreißigjährige Otto Konz in die Württembergische Straßen- und Wasserbauverwaltung ein, der Mann, der im Jahre 1958 als »Vater des Neckarkanals« neben seinem alten Bekannten, dem Bundespräsidenten Theodor Heuss auf der Brücke des Motorschiffs »Berta Epple« in den neuerbauten Stuttgarter Hafen einfuhr. Otto Konz focht schon als junger Beamter für seine Lebens- und Lieblingsidee. Der Kanalverein, unterstützt von einflußreichen Bürgern im Lande, nicht zuletzt auch von Robert Bosch finanziell gefördert, machte sich diese Idee zu eigen und erstrebte dabei auch den Weiterbau über Filstal und Alb zur Donau.

Trotz der Notzeit nach dem verlorenen Ersten Weltkrieg begann man im Jahre 1920 mit dem Ausbau des Neckars bei Mannheim. Es dauerte insgesamt achtundvierzig Jahre bis man im Jahre 1968 den ursprünglich als vorläufigen Endpunkt ins Auge gefaßten Hafen in Plochingen eröffnen konnte; eine Strecke von 201 Flußkilometern ist seitdem dank zahlreicher Schleusen und einiger Seitenkanäle für die moderne Kanalschiffahrt nutzbar.

Als sich die Mitglieder des Südwestdeutschen Kanalvereins im Jahre 1920 – in der Zeit des Baubeginns bei Mannheim – versam-

melten, hörten sie in einem Expertenvortrag genaue Berechnungen für den Bau von Schleusen und Kraftwerken zwischen Heidelberg und Heilbronn und Vorschläge für den Weiterbau von Heilbronn bis Stuttgart. Sie sahen aber auch Skizzen für den Weiterbau im Filstal und für eine sogenannte Schleusentreppe zum Alb-Aufstieg bei Geislingen. Der Rhein-Main-Donau-Kanal, so sagte damals der Vortragende, Baurat Böhmler, müsse von den süddeutschen Ländern Württemberg, Baden und Hessen (gemeint war Hessen-Darmstadt) verhindert werden, da er die Wirtschaft und die Entwicklung dieser Länder benachteilige. Das einzig vernünftige Projekt sei der Rhein-Neckar-Donau-Kanal, verbunden mit dem Ausbau der Donau zwischen Ulm und Regensburg. Der vortragende Experte bezog sich auf eine Planstudie der Mannheimer Firma Grün und Bilfinger aus dem Jahre 1917. Darin war errechnet worden, daß man von Mannheim bis in die Gegend von Regensburg insgesamt 421 Flußkilometer ausbauen oder Kanalkilometer neu erbauen müsse. Das werde nach »Friedenspreisen« des Jahres 1913 insgesamt 423 Millionen Mark kosten (so genau rechneten damals schon die Kanalbauer). Für den ungeliebten Rhein-Main-Donau-Kanal von Mainz über Frankfurt, Bamberg, Nürnberg nach Kelheim in die Donau müsse man hingegen 485 Kilometer bauen oder ausbauen. Das werde vergleichsweise viel teurer und am Ende weniger wirtschaftlich sein. Man rechne mit 472 Millionen Mark Baukosten, wiederum in »Friedenspreisen«. Als diese Rechnung im Jahre 1920 vor den Mitgliedern des Südwestdeutschen Kanalvereins aufgemacht wurde, war in Berlin bei der Reichsregierung dank des starken bayerischen und wohl auch wegen des österreichischen Einflusses schon eine erste Vorentscheidung gefallen. Der vom Reich gewährte Zuschuß für die Projektierung einer Schiffahrtsstraße, die Nordsee und Schwarzes Meer verbinden sollte, belief sich bei Bayern auf 700000 Mark, für den Neckar hatte das Reich nur 100000 Mark übrig.
Einigermaßen verblüffend sind manche der für den Kanalbau vorgebrachten Argumente. Da wurde einmal behauptet, die Eisenbahn könne künftig den Gütertransport von und nach Süddeutschland kaum ausreichend bewältigen. Vor allem aber komme es auf die Nutzung der bisher wenig beachteten Wasserkräfte der großen Flüsse an, weil die Knappheit der Kohle, auch wegen der Lieferauflagen im Versailler Vertrag, immer mehr

314

Sorgen mache und man durch die Wasserkraftwerke an den zahlreichen Staustufen Kohle einsparen könne. Zwischen Heilbronn und Mannheim, so eines der Beispiele aus dem Jahre 1920, würden gegenwärtig Wasserkräfte mit einer mittleren Jahresleistung von 610 PS genützt, nach dem Ausbau sei eine Leistung von 37000 PS möglich. Die optimistische Berechnung des Baurats Böhmler ergab für das Gesamtprojekt Mannheim–Ulm–Regensburg beziehungsweise Kelheim an der Donau, dank der vorgesehenen Nutzung der Wasserkräfte, eine Verzinsung des eingesetzten Kapitals. Ja, innerhalb von fünfzig Jahren, ließen sich sogar die Baukosten tilgen, erfuhren die erstaunten und zugleich von solcher Nachricht erfreuten Mitglieder des Kanalvereins im Jahre 1920. Mancher Freund des Kanalbaus dürfte solche Rechnungen jedoch mit Skepsis registriert haben. Schließlich hatte man über die Schwierigkeiten der Albüberquerung einiges gehört. Zum Beispiel, daß zwischen Plochingen und der Europäischen Wasserscheide bei Amstetten 322 Meter Höhenunterschied bestünden und daß der Albabstieg nach Ulm immerhin auch noch 103 Meter Gefälle aufweise, so daß die mit 115 Millionen Mark veranschlagten Kosten für den Kanal- und Schleusenbau der fünfundsechzig Kilometer langen Strecke vom Neckar zur Donau doch ziemlich unrealistisch erscheinen müßten. Anstelle der ursprünglich bei Geislingen vorgesehenen sechs Schleusen ist später – in den dreißiger Jahren – von einem riesigen Schiffshebewerk die Rede gewesen. Auch diese Idee hat sich mit dem Ende des Zweiten Weltkrieges vollends verflüchtigt – ganz im Gegensatz zu den bayerischen Planungen der Rhein-Main-Donau-Verbindung. Dennoch waren die Freunde des Neckarkanales im Jahre 1958 bei der Einweihung des Stuttgarter Hafens mit sich und ihrem Werk zufrieden, zumal im Jahre 1954 der Stuttgarter Gemeinderat, dank einer listigen und überlegten Regie des Oberbürgermeisters Dr. Arnulf Klett gegen manche Bedenken und Widerstände, den Bau einer großzügigen Hafenanlage beschlossen hatte. Bei der Einweihungsfeier wurde an alte Verkehrs- und Handelsbeziehungen zwischen Württemberg und den Niederlanden erinnert, als die Oberbürgermeister von Amsterdam und Rotterdam ihre Grüße überbrachten.

Zu Schiff nach Holland

Wie beim Bau von Straßen so waren die Römer auch bei der Nutzung der Flüsse als Wasserstraßen an Rhein und Neckar als Pioniere hervorgetreten. Mit kleinen Schiffen transportierten einst die Römer Truppen und Nachschub auf dem Neckar. Später bedeutete der Fluß mit seiner Schiffahrt eine Einnahmequelle für die Anlieger. Aus dem 7. Jahrhundert ist von Wimpfen schon bekannt, daß man dort einen Neckarzoll erhoben habe. Weil die pfälzischen Kurfürsten den Neckarschiffern aus der Reichsstadt Heilbronn hohe Zölle abforderten, übersiedelten einige der Schiffer im Jahre 1608 in die nahen pfälzischen Neckarorte. Die Württemberger, genauer gesagt deren Herzog Christoph, hatten im Jahre 1553 von Kaiser Karl V. das Privileg erhalten, den Neckar oberhalb von Heilbronn schiffbar zu machen. Der Herzog wollte künftig die begehrten Waren aus den Niederlanden mit geringerer Gefahr über den Fluß ins Herzogtum bringen lassen. Vor allem aber sollte der mittlere Neckar für den Weintransport nach Niederdeutschland genutzt werden. »Der Neckarwein«, so wird aus jener Zeit behauptet, sei »vor anderen Weinen, besonders in heißen Zonen, anmutig und berühmt.«

Die Heilbronner waren von den Schiffahrts-Ambitionen der Württemberger wenig begeistert. Sie sperrten sich gegen das Vorhaben des Herzogs und hatten dabei eine starke Position. Deshalb, und wegen der Kriegswirren im 17. Jahrhundert, dauerte es lange Zeit, bis schließlich der Neckar unter der Regentschaft Eberhard Ludwigs bis nach Cannstatt notdürftig schiffbar gemacht worden war, ein Ereignis, das man im Jahre 1713 durch öffentliche Feiern hervorhob. Zwei Schiffe fuhren seit dem Jahre 1716 wöchentlich von Cannstatt nach Heilbronn. Auch als Herzog Karl Eugen im Jahre 1743 in Cannstatt eine Schiffsfaktorei einrichtete und einen Ladekran bauen ließ, belebte sich das die schwierige Neckarschiffahrt nur wenig.

Die Wehre waren große Hindernisse, außerdem mußte man in Heilbronn die Ware wegen der Wehre am mittleren Neckar umladen. Eines der Hindernisse für die Flußschiffahrt beseitigte der Wiener Kongreß im Jahre 1815, als er die alten Flußzölle für nichtig erklärte und die Freiheit der Schiffahrt auf allen deutschen Flüssen verkündete. Das führte in der Regierungszeit König Wilhelms I. bald zu einer Belebung der Neckarschiffahrt, zumal seit dem Jahre 1814 auch leichte Dampfschiffe zwischen Heidelberg und Heilbronn verkehrten. Oberhalb Heilbronn benützte man lange Zeit Schiffe mit einer Tragkraft von fünfundsiebzig Tonnen; sie waren etwa 30 Meter lang und 4,3 Meter breit und hatten einen Tiefgang von einem Meter. Bei der Bergfahrt wurden diese Schiffe von Pferden vom Leinpfad aus gezogen. Unterhalb Heilbronns, wo bis zum Beginn der Ketten-Schleppschiffahrt im Jahre 1878 – damals setzte man vier Dampfer mit je 75 PS Leistung ein – ebenfalls mit Pferden gezogen wurde, hatten die Schiffe ein Ladegewicht von 115 Tonnen und eine Länge von 33 Metern. Der Tiefgang betrug 1,14 Meter. Kähne mit 250 Tonnen Ladung verkehrten zwischen Mannheim und Heilbronn vom Jahre 1884 an. Als Rekord feierte man im Jahre 1882, daß auf dem Neckar nach Heilbronn in einem Jahr 100 000 Tonnen Fracht, meist Kohle für die Industrie des Landes, transportiert worden seien.

Per »Schachtel« nach Wien

Ganz anders verhielt es sich mit der Donau-Schiffahrt. Zusammen mit der Stadt Regensburg erhielten die Ulmer schon im 12. Jahrhundert von den Uferstaaten Rechte und Freiheiten für eine Donau-Schiffahrt, die Süddeutschland mit Ungarn verband. Eine Schiffsordnung aus dem Jahre 1475 bestimmt, daß die Donauschiffe maximal 75 Fuß lang und 9,5 Fuß breit sein sollten. Man transportierte unter anderem Leinwand und Getreide die Donau hinunter; zahlreiche Reisende nützten ebenfalls den relativ bequemen Schiffsweg nach Wien. Es gab zum Beispiel seit dem Jahre 1712 regelmäßige Wochenfahrten von Ulm in die Hauptstadt des Reiches. Die Reise nach Wien dauerte acht bis zehn Tage. Die 20,6 Meter langen und 3,4 bis 4 Meter breiten Hauptschiffe der Ulmer, die »Schachteln« (Abb. 43), waren ganz einfach gebaut. Man verkaufte sie am Ende der Fahrt zum Holzwert; die neuen Besitzer brachen sie ab. Versuche, mit Dampfschiffen die Donau zwischen Ulm und Regensburg zu befahren, begannen im Jahre 1839. Sie haben sich – auch wegen der bald gebauten Eisenbahnen – nicht bewährt. Das gilt auch für einen Versuch aus dem Jahre 1869, einen regelmäßigen Schiffsverkehr zwischen Ulm und Belgrad einzurichten.

Eine Statistik des Königreiches Württemberg stellt fest, daß im Jahre 1882 noch 1623 Tonnen Fracht, vorwiegend lithographische Platten, Steine und Weizen in Ulm verschifft worden sind. Längst jedoch hatte die alte Reichsstadt zu jener Zeit als Knotenpunkt einiger wichtiger Eisenbahnlinien Anschluß an die alte Tradition eines süddeutschen Handels- und Verkehrszentrums gefunden.

Schwäbische Eisenbahn

»Meckenbeuren–Durlesbach« – so endet der Refrain der berühmten schwäbischen Moritat. Nun, Meckenbeuren kennt man und findet man. Was aber ist mit »Durlesbach«? Die Eisenbahnhistoriker können das Rätsel lösen. Sie haben herausgefunden, daß man an der schon sehr früh von Ravensburg nach Friedrichshafen gebauten Teilstrecke der großen württembergischen Nord-Süd-Bahn (von Heilbronn über Stuttgart und Ulm an den Bodensee) eine Betriebsstelle eingerichtet hat, die den Namen »Durlesbach« erhielt, obwohl kein Ort und kein Weiler so heißt. Der Name sei zuerst auf den Lohnlisten der Bahnarbeiter erschienen. Er sei nichts anderes als der Versuch gewesen, die ortsübliche Benennung einer Furt durch die Schussen – die Stelle hieß »duur d'Bach«, »durch den Bach« – aus dem Dialekt ins Schriftdeutsche zu übertragen. So haben also die Arbeiter, die am Baulos bei der Schussenfurt beschäftigt waren, mit Hilfe der Lohnlistenschreiber das wegen des Bauern und seines Geißbocks weithin bekannte »Durlesbach« erfunden.

Im Gegensatz zu späteren Namenserfindungen zur Zeit der Gemeindereform im Land Baden-Württemberg sind die Erbauer der schwäbischen Eisenbahn bei ihrer Namensgebung höchst originell und einfallsreich verfahren, ein Attribut, das im allgemeinen auch für die Planung und Ausführung des württembergischen Eisenbahnnetzes gelten darf, obwohl es in dieser Eisenbahngeschichte nicht an Absonderlichkeiten fehlt. Da gab es einst im Landtag ausgedehnte und heiße Debatten über die Frage, ob denn eine Eisenbahn für das Königreich überhaupt notwendig und sinnvoll sei. Im Januar 1843, während der Hauptberatung der Vorschläge zum Bau einer staatlich-württembergischen Eisenbahn, meinte einer der sechsundzwanzig Neinsager (achtundfünfzig Abgeordnete entschieden sich in namentlicher Abstimmung *für* das Projekt), er anerkenne, daß man in Ländern mit geringerer Zivilisation wie Amerika oder Rußland schon wegen der großen Entfernungen, die dort zu überwinden seien, Eisenbahnen brauche. Bei uns aber, so der Eisenbahn-Gegner Freiherr von Hornstein, zerschneide man die Verhältnisse und bringe damit die Familien in Gefahr. Weshalb die Familien von der Eisenbahn gefährdet würden, verschwieg der Opponent allerdings. Ihm genügte der Schutz der Familie schon damals als Standard-Argument, zumal der Freiherr sicher war, »daß jetzige Verhältnisse durch die Eisenbahn auf eine plötzliche Art zerrissen werden«.

Auf der Seite der Eisenbahn-Freunde stand indes der erste Mann im Staat, König Wilhelm I., der sich sogleich nach dem Bekanntwerden der Stevensonschen Erfindung lebhaft für das neue Verkehrsmittel interessierte und dabei auch auf den Rat des Freiherrn von Cotta hörte. Dieser wiederum war von Friedrich List auf die Möglichkeiten der wirtschaftlichen und nationalpolitischen Entwicklung durch einen weitsichtigen Eisenbahnbau hingewiesen worden; über Cotta beeinflußte der in seiner Heimat so umstrittene, zeitweilig auf dem Hohenasperg inhaftierte Friedrich List doch noch die Politik des Königreichs.

Allerdings hat in Württemberg der Eisenbahnbau wesentlich später begonnen als in Österreich oder in Baden. Immer wieder gab es neue Bedenken wegen der Rentabilität und wegen der Streckenführung. Auch über die Frage, ob es besser sei, Privatgesellschaften zu gründen oder die Hauptstrecken als Staatsbahnen zu bauen und zu betreiben, diskutierten die Mitglieder der Regierung und der beiden Kammern des Landtags einige Jahre lang. Verbürgt ist, daß List sich mit dem Hinweis auf die neuen technischen Möglichkeiten schon fast zwanzig Jahre vor der Bauentscheidung – im Jahre 1824 – an Cotta gewandt und dieser den König informiert hat. Wilhelm I., aufgeschlossen für jede technische und wirtschaftliche Entwicklung, reagierte prompt. Er schickte einen jungen Ingenieur – im Range eines Oberleutnants –, den Sohn des königlich-württembergischen Oberwasserbaudirektors Oberst Duttenhofer, zu Studien nach England. Anschließend prüfte der junge Techniker auch die Projekte in Frankreich und Belgien und erstattete dem König darüber einen Bericht. Die im Jahre 1830 gebildete Verkehrskommission, die der Regierung eine Expertise über die

Verkehrserschließung des Landes durch Kanalbau und durch Eisenbahnbau liefern sollte, schlug im Jahre 1834, ein Jahr vor der Inbetriebnahme der Eisenbahn Nürnberg–Fürth, den Bau einer Eisenbahn von der Landeshauptstadt nach Ulm und an den Bodensee vor. Die Trasse sollte über das Remstal nach Aalen und von dort über das Kocher- und Brenztal weiter nach Ulm führen. Die Ulmer ihrerseits waren in dieser Frage hellwach. Sie hatten durch den Verlust ihrer Selbständigkeit und durch die Grenzziehung zwischen Württemberg und Bayern wirtschaftlich ziemlich gelitten und wollten nun mit der Eisenbahn ihre einstmals so wichtige und ertragreiche Funktion als Handels- und Verkehrszentrum in Süddeutschland möglichst rasch zurückgewinnen. Die Stuttgarter Regierung hoffte, daß man die Ulmer mit Hilfe des neuen Verkehrsmittels in Zukunft enger an Württemberg binden und die alte freie Reichsstadt den Verlust der Unabhängigkeit vergessen lassen könne. So wurde Ulm von Anfang an zu einem wesentlichen Faktor aller Planungen. Die Wünsche der Ulmer widersprachen sogleich den Überlegungen der königlichen Verkehrskommission. Eine im Jahre 1835 gegründete »Ulmer Eisenbahngesellschaft« verlangte den Bau einer Direktverbindung nach Stuttgart über das Filstal und lehnte die Remstal-Trasse ab. Der Rat der Stadt Ulm entschied Ende 1835, daß die Stadtkasse für den Bahnbau nach Ulmer Wünschen einen Betrag von 100000 Gulden zur Verfügung stellen werde. Außerdem bemühten sich die Ulmer mit Erfolg um eine Mobilisierung der Filstal-Orte für den Bahnlinienbau über Geislingen.

Zum wichtigen Berater des Königs avancierte der in Bietigheim als Sohn eines Beamten geborene Finanzfachmann Karl Gärttner, der aus der Laufbahn der württembergischen Schreiber hervorgegangen war und im Jahre 1844 das Finanzressort des Landes einschließlich der Zuständigkeit für Eisenbahnbau und -Finanzierung übernahm. Dieser tüchtige Beamte, den der König auf Lebenszeit zum Mitglied der Ständekammer ernannte, sollte den Monarchen vor allem beim Ausgleich der widerstreitenden Lokalinteressen beraten, eine Aufgabe, die sich nicht nur bei den Entscheidungen über die Trassenführung zwischen Stuttgart und Ulm stellte.

Die ersten konkreten Planungen für den württembergischen Eisenbahnbau stammen aus dem Jahre 1836. Zu jener Zeit konzen-

43 Ulmer Schachtel

44 Personenzuglokomotive 1a1
Gebaut 1864 von der
Maschinenfabrik Esslingen

trierten sich die Überlegungen noch ganz auf Cannstatt als Zentralpunkt des Eisenbahnnetzes. Das war bedingt durch die für die Anlage eines Verkehrskreuzes ungünstige Situation im Stuttgarter Talkessel, aber auch durch den Umstand, daß Cannstatt der Sitz eines der insgesamt zwanzig Oberpostämter der Thurn- und Taxischen Post war. Von Cannstatt aus wollte man eine Linie nach Heilbronn bauen, eine andere sollte – so der Plan von 1836 – den Neckar hinab ins Remstal führen und von dort über Gmünd, Aalen, Heidenheim nach Sontheim. Eine dritte, beziehungsweise vierte Bahn projektierte man über den Abzweigepunkt Eglosheim bei Ludwigsburg nach Baden in Richtung Pforzheim und in Richtung Bruchsal. Mit den badischen und den bayerischen Nachbarn gab es in diesem Stadium der Überlegungen kaum einen Kontakt. Es ging zuerst und vor allem um württembergische Bedürfnisse. Erst nachdem im Jahre 1850 schon einige württembergische Eisenbahnlinien in Betrieb genommen waren, schloß man mit den beiden Nachbarn im Westen und Osten Verträge über den Bahnanschluß.

Verbindung der Häfen

Aus den Planungen von 1836 ist schließlich nichts geworden. Als die königliche Regierung dem Landtag im Jahre 1839 einen Bericht über ihre Untersuchungen zur Rentabilität, zur Streckenführung und zur technischen Ausführung der Eisenbahnen vorlegte, meinte der Berichterstatter der Zweiten Kammer, der Calwer Abgeordnete Georg Dörtenbach, die Vorlage sei noch nicht reif für Entscheidungen. Auf Drängen des wegen der Langsamkeit seiner Regierung immer ungeduldiger werdenden Königs legte dann der zuständige Innenminister Schlayer im März 1842 endlich der Ständekammer ein Finanzierungsgesetz für den Bau der württembergischen Staatseisenbahnen vor und unterbreitete der Volksvertretung zugleich einen Bericht, der bereits in wesentlichen Teilen das alsbald verwirklichte Programm für die Streckenführung enthielt. Die württembergischen Hauptlinien, so die Überlegung der Regierung, sollten vor allem zwei schiffbare Flüsse miteinander verbinden: den Neckar in Heilbronn und die Donau in Ulm. Außerdem wolle man durch den Weiterbau dieser Nord-

Süd-Linie bis an den Bodensee nach Friedrichshafen das neuwürttembergische Oberland mit dem alten Württemberg wirtschaftlich und politisch stärker verbinden. Der Bahnbau bis an die Südgrenze des Landes am Bodensee bezweckte indes noch anderes: man wollte alsbald mit der Eisenbahn in die Nähe der Schweiz und der Alpenübergänge gelangen und zugleich den Bayern mit einem Bahnbau an den Bodensee zuvorkommen. Die königliche Regierung definierte die allgemeinen Ziele ihrer Verkehrspolitik in der Landtagsvorlage einerseits vage, andererseits großzügig und, ganz im Sinne eines Friedrich List, europäisch und zugleich national. Im Süden müsse alsbald mit der Eisenbahn die Schweiz in Basel erreicht werden, das andere Ziel im Süden sei die Adria mit ihren Häfen. Für den Osten wünschte man Verkehrsverbindungen mit Bayern, Österreich, Ungarn, Galizien, das untere Donaugebiet und den Schwarzmeer-Raum. Im Norden wollte man den Anschluß an die Odergebiete und an die Ostsee im Auge behalten, im Nordwesten die Nordseeküste, die Rhein- und Scheldemündung und die Elbe mit dem Hamburger Hafen. Der Leser dieser Zieldefinition des Jahres 1842 konnte fast den Eindruck gewinnen, daß das Königreich Württemberg und das Neckarland Mittel- und Herzpunkt des europäischen Kontinents seien. Tatsächlich befand sich Württemberg damals noch ganz am Anfang einer Industrialisierung; man war kapitalarm und konnte die Staatskredite für den Bau der Eisenbahn nur zu einem bescheidenen Teil im eigenen Land aufbringen. Erhebliche Anleihe-Beträge kamen aus Frankfurt.

Da weder die Regierung noch die Mitglieder der beiden Kammern Erfahrung mit Eisenbahnbau und weiträumiger Verkehrsplanung besaßen, holte man aus Wien als Gutachter einen renommierten Fachmann, Alois von Negrelli. Er beanstandete an der Planung, daß die ins badische führende Westbahn bei Eglosheim von der Nordbahn abzweigen solle, man müsse die Strecken in einem Bahnhof trennen. Wichtig war Negrelli, daß die badische Bahn nach Bruchsal führe. Das widersprach dem Wunsch der Badener und speziell der Stadt Pforzheim nach einer kurzen, direkten Verbindung zwischen Stuttgart und Durlach. Negrelli empfahl deshalb den Bau von zwei Linien: eine über Bretten nach Bruchsal, die andere über Pforzheim nach Durlach. Man solle diese Linien bis Dürrmenz gemeinsam führen. Die Bruchsaler Strecke sei indes wichtiger und billiger. Nach Meinung des Gutachters konnte man diese Westbahn in Tamm beginnen lassen, bei der Bissinger Sägmühle müsse dann die Enz mit einem Viadukt überquert werden.

Die als Alternative zur Filstalbahn immer noch diskutierte Remstalbahn nach Aalen und Ulm mißfiel Negrelli. Der Eingang bei Neckarrems sei technisch aufwendig und teuer. Außerdem werde der Betrieb über Göppingen und Geislingen nach Ulm trotz des schwierigen Albüberganges wirtschaftlicher sein. Man kann annehmen, daß der Österreicher Negrelli, dessen Wort für die Entscheidungen in Stuttgart Gewicht hatte, dabei auch schon an eine möglichst kurze Ost-West-Verbindung Wien–Paris über Stuttgart gedacht hat, die man über Salzburg, München, Ulm führen wollte.

Im Landtag gab es auch nach diesem Votum Widerstände gegen die Planung. Man wollte vor einer definitiven Entscheidung die Planungen der Nachbarn genauer kennen, damit die schwäbische Eisenbahn nicht an den Grenzen im Niemandsland ende. Im Calwer Gebiet hoffte man zusammen mit den Pforzheimern auf den Vorrang der Linienführung Pforzheim–Durlach; im Ostwürttembergischen deckten sich die Wünsche mit den noch vagen bayerischen Ideen über eine Zusammenführung der Linien möglichst weit im Norden des bayerischen Königreiches, in Nördlingen zum Beispiel. Der Osten Württembergs war traditionell auch weit mehr an einer guten Verkehrsverbindung mit Franken und Nürnberg interessiert als an der Verbindung nach Augsburg und München. So blieben denn beim grundsätzlichen, am 18. April 1843 gefaßten Beschluß des Landtags über den Bau einer Staatseisenbahn doch einige Fragen über die genaue Streckenführung zunächst noch offen. Um so wichtiger wurde die Eisenbahn-Kommission, die im Juni 1843 ihre Arbeit begann. Als Berater des Königs und als Finanzfachmann hatte Karl Gärttner in dieser Kommission eine wichtige Lenkungsfunktion. Er sorgte für die Anstellung bewährter Baufachleute und Planer. Aus Wien holte er den jungen Ingenieur Karl Etzel, einen gebürtigen Heilbronner, dessen Vater, Eberhard Etzel, sich als Erbauer der Stuttgarter Neuen Weinsteige im Lande einen Namen gemacht hatte. Zusammen mit Karl Etzel kam aus Wien auch der Ingenieur Ludwig Klein nach Stuttgart, der bei der Kaiser-Ferdinand-Nordbahn

Erfahrungen gesammelt hatte. Der Dritte Planer und Praktiker war Michael Knoll. In einem Dreiergutachten empfehlen diese Planer entschieden den Bau der Filsbahn mit der Linie über die Geislinger Steige, was der Empfehlung der Landtagsmehrheit entsprach. Klein und Etzel änderten die älteren Pläne in einem Punkt ganz entscheidend: sie votierten für eine Zentralstation in Stuttgart anstelle von Cannstatt und setzten den Bau des Pragtunnels nach Feuerbach und des Rosensteintunnels durch. Man könne eine Landeshauptstadt nicht mit einer Stichbahn an das allgemeine Eisenbahnnetz anschließen, sonst sei sie bald keine wirkliche Hauptstadt mehr, lautete das in Stuttgarter Ohren besonders angenehm klingende Argument.

Eile beim Bau

Rückschauend betrachtet ist es fast ein Wunder, daß die Bauarbeiten für das erste Teilstück einer Eisenbahn zwischen Cannstatt und Untertürkheim schon zwölf Monate nach dem Landtagsbeschluß begannen; immerhin waren ja zwischen ersten Überlegungen des Königs und der Bauentscheidung nicht weniger als achtzehn Jahre verstrichen. Die Bauarbeiten selbst gingen, verglichen mit der Bauzeit von heute, geradezu stürmisch voran. Eineinhalb Jahre nach dem ersten Spatenstich verkehrte der erste Zug zwischen Cannstatt und Untertürkheim. Nach insgesamt zweieinhalb Jahren Bauzeit – am 15. Oktober 1846 – begann der Zugverkehr zwischen Cannstatt und Ludwigsburg. In dieser Bauzeit hatte man Tunnel- und Neckarbrückenbau bewältigt. Am Pragtunnel beschäftigte man 1000 Arbeiter. Bei diesem Tunnelbau erprobte der Finanzminister Gärttner als verantwortlicher Finanzier für den Bau der Staatseisenbahn eine Neuerung, die man Investivlohn nennen könnte. Gärttner war darauf bedacht, im Lande selbst eine möglichst hohe Sparquote zu erreichen, weil er die neue Eisenbahn auf diese Weise leichter mit Krediten finanzieren konnte. Er ließ zum Zahltag an den Pragtunnel Agenten der württembergischen Sparkassen kommen, sie sollten den soeben entlohnten Bauarbeitern die Eröffnung von Sparkonten schmackhaft machen. Das Verfahren, so scheint es, war recht erfolgreich. Von »Vermögensbildung in Arbeitnehmerhand« und ähnlich hochtrabenden

Bezeichnungen hat man im Jahre 1844 freilich noch nichts gewußt. Die ganz einfache Überlegung bei den Betroffenen dürfte gewesen sein, daß man das bei der Sparkasse sogleich wieder eingezahlte Geld nicht mehr in Wein umsetzen könne.

Auch eine andere, recht dauerhafte, wenn auch später vielfach variierte soziale Einrichtung ist anläßlich der Bahnbauarbeiten in Württemberg durch Gärttners Initiative entwickelt worden: eine Kranken-Unterstützungs-Kasse. Sie wurde 1846 gegründet. Die Arbeiter und die Beamten der Eisenbahn waren zur Teilnahme, zum Beitragzahlen verpflichtet. Bei Krankheit oder Arbeitsunfähigkeit nach Unfällen erhielten sie aus dieser Kasse einen Krankheitskostenbeitrag. Der Staat andererseits brachte die Kranken und Verletzten von sich aus in Stuttgart im Katharinen-Hospital unter.

Nicht nur beim System der sozialen Sicherung führte das riesige Eisenbahnprojekt zu bemerkenswerten Neuerungen, auch eine neue Industrie entwickelte sich nun mit Staatshilfe ziemlich rasch. Kam die erste Lokomotive noch aus Amerika, so lieferte die neugegründete Maschinenfabrik Esslingen, die von Emil Keßler mit Unterstützung der Regierung als eine Art Ableger der Keßlerschen Lokomotivwerkstätte in Karlsruhe errichtet worden war, bereits im Jahre 1847 acht Dampflokomotiven (Abb. 44) für die württembergische Staatseisenbahn. Partner Württembergs beim Kauf der Schienen und anderen Eisenbahnmaterials war vor allem die Gutehoffnungshütte in Oberhausen, die alsbald mit den Schwäbischen Hüttenwerken in Wasseralfingen eine Kooperation begann.

Erstaunlich ist, wie zutreffend allem Anschein nach die Kosten- und Wirtschaftlichkeitsberechnungen der ersten Eisenbahnplaner in Württemberg gewesen sind. Nach einigen Jahren schon war auf den Hauptstrecken die Rentabilität erreicht, allerdings bei Anleihe-Zinsen von knapp vier Prozent. Die ersten Finanzierungs-Berechnungen muten gleichwohl in der Rückschau recht abenteuerlich an. Man begann, zunächst ganz akkurat, mit Erhebungen über das aktuelle Verkehrsaufkommen. Einer der Beamten fand offensichtlich durch eine Verkehrszählung heraus, daß pro Jahr 30 000 Personen von Stuttgart nach Ludwigsburg reisten (oder wanderten) und genauso viele von Ludwigsburg nach Stuttgart. Man benutzte regelmäßig verkehrende Pferdewagen, Privatwagen und amtliche Eilwagen als Transportmittel oder unternahm einen

Fußmarsch. Berechnet sind amtlicherseits aus jener Zeit ganz genau 4815 Fußgänger in beiden Richtungen von Stuttgart nach Ludwigsburg. Die Abgeordneten, die derartige Angaben über das Verkehrsaufkommen in der Regierungsvorlage lesen konnten, haben, soweit das aus den Sitzungsprotokollen ersichtlich ist, der angeblichen Exaktheit solcher Zahlen nicht mißtraut. Vielleicht wußten sie auch, daß ein angebliches Ist-Aufkommen für die Zukunft wenig aussagekräftig sei, weil eben die Eisenbahn, wie man schon aus England, aus Belgien, Frankreich und Österreich gehört hatte, das ganze Leben und die Lebensgewohnheiten verändere.

Eben dies, die einschneidende Änderung der Lebensgewohnheiten durch eine mit, wie viele Bürger meinten, unvorstellbarer Geschwindigkeit dahinrasende Schienenbahn, erzeugte Furcht im Lande und mobilisierte die Gegner der unerhörten Neuerung. Da änderte es wenig, wenn der »Schwäbische Merkur« sich zum Herold des technischen Fortschritts und der nun anbrechenden neuen Zeit machte und kurzerhand feststellte: »Wer gegen die Eisenbahn ist, dem fehlt der gesunde Menschenverstand.« Fehlte er zum Beispiel dem Schultheißen und den Gemeinderäten in Dürrmenz? Nun, sie wehrten sich dagegen, daß der Bahnhof, der auf ihrer Gemarkung im Gewann »am Eckenweilerhof« mit den Abzweigungen nach Pforzheim und nach Bretten–Bruchsal gebaut wurde, »Dürrmenz« heißen sollte. Damit wollten sie, die Dürrmenzer, nichts zu tun haben, wenn man sich schon gegen den Bau der Eisenbahn nicht erfolgreich hatte wehren können. Die Herren von der schwäbischen Eisenbahn wußten dennoch Rat. Sie gaben der neuen Station den Namen eines nahegelegenen Weilers: »Mühlacker«. Dabei ist es geblieben. Schließlich ist aus dem Ort Dürrmenz und aus dem dazugehörenden Weiler samt Bahnhof die Stadt Mühlacker geworden.

Freilich: anfangs war es keineswegs sicher, daß die Eisenbahn-Planer gerade am Eckenweilerhof die Westbahn ins Badische teilen würden. Da gab es ursprünglich ganz andere Pläne, und noch immer meinen die Eisenbahnexperten, die sich heute um eine kurze und schnelle Verbindung mit der Rheintal-Bahn kümmern müssen, daß die Erfindung des Knotenpunktes »Mühlacker« und die Abzweigung in Bietigheim eine arge Fehlplanung gewesen sei.

Bietigheim gewinnt

Von Anfang an gingen die Wünsche der betroffenen Städte und Oberämter und die Ansichten der Experten auseinander. Heilbronn wünschte möglichst gar keine Westbahn als Abzweigung zwischen Stuttgart und Heilbronn, sondern plädierte für eine Bahnverbindung zwischen dem Neckarhafen und Wiesloch. In einem Punkte war man sich in Heilbronn mit den Landsleuten aus Calw und aus dem oberen Enztal ebenso einig wie mit den Pforzheimer Räten: Bruchsal sollte als Anschlußstelle an die badische Rheinbahn nicht länger erwogen werden. Die Überlegungen schienen insgesamt klar und logisch: man brauche eben zwei Hauptlinien ins Badische, eine von Stuttgart über Pforzheim nach Durlach, die andere von Heilbronn aus nach Wiesloch, wo man den Anschluß nach Heidelberg und in den Norden erreiche. Doch die Untersuchungen der Expertenkommission konzentrierten sich neben dem Heilbronn–Wiesloch-Projekt längst schon auf die Frage, ob man von Tamm aus eine Strecke nach Pforzheim führen solle oder ob man von Tamm aus die Linie in Richtung Kleinvillars bis an die badische Grenze planen solle. Dazu kam als Direktverbindung mit Durlach auch eine Streckenführung von Feuerbach nach Pforzheim in die Diskussion.

Karl Etzel, der für diesen Teil des Bahnbaus zuständige Ingenieur, begann mit Einzelberechnungen der Kosten. Die kürzeste Verbindung ins Badische sei eine Eisenbahn über Zuffenhausen, Ditzingen, Friolzheim nach Pforzheim. Die Strecke über Tamm, Illingen nach Pforzheim, die Etzel ebenfalls berechnete, wäre acht Kilometer länger gewesen. Die dritte Variante, die Etzel schließlich durchsetzte, führte von Bietigheim aus über Illingen nach Enzberg und Pforzheim. Sie ist zwölf Kilometer länger als die Direktverbindung über Ditzingen. Es scheint, als habe Etzel nicht ernsthaft die Kosten und Möglichkeiten der Linie Zuffenhausen–Pforzheim–Durlach erwogen. Jedenfalls verschwand diese im Grunde naheliegende Alternative aus der öffentlichen Diskussion. Statt dessen rückte die Idee einer Streckenführung von Bietigheim aus mit einer Teilung im heutigen Mühlacker und dem Hauptanschluß an die Rheinbahn in Bruchsal in den Vordergrund. Etzel, der sich mit einer Tochter des aus Bietigheim stammenden Karl Gärttner verheiratete, verwarf auch den Gedanken an eine

Abzweigung in Tamm. Nach seinen Berechnungen wäre die Enzüberquerung bei der Bissinger Sägmühle komplizierter und teurer gewesen als der Bau eines Enzviadukts in Bietigheim.

Ehe die Regierung sich endgültig für Bietigheim als Ausgangspunkt der beiden Westbahnen entschied und dem Bahnhofbau im heutigen Mühlacker zustimmte, mußte sie auf Drängen Badens die von Etzel ausgetüftelte Streckenführung noch ein wenig ändern. Da man in der Expertenkommission vor allem einen günstigen Anschluß in Bruchsal im Auge hatte und sich für Pforzheim und die Linie nach Durlach nur mäßig interessierte, sollte die Verbindung nach Bretten–Bruchsal über das Mettertal und die Orte Horrheim, Gündelbach, Zaisersweiher führen. Da man aber für den Bau einer württembergischen Eisenbahn auf badischem Gebiet bis nach Bruchsal die vertragliche Zustimmung des Großherzogtums Baden benötigte, setzte die badische Regierung den Bau der sogenannten Illinger Variante durch. Daß die Gemeinde Dürrmenz als Hauptbetroffene der dadurch notwendigen Abzweigung beim Weiler Mühlacker nicht davon erbaut war, kümmerte weder die badischen noch die württembergischen Eisenbahnplaner.

Weshalb es nicht möglich gewesen sein soll, die Westbahn gar nicht auf württembergischem Gebiet, sondern in oder bei Pforzheim nach Bretten und Bruchsal abzweigen zu lassen, ist nirgends einleuchtend erklärt worden. Der beim Bau der württembergischen Eisenbahnen so verdienstvolle Karl Etzel hat dazu geschwiegen. In der großen Eisenbahn-Debatte des Landtags findet man zu dieser Frage kaum Hinweise. Allerdings läßt sich aus dem Abstimmungsverhalten der ritterschaftlichen Kammermitglieder schließen, daß einige der einflußreichen Familien im Lande, die von einer Westbahn über Ditzingen nach Pforzheim betroffen gewesen wären, ebensowenig zu den Freunden des neuen Schienen-Verkehrsmittels gehört haben wie die widerstrebenden Gemeindeoberen von Dürrmenz.

Etzel, das darf übrigens nicht vergessen werden, hat sich mit dem Entwurf und Bau des Enzviadukts (Abb. 45) in Bietigheim ein Denkmal gesetzt, nicht zuletzt dadurch, daß er den ursprünglichen Plan, eine Holzbrücke auf Steinpfeilern zu errichten, verwarf und sich für den Bau einer Brücke ganz aus Stein entschied. Manche Eisenbahnfreunde haben gemeint, die Entscheidung für den Bau der Westbahn von Bietigheim aus sei zwar unverständlich geblieben, werde aber durch diesen gelungenen Brückenbau nachträglich doch gerechtfertigt.

»Mit Pferden nach Amstetten«

Manche Generation schwäbischer Eisenbahnreisender hat die Fahrt über die Geislinger Steige genossen und bewundert. Kann man denn so steil mit dem Eisenbahnzug den Berg hinauffahren – ohne Zahnräder, nur mit einer Schieblokomotive oder mit Vorspann? Wer in früherer Zeit in einem württembergischen Gymnasium oder in einer Oberrealschule in die Geheimnisse der Physik und der Mechanik eingeweiht worden ist, der kennt diese Frage. Die Antworten waren vielerorts die gleichen: die Sache funktionierte ja, wie man bei einem Schulausflug auf die Alb erfahren habe. Wer im Unterricht gut aufgepaßt hatte, der konnte auch die Frage beantworten, *warum* es möglich war, die schweren, langen Züge vom Filstal aus nach Amstetten zu bringen: »wegen der Reibung«. Zugegeben, nur die anspruchsloseren unter den Physiklehrern gaben sich mit »der Reibung« zufrieden. Immerhin hat gerade diese simple Überlegung einst eine große Rolle gespielt, als man 1843 in der Zweiten Kammer im Stuttgarter Landtag über den Bau einer Eisenbahn im allgemeinen und über die Frage »Filstal oder Remstal« ernsthaft diskutierte. Da äußerte nämlich der Berichterstatter der vorbereitenden Landtags-Kommission, die sich mit den Vorschlägen der königlich-württembergischen Regierung befaßt hatte, ernsthafte Zweifel an dem Projekt Geislinger Steige. »Für mich«, bekannte der Abgeordnete Werner freimütig, »bleibt der Übergang über die Alb ein wahres Labyrinth«. Deshalb wolle er als Abgeordneter ganz persönlich bitten, man solle doch erwägen, ob nicht »der Übergang über die Alb mittelst einer Pferdebahn bewirkt werden solle«. Ganz sicher war sich das Landtagsmitglied, daß man »im Winter ohnehin nicht über die Alb fahren könne, selbst wenn das Steigungsverhältnis (bei der Geislinger Steige) günstiger wäre«. Mit Entschiedenheit versicherte der Abgeordnete seinen aufmerksam zuhörenden Kollegen: »Der Schneefall macht jede Fahrt unmöglich.« Nach seiner Meinung und auf Grund der ihm bekannten Gesetze der Physik fehle es im Winter an der nötigen »Adhäsion«, weil »Wasser und Eis die Räder schleifen lassen«.

Der Vertreter der Regierung ließ sich nicht auf eine Diskussion über physikalische Gesetze, über Adhäsion oder Reibung ein, er entgegnete nur, daß für Befürchtungen solcher Art nach den Erfahrungen, die man in Österreich mit dem Winterbetrieb der Eisenbahn schon gemacht habe, kein Anlaß bestehe. Man brauche deshalb auch keinen Betrieb mit Pferdezug vorzusehen und dürfe den Möglichkeiten der Technik auch im Winter beim Übergang über die Schwäbische Alb vertrauen. Ursprünglich, so erklärte der Innenminister, Herr von Schlayer, habe er auch Furcht wegen des Schnees gehabt. Die Auskunft aus Österreich habe ihn aber völlig beruhigt.

Die Ingenieure, die im Ausland, vor allem in Österreich schon Erfahrungen gesammelt hatten, wagten zwischen Geislingen und Amstetten einen Höchstwert der Steigung von 1:44,5. Das war indes die große Ausnahme. Wo es, wie im Streckenabschnitt zwischen Amstetten und Ulm, möglich war, durch kleine Umwege mit geringeren Steigungen auszukommen, entschied man sich für einen Maximalwert von 1:70.

Der Ausbau der Geislinger Steige (Abb. 46) war mit mancherlei Schwierigkeiten verbunden. Ursprünglich hatte es nämlich beim Bahnbau in Württemberg an Unternehmern gefehlt, die Erfahrungen mit größeren Erdbewegungen und dem Sprengen von Felsen hatten. Karl Gärtner holte deshalb im Jahre 1846 erstmals einen italienischen Unternehmer ins Land, der sich einen Ruf als Experte für schwierige Erdarbeiten erworben hatte. Diesem Unternehmer folgten bald noch andere, die auch für den späteren Bau der Eisenbahnlinien, vor allem im Schwarzwald, Facharbeiter aus Italien mitbrachten.

Verzögerungen beim Bahnbau gab es anfangs durch die Revolution von 1848. Man hatte – nach dem Wechsel in den Ministerien – einige Sorgen mit der Finanzierung. Aber eine größere Stockung oder gar ein Rückschlag konnten vermieden werden. Der Bau der Eisenbahn im Oberschwäbischen, auf der Alb und im Filstal kam voran. Am 29. Juni 1850 war es soweit: Die Fahrt von Geislingen über Amstetten nach Ulm begann. Langsam, aber sicher, wie die Ingenieure berechnet und prophezeit hatten, dampfte der Zug der europäischen Wasserscheide entgegen, jenem Punkt, an dem sich

Rhein und Donau, Nordsee- und Schwarzmeer-Einzugsbereich trennen. Zwei Tage später, am 1. Juli 1850, wurde die ganze Strecke von Heilbronn über Stuttgart, Ulm, Biberach, Ravensburg, Friedrichshafen in Betrieb genommen. Die »Schwäbische Eisenbahn« hatte ein Vierteljahrhundert nach der Initiative Lists und Cottas beim König ihre gelungene Premiere.

DIE EIGENART DER WÜRTTEMBERGER

Gibt es das: die württembergische Eigenart? Nach den Umwälzungen in der Zeit nach dem Zweiten Weltkrieg, nach den einschneidenden Veränderungen in der landsmannschaftlichen und konfessionellen Zusammensetzung der Bevölkerung sind Zweifel berechtigt. Bei näherem Zusehen ergibt sich indes, daß württembergische Geschichte und württembergische Gegenwart trotz all dieser Veränderungen nach wie vor eng zusammengehören. Die Integrationskraft des Württembergischen erwies sich als wirkungsmächtig. Mancher Zugewanderte hat sich im Verlaufe von einigen Jahren und Jahrzehnten dem angepaßt, was einmal – vor siebzig Jahren – im Teubnerschen »Archiv für Kulturgeschichte« von dem Historiker Adolf Rapp als »württembergische Eigenart« ausführlich erörtert und beschrieben worden ist. Rapp beschränkte sich damals, wie mancher seiner früheren und späteren Kollegen, im wesentlichen auf einen Disput über die Eigenart der Altwürttemberger. Vom schwäbischen Oberland mit seinen barockkatholischen Zügen oder vom fränkisch-hohenlohischen Teil des Königreichs Württemberg findet man in den Betrachtungen Adolf Rapps nur wenig.

Solche Konzentration auf das Altwürttembergische fällt auch in den Berichten auswärtiger Beobachter auf, die sich in der Vergangenheit mit dem Neckarland und seinen Bewohnern kritisch befaßt haben. Sie gilt unter anderem für den Verfasser eines kleinen, vor hundert Jahren Aufsehen erregenden Buches: die »Culturbilder aus Württemberg« (Abb. 47). Der Autor hat seine wenig freundliche Darstellung nicht mit einem Namen gezeichnet, sondern sich mit dem vagen Hinweis begnügt, die Schrift sei von »einem Norddeutschen« verfaßt. Diese »Culturbilder« lassen die württembergische Eigenart in einem ziemlich grellen Licht erscheinen. Den Württembergern wird nicht nur der Sinn für Humor und Gastfreundschaft abgesprochen, ihre Tübinger Professoren, die sich auf ihre Gelehrsamkeit und Bedeutung viel zugute halten, werden als engstirnig und zänkisch beschrieben. Gerügt wird recht allgemein die Lust der Württemberger am Essen und Trinken und der gering entwickelte Sinn für Sauberkeit, was man an den schmutzigen Tischtüchern der Gasthäuser feststellen könne. Der Autor macht sich lustig über den großen Mund, der einen Württemberger gegenüber den Angehörigen anderer deutscher Stämme kenntlich mache. Für den Verfasser der »Culturbilder« ist dieser auffallend große württembergische Mund eine Folge des Gebrauchs von Schnullern bei den Kindern. Als eine besonders verabscheuungswürdige Eigenschaft oder Eigenart erscheint dem Anonymus aus Norddeutschland die Sparsamkeit, ja der Geiz – man könnte auch freundlicher sagen: die wirtschaftliche »Interessiertheit« – der Bewohner in dem Land am mittleren Neckar. Ein württembergischer Pfarrer, so weiß der Kritiker zu berichten, habe sich heftig beschwert, weil man in Tübingen das Semester um acht Tage gekürzt und seinen Filius, der im Stift einen Freiplatz hatte, deshalb unvorgesehen früh an den häuslichen Tisch zurückgeschickt habe. Die Haushaltsrechnung des Herrn Geistlichen sei dadurch unziemlich belastet worden. In keinem anderen Land, ganz gewiß nicht im deutschen Norden, wäre dem eigenen Sohn gegenüber eine derartige, materielle Gesinnung denkbar, behauptet der Autor der – 1968 neu aufgelegten – »Culturbilder«.

Sind wir denn so schlimm und so ungebildet? mag sich beim Lesen dieser Schmähschrift mancher Württemberger fragen oder gefragt haben. Es scheint, als habe die überzogene Kritik schon bald nach ihrem Erscheinen insofern etwas bewirkt, als nun einige gelehrte Köpfe im Lande selbst das Bedürfnis verspürten, die Besonderheiten im Wesen und in der Geschichte Württembergs genauer zu untersuchen und zu erklären. Eine Aufsatzreihe des Tübinger Universitätskanzlers Gustav von Rümelin, hervorgegangen aus öffentlichen Vorträgen, zeugt davon ebenso wie die kurz vor dem Ersten Weltkrieg publizierte Arbeit Adolf Rapps. Noch immer, gibt etwa Rapp zu bedenken, sei Württemberg »ein Land der Sonderlinge und der religiösen Sekten«. Was sich anderswo in Mitteleuropa in der Reformationszeit und vor allem im 17. und 18. Jahrhundert als religiöse Besonderheit entwickelt hat, die von den Landleuten, den Unfreien und Armen getragen war, blieb in Württemberg keineswegs auf einzelne Volksteile beschränkt, sondern erfaßte alle Schichten, auch die Führungsschichten im Lande.

Eine Eigenart, die ebenfalls das ganze Volk in Württemberg charakterisiert, ist nach Rapps Meinung das Beharren auf dem

Culturbilder

aus

Württemberg

von

einem Norddeutschen.

Wahrheit und Ehre.

Leipzig.
Verlag von Albert Unflad.
1886.

47 Culturbilder aus Württemberg

Recht, der starre Rechtsstandpunkt, der durchaus zur Rechthaberei werden kann. Man wird schwerlich behaupten können, daß sich dies in den siebzig Jahren, die seit der Publikation der Rappschen Arbeit vergangen sind, gänzlich geändert habe. Rapp nennt das württembergische Beharren auf dem Recht einen »unverwüstlichen Eigensinn«. Er zeige sich vor allem im Verhalten gegenüber den Mächtigen. Dieser Hinweis spielt unter anderem auf den Beifall an, den württembergische Volksvertreter einst erhalten haben, als sie sich unter Berufung auf Vertrag und Recht gegen Herrschaftsansprüche Preußens und Österreichs in der deutschen Staatengemeinschaft zur Wehr setzten. Herzuleiten sei dieser Rechtssinn oder Eigensinn wohl aus den geschichtlichen Erfahrungen in Württemberg, unter anderem aus der Entstehungsgeschichte der ersten Konstitution, dem Tübinger Vertrag von 1514. Allerdings habe das Beharren auf dem Recht, so fügt der bismarckisch-preußisch gesinnte Adolf Rapp warnend hinzu, »die Territorialgeschichte nicht unbedingt begünstigt«. Das ist eine recht vorsichtige Umschreibung für die Stagnation, die sich, vor allem im 18. Jahrhundert, in der Entwicklung des Herzogtums Württemberg bemerkbar gemacht hat. Gustav von Rümelin ist in diesem Punkt noch viel deutlicher, wenn er feststellt: »Von Herzog Christoph an bis zu König Friedrich, also durch volle zwei Jahrhunderte, trägt die innere Entwicklung des württembergischen Staats und Volks den Charakter ... der gegenseitigen Lahmlegung der leitenden Kräfte.« Rümelin bezieht sich bei seinem Urteil auf den Dualismus zwischen dem Landesherren und einer Landschafts-Vertretung, die sich – als Folge der Einrichtung eines ständigen Ausschusses des Landtags – mehr und mehr zu einer, auf Besitzstandwahrung bedachten, Oligarchie relativ weniger Familienverbände gewandelt hatte. Das Sündenregister der Herzöge sei wohl das längere gewesen, habe aber eine große Menge kleinerer Posten enthalten. »Auf Seiten der Landschaft stehen weniger und meist Unterlassungssünden, sie schließen aber die Ablehnung des ganzen modernen Staatsgedankens in sich.«

Am wenigsten leuchtet Rümelin in dieser Rückbetrachtung ein, daß man einst den Hugenotten im Herzogtum Württemberg die Ansiedlung verwehrt und damit auf deren bedeutende wirtschaftliche und technische Erfahrung wegen der »zwei Altäre« verzichtet habe, die Lutheraner und Calvinisten angeblich trennten, aber schon bald nach der Ablehnung der Hugenotten den ebenfalls calvinistischen, jedoch armen und technisch-wirtschaftlich unerfahrenen Waldensern eine Bleibe bot. Der Kernpunkt der Rümelinschen Kritik als einer altwürttembergischen Selbstkritik betrifft die »Verkümmerung des geistigen Lebens« im Herzogtum Württemberg. Vom Tode Christophs bis in die letzte Zeit Karl Eugens sei es gewesen, »wie wenn eine Mauer das ganze württembergische Land eingegrenzt hätte, nicht um, wie die chinesische, fremde Barbaren fernzuhalten, sondern um, wie eine Klostermauer alle Elemente freier, weltlicher Bestrebungen auszuschließen«.

Hier wird der empfindlichste Punkt württembergischen – genauer gesagt: altwürttembergischen – Selbstverständnisses berührt: Das Verhältnis zu Landsleuten, die sich als Schriftsteller, Dichter, Philosophen auch als Theologen von dem Überlieferten und Gewohnten entfernt haben. Es sei kein Zufall, meinte der ehemalige königlich württembergische Kultminister v. Rümelin, daß »von Kepler, Frischlin, Weckherlin an bis Schiller, Hegel und Schelling fast alle höher begabten Geister der Heimat den Rücken kehren mußten«. Es habe den selbständigen Denkern, den »frei aufatmenden Geistern nicht nur an einer Arena, sondern selbst an einem Asyl« gefehlt. Schuld daran seien die »Theologen und Schreiber« gewesen, die alles in Banden gehalten hätten, »was in ihren Kram nicht taugte«. Die Reihe derer, denen in der Heimat die Luft zum freien Atmen fehlte, hätte man auch vor hundert Jahren, zur Zeit der Niederschrift der Rümelinschen Betrachtung um einige prominente Namen ergänzen können: man denke nur an das Schicksal von Friedrich List oder an den Kampf gegen einen David Friedrich Strauß. Würde man am Ende *unseres* Jahrhunderts eine Bilanz ziehen, dann müßte auch ein Hermann Hesse auf der Liste derer verzeichnet sein, die zu Lebzeiten den Landsleuten »nicht in ihren Kram getaugt« haben. Die geschichtliche Kontinuität wird bei uns immer noch gewahrt, so bitter das auch in all diesen Fällen sein mag.

Eher amüsant als hochbedeutsam erscheint ein anderes Feld württembergischer Eigenart, auf dem Geschichte und Gegenwart nicht zu trennen sind: das Spiel und Glücksspiel. Es gibt bis heute in Württemberg (nicht in *Baden*-Württemberg) weder Pferderennen, bei denen gewettet wird, noch eine Spielbank, die zum Glücksspiel verführen könnte. Zufall oder nicht: jedenfalls paßt solche Absti-

45 Der Bietigheimer Viadukt über die Enz, um 1857

46 Geislinger Steige am Albtrauf
um 1851

nenz recht gut zu den einstmals von einem Gottesmann wie
Johann Valentin Andreä und von vielen anderen führenden Kir-
chenleuten des Herzogtums aufgestellten Geboten und Verboten.
Wichtiger und deshalb mit größerer Aufmerksamkeit zu betrachten ist der Umstand, daß die einst so vehemente Ablehnung der
Bilder in den Kirchen bis in die Gegenwart ihre Spuren im Lande
hinterlassen hat. Die bildende Kunst zählte lange Zeit nicht zu den
Dingen im altwürttembergischen Teil des Landes, die man in
Galerien oder öffentlichen Museen besonders gepflegt oder gefördert hätte. Daß auch, im Vergleich zu anderen deutschen Land-
schaften, das Verhältnis zur Musik im Altwürttembergischen
nicht besonders ausgeprägt war, ist schon manchem Fremden
aufgefallen. Lange Zeit galt nicht einmal die Kirchenmusik als
speziell beachtenswert. »Was aus diesen württembergischen protestantischen Seelen kam«, hat Adolf Rapp dazu angemerkt, »war
eher Gedanke und Vers als Musik.« Eine Art von »musenfremder
Grundstimmung«, die einmal dem alten Württemberg nachgesagt
worden ist, dürfte bis in die Gegenwart hinein schwerlich zu
bestreiten sein.

Die Freude an den »schönen Künsten« gehörte im Altwürttembergischen eher zu den heimlichen Freuden. Das gilt auch für
Bauwerke, die mit der Vorsilbe »Lust« geschmückt sind. Auch
heute noch ist manches Schloß oder Schlößchen unseren württembergischen Landsleuten fremd, das die Fürsten des Landes einst,
prunksüchtig wie manche von ihnen im Zeitalter des Barock und
des Rokoko gewesen sind, mitten in die altwürttembergische
Nüchternheit mit Hilfe fremder, »welscher« Künstler, Architek-
ten und Handwerker hineingebaut haben. Wer an dieser Behauptung zweifelt, der möge sich an die Diskussionen im baden-
württembergischen Landtag Mitte der fünfziger Jahre erinnern, als
Regierung und Verwaltung des Landes anregten, man solle den
Landtag von Baden-Württemberg in dem wieder aufzubauenden
Neuen Schloß in Stuttgart unterbringen. Unter den Neinsagern,
die diesen historisch-politisch einleuchtenden Antrag mit Mehr-
heit ablehnten, befanden sich nicht nur desinteressierte Badener.
Auch württembergische Volksvertreter, die dem evangelisch-
lutherischen Bekenntnis angehörten, konnten eine instinktive
Abneigung gegen den Prunkbau eines Herzogs nicht überwinden.
Es schien damals, als seien dies Nachwirkungen einer strengen,

gegen Prunksucht gerichteten Erziehung, deren »schulmeisterlich-polizeilicher Geist« nach Ansicht eines Adolf Rapp »in Altwürttemberg mit besonderer Hartnäckigkeit gepflegt worden« war. Gewiß, die neinsagenden württembergischen Abgeordneten haben solche Vermutungen und Fragen entrüstet zurückgewiesen: sie hätten nicht aus historischer Befangenheit, sondern nach einfachen Erwägungen der Zweckmäßigkeit entschieden. Trotz dieser Beteuerung blieb und bleibt der Verdacht, daß sich bei dem einen oder anderen württembergischen Volksvertreter jener Pietist heimlich bemerkbar gemacht haben könnte, der fortdauernd die Eigenart des württembergischen Kernlandes mitbestimmt.

Der Wappenspruch des Stuttgarter Kanzleischreibers Franz Kurz, der über dem Eingang im alten Landtagsgebäude zu lesen war, verbindet die altwürttembergische Geschichte mit unserer baden-württembergischen Gegenwart: »Es gehet seltsam zu.«

Quellenverzeichnis

Adam, Albert Eugen: Ein Jahrhundert Württembergischer Verfassung, Stuttgart, 1919

Bachteler, Kurt: Geschichte der Stadt Groß-Sachsenheim, Groß-Sachsenheim, 1962

Bausinger, Hermann und Eschenburg, Theodor: Baden-Württemberg – eine politische Landeskunde, Stuttgart 1975

Bayer, Georg: Johannes Brenz, der Reformator Württembergs, Stuttgart, 1899

Becker, Johanna: Der Einheitsgedanke bei den schwäb. Dichtern der vierziger Jahre (Pfizer, Uhland, Vischer) Diss. Münster, 1923

Beyerle, Paul: Das Eisenbahnwesen in Württemberg unter der Regierung Wilhelms II., Stuttgart, 1916

Bolay, Theodor: Freudental, Brackenheim, 1963

Bolay, Theodor: Chronik der Stadt Asperg, Bietigheim–Bissingen, 1978

Bolay, Theodor: Die Heimat/Kreis Ludwigsburg, Bietigheim, 1965

Borst, Otto und Feist, Joachim: Weil der Stadt, Stuttgart und Aalen, 1977

Borst, Otto: Alte Städte in Württemberg, München, 1975

Borst, Otto: Württemberg als Christianopolis? (Privatdruck) Ludwigsburg, 1981

Borst, Otto: Die heimlichen Rebellen, Stuttgart, 1980

Bruns, V. (Hrsg.): Württemberg unter der Regierung König Wilhelms II., Stuttgart, 1916

Calwer Verlagsverein (Hrsg.): Geschichte von Württemberg, Calw und Stuttgart, 1898

Carmel, Alex: Die Siedlungen der württ. Templer in Palästina 1868–1918, Stuttgart, 1973

Dangel, Rudolf: Freie Reichsstädte anno dazumal, Stuttgart, 1965

Daur, Johannes: Aus Korntals Vergangenheit, Korntal, 1927

Deutsche Bundesbahn: Erinnerungen an die Schwäbische Eisenbahn, Stuttgart, 1978

Deutsches Auslandsinstitut: Die Schwaben im Ausland, Stuttgart, 1935

Elbogen, Ismar und Sterling, Eleonore: Die Geschichte der Juden in Deutschland, Frankfurt, 1966

Ernst, Gottlob: 6000 Jahre Bauerntum im Oberen Gäu, Korb-Waiblingen, 1955/56/57

Franz, Günther: Der deutsche Bauernkrieg, München, Berlin, 1939

Freie Demokratische Partei (Hrsg.): 100 Jahre Volkspartei, Stuttgart, 1964

Gemeinderat der Stadt Stuttgart (Hrsg.): Chronik der Königl. Haupt- und Residenzstadt, Stuttgart, 1903

Fischer, Neske, Taigel (Hrsg.): Pfullingen einst und jetzt, Pfullingen, 1982

Goeser, Carl: Der junge Friedrich List, Stuttgart, Berlin, 1916

Göz, Karl: Das Staatsrecht des Königreichs Württemberg, Tübingen, 1908

Grube, Walter: Der Stuttgarter Landtag 1457–1957, Stuttgart, 1957

Gymnasium Ebingen (Hrsg.): Gymnasium Ebingen 72, Ebingen, 1972

Hölzle, Erwin: Württemberg im Zeitalter Napoleons und der Deutschen Erhebung, Stuttgart, 1937

Jörn, W.: Johann Friedrich Flattich, Stuttgart o.J.

Königlich Statist. Landesamt (Hrsg.): Das Königreich Württemberg, drei Bände, Stuttgart, 1886

Kolb, Chr.: Die Geschichte des Gottesdienstes in der evangelischen Kirche Württemberg, Stuttgart, 1913

Krafft, K.: Anerbensitte und Anerbenrecht in Württemberg, Stuttgart, 1930

Kunze, Agathe (Hrsg.): Erich Schairer, 1887–1956, Stuttgart, 1967
Kulturbilder aus Württemberg, von einem Norddeutschen: Erstausgabe 1886, Leipzig, Neudruck 1974, Verlag Karl Knödler, Reutlingen
Kurz, Hermann: Die schönsten Erzählungen, München, o.J.
Lange, Friedrich: Geschichte des Tempels, Stuttgart, 1899
Ledderhose, K. Fr.: Leben und Schriften des M. Johann Friedrich Flattich, Stuttgart, 1926 (Neudruck)
Hermelink, Heinrich: Geschichte der evangelischen Kirche in Württemberg, Tübingen, 1949
Lang, Gustav: Geschichte der württ. Klosterschulen, Stuttgart, 1938
List, Albrecht: Der Kampf ums alte gute Recht 1815–1919, Tübingen, 1913
Maurer, Hans-Martin und Ulshöfer, Kuno: Johannes Brenz und die Reformation in Württemberg, Stuttgart, Aalen, 1974
Mantel, Joachim: Wildberg (Diss.), Stuttgart, 1974
Meissinger, K. A.: Friedrich List, Leipzig, 1930
Missenhardter, Hermann: Herzöge, Bürger, Könige, Stuttgart, o.J.
Missenhardter, Hermann: Schwäb. Essays, Urach, 1947
Missenhardter, Hermann: Liebes altes Württemberg, Stuttgart, 1969
Moltmann, Günter (Hrsg.): Deutsche Amerika-Auswanderung im 19. Jahrhundert, Sozialgeschichtl. Beiträge, Stuttgart, 1976
Mönch, Wilhelm: Heimatkunde vom Oberamt Calw, Calw, 1925
Morlok, Georg: Die königlich Württembergischen Staatseisenbahnen, Stuttgart, Leipzig, Berlin, Wien, 1890
Mühl, Albert und Seidel, Kurt: Die Württembergischen Staatseisenbahnen, Stuttgart und Aalen, 1970
Müller, Ernst: Kleine Geschichte Württembergs, Stuttg., 1963
Müller, Ernst: Stiftsköpfe, Heilbronn, 1938
Munz, Eugen und Kleinknecht, Otto: Geschichte der Stadt Marbach, Stuttgart, 1972
Neth, Ulrich: Standesherren und liberale Bewegungen (Diss.), Stuttgart, 1970
Oberamt Besigheim: Beschreibung, Stuttgart, 1853
Oberamt Calw: Beschreibung, Stuttgart, 1860
Oberamt Leonberg: Beschreibung, Stuttgart, 1852
Oberamt Ludwigsburg: Beschreibung, Stuttgart, 1859
Oberamt Marbach: Beschreibung, Stuttgart, 1866
Oberamt Vaihingen: Beschreibung, Stuttgart, 1856
Rauscher, Julius: Württembergische Reformationsgeschichte, Stuttgart, 1934
Rauscher, Julius: Württembergische Visitationsakten, Stuttgart, 1932
Rehm, Max: Königin Katharina von Württemberg, Stuttgart, 1968
Rümelin, Gustav: Reden und Aufsätze, 3. Folge, 1894
Rümelin, Gustav: Reden und Aufsätze, N. F., 1881
Sauer, Paul, Beilharz-Chronik, Stuttgart, 1975
Sauer, Paul: Die jüdischen Gemeinden in Württemberg und Hohenzollern, Stuttgart, 1966
Sauer, Paul: Württemberg in der Zeit des Nationalsozialismus, Ulm, 1975
Sattler, Christian Friedrich: Historische Beschreibung des Herzogtums Württemberg, Neudruck, Stuttgart, 1948
Schäfer, Gerhard: Kleine Württ. Kirchengeschichte, Stuttgart, 1964
Schmid, Eugen: Die Geschichte des Volksschulwesens in Alt-Württemberg, Stuttgart, 1927
Schmidt-Buhl, K.: Schwäbische Volksmänner, Vaihingen/Enz, o.J.
Schmierer, Wolfgang: Von der Arbeiterbildung zur Arbeiterpolitik, Hannover, 1970

Schmolz, Helmut und Weckbach, Hubert: Heilbronn – Geschichte und Leben der Stadt, Weißenhorn, 1971

Schnabel, Thomas (Hrsg.): Die Machtergreifung in Südwestdeutschland, Stuttgart, 1982

Scholtz, Harald: Evangelischer Utopismus bei Johann Valentin Andreä (Diss.), Stuttgart, 1957

Seefried, Walter: Mittnacht und die Deutsche Frage bis zur Reichsgründung, Stuttgart, 1928

Sievers, Leo: Revolution in Deutschland, Stuttgart, 1978

Simon, Klaus: Die Württembergischen Demokraten, Stuttgart, 1969

Spittler, Ludwig Thimotheus: Herzog Eberhard Ludwig und Wilhelmine von Graevenitz. In: sämtl. Werke – 12 –, Göttingen, 1796

Stadt Bietigheim/Enz (Hrsg.): 600 Jahre Stadt Bietigheim 1364–1964, Bietigheim, 1964

Stadtverwaltung Ebingen: Große Kreisstadt Ebingen, Ebingen, 1957

Statistisches Landesamt (Hrsg.): Die Stadt Ebingen, Balingen, 1961

Steiff, Karl und Mehring, Gebhard: Geschichtliche Lieder und Sprüche Württembergs, Stuttgart, 1912

Steimle, Theodor: Korntal, (wirtschaftsgesch. Diss.), 1927

Stein, Richard: Geschichte der Ortschaften Groß- und Kleiningersheim, Stuttgart, 1903

Supper, Otto: Die Entwicklung des Eisenbahnwesens im Königreich Württemberg, Stuttgart, 1895

Theiss, Konrad und Scheunig, Hans (Hrsg.): Der Kreis Calw, Stuttgart, 1979

Theiss, Konrad und Baumhauer, Hermann (Hrsg.): Heimat und Arbeit – Der Kreis Ludwigsburg, Aalen, 1960

Tüchle, Hermann: Geschichte der kath. Kirche in Württemberg, Stuttgart, 1954

Valentin, Veit: Geschichte der Deutschen, Köln, 1979

Valentin, Veit: Geschichte der Deutschen Revolution 1848–1849, 2. Bd., Köln, 1977

Verhandlungen des Landtags von Württemberg: Jahrgänge 1820, 1821, 1822, 1841, 1842, 1843, 1891–1906

Wagner, Georg (Hrsg.): Nagolder Heimatbuch, Öhringen, 1925

Weller, Arnold: Sozialgeschichte Südwestdeutschlands, Stuttgart, 1979

Weller, Karl und Weller, Arnold: Württembergische Geschichte im Südwestdeutschen Raum, Stuttgart und Aalen, 1972

Wildermuth, Ottilie: Schwäbische Pfarrhäuser, Tübingen, 1976

Widmann, Oskar: Reinhard Ferdinand Heinrich Fischer 1746–1812, Stuttgart, 1928

Wurm, Paul: Betrachtungen und Predigten von M. Philipp Matthäus Hahn, Stuttgart, 1931 (Neudruck)

Aus Zeitschriften

Bausinger, Hermann: Philipp Matthäus Hahn, in »Hie gut Württemberg«, 7. Jahrgang, Ludwigsburg, 1956

Brecht, Martin: Der theologische Hintergrund der zwölf Artikel der Bauernschaft in Schwaben 1525, Zeitschrift für Kirchengeschichte, 1976

Ernst, Viktor: Die Entstehung des württ. Kirchengutes, Württ. Jahrbuch 1911

Fenske, Hans: Die deutsche Auswanderung in der Mitte des 19. Jahrhunderts, Geschichte in Wissenschaft und Unterricht, 24/1973

Fritz, Friedrich: Die Wiedertäufer und der württ. Pietismus, in »Blätter für württ. Kirchengeschichte, N. F., 40. Jahrg., 1936

Grube, Walter: Quellen zur Geschichte der Judenfrage, Zeitschr. f. württ. Landesgeschichte, 1938

Höltzel, M.: Friedrich List und die württ. Eisenbahnen, besondere Beilage zum Staatsanzeiger, 1928

Katein, Werner: Das Verhältnis von Staat, Kirche und Volksschule im Königreich Württemberg, Zeitschr. f. württ. Landesgeschichte, 1956

Krauß, Wilhelm: Versuch einer Charakterisierung des Reformators Johannes Brenz, in: Schwäb. Heimat, 1956

Lehmann, Hartmut: Pietismus und Wirtschaft in Calw am Anfang des 18. Jahrhunderts, Zeitschr. für württ. Landesgeschichte, 1972

Ludwigsburger Geschichtsblätter, Jahrgang 1968–1982

Müller, Ernst: Die Bedeutung des Tübinger Vertrages, in: Tübinger Blätter 42/1955

Herding, Otto: Leibbuch, Leibrecht, Leibeigenschaft im Herzogtum Württemberg, Zeitschr. f. württ. Landesgeschichte, 1952

Kolb, Chr.: Die Anfänge des Pietismus und des Separatismus in Württemberg, in Württ. Vierteljahreshefte f. Landesgeschichte 1900/02

Oehler, Heinrich: Der Aufstand des armen Konrad 1514, Zeitschr. f. württ. Landesgeschichte, 1932

Rapp, Adolf: Die Ausbildung der württ. Eigenart, Archiv für Kulturgeschichte, 11/1913

Rapp, Adolf: Uhland im politischen Leben, Württ. Vierteljahreshefte, N. F. Bd. 33/1927

Rapp, Adolf: Württ. Politiker von 1848 im Kampf um die deutsche Frage, Württ. Vierteljahreshefte f. Landesgeschichte, Bd. 15 (Festband), 1916

Rau, Reinhold: Zum Tübinger Vertrag 1514, Zeitschr. f. württ. Landesgeschichte 9/1949–1950

Der Schwäbische Bund: Nr. 1/1, 2/1, 3/1, 7/1, 2/2, 3/2, 5/2, Stuttgart 1919–1921

Taddey, Gerhard: Georg Herwegh und Württemberg, Zeitschrift f. württ. Landesgeschichte, 1970

Unsere Zeit, Deutsche Revue der Zeit, 5. Jahrgang, 1. Hälfte, 1869

Wintterlin, Friedrich: Der Tübinger Vertrag vom 8. Juli 1514, Lit. Beilage Staatsanzeiger, 1914

Württ. Jahrbuch für Volkskunde, Jahrgang 1955

Württ. Vierteljahreshefte für Landesgeschichte, N. F. 1920, Stuttgart, 1920

Zeitschrift für Kulturaustausch, 32. Jahrg. 1982/4. Vj., Stuttgart

Register

Personen

Adam, Albert Eugen, 181, 197
Alber, Matthäus, 33, 39
Albrecht, Herzog von Bayern, 16, 38
Alexander I., Zar, 222
Andreä, Johann Valentin, 55, 57, 58, 60 ff., 85, 100, 238, 239, 252, 337
Armbruster, Johann M., 244, 245
Bausch, Paul, 10
Bauhin, Johann, 300
Beilharz, Christian, 114, 115
Bengel, Joh. Albrecht 71, 73, 78, 108, 129, 223
Berlichingen, Götz von, 18
Bilfinger, Georg Bernhard, 69
Bismarck, Otto von, 113, 168, 189, 191, 195, 196, 199
Blarer, Ambrosius, 29, 39, 40, 41, 42, 43, 47
Böhme, Johann Jakob, 71, 79, 80
Böhmler, Baurat, 314
Bohner, Theodor, 54
Borst, Otto, 252
Bosch, Robert, 314
Bregenzer, 27
Brenz, Johannes, 35, 36, 37, 43, 51, 55, 83, 230, 231, 234
Brunnquell, Ludwig, 79, 80, 83
Buhl, Johannes, 248, 249, 250, 251
Cardano, Hieronimi, 136
Carl-Alexander, Herzog von Württemberg, 141, 145, 148, 150, 164
Charlotte, Königin von Württemberg, 255
Christlieb, Dekan, 249
Christoph, Herzog von Württemberg, 17, 37, 38, 50, 51, 53, 142, 143, 169, 210, 228, 231, 233, 259, 269, 300, 316, 335
Clemens VI., Papst, 147
Comenius, Johann Amos, 240
Cotta, Johann Freiherr von, 312, 319, 331
Curzon, Lord, 116
Dalberg, Karl Theodor von, Erzkanzler und Erzbischof von Mainz, 158, 160, 161
Daur, Pfarrer, 73
Dörtenbach, Familie, 86
Dörtenbach, Georg, 321
Dörtenbach, Mose, 87

Dunant, Henri, 113, 114
Duttenhofer, Oberst, 319
Eberhard, der Greiner, Graf, 148
Eberhard im Bart, Herzog von Württemberg, 18, 300, 310
Eberhard II., Herzog von Württemberg, 15
Eberhard III., Herzog von Württemberg, 55
Eberhard Ludwig, Herzog von Württemberg, 92, 138, 141, 144, 145, 150, 205, 283, 316
Eck, Leonhard, Dr., 38
Einkörn, Katarina, 58
Engels, Friedrich, 189
Ernst, Gottlob, 57
Erzberger, Matthias 154, 155
Etzel, Eberhard, 100, 323
Etzel, Karl, 323, 327, 328
Eugen, Prinz von Savoyen, 204, 283
Ewald, Heinrich, 178
Feller, Johann, 70
Ferdinand, von Österreich, 40, 44, 51, 132, 133
Feuchtwanger, Lion, 148
Flattich, Johann Friedrich, 93, 118, 120, 121, 122, 131, 252
Fischer, Familie, 86
Fränckel, Lewin, 138, 139, 142, 143
Francke, August Hermann, 70, 71, 239, 240
Franziska, von Hohenheim, 131
Franz II., Kaiser, 171
Franz Karl von Hohenlohe, 160
Friedrich II., Kaiser, 145, 146, 147
Friedrich II., König von Preußen, 169, 221
Friedrich I., Herzog von Württemberg, 66, 292, 294, 300
Friedrich, König von Württemberg, 95, 96, 150, 151, 155, 156, 159, 160, 162, 166 ff., 177, 198, 213, 214, 246, 263, 267, 268, 269, 272, 273, 279, 282, 284, 304, 309
Friedrich Barbarossa, Kaiser, 145, 203, 300
Friedrich Eugen, Herzog von Württemberg, 157
Friedrich Wilhelm IV., König von Preußen, 187

Orte

Bildnachweis

1 Beutelsbach mit Kappelberg um 1760
Federzeichnung wohl von Johann Heinrich Kretschmer.
Schefold 523. Württ. Landesbibliothek Stuttgart.

2 Herzog Ulrich von Württemberg, 1487–1550
Regierungszeit: 1503–1519 und 1534–1550
Holzschnitt, Nachschnitt nach Hans Brosamer, wohl um 1530.
Württ. Landesbibliothek Stuttgart.

3 Markgröningen um 1643
Lithographie von Andreas Schaufele 1859 (freie Kopie nach Merian 1643).
Schefold 5014. Württ. Landesbibliothek Stuttgart.

4 Ehemalige Bistumsgrenzen in Württemberg
Gezeichnet von Eckart Munz. Quelle: Württ. Kirchengeschichte
hrsg. vom Calwer Verlagsverein 1893. Universitätsbibliothek Tübingen.

5 Matthäus Alber, 1495–1570
Kupferstich wohl von Dilzinger um 1571.
Württ. Landesbibliothek Stuttgart. Foto: Landesbildstelle Württemberg.

6 Johannes Brenz, 1499–1570
Kupferstich von Balthasar Jenichen, Ende 16. Jahrhundert.
Württ. Landesbibliothek Stuttgart.

7 St. Michael in Schwäbisch Hall, erste Hälfte 18. Jahrhundert
Kupferstich, anonym, erste Hälfte 18. Jahrhundert.
Schefold 7294. Württ. Landesbibliothek Stuttgart.

8 Erhard Schnepf, 1493–1558
Kupferstich »Brühl. sculp. lips.« Württ. Landesbibliothek Stuttgart.
Foto: Landesbildstelle Württemberg.

9 Ambrosius Blarer, 1492–1564
Kupferstich. Württ. Landesbibliothek Stuttgart.
Foto: Landesbildstelle Württemberg.

10 Hirsau. Ruine des Klosters St. Peter und Paul um 1692
Tusche »C. S. Teck« 1745 – Kopie nach Südansicht von 1692.
Schefold 3036. Württ. Landesbibliothek Stuttgart.
Foto: Landesbildstelle Württemberg.

11 Ulmer Münster um 1660
Tuschzeichnung von Jacob Geiger, um 1660.
Schefold 9913. Württ. Landesbibliothek Stuttgart.

12 Herzog Christoph von Württemberg, 1515–1568,
Regierungszeit: 1550–1568
Städt. Museum Ludwigsburg.

13 Johann Valentin Andreae, 1586–1654
Kupferstich von Johann Pfann, datiert 1628.
Württ. Landesbibliothek Stuttgart.

14 Deckenpfronn um 1681
Kiesersche Forstkarte, Böblinger Forst. Original 1944 verbrannt.
Württ. Landesbibliothek Stuttgart. Foto: Landesbildstelle Württemberg.

15 Michael Hahn, 1758–1819
Landesbildstelle Württemberg.

16 »Wohlmeynende« Warnung vor der Auswanderung nach Pennsylvanien
aus dem Jahre 1749
Stadtarchiv Ludwigsburg.

17 Gottlieb Wilhelm Hoffmann, der Gründer von Korntal. 1771–1846
Lithographie von Jakob Kull, datiert 1846.
Württ. Landesbibliothek Stuttgart.

18 Korntal. Nord- und Südansicht, das »Knaben-Institut« und das
»Töchter-Institut«, um 1850
Aquatinta-Radierung von Heinrich Bodmer nach Caspar Obach, um 1850.
Schefold 2095c, Nachtrag, Württ. Landesbibliothek Stuttgart.

19 David Friedrich Strauß, 1808–1874
Stich von Adolf Neumann. Universitätsbibliothek Tübingen,
L XV60.4° R.

20 Johann Friedrich Flattich, 1713–1797
Scherenschnitt.

21 Johann Gottlieb Steeb, 1742–1799
Städt. Museum Ludwigsburg

22 Esparsette
Universitätsbibliothek Tübingen.

23 Die »Große astronomische Weltmaschine« des Philipp Matthäus Hahn
Cod. math. 4° 48, gezeichnet von C. F. Schoenhardt.
Württ. Landesbibliothek Stuttgart. Foto: Landesbildstelle Württemberg.

24 Philipp Matthäus Hahn, 1739–1790
Radierung. Städt. Museum Ludwigsburg.

25 Michael Stifels »Arithmetica integra«
Titelseite. Württ. Landesbibliothek Stuttgart.

26 Christiane Wilhelmine Friederike von Graevenitz, 1686–1744
Miniatur im Schloßmuseum Ludwigsburg.
Foto: Landesbildstelle Württemberg.

27 Ludwigsburger Schloß von Süden, um 1810/1820
Radierung von Gebr. Wolff, Heilbronn. Städt. Museum Ludwigsburg.

28 König Friedrich von Württemberg (auf seinem Schimmel Helene),
1754–1816, Regierungszeit: 1797–1816
Städt. Museum Ludwigsburg.

29 Der Marktplatz zu Rottenburg um 1825
Lithographie. Städt. Museum Ludwigsburg.

30 Johann Baptist von Keller, der erste Bischof von Rottenburg
(ab 1828) 1774–1845
Original Dr. Kohlhaas.
Lithographie nach Neukomm von Franz Schnorr (1828).

31 Ludwig Uhland, 1787–1862
Stich von C. Schuler. Universitätsbibliothek Tübingen, L XV 60.4° R.

32 König Wilhelm I. von Württemberg, 1781–1864,
Regierungszeit: 1816–1864
Radierung. Städt. Museum Ludwigsburg.

33 Georg Herwegh, 1817–1875
Lithographie. Württ. Landesbibliothek Stuttgart.
Foto: Landesbildstelle Württemberg.

34 Friedrich Theodor Vischer, 1807–1887
   Gezeichnet von Weiß, Stich von Küstner.
   Universitätsbibliothek Tübingen, L XV 60.4° R.

35 Ludwig Pfau, 1821–1894
   Original Dr. Kohlhaas. Foto: Landesbildstelle Württemberg.

36 Auswandererpaß aus dem Jahre 1854
   Stadtarchiv Ludwigsburg

37 Am Morgen vor der Abreise. Auswanderer auf dem Zwischendeck
   versorgen sich mit Lebensmitteln für die Überfahrt nach Amerika,
   um 1820
   Holzstich. Institut für Auslandsbeziehungen Stuttgart.
   Foto: Landesbildstelle Württemberg.

38 Die große Kirchen- und Schulordnung aus dem Jahre 1559
   Titelseite. Württ. Landesbibliothek Stuttgart.
   Foto: Landesbildstelle Württemberg.

39 Karl Gottlob Molt, 1842–1910
   Druck nach einer Photographie bei H. Widensohler, Stuttgart um 1910.
   Württ. Landesbibliothek Stuttgart.

40 Alte Kanzlei in Stuttgart
   Zeichnung. Städt. Museum Ludwigsburg.

41 Paul Hegelmaier, Bürgermeister von Heilbronn, 1847–1912,
   Amtszeit: 1884–1904
   Photographie von C. Kohler, Heilbronn um 1900.

42 Johann Caspar Schiller, 1723–1796
   Städt. Museum Ludwigsburg.

43 Ulmer Schachtel
   Ansichtskarte um 1914. Württ. Landesbibliothek Stuttgart.

44 Personenzuglokomotive Ia1
   Gebaut 1864 von der Maschinenfabrik Esslingen
   Landesbildstelle Württemberg.

45 Der Bietigheimer Viadukt über die Enz, um 1857
   Lithographie 1857. Schefold 622. Städt. Museum Ludwigsburg.
   Foto: Landesbildstelle Württemberg.

46 Geislinger Steige am Albtrauf um 1851
   Aquarell von Caspar Obach, 1851. Schefold 2095c, Nachtrag.
   Württ. Landesbibliothek Stuttgart.

47 Culturbilder aus Württemberg
   Titelblatt. Leipzig 1886. Württ. Landesbibliothek Stuttgart.